21世纪公共管理系列教材

公共关系概论(第二版)

邹正方　编著

中国人民大学出版社
·北京·

21世纪公共管理系列教材专家指导小组成员

（以姓氏笔画为序）

出版说明

现代意义上的公共行政与公共管理的研究和教育开始于20世纪初的西方。时至今日，随着公共管理职业化的发展，公共行政和公共管理的研究和教育事业在西方发达国家方兴未艾。从20世纪80年代开始，适应公共管理改革与发展和培养公共管理人才的需要，我国的公共行政与公共管理研究和教育，在经历了发展的挫折之后，开始了恢复和重建的工作。经过20多年的发展，特别是公共管理一级学科的设置和我国公共管理硕士（MPA）专业学位研究生教育的启动，以及高校公共管理本科专业的大量开设，公共管理已成为当代中国社会科学和管理科学领域教学与研究的一个充满生机活力和具有远大发展前景的学科。

为了适应新形势发展的需要，更好地研究、指导、管理高等学校公共管理的教学科研工作，2001年4月，教育部公共管理类学科教学指导委员会成立，并于2001年12月在广州召开了第一届全委会。参会委员就学科发展方向、课程设置问题进行了充分的讨论，很多委员认为应根据新形势下学科发展的需要，对目前公共管理类的课程设置进行调整，按计划年内拿出调整方案。目前，公共管理本科教育发展很快，编写反映本学科最新研究成果、与时俱进的、具有创新性的、高质量的本科教材迫在眉睫。

在教育部公共管理类学科教学指导委员会的指导、支持下，在对很多院校的公共管理类本科专业课程设置进行调研和对一些院校的课程设置情况、设置方向进行座谈的基础上，结合现有的教育部关于公共管理类本科四个方向（行政管理、公共事业管理、劳动与社会保障、土地资源管理）的课程设置情况，中国人民大学出版社组织全国著名专家，计划从2003年上半年开始，在2年内，陆续出版21世纪公共管理系列本科教材和教育部“十五”规划教材。

本套教材涉及公共基础课、专业基础课和选修课三部分的20多门课程。本套教材立足本科教学的需要，从本科教育的特点出发，从公共管理和公共行政教育的特点出发，在教材编写和内容安排上，强调基础知识、基本理论、基本技能；同时，也尽可能地体现创新性、前沿性的特点。

参加本套教材编写的有中国人民大学、北京大学、清华大学、复旦大学、中山大学、厦门大学、武汉大学、吉林大学、东北大学、西北大学等国内十几所著名大学的具有丰富教学和科研经验的教授专家，我们期望通过这种强强联合、优势互补、资源共享的方式，出版高质量的、权威性的精品教材。此外，为了保证教材的质量，更好地反映公共管理本科教学的特点，中国人民大学出版社邀请有关专家成立了21世纪公共管理系列教材专家指导小组。

公共管理的实践是不断变化和发展的，变革与发展是当代世界范围内公共管理的主题。随着公共管理实践的不断发展，公共管理学科研究的范围、主题和内容也在不断地发展和变化。这就要求公共管理教育以及相关的教材在方方面面都应该不断地更新。我们还会根据变化了的环境和要求，对教材的编写工作以及教材本身作适当调整。望广大读者不断反馈信息，对这套教材提出批评、建议，以便于我们不断修订、完善。

中国人民大学出版社

2003年5月

第二版前言

公共关系作为一门现代管理科学，是企业、政府、国际关系发展的“润滑剂”，对于促进政府与公众、企业与公众、国际社会之间的沟通和理解，促进政治稳定、社会和谐、经济发展、世界和平具有独特的积极作用。

改革开放以来，公共关系行业在中国得到了快速发展，相当多的政府部门设立了公共关系机构，越来越多的企业建立了公共关系部门。在应对突发事件、塑造政府形象、打造企业品牌、增强政府影响力和企业竞争力、化解国际经济贸易纠纷等方面，公共关系发挥着日益重要的作用。

本书是在第一版（书名为《公共关系理论与实务》）的框架下，充分吸收了国内外相关研究成果的基础上精心修订而成的。本书第一版由张志刚、周涛、周亚辉、徐祖永、丁庆标和我共同编写，并由我负责统稿。第一版自 1989 年出版以来，受到了读者的广泛关注和好评。随着公共关系理论和实践的不断发展，教材内容也需要随之进行调整和完善。本书第二版结合公关从业人员的职业标准要求，总结和吸收了近些年来国内外公共关系的理论智慧和实践成果，对大部分内容做了实质性的更新和调整，如增加了危机公关的内容，更新和丰富了案例分析，增加了新闻摘录和参考资料。这样就使本教材不仅理论体系更加完整，实务特色更加突出，也更具有实用性和可操作性。

本书每章都含有说明如何运用公共关系原理的案例分析，以期使读者对相关理论有更直观的了解。新闻摘录专栏引用了报刊上的相关文章，以说明公共关系思想如何有助于解释当前社会经济发展过程中面临的公共关系问题。在学生学习了公共关系课程后，他们应该从全新的视角并以更敏锐的洞察力来思考公关事件。参考资料专栏为学生提供了额外的信息内容，其中一些是回顾公共关系理论学说，另一些是关于公共关系的前沿性论题，还有一些是对补充性话题的讨论。每章都包含学习目的和要求、本章小结、关键术语和复习思考题。学习目的和要求指明了该章期望达到的学习目标和对学生学习本章的基本要求。本章小结主要是提示学生该章最重要的结论。关键术语向学生提供了一种测验自己对所介绍的名词和术语理解程度的方法。复习思考题涵盖了该章的主要结论和内容，以便学生以之检验自己对主要观点和问题的理解程度并复习备考，其中的案例分析题可以供课堂讨论之用。

本书力求内容丰富、选材合理、结构严谨、叙述深入浅出。通过本课程的学习，不仅能使学生理解、掌握公共关系基本理论和专业知识，而且能引导和帮助学生运用公共关系理论去发现问题、分析问题和解决问题，培养学生的公共关系职业素养，训练和提高学生的公共关系职业技能。

在本书的编写和修订过程中，我们参考和借鉴了大量国内外的相关研究成果，特向注明出处和未注明出处的原作者表示衷心的感谢。在本书的出版过程中，中国人民大学出版社公共管理分社的刘晶社长和朱海燕、李慧平、颜丽君女士对本书的出版给予了大力支持，在此一并致以诚挚的谢意。也感谢我的学生李兆洁、樊帅、张振华，他们为本书的修订提出了宝贵的意见。

由于编者水平有限，加之公共关系学科本身尚有待进一步发展和完善，许多理论和实践问题都有待进一步的研究和探讨，书中难免存在错误之处，欢迎广大同仁和读者批评指正。

邹正方

2009 年 12 月 8 日

第一版前言

公共关系是一门学科、艺术和一种职业。

公共关系最早产生于美国，迄今只有 80 多年的历史。但在欧美各国，公共关系现在已成为一个极热门、发展极快的行业。仅在美国，目前就有 1 500 多家公共关系专业咨询公司，10 多万名公共关系从业人员，并有 400 多所大学开设了公共关系课程和专业，培养了不少公关博士、硕士和学士。美国还出版了大量的公共关系著作和刊物。

在我国，除港台地区外，公共关系的发展相对较晚。它是在改革开放的大潮中发展起来的。现在我国的一些企业和事业单位已开展了公共关系活动，并且取得了一些成效。但大多数企事业单位对公共关系并未予以足够的重视，公共关系的理论研究仍很不完善。尤其值得注意的是，个别人甚至将公共关系等同于“庸俗关系学”，因而使公共关系受到了曲解，形象受到了扭曲。

正是为了促进我国公共关系理论和实务的发展，消除大众对公共关系的误解，我们编写了这本书。本书主要根据西方国家的经验，适当结合我国情况，介绍了公共关系的一般理论和实务。在写作过程中，我们参考了国内外的有关著作、文章，在此由衷地表示感谢。

参加本书编写的有：邹正方（第 3、5、7 章），张志刚（第 1、2、9 章），周涛、周亚辉（第 6、10 章），徐祖永（第 4 章），丁庆标（第 8 章）。最后由邹正方统稿。

由于我们水平有限，加之时间仓促，书中定有不妥之处，衷心希望专家、读者批评指正。

作者
1989 年 5 月 2 日

目录

第1章

公共关系概述

【学习目的和要求】

本章主要讨论了公共关系的概念、对象和主要类型，回顾了公共关系产生与发展的历程。通过本章的学习，我们要了解公共关系的概念、对象、类型，明确公共关系产生的社会经济条件，认识公共关系在世界范围内和中国的产生与发展的过程。

任何社会组织皆处于一定的关系网络之中，皆有其自身的公共关系，这是不以人的意志为转移的客观现象。公共关系囊括了一个社会组织同与之相关的所有公众的全部交往，因此，它在很大程度上决定了组织的盛衰存亡。如何确定一个组织在公共关系网络中的正确位置，怎样建立和加强良好的公共关系，改善不利的公共关系，以求得组织的兴盛与发展，对这些问题的探索与回答便形成了一门新的学科——公共关系。

1.1 公共关系的概念、对象和类型

1.1.1 公共关系的概念

"公共关系"一词源于美国。其英语原文是 Public Relations，简称 P. R. 或

PR。在我国南方和香港、台湾地区，人们习惯将公共关系简称为“公关”。

“公共关系”作为一门学科，要给它下一个恰当的定义十分困难。这主要是由于该学科涉及的范围太广，任何简洁的定义都无法涵盖其异常丰富的内容。目前，在公共关系学界为人们所正式引用的公共关系定义不下几十种，其中较为权威的研究者和团体给出的定义就有十几种。下面择录几种被广泛引用的定义：

(1)“公共关系是一种管理哲学，在所有决策和行动上都以公众利益为前提。此项原则应厘定于政策之中，并向大众阐明，以期获得他们的谅解和信任。”(美国贝逊企业管理学院公共关系学系主任康菲尔德)

(2)“公共关系是一种独特的管理职能。它帮助一个组织建立并维持与公众之间的交流、理解、认可与合作；它参与处理各种事件和问题；它帮助管理部门了解民意，并对之作出反应；它明确并强调管理部门为公众利益服务的责任；它作为社会变化趋势的监视系统，帮助管理者保持与社会变动同步；它运用有效的传播技能和研究方法作为基本工具。”(美国著名公关学者雷克斯·哈罗博士)

(3)“公共关系就是一个组织为了达到与它的公众之间相互了解的确定目标，而有计划地采用一切向内和向外的传播沟通方式的总和。”(英国公共关系学院教授弗兰克·杰弗金斯)

(4)“公共关系工作是为了建立和维持一个组织与其公众之间的相互理解而付出的一种有目的的、有计划的持久努力。”[英国公共关系协会（BIPR）]

(5)“公共关系是一种管理职能。它评估公众的态度，检验个人或组织的政策、活动是否与公众的利益相一致，并负责设计与实行旨在争取公众理解与认可的行动计划。”(美国《公共关系新闻》)

(6)“公共关系是一种管理职能。它具有连续性和计划性的特征。不论公私机构或组织，均通过此项工作来赢得与其相关之公众的理解、同情和支持，亦即审度公众的意见，使本机构的政策与措施尽量与之配合，并运用有计划的、广泛的信息传播，争取建设性合作，以实现共同利益。”[国际公共关系协会（IPRA）]

上述几种定义均概括出了公共关系的基本含义，但侧重点各有不同。要全面准确地把握公共关系概念，就必须对公共关系的对象、性质、目标、方法作出必要的规定。

公共关系，从字面上理解，指的是社会组织与公众之间的一种关联状态。任何一个组织总是处于复杂的关系网络之中。例如，对一个企业而言，其关联网络包括内部的员工关系，外部的与原料供应者、产品经销单位、顾客、新闻界、政府管理部门如税务、工商、环保等方面的关系。组织的活动形成这些关系，这些关系又反过来影响和制约着组织的活动，成为该组织生存与发展的环境。所以，

公共关系的对象就是组织所面临的所有公众。

公共关系属于管理科学，其核心内容是协调组织与公众之间的关系，分析各种公众关系的发展趋势，预测后果，向组织的决策层提供建议，在组织和公众之间建立良好关系。交流、信任、合作是公共关系工作的主旨。

公共关系的根本目标是公众利益。公众利益既是公关政策制定的前提、公关行动实施的准则，又是评价公关工作的法度。

传播是公共关系工作的主要方法和技能。改善组织与公众的关系离不开有效的传播。通过一定的传播媒介，把组织与公众联结起来，形成双向的信息交流与沟通，是公关方法的核心。

综上所述，我们在此给公共关系下这样一个定义：公共关系是一门管理科学，借助于传播媒介形成双向信息沟通，促成组织与公众之间建立良好的信赖合作关系，在满足公众利益的基础上求得组织的发展。

1.1.2　公共关系的对象

公共关系的对象是组织与公众之间的关联网络。虽然关系是客观存在的，但关系本身不能成为工作受体。实际上，公关工作的直接对象是公众，即通过传播信息影响公众来促成组织公共关系的改善。

1. 公共关系中的“公众”概念

公共关系中的公众，不同于一般意义上的公众概念。它不是指“社会上的大多数人”，而是指这样一些群体，这些群体的共同利益为某一机构的行动和政策所影响，反过来，这些群体的行为和意见也影响着这个机构。由此可见，不同性质的机构，就会有不同的公众。一个企业所面临的公众，从内部来说，大体上有股东、工人、技术人员、管理人员，可能还有董事；从其外部来说，大体上有顾客、供应商、经销商、同行企业、政府部门、科研机关、新闻界、外商等。政府、商店、旅馆、餐馆、学校、团体、医院等各种组织所面临的公众也都各不相同。

2. 公众的特点

公共关系中的公众，具有以下两个特点：

(1) 公众作为一个社会群体来说，它在数量和构成上都是变动的。从宏观来看，一个社会存在多种类型的、具体的公众，而不是只有一个笼统的、单一的公众。从微观来看，任何个人在不同的情况下都属于不同范畴的公众：对于商店来说，他是顾客公众的一员；对于学校来说，他是家长公众的一员；如果在工厂上班，他又是员工公众的一员……总之，公共关系里的公众是数量不一、变动不定、因某种共同利益而形成的特定的社会群体。

(2) 公众的形成是由一个组织的性质来确定的。一般来说，具有相似目标和性质的组织往往拥有相似的公众。例如，所有企业都要向顾客销售产品，因此，所有的企业都有顾客公众；所有的企业都要有员工从事生产，因此，所有的企业都有员工公众，依此类推。但是，一个组织的特殊性质可以形成它的特殊公众。例如，相对一般企业而言，纺织厂里的特殊公众是女工，采矿企业的特殊公众是男工。如果就纺织企业内部而言，女工又成为一般公众，男工又成为特殊公众；采矿企业的情况则正好相反。如果一个组织的性质和目标变化了，它所面临的公众也会发生相应变化。

3. 公众的分类

由于不同的组织有不同的公众，所以，有必要将公众进行分类，这样公关工作才能有的放矢。公众分类最基本的方法是人口学分类法，即按人口的性别、年龄、职业、经济状况、婚姻状况、受教育程度、政治或宗教信仰、种族和民族背景等方面进行分类。这种分类方法虽然不具有针对性，但它对政府的公关活动和一般组织收集、积累公众资料却有重要的意义。通常采用的公众分类方法有以下几种：

(1) 根据公众与组织的所属关系，可分为内部公众和外部公众。

内部公众是指组织内部的各类成员，如企业中的员工、股东等。这类公众与组织的关系最为密切和直接，他们对组织的利益影响最大。除此之外，企业面临的顾客、原料供应商、产品经销商、同行企业、政府部门、新闻界等构成了组织的外部公众。它们虽然与组织的关系不太直接，但对组织利益的实现起着重要作用。

(2) 根据组织与公众发生联系的时间，可分为现在公众、潜在公众和将在公众。

现在公众是已经与组织发生直接而确定的利害关系的公众，潜在公众是指将来可能与本组织发生利害关系的公众，将在公众是潜在公众向现在公众过渡的公众。例如，对一家商店来说，正在发生购买行为的顾客是现在公众，在商品陈列橱窗前观看的人为将在公众，从商店前经过的人群或居住在商店附近的居民可以看作潜在公众。预见潜在公众，并引导其向所需方面转化，是公关工作的重要任务。

(3) 根据公众影响作用的大小，可分为首要公众、次要公众和边缘公众。

对于同一组织而言，公众的影响作用有轻重主次之分。有的公众对组织的生存、发展和信誉有着举足轻重的影响，他们是首要公众。有的公众对组织的影响

不是很大或比较弱，他们便是次要公众和边缘公众。公共关系工作人员要善于区分公众的主次轻重，将较多的时间、人力与资金用来维持和改善同首要公众的关系。

（4）根据公众对组织的态度，可分为顺意公众、逆意公众和独立公众。

顺意公众，是指对组织的政策与行为持赞赏和支持态度者，他们是公共关系人员工作的支持者和宣传者；逆意公众，是指对组织的政策和行为持反对态度者，他们是公共关系人员的争取对象；持中间态度或态度不明者和未表态者皆属独立公众，他们是公共关系人员工作的重点。这种分类法在政府机构的公共关系中应用较多，主要用来判断政策被公众接受的程度及政策宣传的重点。

（5）根据公众的组织状况标准，可分为非组织公众和有组织的公众。

非组织公众是指组织公共关系活动中面对的无组织性的公众，包括流散性公众、临时性公众、周期性公众、稳定性公众；有组织的公众是指组织公共关系活动中的特定社会组织与公众对象，包括社区性公众、环境性公众、管理性公众。

（6）根据公众发展的状况，可分为非公众、潜在公众、知晓公众和行动公众。

在一定的时空条件下，某些公众既不受组织某个事件或行为的影响，也不对这个组织产生影响，他们在这个问题或事件中就被称为非公众；某些公众已经受到了组织某个行为的影响，但他们本身尚未意识到这种影响及后果，这些公众就是潜在公众；知晓公众是指不仅受到组织的影响，而且已明确意识到这种影响，知道了这种影响将要带来的后果的那一部分公众；行动公众是指不仅受到组织某个行为的影响，意识到这种影响及后果，而且行动起来，开始试图采取措施应对这些影响的公众。

（7）根据组织的公关任务，可分为集中影响的公众和扩散影响的公众。

集中影响的公众是指在某项公关活动中，对特定组织有特别重要意义，因而需要组织对他们施加更多影响才能达到公关目标要求的公众；扩散影响的公众是指在某项公关活动中，对组织不具有特别意义，只需通过重要公众对他们进行更大范围的影响的那一部分公众。

（8）根据公众受组织欢迎程度，可分为受欢迎的公众、不受欢迎的公众和被追求的公众。

受欢迎的公众是指那些十分关爱本组织、处处支持本组织、经常给本组织带来利益和机会，因而特别受组织欢迎的公众；不受欢迎的公众是指某些不时借故从本组织获取好处或利益而使本组织力图躲避的组织和个人；被追求的公众是指那些对本组织公共关系工作有特别意义，但与本组织无直接利害关系，需本组织竭力去接近和争取的组织或个人，如新闻媒体、社会名流。

(9) 根据公众对组织的关心程度，可分为一般公众、留意公众和需要被告知的公众。

一般公众是指那些对本组织的境况不十分关心，对组织目前也无直接影响的公众；留意公众是指那些对本组织的境况和动向十分关注，对组织的发展亦有一定影响，组织也必须对他们予以关注的公众；需要被告知的公众是指那些对组织的某项活动有重要影响，但他们又不十分关注本组织，需要本组织主动去对他们做工作的公众。

公关工作就是要针对不同性质的公众，运用传播学的原理，准确、及时、有效地向特定的公众传递信息，以便形成相互理解、相互依赖、相互信任的和睦关系。

1.1.3 公共关系的类型

根据组织所从事的公共关系的业务内容、行为方式、活动主体和公众对象，可以将公共关系进行分类。根据业务内容的不同，公共关系可分为：宣传型公共关系、交际型公共关系、服务型公共关系、社会型公共关系和征询型公共关系。根据业务方式的不同，公共关系可分为：建设型公共关系、维系型公共关系、防御型公共关系、进攻型公共关系和矫正型公共关系。根据活动主体的不同，公共关系可分为：企业公共关系、政府公共关系和国际公共关系。公共关系分类的目的，是为了更好地探索公共关系规律，丰富公共关系的内容。

1. 依据业务内容进行的公共关系分类

依据业务内容不同，公共关系可分为宣传型公共关系、交际型公共关系、服务型公共关系、社会型公共关系和征询型公共关系。

(1) 宣传型公共关系。

所谓宣传型公共关系，就是利用各种宣传媒介和途径、各种宣传方式向外宣传自己，提高本组织的知名度，从而形成有利的社会舆论。宣传型公共关系的特点是其主导性、时效性较强。

(2) 交际型公共关系。

所谓交际型公共关系，就是指不借助其他媒介，而只在人际交往中开展公关活动，直接接触，建立感情，从而达到建立良好关系的目的。交际型公关活动的形式主要有对外开放、联谊会、座谈会、慰问活动、茶话会、沙龙活动、工作午餐会、拜访、节日祝贺、信件来往等。交际型公共关系的特点是直接、灵活、富

有人情味。

(3) 服务型公共关系。

所谓服务型公共关系，就是指企业组织向社会公众提供的各种附加服务和优质服务的公共关系活动。服务型公共关系分为生产性企业的服务型公共关系和服务性企业的服务型公共关系两种。服务型公共关系的特点是依靠本身实际行动做好工作，其特别媒介是服务，而不是依靠宣传。

(4) 社会型公共关系。

所谓社会型公共关系，就是指组织利用举办各种社会性、公益性、赞助性活动开展公关活动的模式。它是以各种有组织的社会活动为主要手段的公共关系活动方式。社会型公共关系通过举办社会活动如各种纪念会、庆祝典礼、社会赞助等，来尽量扩大本组织的社会影响，具有公益性、文化性的特征，影响面大。

(5) 征询型公共关系。

所谓征询型公共关系，是指以采集社会信息为主、掌握社会发展趋势的公共关系活动模式，其目的是通过信息采集、舆论调查、民意测验等工作，加强双向沟通，使组织了解社会舆论、民意民情、消费趋势，为组织的经营管理决策提供背景信息服务，使组织行为尽可能地与国家的总体利益、市场发展趋势以及社情民意相一致；同时，也向公众传播或暗示组织意图，使公众印象更加深刻。

2. 依据行为方式进行的公共关系分类

依据行为方式不同，公共关系可分为建设型公共关系、维系型公共关系、防御型公共关系、进攻型公共关系和矫正型公共关系。

(1) 建设型公共关系。

建设型公共关系是指组织为开创新局面而在公共关系上所做出的努力。通过这种努力，使公众对该组织及其产品、服务有一种新的感觉，产生新的兴趣，从而直接推动组织事业的发展。这种公关模式的主要功能是提高知名度，因而特别适用于组织的开创阶段或新产品的首次推出。

(2) 维系型公共关系。

维系型公共关系是指社会组织在稳定发展期间，用来巩固良好形象的公共关系活动模式。其目的是通过不间断的、持续的公关活动，巩固、维持与公众的良好关系和组织形象，使组织的良好印象始终保留在公众的记忆中。具体做法是通过各种渠道和采用各种方式持续不断地向社会公众传递组织的各种信息，使公众在不知不觉中成为组织的顺意公众。

(3) 防御型公共关系。

防御型公共关系是指在社会组织出现潜在危机（或不协调）时，为防止自身公共关系失调而采取的一种公共关系模式。

(4) 进攻型公共关系。

进攻型公共关系是指在组织与环境发生冲突、摩擦的时候即采取以攻为守的策略，抓住有利时机和有利条件变换决策，迅速调整，改变对原环境的过分依赖，开辟新的环境，创造新的机会。

案例分析

富士康公司的3 000万天价索赔

· 案例回放

在2006年的危机公关事件中，最具爆炸性的代表性事件莫过于富士康事件。《第一财经日报》报道了台湾富士康科技集团在广东的工厂存在工作条件恶劣、工人工作超时、工资低廉等现象。

2006年6月15日，《第一财经日报》刊发记者王佑的《富士康员工：机器罚你站12小时》一文，被数十家网站转载。此前一天，新浪等媒体转载了英国《星期日邮报》的文章《苹果中国代工厂探秘：女工日工作15小时月薪300》，该文章就是以富士康工厂为背景所撰写的。“因此，大量网站将6月15日本报的文章与该文并在一起，作了一个以‘富士康劳工’为名字的专题，一些网站还将本报的标题加上了‘血汗工厂’、‘黑幕’等字眼。”

2006年6月22日，王佑的第二篇稿件《富士康离职女工：底薪很低福利很好》见报。

2006年6月30日，富士康公司的两位代表——富士康子公司赛博数码广场管理部副总（董事长特助）詹某与赛博市场总部副总李某约见《第一财经日报》编委翁宝与王佑。

2006年7月1日，富士康公司重申，支付给雇员的加班费均等于或高于国家规定，因此并未违反《劳动法》。

2006年7月3日富士康向深圳中级人民法院提交一份民事诉状，诉状称依据《民法通则》第101条和102条以及《民事诉讼法》第108条和相关司法解释，“依法追究被告的侵权责任”。该诉状将《第一财经日报》采写上述报道的记者王佑以及该报一名编委翁宝列为被告，而未直接起诉报社。该诉状要求法院判令《第一财经日报》停止刊发对其名誉侵权的报道并赔礼道歉、消除影响、

恢复名誉，还要求被告补偿富士康方面因名誉受损而造成的经济损失。翁宝和王佑因此分别被要求赔偿1 000万元和2 000万元给原告。富士康此举把自己推上了媒体公敌的位置上。很多媒体用“悍然”、“恐怖主义”等词表达愤慨，而各界人士也纷纷指责富士康不能客观对待媒体的报道。

2006年7月17日，两位记者收到了法院冻结其资产的通知书，被冻结的资产包括房产、汽车和存款。

面对舆论压力，富士康公司宣称如果胜诉，赔偿金将全部用于公益行为。

2006年8月28日，《第一财经日报》向富士康公司发函称“记者报道属于职务行为，报社将动用资源支持两人全力应对诉讼”。《第一财经日报》还在公函中以“根据我国有关法律规定，王佑所在部门负责人翁宝被列为被告与法不符”为由要求富士康公司“撤销对翁宝的起诉并解除对其个人财产的查封”，否则“报社将支持翁宝通过法律途径向富士康公司维权”。

除表示对翁宝和王佑两人的支持外，《第一财经日报》还通过公函向富士康公司的做法表示谴责。“针对贵公司采取诉讼保全措施查封二人个人财产的做法，本报表示强烈谴责。我们相信贵公司这种以公司组织行为针对记者个人的做法，将为整个中国新闻界所唾弃。”

“我们现在走的是司法程序，司法是最公正的。如果说富士康采用了什么高压手段，除非说司法是不公正的。”2006年8月28日下午，富士康母公司鸿海集团全球发言人丁祁安这样表示。

2006年8月30日晚间，富士康决定把对上海《第一财经日报》两位编采人员的索赔额降为1元人民币，并追加《第一财经日报》报社为被告。

2006年9月3日下午，富士康科技集团与《第一财经日报》发表联合声明，富士康宣布撤销对《第一财经日报》的诉讼，双方互致歉意。

• 案例点评

富士康面对媒体的负面报道愤然而起，不是采取沟通协商的方式进行危机处理，而是采用了进攻式的公关——不仅对记者提起上诉，而且还提出“史上最牛”的天价索赔。这等于给原先的负面报道延续创造了另一个负面报道的素材，无数原先作壁上观的媒体的兴奋点一下子被提到了高点——铺天盖地而来的新闻追踪使“富士康血汗工厂”的报道一下子名扬全国，许多原先并不关注、抑或说关注度并不高的公众都将眼光投向了富士康。该事件对富士康的声誉造成了较大的负面影响。从公共关系的角度看，富士康在这起事件中的做法违背了以下原则：

(1) 违背承担责任原则。富士康不对自身行为进行检查和反省，不积极采取措施提高员工的福利和改善员工的工作环境等，而是采取对抗的方式，以名誉侵权为由向《第一财经日报》两名记者提出总额 3 000 万元的天价索赔，从而成为大众口诛笔伐的目标。

(2) 违背真诚沟通原则。富士康公司没有对事件真相进行解释，没有针对公众的新闻发布，没有关于事态进展的主动通报；就是被动地接受记者采访，也是三缄其口，惜字如金，一句“我们要说的都在声明里了”，傲慢的态度尽显无遗。

(3) 违背速度第一原则。在 2006 年 6 月英国《星期日邮报》发表相关报道和 2006 年 6 月 15 日、22 日《第一财经日报》相继刊发两篇报道后，都未见富士康在第一时间内对媒体和公众作任何的积极表态。

(4) 违背系统运行原则。作出相关报道的记者王佑与王佑所在部门的负责人翁宝，系《第一财经日报》的员工，而王佑刊发的相关报道系职务行为。因为职务作品单独起诉记者的诉讼非常罕见，而 3 000 万元高额赔偿在名誉权纠纷案件中更是骇人听闻。除了和媒体矛盾公开化之外，没有任何赢取公众好感的行为。

(5) 违背权威证实原则。除了辩解和恐吓，没有任何有公信力的机构来说话，也没有任何有说服力的行为来证实。

资料来源：游昌乔：《2006 年十大危机公关案例》，见中国营销传播网。

(5) 矫正型公共关系。

矫正型公共关系，就是采取措施来纠正因主客观原因给本组织带来的不良影响（风险或严重失调），恢复本组织被损害的良好形象和信誉的公共关系方式。

3. 依据与组织的关系进行的公共关系分类

依据与组织的关系不同，公共关系可分为内部公共关系和外部公共关系。

(1) 内部公共关系。

内部公共关系是组织内部纵向公共关系和内部横向公共关系的总称。针对组织结构而言，纵向公共关系是组织机构上下级之间的关系；横向公共关系是组织机构同级职能部门、科室、班组之间和员工之间的关系。建立良好的内部公共关系，是组织开展各类对外公共关系活动的基础和前提。

(2) 外部公共关系。

外部公共关系是指与其运行过程发生一定联系的所有外部关系的总和。外部公共关系包括消费者关系、社区关系、政府关系、媒介关系、竞争关系、经销商

关系、供应商关系等。

4. 依据活动主体进行的公共关系分类

依据活动主体不同，公共关系可分为企业公共关系、政府公共关系和国际公共关系。对这些类型的公共关系，我们将在以后进行专门的介绍。

1.2　公共关系的产生和发展

公共关系产生于20世纪初，迄今已有100多年的历史。今天，“公共关系”一词已风靡世界，公共关系学科已成为发展最迅速、运用最广泛的学科和行业。考察公共关系的产生和发展，了解其历史和发展进程，有益于我们进一步把握公共关系的概念。

1.2.1　公共关系产生的条件

作为一门科学和一种职业，公共关系的产生有其深刻的社会经济根源。

1. 现代商品经济是公共关系产生的经济基础

公共关系的思想渊源可以追溯到古代。我国古代就有“天时地利不如人和”，“得人心者得天下、失人心者失天下”，“得道多助、失道寡助”等思想，古埃及、古印度、古波斯国亦有类似说法。这些可以看作是公共关系的某些思想萌芽，但并不是现代意义上的公共关系。现代公共关系产生的经济基础是发达的商品经济。

（1）现代商品交换关系的发展，要求个人与企业之间建立起稳定的联系。

在自然经济条件下，生产和消费基本集中于家庭内部，交换关系很不发达，人与人之间的关系以家庭关系为中心。在商品经济发展的初期阶段，剩余产品的交换是小规模的，交换关系是偶然的、不确定的。商品经济发展到现代，生产职能完全从家庭中分离出来，交换关系变得越来越重要，特别是第三产业的发展，使大部分家务劳动转化为社会化的商品服务，人们要很好地生活下去，就不得不借助越来越多的交换关系来获取所需要的产品和劳务。商品生产组织则必须通过大规模的交换来实现其产品的价值，维持企业的正常运行。在现代经济社会中，从个人到企业，商品交换关系已成为维持生存的必要方式。维护商品交换关系，并使这种关系趋于稳定化，要求在生产者和消费者之间建立另一种“交换关系”，即通过交流感情，沟通信息，达到相互了解和信任，实现相互支持与合作。

（2）在现代商品经济发展过程中，消费“主导”替代了生产“主导”。为适应这种转变，工商企业需要建立良好的公共关系，以争取消费者支持。

产业革命发生以来，社会生产力得到了空前的发展，日益扩大的商品生产成为社会发展的主导力量。生产创造着需求，引导着消费。随着商品供给的日益丰富，市场供求关系发生了深刻变化，消费者有了越来越多的选择自由。生产企业不能再无视消费者的利益、需要和情感来单方面地安排生产，他们必须考虑消费者的爱好、习惯和心理，并使生产活动与之相适应，才能使自己的产品得以顺利销售。以消费为主导的市场运行，使生产者之间的竞争，逐步从硬指标（如产量、质量、价格、品种等）转向软指标（如服务方式、员工态度、业务范围、公共关系等），公共关系成为企业争取消费者信任和支持的最重要手段。

(3) 随着商品经济的发展，人们的消费从满足基本生活需要转变为享受和发展的需要，日益分散化和多样化的需求使商品生产者和消费者的直接见面变得越来越重要。企业界和消费者双方均需要通过良好的公共关系，来实现自己的利益。

随着商品供给的丰富，人们的消费逐步发生了变化。人们不再安于基本生活需要的满足，购买行为中加进了个性、情感、心态、习俗等因素。以往的标准化、大批量商品生产越来越不适应人们日益复杂多变的消费需求。虽然销售部门能转达一部分消费信息，但很难做到准确及时。因此，商品生产者与消费者直接见面变得越来越重要。只有与消费者直接见面，企业才能广泛地、及时地了解到消费者选择商品标准的变化情况，才能不断调整生产，使产品供给做到多式样、小批量、勤变换。

(4) 商品经济发展带来了广泛深入的社会分工，生产、服务、管理等各部门专业化程度越来越高，这种经济格局的发展，要求企业在不断提高自身专业化程度的同时，进行跨行业、跨地区甚至跨国界的经济联系，在相互协作、相互配合、相互促进中求得发展。这种联系和合作关系需要用公共关系的管理方法来建立并有效地加以维持。

2. 民主制度是公共关系产生的社会基础

所谓民主，就是按多数人的意见行事，同时照顾少数人的利益不致受到过分侵害。民主化是社会发展的必然趋势，又是衡量社会发展程度的主要标志。民主制度是现代社会的管理方式，其基本内容是以法律形式确定全体公民有了解和参与社会管理过程的责任和义务。公共关系就是最体现民主精神的一种管理手段。

民主化经历了一个“宽容—了解—参与”的发展过程。公共关系就是在这一过程中应运而生的。宽容是民主的要义和最基本层次，是实现民主的第一步。宽容不仅是对持异见者不迫害，而且允许不同意见有扩大其影响的空间和可能，让广大公众自己去辨别、判断各种意见，然后表明自己的倾向。了解是民主向制度

化发展的必经阶段。“知情权”、“透明度”、“公开化”都是针对了解这一民主层次而言的。“参与”是民主的最高形式，公众可以通过各种合法途径直接或间接地影响国家管理体制的运行，为维护自己的经济利益和政治权利而参与其中。了解是参与的前提条件，是民主制度运行的基础，公共关系正是为满足、适应公众要求了解这一需要而做出的一项主动性的管理行为。所以说，民主化是公共关系产生的土壤。

民主制度是“多数人当家作主”的一种管理体制。民主的实现有两种基本形式：一种是直接民主，即由所有有关人员参与决策过程，政策按多数人的意见而制定；另一种是间接民主，即由社会各种利益集团推选出自己的代表，由这些代表对政策制定发表意见。间接民主是大多数民主国家采用的体制，称作“代议制”。在这种制度下，一般公众的参与权力是间接的，主要表现为选举自己的代言人，由此，“参与”同“了解”更紧密地联结起来了。一般大众的利益是否在政策制定中得到体现，需要看这些大众代表在处理问题、发表意见时表现如何，特别是在表决中投什么样的票。公众在选举自己的代表之后，仍要监督自己的代表准确地反映自己的利益诉求和相应的意见。这一切，都建立在公众对自己代表的品质、工作能力、工作方式等充分了解的基础上，因此公众需要“了解”。而各种代表为了取得选民支持，也必须了解国家管理的各方面情况。所以，公共关系是民主制度的一种必然的运行方式。

3. 现代科学技术发展是公共关系产生的必要条件

人类进入现代社会以来，科学技术经历了两个重大发展时期。第一个发展时期是从产业革命到19世纪末20世纪初，可称为机械时代，这一时期主导科学发展潮流的是各种生产技术的发明和创造。第二个发展时期是从20世纪初至今，可称为电子时代或信息时代，与这一时期相适应的是社会科学特别是管理科学的迅速发展。

在机械时代，机器成为人们崇拜的偶像，人的创造性受到了极大的压抑，与此相应的管理方式是让人成为机器、适应机器。随着无产阶级力量的不断强大，生产至上的管理方式遭到了沉重的打击，资本家不得不在经营中认真考虑工人的需要和感情。20世纪初，以人为主的管理思想逐渐形成，与此同时，关于人的科学研究得到了突破性进展，特别是心理科学和行为科学，它们揭示了人的行为规律、价值选择原则，为组织协调与公众的关系奠定了基础。

此外，科学技术的发展带来了人类传播技术的进步，现代传播媒介（报刊、影视等）的产生和发展，也为公共关系的产生提供了必要的物质条件。

1.2.2 公共关系产生和发展的历程

现代意义上的公共关系事业，是社会发展到一定历史阶段的必然产物。更进一步地说，是根植于西方商品经济的土壤中的。与其他事物的发生、发展一样，公共关系也经历了一个萌芽、产生、发展的过程。[①]

1. 萌芽时期

“公共关系”概念的提出始于19世纪的美国。最初主要是出于政治上的需要。如竞选总统时，各竞选者便纷纷开展“树立形象”的公关活动。正如美国新闻学教授罗纳德·希克斯所说：“今天的候选人和商品服务一样，被制造出来，推销出去，赋予一定的形象。”1882年美国律师多尔曼·伊顿在耶鲁大学发表了题为《公共关系与法律职业的责任》的演讲，首先提出了现代意义的“公共关系”概念，并将之解释为“大众利益”。这一提法针对当时企业的“非人性”做法，诸如环境污染、无节制地榨取工人血汗而造成的劳资关系紧张等事实，以及新闻广告宣传中不考虑公众利益，甚至滥用现代传媒手段愚弄欺骗公众的种种行为，提倡应关注公众利益，并把它作为公共关系的核心问题。无疑这一概念及其解释，对上述种种丑行在某种程度上起到了鞭挞的作用。它明确了公共活动必须维护公共大众利益，奉行诚实、信义、公正的原则和精神。由此不难看出，处于酝酿萌发阶段的公关活动，经历了一个利用新闻报刊作夸大虚假的广告宣传，继之以传媒揭丑是否妥当，到自觉地真实传播信息，真诚考虑公众需要，以建树良好形象的变化过程。这样，公共关系作为一种树立组织新形象的工作的重要性日益凸显，公共关系职业应运而生。

2. 产生时期

(1) 公共关系的产生。

1903年，美国著名记者艾维·李（1877—1934）在美国纽约开办了第一家正式的公共关系事务所——宣传顾问事务所，标志着现代公共关系的产生。艾维·李也被视为“现代公共关系之父”。

公共关系的产生，是美国经济发展和社会矛盾交互作用的产物。19世纪末，美国正处于由自由资本主义向垄断资本主义的过渡阶段。伴随着这种历史转变，大财团垄断了美国3/5以上的经济命脉。它们控制政府，呼风唤雨，无视劳工利益，无节制地扩大生产和榨取工人血汗，从而导致了社会公众对垄断财团日渐不满，劳资纠纷频繁。于是，一些有远见的企业家开始意识到公共关系的重要性，纷纷就教于公关专家，希望帮助企业重塑形象，求得公众谅解。这样，运用各种

① 参见姜亦炜：《公共关系的起源与发展探究》，载《中共乐山市委党校学报》，2009（5）。

传媒手段，帮助企业与公众“对话”的公共关系职业顺时而生。

公共关系的职业化，是公共关系产生的标志。艾维·李正是由于创办了第一家公关事务机构，并且第一个提出了公共关系的思想和基本原则，而彪炳于公共关系史册。他所提倡的“公众必须被告知”，反对“公众被愚弄”，主张“说真话”的思想至今被奉为公共关系的圭臬。

1906 年，艾维·李获得了一次机会，得以将他的公关关系思想付诸实践。当时被人们称为“强盗大王”的洛克菲勒财团正陷于无烟煤业工人大罢工的浪潮中。为摆脱困境，他们聘请艾维·李来进行调解。艾维·李在解决这场劳资纠纷的过程中，对公共关系的职能进行了大胆尝试，采取了一系列公关举措使罢工很快平息。一场罢工潮变成了公共关系的大表演。洛克菲勒惊讶地发现，他的公司得到了有史以来新闻舆论最公正、最善意的报道。“强盗大王”的帽子也被抛到了密西西比河，成为了历史的尘埃。事后，洛克菲勒曾深有感触地说：“艾维·李扮演了一个十分成功的角色，为约翰·洛克菲勒家族的历史增添了十分重要的一页。”

此后，艾维·李又运用公共关系思想成功地解决了多起劳资纠纷案。艾维·李的成功，扩大了公共关系的影响力，同时也推动了一大批工商企业开始改变对待公众的态度，转而采取更为开明的经营方针。当然，艾维·李的公关思想还只是初步的，更多的是经验性、艺术性的，缺乏科学的理论概括与研究。但不论怎么说，由于他的一系列创造性的公关实践活动，现代意义上的公共关系从此产生了。

(2) 公共关系学的产生。

真正将公共关系理论化、科学化的是美国人爱德华·伯纳斯。他是美国第一批从事公共关系学研究的学者，不仅如此，他还是一位公共关系实践家。1913 年，他受聘福特汽车公司任公关部经理。第一次世界大战爆发后，他又参加了威尔逊总统成立的公共信息委员会。期间，他曾卓有成效地完成了向国外新闻媒介提供美国参战的背景和解释材料的任务。战后，他和夫人在纽约开办了公共关系公司。1923 年，他的公关学名著《舆论之凝结》出版发行。同年，他在纽约大学首次开设公共关系学课程，将公共关系学引入大学讲坛。以后，他又出版了《公共关系学》教材，从而为公共关系学发展成一门独立的学科奠定了理论基础。伯纳斯的《舆论之凝结》最早提出了“公共关系咨询”的概念，并将公关思想主题定位于“投公众之所好”。他认为公关工作要了解公众的喜好、要求和态度，然后再以公众态度为出发点进行有的放矢和投其所好的工作，达到争取公众合作的目的。由于伯纳斯的理论创造和出色的实践活动，使得科学的公共关系出现在学术领域，并为学术界所接受。

3. 发展时期

现代公共关系是适应市场经济条件下新的社会、商务活动和人际交往的需要而产生的。它一经产生，即以其独特的魅力首先进入英语语系国家。1926 年，英国成立了官方公共关系机构皇家营销部。在 20 世纪 30 年代的经济危机期间，该部全力响应英国政府“购买英国货”的号召，开展全方位的公共关系活动，取得了惊人的成功，从而使英国人开始对公共关系的作用刮目相看。

从 20 世纪 30 年代的大危机到第二次世界大战，公共关系日渐为公众所了解、信服和重视，并获得了长足的进步与发展。1939 年至 1945 年，《公共关系季刊》、《公共关系杂志》、《公共关系新闻》等专业性杂志在美国相继出版。1935 年，美国公立学校公共关系学会成立。1937 年，据美国《商业周刊》发表的第一篇公共关系职业报告统计，当时全美有公关专业人员 5 000 人，公关公司 250 家，全美最大的公司中有 20%设有公共关系部。战争期间，美国政府对公共关系给予了充分重视。在这方面，美国总统富兰克林·罗斯福著名的“炉边谈话”，就是运用公共关系的一个成功范例。他在炉边温馨的家庭氛围中娓娓道来的话语，打动了公众的心扉，把美国人民从“孤立主义”中引导出来，积极投身于世界反法西斯战争中。在罗斯福的倡导下，政府成立了战争信息办公室，征用了一批公关技术专家，运用公共关系宣传解释美军出国远征的意义，号召人民支持政府和军队，唤起公众的爱国热情，以鼓舞士兵斗志。与此同时，美国的商界、劳工界也开始大量征聘公关人员，这些公关业务人员为美国战时经济的发展做了大量富有成效的工作。

第二次世界大战结束后，公共关系进入了一个全面发展的时期。公共关系活动日益成为一种世界现象。1946 年，法国出现了公共关系机构，同年，荷兰也出现了公共关系事务所。以后，欧洲非英语语系国家，乃至亚洲、非洲、拉丁美洲等地区都出现了相应的公共关系机构。1947 年，波士顿创办了公共关系学院。1948 年，美国公共关系协会（到 2009 年该协会已拥有 22 000 多名会员）成立，制定了《公共关系人员职业守则》，从而使公关活动步入了制度化、规范化的轨道。1955 年，国际公共关系学会在伦敦成立。从此，公共关系作为一门世界性的行业而独立存在。

20 世纪 50 年代以后，公共关系的面貌发生了巨大变化。其理论研究与实践方式进入了成熟发展时期。公共关系开始步入科学化、规范化、制度化的发展道路。这一时期，对公共关系理论和实践作出重要贡献的代表人物是卡特利普、塞特和詹夫金斯。

卡特利普和塞特是美国著名的公关专家，其代表作是《公共关系咨询》、《有效公共关系》。在书中，他们提出了“双向对称”的公共关系模式，即公共关系的最终目的，是使组织和公众在双向沟通和传播活动中形成和谐的关系。“双向对称”论适应了当代社会进步与发展的需要，因而一经提出便为人们所广泛接受，成为现代公共关系的重要标志。詹夫金斯的主要成就是在广告学和市场营销、管理学方面。这位著名的英国公共关系教育家，在英国创办了最早的公共关系学校，主要讲授公共关系、广告、市场营销等课程，一生写作公关著作十多部，其中产生重要影响的有《广告学》、《现代市场学》、《公共关系与成功的企业管理》等。这些著作丰富、发展了公共关系学理论。

综观处在发展时期的公共关系，其特征主要有两个：第一，公共关系的理论研究与实践的结合日益紧密，理论体系形成并日臻完善。第二，公共关系走向世界，公共关系活动已成为一种全球现象。

进入20世纪八九十年代以后，由于新技术革命的不断深入发展，社会信息化、产业自动化程度提高，人与环境的依存程度进一步加深，这一切促使现代公共关系必须朝理论系统化、科学化、技术手段现代化、公关活动国际化的方向发展，最具代表性的是公共关系营销和网络公共关系的兴起。1986年科特勒提出“大营销”概念，首次把“市场营销组合”4P（即产品、价格、促销和销售渠道）发展为6P（即产品、价格、促销、销售渠道、政治和公共关系）。1995年美国市场营销专家帕托拉在《市场营销》一书中强调，“公共关系结合其他促销组合可以树立品牌知名度，建立有利于品牌的公众态度以及鼓励消费者的购买行为”。公共关系与营销的融合是两大学科发展的必然，从此公共关系有了产业依托，营销进入了“大营销”时代。

21世纪初期，随着互联网的广泛运用，人类在沟通传播领域经历了一场革命，网络公共关系应运而生。米德伯格在2001年出版了《成功的公共关系》一书。他认为，“从本质上看，公共关系因互联网发展而催生了五个沟通趋势，即速度、途径、交互作用的新规则、品牌的重新界定以及作为沟通的商业伙伴”。他断言，新的公共关系人员的群体已经出现，他们是这样一群人：是混合了传统的公共关系与网上沟通所创造出来的对客户具有前瞻性的、一体化的商业活动的“电子沟通者”。凡此种种，表明公共关系在当代的发展可谓方兴未艾、任重而道远。

1.2.3　公共关系在中国的发展

公共关系在中国的发展经历了一段从无到有、从弱到强、从不自觉到自觉、从分散发展到逐步规范、从曲解到理解、从单纯引进到吸收升华的曲折历程。具体来说，公共关系在中国的发展经历了三个时期。[①]

1. 拿来主义时期（20 世纪 80 年代初—1986 年）

在中国，现代公共关系起初是作为舶来品引进的，没有形成自己的公共关系思想和操作规范，而是以模仿和搬抄国外的理论及操作规则占主流，所以，这一时期被称为拿来主义时期。这一时期的突出特点表现在以下几个方面：

（1）公关部挂牌，公关从业人员出现。

1963 年，一些跨国公司在台湾地区和香港地区的分公司纷纷引进了母公司的体制和管理方式，企业中的公共关系部迅速壮大。随之公关理论和实务迅速流行开来，1963 年在香港地区出现了第一家专业的公共关系公司韦特公共关系公司，1975 年台湾的魏景蒙先生创办了第一家中国人自办的公共关系专业公司联合国际公司。20 世纪 60—70 年代香港、台湾两地区的公共关系已进入职业化阶段。在中国内地，20 世纪 80 年代初，最早实行改革开放的深圳特区的一些外商独资或中外合资企业参照其海外母公司的经营管理模式，设立了公共关系部。随后汕头、佛山、北京等地的中外合资企业也纷纷设立公共关系部，特别集中在宾馆、饭店等行业。

（2）国际著名公关公司抢先登陆中国市场。

随着我国的改革开放向纵深发展，国际公关界纷纷摩拳擦掌冲入中国市场，其中希尔-诺顿公关公司，1984 年率先在北京设立了办事处。1985 年 8 月，世界上最大的公共关系公司博雅与中国新华社下属的中国新闻发展公司联手成立了中国第一家公共关系公司——中国环球公共关系公司，同年还有一家合资公关公司——中法公关公司成立。之后又陆续有一些国际公关公司在中国大陆设立分公司，它们带来的新思路和新的国际操作规范极大地催发了我国公关公司的出现和成长。

2. 自主发展时期（1986 年—1993 年）

20 世纪 80 年代中期的中国，公关事业已遍地开花。众多迹象表明，公关作为拿来的事业经过本土的消化吸收已有了良好的发展势头。这样的潮起潮涌有效地促进了公关事业的职业化、公关研究的学科化。

（1）行业协会辈出，职业网络出现。

1986 年 1 月，中国大陆第一个公共关系民间团体——广东地区公共关系俱乐部成立，这是中国第一个公共关系机构。1986 年 6 月第一家由官方组织的公关机构——上海市公关协会成立。1987 年 6 月 22 日中国公共关系协会在北京成

① 参见吴友富主编：《中国公共关系 20 年发展报告》，上海，上海外语教育出版社，2007。

立，这标志着公共关系在中国得到了正式确认和接受，公共关系事业的发展进入了一个崭新的发展时期。紧接着，深圳、北京、浙江、天津、南京、武汉、陕西、四川等地先后成立了省市级的公共关系协会、学会、研究会和俱乐部等社团组织。1991 年 4 月 26 日中国国际公关协会在北京成立。

（2）公关出版物丰硕，学术成果推广快。

中国公关事业的发展与 20 世纪 80 年代中期趋向火热的公关学术成果的翻译、出版、推介有着直接关系。中国社科院新闻研究所公共关系课题组编著的《公共关系学概论》（1986），是我国较早的一部全面系统论述公共关系理论和实践的著作。在此时期，大量的公共关系译著、专著、教材、辞典纷纷问世。在大众传媒方面，最早问世的一张公共关系专业报纸是由浙江省公共关系协会主办的《公共关系报》，于 1987 年 1 月在杭州创办。1989 年 1 月 25 日陕西省公共关系协会和中国公共关系专业委员会联合主办的《公共关系》杂志在西安面世。同年，《公共关系导报》在青岛创刊。1993 年《公关世界》在石家庄创刊。专业性的公共关系传播媒介的发展，极大地推动了公共关系的普及和公关向纵深方向的发展。

（3）公关培训活跃，教育层次多样化。

自 20 世纪 80 年代中期开始，公共关系的培训异常活跃，这一阶段公共关系的教育培训开始初具规模，规范化、系统化的正规职业教育和学历教育逐步形成。可以说，1985 年 1 月深圳市总工会举办的公共关系培训班是我国有史以来第一家专业从事公共关系培训的机构。1985 年 9 月深圳大学首先设立了公共关系专业（专科），开设公共关系的必修与选修课程，从此，公共关系开始登上高等学府的讲坛。1987 年，原国家教委正式把公共关系列入行政管理、工业经济、企业管理、旅游经济、市场营销、广告学、新闻学等专业的必修课。全国有 300 多所大学开设了公共关系课程。1994 年经原国家教委批准，中山大学创办了我国第一个公共关系本科专业，同时在行政管理专业的硕士点招收公共关系研究方向的研究生。这使我国公共关系的学科化建设迈上了一个新的台阶。我国公共关系教育事业已开始逐步走向正规化和系统化的高层次学历教育阶段。

（4）公共关系科学研究和实践运作空前繁荣。

20 世纪 80 年代中后期，随着我国公共关系教育和实践的迅速发展，一大批有识之士开始结合中国的政治、经济和文化的特点来探索中国公共关系的一些重大理论问题。尤其是在两大国家级协会的推动下，我国每年都召开公共关系理论与实践问题的研讨会。公共关系的研讨会加强了学界的成果交流与传播，对公共关系理论的深化和完善，公共关系的国际化、专业化、职业化发展起到了促进作用。

(5) 国内外公关市场开始交流，国际公关职业市场正在开辟。

中国国际公关协会自1991年成立以来，本着“让世界了解中国、让中国走向世界”的宗旨，致力于加强中国公关界与国际公关界的联系和交流，每两年一届的中国国际公共关系交流大会，均取得了巨大的成就。

3. 成熟发展时期（1993年至今）

1993年11月中国共产党十四届中央委员会第三次会议通过了《中共中央关于建立社会主义市场经济体制若干问题的决定》后，建立中国特色社会主义市场经济的步伐全面启动，这给中国公共关系行业带来了勃勃生机，中国公共关系行业进入了全面的整合时期。公共关系行业经过了市场经济优胜劣汰的大浪淘沙之后，开始步入更加职业化和专业化的阶段，进入成熟发展时期。具体表现在以下几个方面：

(1) 公共关系职能部门渗透到各行各业。

公共关系事业经过十多年的冲浪，开始步入稳步发展时期，从一开始的仅限于服务行业进入到了各种形式的企业和经济实体，并已扩展到各种社会组织和行业，如社会团体、科研机构、银行、学校和党政部门。这些组织成立了具有公共关系功能的机构，或在某些已有的机构中扩充了公共关系功能，人们越来越重视运用公共关系手段来保障和促进自身的发展。公共关系作为一种管理功能被引入各行各业的管理领域，一种形象管理即无形资产管理的理念已广为人们所认知并接受。人们开始重视运用公共关系的手段来加强对组织的公众关系和公众舆论的管理。于是，各行各业出现了各种各样的公共关系的职能部门，这些部门尽管名称各异，如公关宣传部、公关营销部、公关策划部、公关发展部等，然而它们的功能大同小异，都不同程度地发挥着公共关系的功能。

(2) 职业公关公司开始成熟发展。

专门化的公关公司经过前十年风雨的洗礼，开始步入自我整顿、自我提高时期。20世纪80年代中期到20世纪90年代初，名目繁多的公关公司曾风起云涌，但其中大多是缺乏实力、名不副实的空头公司。由于自身人才的缺乏、公关市场的不成熟、运作规则的不规范，许多注册公司在20世纪90年代初中期，纷纷关门倒闭或转业另谋出路，而生存下来的一些中资公关公司渐渐开始走向专业化、市场化、职业化，并在公关市场上逐渐确立了自己的地位。据中国国际公关协会调查显示，2006年我国的公关公司超过了3 000家。

中资公关公司的专业程度逐步提高，服务对象既有外埠客户，又有内陆客

户，但仍以本国客户为主。所服务行业涉及吃、穿、住、行，但并非是纯粹公关业务的运作，很多公关公司经过几年的发展，服务开始系统化、专门化，往往代理客户整体形象的定位、策划、传播实施。在公关、广告、CI、营销等领域全面开花。由于许多中资公司规模小，因而机制相对灵活，经营成本也低。同时有优于外资公司的熟悉中国国情和市场的特点，因而在市场上也富有竞争优势。

（3）外资公关公司纷纷抢滩中国市场。

自1984年、1985年美国的伟达、博雅公司先后挺进中国市场后，有相当一段时间外资公关公司在中国大陆的市场开拓维持在两至三家。到了1992年，由于中国公关市场有所发展，生机初显，一大批外资公关公司又纷纷杀入。像美国爱德曼、奥美、福莱、罗德、凯旋先驱、英国宣伟等。这些公关公司纷纷与中资公司建立联营关系，或在一些发达地区设立办事机构或业务点。这些外资公关公司为拓展中国市场，积极导入公关新观念，着力于公关专业宣传。同时外资公关公司通过自身的实践，引进了公关行业最先进的国际职业操作规范和标准，特别是一些先进技术手段的广泛运用，向中国的客户展现了极高的专业服务水准，让人们看到了公关业灿烂的未来。这极大地推进了中国公关市场的发展，并对中国公关市场的专业化、职业化、国际化起到了积极的影响和作用。

（4）公关教育立体化。

公关教育经过十年的风风雨雨，目前基本形成了立体多维的学历和非学历交叉并存的局面。从低级到高级，公关教育的具体种类有业余培训、函授教育、普通全日制教育、大学全日制本科教育、研究生教育等。在社会各界的推动下，原劳动和社会保障部于1997年11月15日成立了中国公共关系职业审定委员会，将公关员职业正式列入了《中国职业大典》，这标志着国家已正式承认公共关系这一职业，同时制定了公关人员的国家职业标准和考核规范，并于2000年12月3日举行了第一次公关员职业资格考试。这标志着我国的公共关系开始真正走上职业化和行业化的道路。这不仅有利于公关职业的成熟发展，也推进了中国公共关系行业纳入国际化运作轨道的进程。

（5）政府公共关系得到了重视和发展。

2004年9月19日，中国共产党第十六届中央委员会第四次全体会议通过了《中共中央关于加强党的执政能力建设的决定》。《决定》指出："坚持最广泛最充分地调动一切积极因素，不断提高构建社会主义和谐社会的能力……妥善协调各方面的利益关系，正确处理人民内部矛盾。坚持把最广大人民的根本利益作为制定政策、开展工作的出发点和落脚点，正确反映和兼顾不同方面群众的利益。高度重视和维护人民群众最现实、最关心的利益，坚持纠正各种损害群众利益的行为。教育引导广大干部群众正确处理个人利益和集体利益、局部利益和整体利益、当前利益和长远利益的关系，增强主人翁意识和社会责任感。健全正确处理人民内部矛盾的工作机制，完善信访工作责任制，综合运用政策、法律、经济、行政等手段和教育、协商、调解等方法，依法及时合理地处理群众反映的问题。建立健全社会利益协调机制，引导群众以理性合法的形式表达利益要求、解决利益矛盾，自觉维护安定团结。”做好协调关系、引导群众的工作都需要高超的公关能力，因此，提高政府公关能力是提高执政党的执政能力的具体体现，是构建和谐社会的客观需要。近几年，中央和地方一直在致力于政府公共关系体系的构建，并积极探索利用公关手段处理和解决社会经济发展中出现的各种矛盾和危机，取得了良好的效果。

本章小结

◎ 公共关系是一门管理科学，它借助传播媒介形成双向沟通，促成组织与公众之间建立良好的信赖合作关系，在满足公众利益的基础上求得组织的发展。

◎ 公共关系的对象是组织与公众之间的关联网络，公关工作的直接对象是公众。公众可分为多种类型。

◎ 根据组织所从事的公共关系的业务内容、行为方式、活动主体和公众对象，可将公共关系分为不同类型。

◎ 公共关系产生于 20 世纪初。公共关系的产生是现代商品经济、民主制度、现代科学技术发展共同作用的结果。

◎ 公共关系经历了一个萌芽、产生、发展的历程。

◎ 公共关系在中国的发展经历了拿来主义、自主发展和成熟发展三个时期。

关键术语

公共关系	公众	宣传型公共关系
交际型公共关系	服务型公共关系	社会型公共关系
征询型公共关系	建设型公共关系	维系型公共关系
防御型公共关系	进攻型公共关系	矫正型公共关系
内部型公共关系	外部型公共关系	

复习思考题

1. 如何理解公共关系的概念？
2. 公共关系的对象是什么？公众的特点是什么？公众可以分为哪些类型？
3. 公共关系有哪些类型？
4. 公共关系产生的条件是什么？
5. 公共关系的产生和发展经历了哪几个时期？
6. 结合实际，谈谈如何改善我国的公共关系工作。

第 2 章

公共关系的职能与原则

【学习目的和要求】

本章介绍了公共关系的职能与原则。通过本章的学习，我们要了解公共关系有哪些职能，这些职能是如何实现的，并了解公共关系活动中应遵守的各项原则。

公共关系是一门艺术，它在组织运营与发展的各个环节上都发挥着重要的职能和作用。而要充分实现这些职能，公共关系活动的进行必须遵循一定的原则。本章即要介绍公共关系活动所要发挥的职能和所要遵循的原则。

2.1 公共关系的职能

公共关系职能是公共关系在组织中所应发挥的作用和应承担的职责。对公共关系职能长期以来存在着不同的表述。我们认为，概括地说，公共关系职能就是调动一切可以调动的力量，运用各种手段，塑造良好的组织形象，创造宽松的外部环境，促进组织的生存与发展。具体来说，公共关系的主要职能有六项：收集信息、塑造形象、传播信息、协调关系、咨询建议以及柔性管理。

2.1.1 收集信息

公共关系管理的根本目的在于建立和维持一个组织与其相关公众之间的互惠

合作关系，所以对一个组织来说，必须了解它的公众，了解公众的需求和心理，了解公众对本组织的评价和反应，这样才能对未来的行动和计划作出预测和决策。收集信息应成为公共关系的首要职能和经常性工作。

（1）收集信息的内容。

组织所要收集的信息，主要包括：

1）组织形象信息。内外部公众对社会组织在运行中所显示的行为特征和精神面貌的反应就是组织形象信息。公共关系的工作目标是为组织树立良好的社会形象，因此，了解组织在公众中的形象是组织公共关系活动的基本内容之一，这也是组织公共关系活动过程的一个重要环节。组织形象信息一般包括：公众对领导机构的评价，公众对组织管理水平的评价，公众对于组织内部一般工作人员的评价，公众对组织环境特征的评价。

2）组织产品形象信息。产品是社会组织运行的最重要的一环，也是组织与消费公众之间发生关系的最根本原因。产品形象与社会组织的生存命运直接相关，所以，公关人员要十分注意了解本组织的产品在公众心目中的形象。这方面的信息包括消费公众对产品（服务）的价格、质量、性能、品种、款式、登记、商标、包装、用途等方面的反应，以及对围绕产品所进行的服务时间、服务方式和服务质量的反应。

3）组织运行状态及其发展趋势信息。组织运行状况及发展趋势的信息，对于组织及时调整运行机制极为重要。社会组织的运行是在一定现实环境中进行的，其运行过程就是它不断地与现实环境诸因素发生种种关系的过程，关系的变化必然引起社会组织自身形象的变化，而自身形象的变化又对社会组织的运行，甚至社会组织的生存产生影响。所以从理论上讲，公共关系的工作内容就是对社会组织运行所要涉及的关系状态及其变化进行专门的信息处理，在此基础上研究社会组织形象及其变化趋势，并做出相应的调整。

4）各类公众信息，如本组织的员工、股东、消费者、政府、社区、媒介、竞争者、协作者公众及有关各社会团体方面的信息。

5）社会环境信息，就是与本组织生存发展有关的政治、法律、文化、社会舆论等方面的状况及其变化、发展趋势方面的信息。如财政政策、货币政策、国家经济发展战略、国际经济大趋势等宏观经济信息，与企业行业特点密切相关的法律法规，政府机构发布的各种行政管理规定，与企业有关的各种舆论信息等。

（2）收集信息制度。

现代社会信息量很大，对同样的信息有些人能立即意识到它巨大的价值，有些人则可能熟视无睹，或者在大量信息面前束手无策。信息是一种特殊的资源，这种特殊性集中表现为开放性、共享性、边际效用递增性。这就要求公关人员对信息要有敏感的触觉，能够及时而准确地捕捉有用的信息，善于挖掘信息。

2.1.2 塑造形象

一个组织要想达到与其社会公众建立良好公共关系的目的，往往是通过塑造组织美好形象的途径来实现的。塑造形象也是公共关系的主要职能。组织形象是指它在运行过程中显示的行为特征和精神面貌，包括组织的内在气质和外观形象两个方面。所谓内在气质，是指社会组织在运行中对现实环境诸因素发生或改变关系时所表现出的基本态度、价值取向及社会公德水平，如服务态度、待人处事的基本行为准则、售后服务水平等，可以把内在气质比喻为组织的“软件”。所谓外观形象，是组织在实现工作目标时所显示的能力识别标记，如产品质量、知名度、市场占有率、技术力量、人员素质等，可以把外观形象比作组织的“硬件”。

塑造形象工作是一项具有战略性和长远性的工作，必须做好全面规划、统筹安排，要在正确的方针、原则指导下进行，这些原则包括突出特色的形象性原则、从创名牌产品到创名牌企业的发展性原则、教育引导全体员工都重视公共关系工作的整体性原则、力争超过竞争对手的竞争性原则和坚持不懈长期奋斗的长远性原则等。

从实践看，形象塑造工作通常是由组织的公共关系部门来承担的。在组织机构创建时，公共关系部门是形象的“设计者”，在组织机构运行时，是形象的“维护者”，在组织机构出现危机时，是形象的“矫正者”。

为了塑造组织形象，许多组织引入了企业形象识别系统（CIS），取得了良好的效果。

案例分析

太阳神引入企业形象识别系统

“当太阳升起的时候，我们的爱天长地久”，相信现在很多人都还记得太阳神口服液和这句耳熟能详的广告歌词。生产保健口服液的广东太阳神集团有限公司是我国第一家全面导入CIS并曾取得巨大成功的企业。

• 项目背景

太阳神集团的前身是珠江三角洲一家规模不大的乡镇企业——广东东莞黄

江保健饮料厂。该厂于 20 世纪 80 年代初开发出一种生物健口服液，并逐渐在广东市场站稳了脚跟。到 20 世纪 80 年代中期，在让生物健走出本省、进军上海和华东市场的前夕，企业的决策者开始接受 CIS 理论，并委托新成立的广州新境界设计群负责总体策划，全面导入 CIS。为贯彻好 CIS 战略，1993 年，太阳神集团组建了 CIS 战略部。1997 年成立了 CIS 战略委员会，由集团总经理挂帅，在组织结构上保证了 CIS 战略的有力实施。

·项目实施

(1) 制定"三位一体"的 CIS 战略。

他们导入 CIS 的第一步是重新确立企业的产品形象。在原有的经营模式下，产品名是"生物健"，商标叫"万事达"，企业名称为"东莞黄江保健品厂"，三者互不相干。用 CIS 的理念加以评判，"生物健"这个名称外延狭窄、硬度大、弹性小，企业名称地方味太浓，两者又与商标不一致。此种模式对企业的未来发展极为不利。设计师最终选定古希腊神话中的 APOLLO（太阳神）为产品命名，有意识地将企业名称和商标名称一体化，同时强调用企业形象去涵盖产品形象，即实行一种近似的三位一体策略。实施这一策略时，太阳神的产品名称一直是生物健，只是在产品包装上把它缩到很小的位置，突出的是太阳神商标本身。

当年在决定用太阳神的企业形象去涵盖产品的形象时，集团内部几乎所有的人都反对，因为生物健在广东已经站稳了脚跟，而华东等外地市场则正在积蓄着市场攻击力量，发展态势良好。但总经理怀汉新却坚持要扩大太阳神集团的商标形象，要把生物健这种产品名称收缩到一个不为人注意的位置。理由是太阳神的名字内涵丰富，具有很强的可塑性和包容性，而生物健这个名称虽然也不错，且有现代意义，但与太阳神相比，发展弹性不大。另一方面，在企业创业初期，资金相对不足，用不多的资金去推广三个不同的名字显然不如推广一个名字更有效率。为了减少风险，总经理决定采用分步实施的策略，即先在广东以外的市场用太阳神去代替生物健，当太阳神在外地市场被人们普遍接受的时候，再将广东的生物健换成太阳神。事实证明，这是十分正确和明智的。

(2) CIS 构成。

导入期太阳神的 CIS 分为：理念识别系统、文本识别系统、行为识别系统和视觉识别系统。

1) 理念识别系统。太阳神的理念识别系统，由总经理亲自策划，企业各部门实施。最高宗旨（价值观）：振兴民族工业（经济），提高中华民族的健康水平；

经营理念：以市场为导向，以科技为依托；企业定位：保健至尊，健康首选；管理理念：以人为本；发展理念：以专业经营为中心，市场专业化，科技市场化；人际风范：真诚理解，合作进取。

2）文本识别系统。太阳神的CIS文本识别系统，是国内外CIS战略中颇具创造性的一个系统，这项工作同样由总经理亲自策划，有时还亲自执笔起草。文本识别系统的主要内容是每年公开发表的元旦献词及有关企业意识的标准文本。另外，太阳神还有许多关于产品内涵的标准科技文本，这些文本记录了各种严格的科学实验的真实结果，并汇编成册，供企业内外传播时使用。

3）行为识别系统。在组织内部，制定管理制度规范员工的行为；对商务组织领导和员工开展商务组织意识的教育；高科技含量的产品开发；完善生产设施；建设良好的工作、生活环境；合理的收入分配结构，调动员工的积极性。

在组织外部，开展经常性的市场调查、公共关系和产品促销活动；开展一系列社会公益性和文化性活动；进行整体、有力、长期的广告宣传，树立良好的品牌形象。

4）视觉识别系统。太阳神的视觉识别系统由总经理和企业另外两位设计师共同策划，在企业标志的设计上，总经理综合了这两位设计师各自的优势，经过多次修改，最后确定了后来众所周知的版本。太阳神商标以象征太阳的图形、APOLLO第一个字母A的三角变形、人字造型以及中文“阳”字篆书象形字体“⊙”作为主要特征，再加上红、白、黑三种永恒的色彩，组合成强烈的色彩反差，代表了健康向上的产品功能和永不满足的企业追求。这个充满内涵和现代气息的形象一出现，便如鹤立鸡群般从众多国产品牌中脱颖而出。

在圆形的太阳下方，插入人形的三角形，三角形的顶点正处于圆形的圆心，让人产生“顶天立地的人”的感觉，三角形下方是英文“APOLLO”，再下方则是并排而立的“太阳神”中文标准字。整个图案在对比中追求稳定和谐，结构十分稳健。

· 项目效果

在集团开始跨行业经营的同时，又推出了行业识别系统。每一个分支机构、每一个下属单位，都形成了自己的一套CIS运作法规。随着太阳神CIS的不断完善，他们的CIS意识也不断在广告和公关传播中得到体现，形象自然与众不同。良好的企业形象为集团带来了切实的利益回报。

太阳神的两大拳头产品——生物保健口服液与猴头菇口服液，在 1993 年巅峰时期创下的 63%的市场占有率，13 亿元的销售额远远超过同一时期的海尔和联想，更是一个后无来者的绝版纪录。太阳神品牌的无形资产曾一度高达 26 亿元。

太阳神成功导入 CIS 在中国掀起了企业形象策划风暴，通过新闻炒作，CIS 系统被渲染成企业发迹的绝代宝典，引得数以百计的企业前来广东取经，而且至今还有很多企业把企业商标的形象管理和传播，作为品牌管理的核心。

• 点评

太阳神的 CIS 成功地达到了组织形象所必须具备的真、善、美的完美结合。

所谓真，太阳神广告没有言过其实地吹嘘自己，而是用"太阳"、"巨人"来象征商务组织形象，准确地传达商务组织的理念，让公众觉得十分真实。

所谓善，太阳神广告突出地传递了爱的信息，"当太阳升起的时候，我们的爱天长地久"，这句广告词妇孺皆知，它是商务组织向公众做出的永久的爱的承诺。

所谓美，太阳神的广告画面是初升的朝阳、和煦的清风、顶天的巨人和缤纷的鲜花——这一切都给人以美的享受、美的遐想。

但是值得注意的是，尽管太阳神成功的 CIS 战略曾经创造出了奇迹，但其后来的经营业绩告诉我们，一个企业如果光有形象力，而没有相应水平的产品力、渠道力、创新力等相配合，是难以成为一个优秀的企业的。

全国保健品市场在 1994 年攀上销售高峰后，1995 年便纷纷跌入低谷。太阳神也难逃厄运。持续两年处于低谷的保健品市场从 1996 年秋季以后开始复苏，但遗憾的是，此时独占鳌头的已经是昂立一号，而不再是太阳神。太阳神的形象也由此黯淡至今。CIS 发展至今，已不仅仅只是简单的形象识别，究其根本是企业战略的制定和竞争。太阳神的成功，取决于清晰的战略和鲜明的定位；它的失败也是因为企业战略没有跟随情势的变化而变化。可见，制定正确的战略才是 CIS 成功的关键。

资料来源：吴友富主编：《中国公共关系 20 年发展报告》，上海，上海外语教育出版社，2007。

2.1.3　传播信息

一个组织要获得公众的了解、理解和信任，取得公众的支持与合作，需要不断地向公众传播组织的信息，解释组织的行为，增加组织的透明度。公共关系是组织的"喉舌"。

为了塑造美好的组织形象和建立良好的组织信誉，组织必须选择适当的方式向外传播。当代最有影响力的传播方式，就是大众传媒。一个组织的公关部门要善于利用大众传媒如报纸、广播、电视、网络等进行对外传播，采用发新闻稿、登广告、举办记者招待会等多种形式，力争媒介给予较多的报道。公关人员应和新闻界保持密切的联系，注意各新闻机构的特点，及时提供组织的信息。需要进行选择性宣传的内容，可使用专门的传播渠道，如印制文本材料、分发试用样品等；需要个别影响的，可利用个体交往中的口头传播，如亲属交谈、朋友会晤等。

公关人员不仅要善于利用大众传媒进行信息传播，还要利用人际传播方式，让更多的公众了解组织。人际传播通过广泛的社交活动，与各方面公众广泛接触和联系，从而广结良缘，建立起广泛的社会关系网络。人际传播比大众传播优越的地方就在于直接和及时的信息反馈，它是人与人之间直接的、面对面的传播，容易实现双方的沟通和理解，可以及时得到反馈。

信息传播是公关部门的一项经常性的工作，要讲究传播策略，针对不同时期的需要和不同公众的情况，有针对性地对外传播。

2.1.4 协调关系

组织在运行过程中不可避免地会与现实环境的各种因素发生关系并产生矛盾，这种矛盾的大小、摩擦的多少以及能否通过沟通进行协调将矛盾和摩擦化解，将它的影响降到最小，都在很大程度上决定着组织的预期目标能否顺利实现，决定着组织的内外形象。

公共关系中的协调是在沟通的基础上，经过调整，达到组织与公众互惠互利、和谐发展的目的。协调的重要作用在于保持组织管理系统的整体平衡，使各个局部能步调一致，以利于发挥组织的总体优势，确保计划的落实和目标的实现。

公共关系是以利益为基础的。组织必须正确对待各类公众的利益诉求，本着公众利益优先的原则开展公共关系工作。要想为组织创造一个良好的内外部环境、协调好各种关系，就必须本着真诚互惠的原则首先承认这些利益，然后按公共关系双向对称原则来尽量满足这些利益；当各种利益发生矛盾时，应本着公平对等的原则加以协调、平衡，既不能无视正当要求，也不能厚此薄彼。

协调既是目的，又是手段，具有两重性。作为目的，协调指的是一种关系

的良好状态；作为手段，协调指的是一种调整工作，通过协调使关系达到良好状态。组织公共关系主要从三个方面发挥协调职能：协调组织内部领导与员工之间的关系；协调组织内部各部门之间的关系；协调组织与社会公众之间的关系。

2.1.5　咨询建议

公共关系的咨询建议就是指组织公关人员向决策层和各管理部门提供公共关系方面的意见和建议，使决策更加科学化、系统化，并照顾到社会公众的利益。获取信息是咨询和建议的前提，没有足够的信息，一切咨询和建议都只能是空谈。而收集的信息只有通过向组织提供咨询和建议，才能充分发挥其功能，实现其价值。

（1）组织公共关系咨询建议的主要内容。

对组织内部方针、政策和行动提供咨询意见，发挥公共关系对组织工作的导向作用，间接参与组织决策，帮助制定出合乎组织发展方向的目标。对组织的公共关系战略、宣传战略、形象战略、文化战略提供咨询意见，并制定出科学的实施方案供决策者参考。

对组织生存环境的有关发展变化进行预测和咨询，使组织决策者拥有一套乃至几套可以选择的方案，以适应这些变化。

（2）公共关系咨询建议的形式。

1）一般情况咨询。成立类似于咨询服务的部门或者非正式的组织智囊团，其主要任务是向组织提供日常的各种咨询建议，为领导科学决策发挥参谋作用。

2）专门情况咨询。针对某一特定情况，组织的公共关系部门将收集到的信息经过处理，提供给相关部门作为解决问题的参考信息。

3）公众心理变化和趋势咨询。这类咨询是将在长期观察和积累的基础上形成的对公众心理变化和趋势分析的意见，结合组织的中长期发展目标，向决策层进行通报。

2.1.6　柔性管理

美国著名公关学者雷克斯·哈罗博士指出："公共关系是一种独特的管理职能。它协助建立及维持一个组织与其公众之间的相互传播、了解、接受与合作的渠道；参与问题和纠纷的处理；协助管理部门了解舆论并做出反应；既强调管理部门为公众利益服务的责任；协助管理部门顺应并有效地利用变化环境，担任早期预警系统的角色，协助预测未来趋势；并以研究工作及健全与合乎逻辑的传播技术作为其主要工具。”可见，公共关系体现的是一种软管理、一种柔性管理。

公共关系的柔性管理职能体现在以下两个方面：

(1) 公共关系能健全组织的民主管理机制。

公共关系管理的一个基本原则是双向沟通，即强调在管理者与员工之间建立正常的、制度化的、通畅的对话渠道，通过这种渠道能使组织与员工之间彼此沟通，达到上情下达和下情上达，为实现民主化管理创造条件。

(2) 公共关系能造就员工正确的价值观和良好的精神风貌。

不论什么组织，都需要有一个基本信念和目标宗旨，以维系、动员和激励全体员工，充分调动他们的积极性、主动性和创造性。员工的价值观念能赋予他们的日常工作以崇高的意义，使他们在自己的业务岗位上建立一种个人与组织的认同关系，获得归属感和荣誉感，并且希望在特定的工作环节中以自己的才干实绩赢得他人和社会的承认与尊敬。这说明，公共关系工作能正确地揭示每个员工的工作价值，把他们的日常工作与高层次的价值目标联系起来，使他们获得精神动力。

2.2　公共关系的原则

公共关系活动是复杂的管理行为，其目的在于使组织与其公众保持良好的关系。实现这一总目标，除了需要周密的计划、持久的努力之外，还需要在公关活动中贯彻一些科学原则，如公开性原则、公益性原则等。下面我们对公共关系活动中需要遵循的几个基本原则进行阐述和分析。

2.2.1　内部做起

虽然公共关系的对象是公众，但良好公共关系的基础却在于组织自身。因此，“正人先正己”是公关活动的首要原则。

一个组织，其内部人浮于事、纠纷滋生、纪律松散、管理混乱、业务活动毫无效率，却不断向公众发布消息，说得天花乱坠，是绝不会得到公众好感的。即使有些人一时上当受骗，一旦他们了解了真实情况，便会更加对其不信任。企业亦是如此。其生产的产品或劳务的品质优良、价格合理，才能获得顾客的信任，自然而然让顾客产生良好印象。在此基础上对外部公众开展公关活动，便会水到渠成，事半功倍。

内部公关的目标包括：促进组织内部的协调与合作；增强职工的主人翁意识，培养职工的归属感；促进信息沟通，推进民主管理；激发职工的工作热情和

积极性等。

2.2.2　双向沟通

双向沟通既是公共关系的核心内容，又是公关活动的基本原则之一。作为原则，它强调沟通是“双向的”，即把组织的信息向公众输出，同时，把公众的信息向组织输入。

在现实生活中，许多组织的公关活动是单向信息传播，即把组织的意愿、要求传达给公众，却很少听取公众的意见。这种公关活动很难产生良好的效果。实际上，这种活动有深刻的历史背景，这就是专制时代遗留下来的“命令—服从”模式。组织在形式上与公众是平等的，但实际上是不平等的，甚至是对立的。我国现实中的干群矛盾、政策不合民意之事时有发生。产生这些问题的根本原因就在于缺乏双向沟通。

许多企业将公关工作等同于宣传活动，即向公众介绍企业的各方面情况，包括装备水平、管理状况、经营方针等，希望公众给企业发展以支持，但实际上往往得不到这样的结果，因为企业的发展方向并不一定符合公众的愿望。

因此，要获得良好的公共关系，就必须在公关活动中坚持信息沟通的双向性原则，双向沟通与单向沟通之间存在着重要差异（见表 2—1）。双向沟通正是公共关系与宣传的根本区别。

表 2—1　　单向沟通与双向沟通的比较

因素	结果
时间	双向沟通比单向沟通需要更多的时间
信息和理解的准确程度	在双向沟通中，接受者理解信息和发送信息者意图的准确程度大大提高
接受者和发送者置信程度	在双向沟通中，接受者和发送者都比较相信自己对信息的理解
满意	接受者和发送者都比较满意双向沟通
噪音	由于与问题无关的信息较易进入沟通过程，双向沟通的噪音比单向沟通要大得多

2.2.3　诚实无欺

良好的公共关系是建立在组织与公众相互信任的基础之上的，而信任的前提是双方以诚相待、实事求是。艾维·李公关思想的本质就是“讲真话”——“公众必须被告知”，这就将“公众利益与诚实”当作了现代公关的灵魂，标志着现代公共关系从其诞生那天起就以“诚信”作为立业之本、力量之源、行为之衡。

有人认为，公共关系是“耍嘴皮子”的职业，只要能说会道、能吹会编就行。其实，这是一种误解。虽然公关工作需要公关人员有良好的口才，但光凭口才是不能使组织获得良好公共关系的，恰恰相反，胡编乱吹的口才只能损害组织形象，降低企业信誉。

公关人员争取公众信任的手段是开诚布公，即提供大量的真实的材料，使公众了解组织的诚意，以及组织为共同利益所作出的努力；同时，引导公众表达对组织的真实看法，以便依此改进组织的行为。

古今中外诸多老牌企业，如贵州茅台、四川五粮液、安徽胡开文、美国希尔顿等，之所以一直长盛不衰，其秘诀就是两个字：诚信。《水窗春呓》载：“著名老店，如扬州的戴春林、苏州的孙春阳、嘉善的鼎盛、京城的王麻子、杭州的张小泉，皆为天下所知，各店得名之始，亦只循诚、信二字为之。”如世界饭店大王尼克森·希尔顿一生奋斗拼搏的成功智慧宝典便是“诚实”二字。在 20 世纪 30 年代初世界经济大萧条时期，希尔顿饭店生意不景气，所欠债务高达 50 万美元，追债者络绎不绝，有些债主甚至向法院提起诉讼。尼克森·希尔顿的私人律师劝他宣布破产，便能勾销一切债务。可是希尔顿却义正词严地宣布：“我不能扔掉我所剩下的唯一的东西。信誉就是我的生命，我绝对不能宣布破产。这样做意味着失去了信誉，失去了希望。”在最困难的时刻，他以诚实和信誉赢得了社会和公众的信任，正是靠着诚信渡过了难关，东山再起。

2.2.4 对外公开

封闭是公共关系的大敌之一。封闭消息必然会引起公众猜疑，猜疑即不信任，缺乏信任自然不会有良好的公共关系。

对政府机构而言，公开其决策程序是获取公众信任的前提条件，是各项政策得以实施的基础。如果故意封锁消息，政府行为便在公众中产生了神秘感。由于缺乏公开的信息渠道，“小道消息”便会不胫而走，可能会扭曲政府行为，从而加剧公众对政府的猜疑和不信任。

因为不愿意公开，就得保密。在某些情况下，保密是必要的。可是，如果不该保密的也要保密，那就会给人以不良印象，从而破坏了公共关系。需知在公众眼里，保密的原因便是见不得人，更是有缺点和弊端。

如果有缺点和弊端，不讳疾忌医，而加以公开，示人以坦诚，示人以改正的决心，自然会赢得公众的好感。

艾维·李对一次铁路事故所开展的公关活动即是贯彻公开原则取得成功的典型范例。1906 年，艾维·李应邀协助宾夕法尼亚铁路公司处理一桩意外事故的善后工作。艾维·李要求保护好现场，然后派车接记者们前来采访，让记者们了解造成事故的真正原因，目睹铁路公司为处理此事故做出的种种努力。

各有关人员均诚实地回答记者的问题，向记者们解释技术性问题，为记者们实地采访提供种种方便。当第一批有关此次事故的专稿公开见报后，公司的董事们惊愕地发现，这家公司得到了有史以来最公正、最善意的评价，十分有助于改善公司的形象。

艾维·李的成功，证明了公开性原则的科学性。公开性原则包括：组织或企业的政策公开；人事管理公开；决策方式公开；管理形式公开；等等。公开既是引力又是动力，在组织中起着维系、向心、润滑等作用。

2.2.5　社会责任

任何组织或企业，任何一个从事公共关系的人员，要做好公共关系工作，必须时刻牢记一个观念，那就是社会责任。企业社会责任，是指企业在其商业运作过程中对其利害关系人应负的责任。企业社会责任的概念是基于商业运作必须符合可持续发展的想法，企业除了考虑自身的财政和经营状况外，也要加入其对社会和自然环境所造成的影响的考量。这里，利害关系人是指所有可以影响或会被企业的决策和行动所影响的个体或群体，包括但不限于员工、顾客、供应商、社区团体、母公司或附属公司、合作伙伴、投资者和股东。

政府机构是为民众办事的，理应负起社会责任。工商企业，即使是私人经营的，也应当重视社会责任，否则，不会有持久的、良好的公共关系。社会利益是公众的共同利益，强调组织或企业的社会责任，但并不否认其自身利益，而且强调组织或企业必须在满足共同利益基础上实现自身利益，实际上也只有在此基础上，才能实现自身利益。

许多工商企业，在经营中只为自身利益打算，而置公众利益于不顾。工厂排出废水废气、发出噪音，造成附近环境的污染；服务行业不重视卫生，影响消费者的健康；销售部门以次充好，搭配销售，损害消费者利益，广告夸大其词，诱骗顾客上当。凡此种种，屡见不鲜。有些企业则与此相反，它们认识到了社会责任的重要性，建立了企业与公众的对话制度，及时了解公众的意愿，并尽力使企业的生产经营与之相适应，如建立残次品退赔制度、环保制度等。这些做法虽然扩大了支出，却赢得了社会各界的信赖，从长期看，对企业有百利而无一害。

强调公共关系工作的社会责任，不仅要求组织的行为不损害公众，而且要求组织尽最大可能造福于社会。如用部分的企业盈利从事社会福利事业、赞助学术研究等。这些有益于社会的活动，必然会给企业带来信任和声誉。

参考资料

公关行业企业“承担社会责任”行动指导大纲

我们倡导中国国际公共关系协会所有会员企业在为自身取得收益的同时，综合运用社会影响、资金和人才等资源为社会带来收益，树立“企业公民”理念，为建设中国和谐公关业、和谐社会贡献力量。企业“承担社会责任”行动指导大纲如下：

1. 建立良好的企业价值观，包括遵守国家法律法规，防范腐败和贿赂，倡导社会公认的商业道德和行为准则。

2. 坚持以人为本，保障就业机会均等和薪酬公平，为员工提供安全保障、技能培训和职业发展机会。

3. 诚信面对股东、客户、员工、社区和商业链上的各个利益群体，并且对产品和服务的质量负责。

4. 主动增加对环境保护所承担的责任，维护环境质量，共同应对突发灾害和保护生态平衡，使用清洁能源，降低运营过程中的污染和浪费，减少企业经营活动对生态环境的影响。

5. 加强企业文化建设，全面提高员工的社会责任感，采取相应的措施，鼓励员工积极参与公益活动。

6. 在企业经营活动中，高度关注社区群众利益，努力参加社区建设，支持公益项目和公益活动。

7. 积极配合政府和慈善组织在灾害救助、扶贫济困、安老助孤、支教助学等领域的举措，并为医疗、教育、文化等公共服务领域提供力所能及的智力、物力和财力支持。

2.2.6　不断创新

要做好公共关系工作，必须了解并迎合公众心理，引起公众的兴趣与重视。满足公众心理的一个重要工作原则就是创新。

任何事情，人们初次接触，总会感到新奇有趣，但若长期不变，便索然无味了。因此，组织或企业必须不断创新。企业应不断生产出新式样、新质地、新色调的产品，提供新的服务项目；组织应不断实行新的活动方式、工作规则、业务程序。只有如此，才能保持对公众的吸引力。

实际上，创新并不仅仅是迎合公众口味的需要，它还是组织或企业存在和发展的生命力之所在。

2.2.7　平时联络

要保证组织或企业的公共关系长期处于良好状态，公关人员必须注意平时联络，正所谓“宜未雨而绸缪、毋临渴而掘井”。

“平时不烧香、急来抱佛脚”是公共关系工作之大忌。任何组织，其关系都是多方面的。在一切正常的时候，也许感觉不到与各方面保持良好关系的重要，只管我行我素，以为既不有求于人，又何必多花工夫去做公共关系工作。但是，“天有不测风云、人有旦夕祸福”，许多事情是无法预料的。到了有事需要别人谅解或协助时，再竭力去讨好、拉拢，只怕已是事倍功半，甚至徒劳无益了。

平时联络应注意下列原则：

(1) 普遍建立关系，不要有选择、分薄厚。在现实中，一般人往往只重眼前与自己有利害关系的方面，进行“热线”联络，而对“在野者”则不予重视。岂不知如此做法已为组织的发展埋下了障碍。

(2) 建立关系要自然、顺理，勿使对方感觉到是有所为、有所求而来。保持一份“君子之交”的友谊，遇到事情，便会产生助友为荣的情感，而不看作是一种交易，这才是成功的公共关系。

(3) 关系对等，互利互惠。当别人有求于你时，予以必要的协助，在你危难之时，别人必回报于你。

本章小结

◎ 公共关系的职能就是调动一切可以调动的力量，运用各种手段，塑造良好的组织形象，创造宽松的外部环境，促进组织的生存与发展。

◎ 公共关系的主要职能有六项：收集信息、塑造形象、传播信息、协调关系、咨询建议、柔性管理。

◎ 公共关系活动要取得成功，就应遵循一些基本原则：内部做起、双向沟通、诚实无欺、对外公开、社会责任、不断创新、平时联络。

关键术语

公共关系职能　　组织形象　　企业社会责任

复习思考题

1. 公共关系有哪些职能?
2. 试举例说明公共关系的职能。
3. 如何理解公共关系活动的原则?

第3章

公共关系活动的程序

【学习目的和要求】

本章讨论了公共关系活动的程序，即分析了公共关系活动是如何有步骤、分阶段地实施的。通过本章的学习，我们要明确公共关系活动分四个阶段：调研、计划、实施和评估，还要了解公共关系调研的内容、公共关系调研的原则和程序、方法，公共关系计划所包括的主要项目，实施公共关系计划的方式和公共关系活动效果评估的程序、内容与方法。

公共关系活动是相当复杂的，它不仅要与要求各异的各类公众打交道，密切组织与公众的关系，而且要处理各种复杂问题。因而，为了充分发挥公共关系的职能、达到预期的目的，公共关系活动必须遵循一定的程序，有步骤、分阶段地连续进行。

3.1 公共关系调研

公共关系调研是指通过运用定性和定量的研究方法，准确地了解公众对组织的意见、态度和反映，发现影响公众舆论的因素，并从中分析和确定社会环境状况、组织的公共关系状态及其存在的问题，为组织制定切实可行的公共关系筹划方案提供客观的依据。

公共关系调研是全部公共关系工作的起始点，它为公共关系目标的确立和公共关系计划的制定提供了基本依据，也为公共关系方案的实施提供了根本保证，是社会调查的一种具体形式。

调研是公共关系活动的起始点，是公共关系活动程序的第一阶段。

3.1.1 公共关系调研的目的

公共关系调研的目的是为了向组织提供实地调查的第一手材料，便于组织科学地确定公关目标，制定公关活动计划，全面检测、推动公关计划的有效实施，更好地促进组织的发展。具体表现为以下几方面：

(1) 了解情况，确定公关目标和制定实施计划。

公关活动是创意性很强的实践活动，若要取得成功，就必须充分重视调查研究工作，掌握全面而详尽的材料，为组织正确制定目标和实施计划提供事实依据。

(2) 全面检查，推动公关计划的实施与组织的管理。

通过调研，能够发现公关活动过程中存在的问题，找到产生问题的关键，使组织及时掌握情况，找出差距，从而有针对性地提出改进公关活动的方法，使组织的公共关系形成良性循环。同时，对调研结果提供的解决办法是否有效，能否达到预期目的，还得进行再调研，特别是从结果的信息反馈中进行检验，根据需要，调整目标和计划。

(3) 进行公共关系预测。

公关计划是否符合实际，能否取得良好的效果，取决于公关策划者对调研材料分析、综合判断、预测的能力。如果计划能顺利完成，那么就证明这个计划是有效的，预测是正确的，但同时这个计划也就不存在了，需要公关人员再制定新的计划。

(4) 提供有效的管理方法。

要使公关管理职能得到充分发挥，不但要具有先进的管理思想，树立现代的管理观念，而且要采用有效的管理方法。

(5) 明确组织发展战略。

组织发展战略的确定必须从调查研究着手，掌握组织内求团结、外求发展的实际情况，使组织在适应环境、谋求发展的过程中获得合作和支持。

3.1.2　公共关系调研的内容

公共关系调研的内容是多方面的，主要包括组织的自我形象、组织的社会形象等。《美国周刊》有一篇文章这样写道："在一个富足的社会里，人们都已不太斤斤计较价格；产品的相似之处又多于不同之处。因而，公司的形象就变得比产品和价格更为重要。"这段话说明了在商品经济发达的社会里，组织之间的竞争已经主要不是产品和价格的竞争，而是组织形象的竞争。谁能在公众心中树立起良好的形象，谁就能赢得更多的顾客，赢得更多的投资者，赢得社会各界更多的合作与支持。

1. 组织自我形象的调研

组织的自我形象，是公共关系调研的首要对象。组织的自我形象，是一个组织自身所希望具有的社会形象，它是组织发展的内在动力。希望树立的形象越完美，要求与标准越高，组织需要付出的努力就越大。组织要确定自己能做些什么，就首先必须通过公共关系调研，明确自己希望树立什么样的形象，以便有努力的目标。

组织的自我形象调研，主要应该做好以下工作：

首先，要分析组织的经营管理状况，如组织的经营方针和管理政策、发展目标和发展计划、财务制度、人事制度和分配制度、机构设置、服务项目和水平、员工的基本素质和管理人员的能力、组织在同行业中的地位和对社会的贡献等。如果是企业，还要了解企业的技术进步情况、产品的品种、质量、市场占有率和市场竞争情况等。了解了组织的经营管理状况，就能明确组织的信念。

其次，要分析组织内部人际关系状况。例如，全体员工是否有共同目标和共同利益，能否为实现共同目标、维护共同利益而努力；员工间是否密切交往、彼此了解并互相关心，领导人与一般员工间是否相互信任和尊重；组织中信息是否能经常、及时地沟通，组织内部的矛盾和冲突是否能妥善地解决，组织是否能满足员工的各种需求，员工是否对组织有责任感、荣誉感和归属感。只有对组织内部人际关系有一个实事求是的估价，才能有的放矢地制定改善人际关系的对策，有效地增进组织的凝聚力，最大限度地调动员工的积极性。

再次，要了解一般员工对组织的看法和希望。例如，员工对组织的环境、优势和劣势、规章制度、主管人员、收入分配状况、工作环境、个人地位等的评价，对组织的经营管理有什么建议和期望。只有了解了一般员工对组织现状的评价和对组织形象的希望，才能确定反映一般员工意愿的公共关系目标。

最后，要了解组织领导层对组织形象的期望水平。例如，了解领导层所制定的战略方针、发展目标和政策，领导层所采取的经营管理的方式和方法，领导层对组织形象的关心程度和重视程度，他们对组织当前公共关系状态的认识和要求，等等。只有明确了决策者和管理者对组织形象的期望水平，才能使公共关系计划符合领导层的意愿，顺利地付诸实施。

经过以上几方面内容的调研，就可以了解组织的基本情况和员工的基本要求（见表 3—1），从而为制定可行的公共关系计划打下牢固的基础。

表 3—1　　企业形象要素分析表

评价调查项目	非常肯定	相当肯定	一般肯定	既不肯定也不否定	一般否定	相当否定	非常否定
经营方针正确							
办事效率高							
服务态度诚恳							
经营工作有创新							
管理较系统							
公司的规模大							
产品有竞争力							
员工有积极性							

2. 组织社会形象的调研

组织的社会形象即社会公众对组织的全部看法、评价、要求和标准。对组织社会形象的调研，是公共关系调研更重要的内容。因为组织自我形象的调研是一种带有较大主观色彩的活动，而组织社会形象调研往往更能真实反映组织的本来面貌，较为客观。

组织社会形象的调研，包括以下两方面的内容：

(1) 组织社会形象的地位。

组织应该通过公众态度调查，对各种形象地位作恰当的分类，确定组织在公众中的知名度和美誉度。知名度是社会公众对组织认识、知晓和了解的程度。如公众是否了解本组织的名称、标记、产品或服务，这种了解的程度和范围如何等。美誉度是社会公众对组织信任和赞赏的程度，如公众是否喜欢本组织的产品、服务及销售方式，是否信任本组织、本组织的产品或服务以及本组织的员工信任程度如何。一个组织的社会形象好坏，取决于它的知名度和美誉度的高低。

(2) 组织社会形象的内容。

组织形象的内容是全面而复杂的。就知名度而言，主要包括组织的规模、组

织领导人在社会上的影响、员工的才能（或名气）、产品的新颖程度、组织公共关系活动的效果等。而美誉度主要包括组织的服务方针、组织决策的正确性、产品和服务的质量与价格、办事的效率、组织的信用、组织的服务态度、组织的创新意识等。通过分析上述内容，就可以了解影响公众印象和评价的主观原因。

3. 组织所处的政策环境

即同组织活动有关的各项政策和法规，如环境保护法、劳动法、经济合同法、涉外经济合同法、广告法、商标法等。

4. 社会经济环境

如一个国家或地区的经济制度、经济发展水平、经济结构、人口与就业、生态平衡、资源问题、消费结构和消费水平等。

5. 人文环境

如一个国家和地区的人口结构、家庭状况、文化教育水平、生活习俗、社会规范和文化观念等。

6. 其他组织的公共关系问题

如其他组织是如何开展公共关系活动的、有什么方法和技巧值得借鉴等。

对组织形象的调研，可以通过调查问卷进行，如表3—2所示。

表3—2　　企业形象调研计划书

编号	调研名称	调研目的和重点	调研方法	地域样本数
A—1	一般消费者问卷调查	1. 一般消费者对本公司的了解程度如何？本公司在消费者心目中的形象如何？ 2. 对本公司的活动内容和商标的了解程度如何？ 3. 与竞争对手比较起来，本公司的地位和形象如何？ 4. 采购本公司商品的方法是什么？公司在市场上的成功要素是什么？	留置法问卷调查	
A—2	学生团体问卷调查	1. 学生团体对本公司的了解程度如何？本公司在学生心目中的形象如何？ 2. 对本公司的活动内容和商标的了解程度如何？ 3. 与竞争对手比较起来，本公司的地位和形象如何？ 4. 你认为公司征募新员工活动的成功要素是什么？	校园内的问卷调查	

续前表

编号	调研名称	调研目的和重点	调研方法	地域样本数
A—3	代理商问卷调查	1. 公司的交易对象对本公司的了解程度和形象如何? 2. 对本公司的活动内容和商标的了解程度如何? 3. 在与本公司竞争对手的企业关系上，对本公司的评价如何? 4. 想加强与本公司交易关系的主要原因是什么?	邮件式问卷调查	
A—4	关系客户和专卖店问卷调查	1. 和本公司有间接交易的业者与关系者对本公司的了解程度和形象如何? 2. 对本公司和竞争对手的认识与评价如何? 3. 你认为本公司日益提高市场占有率时的要素为何?	邮件式问卷调查	
A—5	对关联交易者打听消息的调查	1. 公司的主要交易对象对本公司的认识和评价如何? 其原因是什么? 2. 对本公司影响力的评价如何? 3. 对本公司有何期望?	访问者直接访问、打听消息	
A—6	国外代理商问卷调查	1. 国外的主要交易对象对本公司和商品的了解程度如何? 2. 与本地竞争对手间的企业关系如何?	询问表格的发送和回收	
B—1	公司员工问卷调查	1. 对本公司的理解程度如何? 对本公司的形象评价如何? 2. 对本公司和其他竞争对手的形象的比较评价如何?	问卷调查表的发送和回收	
B—2	公司员工关系的问卷调查	同上。	问卷调查表	
B—3	访问公司有关负责人和高级主管	公司的有关负责人关于外界对公司的形象、存在问题等有什么样的认识?	访问者直接访问	
B—4	访问公司负责人	公司的有关负责人对公司未来的方针、活动理念、CI目标等有何看法?	访问者直接访问	

3.1.3 公共关系调研的原则和程序

1. 公共关系调研的原则

公共关系调研的原则包括：全面性原则、客观性原则和时效性原则。

(1) 全面性原则。

调研对象应该具有代表性、普遍性，调研资料应做到翔实可靠。

(2) 客观性原则。

公共关系人员要注意信息的来源渠道，收集的资料应是“第一手信息”，同时要把握调研对象的客观态度。

(3) 时效性原则。

公共关系人员要注意信息的时效性，关注新闻的价值，做到及时调查收集，及时加工处理，迅速提供有价值的线索。

2. 公共关系调研的一般程序

公关调研是一个程序性、技巧性很强的工作，了解公关调研的操作程序及其运作策略，是提高公关调研工作艺术水平的保障。

所谓公共关系调研的程序，一般是指对社会组织客观存在的公共关系现象进行科学调查的基本过程。公共关系调研的程序一般分为以下五个基本阶段。

(1) 调研准备阶段。

调研准备阶段的工作内容主要是确立调研任务、开展调研设计、准备调研条件。

(2) 资料收集阶段。

资料收集阶段也称为具体调研阶段，是整个公共关系调研过程中最为重要的阶段。

(3) 整理分析阶段。

整理分析阶段也称为研究阶段，它是运用科学的方法，对前一阶段收集得来的各种调研资料进行提炼、整理，并加以分析、研究的信息处理过程。整理分析阶段是公共关系调研从感性认识到理性认识的飞跃阶段。它不仅能为解答社会组织的公共关系问题提供理论认识和客观依据，而且能为公共关系学理论的发展作出贡献。

(4) 报告写作阶段。

在公共关系调研中，当完成了调研资料的整理分析后，一般还要写调研报告。通过调研报告，调研者可以将调研过程中获得的信息成果和认识成果集中地表现出来，以方便社会组织的领导者或公共关系部门的负责人参考使用，使他们免去全面查阅所有原始信息资料之累，有利于将公共关系调研成果尽快地应用于公共关系科学运作过程之中，求得公共关系科学运作的良好效果。

(5) 总结评估阶段。

总结评估阶段可以说是公共关系调研过程中不可缺少的重要步骤。通过总结评估，公共关系调研至少可以取得三种新的收获：其一，可以了解本项公共关系调研的完成情况如何；其二，可以了解本项公共关系调研所取得的成果怎样；其三，可以了解本项公共关系调研的经验教训何在。

3.1.4 公共关系调研的总体方案设计

调研方案设计，就是根据调查研究的目的和对象，在进行实际调研之前，对调研工作总任务的各个方面和各个阶段进行通盘考虑与安排，提出相应的调研实施方案，制定出合理的工作程序。

1. 确定调研目的

调研的目的是指调研所要解决的问题。在确定调研目的时应注意：

(1) 调研目的是调研组织者（或委托者）最需要解决的主要问题。

(2) 应力求避免把目的提得过高、过空、过泛。

(3) 拟订调研提纲。

2. 确定调研对象和调研单位

确定调研对象和调研单位，就是确定调研的客体。调研对象是调研所研究对象的总体，它由某些性质相同的被调研的个体单位所组成。调研单位是调研对象中的一个个具体单位，即调研登记的承担者。调研对象应根据调研目的来确定。

3. 确定调研项目

确定调研项目就是要明确向被调研者了解些什么问题。确定调研项目时需注意以下几个问题：

(1) 调研项目应是调研任务所需且能取得答案的。

(2) 项目的表达方式必须明确，使答案具有确定的表达形式，如数字式、是否式或文字式。

(3) 项目之间应尽量相互联系，资料应相互对照，遵照调研对象的内在逻辑关系。

(4) 必要时可以附上项目的解释，以确保调研项目的含义明确、肯定。

4. 制定调研提纲和调研表

对项目进行科学的分类、排列，构成调研提纲和调研表。调研表由表头、表体和表脚三部分构成。表头包括调研表的名称、调研单位的名称性质和隶属关系等。表头内容一般不作统计分析之用，只是核实和复查调研单位的依据。表体包括调研者项目、栏号和计量单位，它是调查表的主要部分。表脚包括调研者或填报人的签名和调研日期等，目的在于明确责任、提高填表质量。调研表拟订后，为了便于正确填表、统一格式，还要附填表说明。

5. 确定调研时间和地点

调研时间是指调研资料所属的时间，调研地点是指到哪里去调研。它通常应与调研单位相统一。

6. 确定调研方式和方法

在总体方案中，应规定采用什么组织方式和方法取得调研资料。调研采取的方式、方法不是固定和统一的，往往取决于调研对象和调研任务。

7. 确定研究分析方法

对调研所取得的资料进行研究分析，包括对资料进行的分类、编号、分析、整理、汇总等一系列资料研究工作。

8. 确定提交研究报告的方式

主要包括市场调研研究报告书的形式和份数、报告书的基本内容、报告书中图表的大小等。

9. 制定调研组织计划

调研组织计划是指实施整个调研活动过程的具体工作计划，主要包括调研的组织领导、调研机构的设置、人员的选择和培训、调研工作步骤及其善后处理等（见表 3—3）。

表 3—3　　公关工作计划表

公关计划名称		实施部门	
公关主题			
公关人员		公关组别	
公关主管		辅助参与人员	
公关计划安排			
进度安排	起止时间	工作内容	工作要求
近期工作			
中期工作			
目标修正			
长期工作			
长期目标修订			
成果			
完成情况			
预算		结算	

10. 编制调研预算

通常来说，一个市场调研中实施调研阶段的费用安排仅占总预算的 40%，而调研前期的计划准备阶段与后期分析报告阶段的费用安排则分别占总预算的

20%和40%。

在编制调研经费预算时，一般需要考虑以下几个方面：

(1) 调研方案设计费与策划费。

(2) 抽样设计费、实施费。

(3) 问卷设计费（包括测试费）。

(4) 问卷印刷、装订费。

(5) 调研实施费用（包括试调研费用、调研员劳务费、受访对象礼品费、督导员劳务费、异地实施差旅费、交通费、误餐费以及其他杂费）。

(6) 数据录入费（包括问卷编码、数据录入、整理）。

(7) 数据统计分析费（包括统计、制表、作图以及必需品花费等）。

(8) 调研报告撰写费。

(9) 资料费、复印费等办公费用。

(10) 管理费、税金等。

3.1.5 公共关系调研的方法

公共关系调研的结果是否准确，与所用调研方法是否科学有很大关系。公共关系调研的方法有多种，常用的有文献分析法、观察法、抽样调查法和访问法等。

1. 文献分析法

文献分析法是在第一手资料难以得到或不够用时，通过利用组织内部和外部的文献资料，分析所要调查的问题的方法。

收集、保存和分析文献资料，是组织公共关系活动的经常性工作之一。对各种资料，在收集齐备后，要进行剪贴、装订、登记、编目、归档等工作，建立资料库，以便于检索。

在检索出所需的资料后，要分析：问题是怎样产生和发展的？有哪些影响问题发展的因素？它们之间有什么联系？同时要了解，对同一问题有哪些不同观点？它们的根据是什么？这些依据可靠吗？这些观点正确吗？通过对这些问题的分析，公共关系人员就可以向组织领导人提出有根有据的建议。

文献分析法在收集文献资料、了解历史情况等方面具有重要作用，但它主要依据历史文献，而不能反映变化万千的现实情况，这是它的不足。

2. 观察法

观察法是利用感觉器官或借助于科学工具，通过对调查对象的直接观察来收集信息的一种方法。

观察法可具体分为参与观察法和非参与观察法两种形式。

参与观察法要求公共关系人员参加被调查对象的活动，在一定的时间内加入到被观察的公众中，身临其境地观察，如参加集会等。非参与观察法，就是公共关系人员不参与社会公众的活动而置身度外地观察，如从旁观察顾客的行为。

观察法是公共关系调研中经常运用的方法。运用它收集的信息比较准确和客观，而且简便易行，随时随地都可以进行。但它需要时间较长，工作量较大，难以大范围地进行，且它往往只看到表面现象，不能了解到事物的本质，因此不易分析原因，有时甚至导致结果失真。

要使观察结果准确、全面和客观，观察就必须有目的、有重点、有条理、全面地进行，并且不能抱任何成见和偏见，还要善于发现新问题。

3. 抽样调查法

抽样调查法就是在总体中随机选取一部分调查对象进行观察，以推断总体的一种调查方法。在公共关系活动中运用抽样调查法，就是根据调查的目的和要求，有意识地选择一部分有代表性的公众对象进行研究，旨在通过深入调查这部分公众的意愿，对总体进行推断分析。如通过深入调查某一部分社区公众对组织的看法，了解组织与社区的关系状态。

如要使抽样调查的结果有效，关键是需使样本有代表性，这就要从调查对象、调查目的、调查内容等方面综合考虑，以决定抽什么，怎样抽，抽多少。

公共关系活动中可用的抽样调查形式有五种：简单随机抽样、间隔随机抽样、分层随机抽样、分群随机抽样、配额抽样。

4. 访问法

访问法就是公共关系人员按照事先设计的题目，有目的地与被调查的公众进行面对面的谈话，直接收集信息的方法。

访问法的接触方式是多种多样的，常用的有面谈访问、电话访问、问卷访问等。面谈访问就是派公共关系人员对调查对象进行面访或开座谈会；电话访问就是公共关系人员以打电话的方式询问调查对象的意见；问卷访问就是将调查问卷邮寄给调查对象，请他们填写后寄回。这三种方式各有利弊，要认真选用。

这里要说明的是，要使问卷法收到实效，首先要科学地设计问卷，这就要求合理选择问卷形式（开放式提问和封闭式提问），并要求问卷便于提出问题，便于回答问题，便于资料处理。其次要科学地发放问卷，即要将问卷发给有代表性的公众，并采取措施消除公众的顾虑，求得调查对象的合作。用问卷法收集的资料，还要设法加以证实。

3.1.6 调研报告

经过深入细致的调研，就要形成公共关系调研报告。公共关系调研报告，是指用以反映公共关系调研所获得的主要信息成果或初步认识成果的一种书面报告。公共关系调研报告是公共关系调研成果的集中体现，以方便社会组织的领导者或公共关系部门的负责人参考利用，使他们免去全面查阅所有原始资料之累，有利于将公共关系调研成果尽快地应用于公共关系科学运作过程中，求得公共关系科学运作的良好成效。

1. 调研报告的种类

根据调查对象的范围和内容的不同，可以将调研报告分为综合型调研报告和专题型调研报告。

(1) 综合型调研报告。

综合型调研报告主要是用于整体的调查和全面调查，涉及面比较广泛，引用的材料也比较多，而且报告内在的层次性和系统性要求比较高，报告的整体分量比较重。

(2) 专题型调研报告。

专题型调研报告是围绕某一个具体的公共关系问题进行调研之后所写的报告，它涉及的问题较为单一，针对性强。每个报告所涉及的内容范围相对集中，报告具有显著的实用性。

2. 公共关系调研报告的结构

公共关系调研报告的结构，是指构成报告文本基本骨架的形式。构成公共关系调研报告的主要部分有：标题、导语、目录或索引、正文、结语和附件。

(1) 标题。

标题是公共关系调研报告本质内容的高度概括，一个好的调研报告标题不仅能直接反映出报告的核心思想和基本内容，还会因为它揭示的深刻内涵引发读者强烈的阅读欲望，所以，标题要开宗明义，做到直接、确切、精练。

(2) 导语。

在调研报告的开头一般是导语，即公共关系调研报告的前言部分，对本次公共关系调研的情况作简明扼要的说明。所以，也有的调研报告将这部分内容单独拿出来，放在报告文本的开头，称其为“说明”或“概要”部分。

(3) 目录或索引。

公共关系调研报告如果内容较丰富，装订页码较多，从方便阅读对象的角度出发，应当使用报告目录或索引，将报告文本的主要章、节、目及附录资料的标题列于报告之前，在报告目录中写明章、节、目的标题、号码和页码。

（4）正文。

正文是调研报告陈述情况、列举调研材料、分析论证的主体部分。在正文部分必须真实、客观地阐明全部有关论据，包括从问题的提出到引出的结论，论证的全部过程，及其与之相联系的各种分析研究的方法。此外，还要对报告文本有关内容结构进行精心安排。基本要求是结构严谨、条理清楚、重点突出。

（5）结语。

这是公共关系调研报告的结束部分，没有十分固定的格式，写法是根据文本内容而定的。一般来说，这部分是对正文的概括和归纳，是报告主要内容的总结。

（6）附件。

附件部分的内容，是指在报告正文中因行文关系没有出现或正文中提及了但又不完整的部分，它们与调查结果有关，是整个调查结果必不可分的组成部分。

3. 公共关系调研报告的撰写步骤

公共关系调研报告是把调研分析的结果用文字表示出来，不管撰写什么类型的公共关系调研报告，其程序大都要经过构思、选取调研的资料和数据、拟订提纲、撰写初稿及修改定稿五个步骤。

（1）构思。

调研报告的构思过程，主要是经过分析、判断、推理，确立主题思想，在此基础上，确立观点，根据论点和论据来设计报告的层次结构。确立调研报告的主题思想和观点，是对调研主题进一步收缩或放大、分解、修正、提升的过程。调研报告的观点是在对调研资料综合分析的思维过程中形成的，构思实际上就是报告作者的主观认识与调研材料的客观事实碰撞、结合与统一的思维过程，是形成报告思路、编织材料、描绘篇章框架的阶段。

（2）选取调研的资料和数据。

资料和数据是形成调研报告观点、结论的基础。撰写公共关系调研报告必须以调研所得的资料和数据为依据，无论是对现状的精确把握，还是对未来趋势的大致预测，必须根据资料和数据进行定量分析，拿方案、提建议也要使用资料和数据来论证它的必要性与可行性。选取恰当的资料和数据并使之与其观点达到高度统一，不仅能使报告论据有力，还可以突出主题。必须对调研收集的资料和数据进行去伪存真、去芜存菁、由此及彼、由表及里的分析研究，最后选取出那些符合选题需求，并能够反映报告所论及事物本质特征的资料和数据。

(3) 拟订提纲。

拟订提纲实际上是构思过程的一个组成部分，就是搭建报告文本框架的过程，通过提纲来安排报告的层次结构，使撰稿人头脑中初步形成文本的轮廓。拟订提纲有助于理清思路，摆正报告各部分之间的联系。

(4) 撰写初稿。

提纲经过推敲确定下来后，就可以根据提纲的要求动手写报告了。有些报告往往由于内容多、分量重或提交报告时间紧迫，而采用多人分工执笔撰写。分工合作撰写的报告，要注意事先统一各部分的体例，规定文字数量，协调所用的数据和图表。初稿写完之后，要进行检查、修改和增删，并整理成完整的报告全文，提交下一步审阅。

(5) 修改定稿。

对写出的初稿必须审查修改后，才可以定稿。在最后的修改定稿阶段，主要任务有：第一，检查推敲调研报告的结论、观点和意见是否明确或准确，不明确的要明确，表述不准确的要修改准确。第二，检查推敲调研报告是否言之有理、持之有据，论据是否充分、合理，对引用材料详略不当之处，要重新增删。第三，检查推敲调研报告的语言文字，是否流畅，是否有错别字，是否存在错用的标点符号。

3.2 公共关系计划

在经过广泛、深入的调查研究，取得大量有用资料后，就要着手制定公共关系计划。公共关系计划是以后具体进行公共关系工作的行动指南。计划制定的恰当与否，直接关系到公共关系工作的成败。公共关系计划通常包括公共关系活动的目标、公众、主题、传播渠道、时机、费用和时间等。

3.2.1 确定目标

公共关系目标，即公共关系人员经过努力要达到的目的以及衡量这一目的是否达到的具体指标。

确立公关目标的依据有以下几方面：

(1) 社会组织自身形象的调查。

(2) 公众的需要及其对组织的要求和期望。

（3）组织的总体目标和发展战略。

（4）组织的资源状况及可提供的活动条件和环境条件。

为了使组织的公关活动与公关目标相一致，我们必须对公关目标进行合理、准确的分类，以利于组织根据不同的公关目标，开展有针对性的公关活动。公关目标可以根据以下不同的标准进行分类。

1. 按目标的时间跨度划分

按目标的时间跨度划分，主要可以分为以下几种：

（1）长期目标。长期目标是指与组织总体发展规划、组织的长远利益相一致的目标，是关于组织发展的战略目标。

（2）中期目标。这是将组织公共关系长期目标所提出的基本任务进行分析所形成的目标，时间跨度一般为 2～5 年。

（3）短期目标。短期目标是指年度目标，是指组织公关活动在一年内的工作计划和要达到的标准。它是根据组织的年度发展计划和奋斗目标而制定的。

（4）具体目标。这是组织针对各项具体问题而开展的专项公关活动所制定的目标。

2. 按目标的性质划分

按目标的性质划分，主要可以分为以下几种：

（1）战略性公关目标。这是与组织的根本利益、整体形象相关的重大长远目标，关系到组织的长远发展。

（2）战术性公关目标。这是根据组织的具体情况而开展的公共关系活动所追求的目标，它具有较强的可操作性。

3. 按目标的作用划分

按目标的作用划分，主要可以分为以下几种：

（1）传播信息。这是指组织向公众开展传播宣传活动，让公众知晓有关组织的真实情况，是公共关系最基本的目标，是公关策划首先要考虑的问题。

（2）联络感情。这是组织的感情投资工作，交际型公关活动模式特别适合于这一目标。

（3）改变态度。无论现代公共关系理论有了什么新发展，组织通过引导、沟通，改变公众对组织的某种观念和态度，始终是公共关系的主要目标。

（4）引起行为。公共关系活动的最终目的是在取得公众理解、信任和支持的基础上，促使公众产生某种组织所期望的行为。

4. 按组织所处的环境划分

按组织所处的环境划分，主要可以分为以下几种：

(1) 进攻型公共关系。

进攻型公共关系一定要讲究时机条件，而不是组织与外部环境条件一发生矛盾冲突就采用这种公关活动，在缺乏一定的社会气候、环境气候时，尤其是在组织的内在应变能力本来就不强时，就不能开展这种公关活动。

(2) 防守型公共关系。

这种公共关系多用于应付突发性的公共关系危机。制定防守型公关目标时要注意两个方面的因素：从查清问题的根源入手，即要迅速根据各方面传来的信息，去准确查出导致危机的原因，在此基础上再提出补救措施，采取相应的行为；增大透明度，即向社会、公众公开造成危机的真实原因，并公布组织拟订的补救措施和解决问题的方案，必要时还应主动邀请新闻媒介或相关当事人参与监督。

为使所确立的公关目标科学、可行，而又不致偏离方向，任何组织在确立公关目标时，都应该遵守以下原则。

(1) 协调统一的原则。

公关目标必须符合组织整体发展的要求，与组织的其他活动目标协调统一。公关目标的制定必须符合组织整体发展目标的要求，必须能起到从认识社会效益和组织长远利益的角度，促进组织的整体发展。同时公关目标还必须和其他活动目标协调统一，并为其他目标的实现创造有利条件和环境，以确保组织整体目标的顺利实现。

(2) 明确具体的原则。

1) 目标的明确性。目标的明确性是指目标的含义必须十分清楚、单一，可直接操作，有明确的内容与要求，不能有歧义，不使人产生多种理解。

2) 目标的具体性。目标的具体性是指目标作为实施的准则和评价的标准，必须是具体的、可量化的，而不能是空泛的、抽象的口号。

目标的执行会遇到种种困难和问题。为了保证目标的最终实现，首先，在制定目标时要保证一定的弹性，留有充分的余地，以备出现问题时能够灵活处理。其次，要制定一些应变措施和保障措施，以便在出现意外情况时及时补救，减小组织损失。再次，公共关系目标应按重要程度和执行的先后顺序排列。据此，可将公共关系目标顺次分为迫切目标、近期目标和长期目标，以便按轻重缓急分别实施。每一项目标都应具体规定定性指标及定量指标，并指明完成任务的时间期限。在实际操作中，可制定公关目标管理表（见表 3—4），明确公关目标，并将这些目标进行分解，同时指出各目标的实现途径，给每一个目标标出实现难度，最后提出总体的实施意见。

表 3—4　　公关目标管理表

部门			职位			姓名			期间			主管			验讫章	
公关目标																
目标分解																
实现途径																
实现难度	A	B	C	D	A	B	C	D	A	B	C	D	A	B	C	D
实施意见																

注：A 难；B 较难；C 易；D 较易。

3.2.2　确定公众

在任何特定时期内，公共关系活动的对象都是具体的公众，都是与公共关系目标的实现相关联的公众，如企业在推出新产品时，顾客就是该时期内公共关系活动的对象公众。

在确定了公共关系活动的对象公众后，还要就每一类对象公众提出的一系列问题，分析对象公众的利益和诉求。不同的公众，其在组织中的利益和对组织的要求是不一样的；同一个群体内部各公众的利益和诉求也不一样。

在制定计划时，对对象公众的分析至少要包括以下几方面的内容：

（1）对象公众分属于哪些不同的社会组织和社会群体？他们居住在什么地方？他们当中谁是意见领袖？

（2）对象公众的共同利益和诉求、特殊利益和诉求是什么？

（3）对象公众习惯读什么书？他们喜欢收看哪些电视节目、收听哪些广播节目？他们喜欢浏览哪些网站？

（4）对象公众对组织的看法如何？他们对本组织感兴趣的原因是什么？

（5）对象公众与本组织的关系如何？这种关系是如何造成的？等等。

对这些问题分析得越透彻，公共关系目标就越有针对性，计划就越有可行性。

3.2.3　确定主题

在确定公共关系活动的目标和公众后，就要确定其主题。公关活动主题是指统领整个公共关系活动，连接各项目，穿引各步骤的总体活动思路和宗旨，是公关活动目标的体现，是特定公关活动的指导思想。公共关系活动中的每一篇讲演稿，每一张宣传画，每一本小册子，每一条电视、广播、报刊和互联网广告，都要体现这一主题。

主题可以多种方式表现出来。它可以是一句简单的口号，也可以是一个简练的陈述，但它们都要起到统率、联结整个公共关系活动的作用。公关主题设计的要求是：紧扣主题，紧紧围绕特定的公关目标；亲切感人，给目标公众以较强的亲和力；新颖别致，给目标公众以新奇感和新鲜感；短小精悍，使目标公众易记、易懂。公关活动主题要与公关目标相一致，要以客观条件为依据，要相对稳定，主题鲜明。尤其要注意的是，主题不能华而不实，不符合组织的实际情况，否则，当组织难以实现承诺时，便会导致失去公众信任，损害组织的形象。

新闻摘录

公关主题的营销边界

1. 公关主题的营销底线：挑动话题情绪

现代社会资讯超载，每个消费者从早到晚，不知要接触多少信息。因此要吸引公众的注意力，公关主题的策划就需要奇招制胜。

(1) 新奇性、娱乐性、趣味性。

商业社会紧张、压力大的特点决定了新奇、娱乐、趣味性的传播永远具有市场，它不但降低了商业信息的生硬性、逆反性，更是刺激消费者主动接触、主动传播的原动力。

2004 汉堡王年，汉堡王可谓创造了一大经典。当时，汉堡王由于受麦当劳的打压，市场份额不断下滑。为了应对竞争，汉堡王重新启用了 20 世纪 70 年代的一句旧广告语：想怎么吃就怎么吃（have it your way)，意味着消费者具有多种个性化的选择，汉堡中的番茄酱、沙拉、辣椒酱等消费者可以随便食用，而不需被动接受标准化的套餐。

但由于囊中羞涩，汉堡王策划了一个以“听话的大鸡”为主题的活动：在网站上放了一只由人扮演的大鸡，消费者可以通过自己的电脑对大鸡下命令。无论想让大鸡做什么动作，只需在网页空格处输入指令，大鸡马上照办。每位网民可以通过平均 7 分钟的接触来考验大鸡的能耐。在网站开放后的头 48 小时里，大鸡在房间里正经的、疯狂的、性感的、关爱的表情与表现（遇到不雅指令，一律用“鄙视你”带过）竟吸引了 2 500 万的点击量。这种现象甚至引起了著名的《纽约时报》和《时代》杂志的专题辩论。在整个活动推广期间，据统计总共有 5 亿网民参与，这 5 亿的点击量不但引起了目标群体的关注，还把他们直接带进了汉堡王的各家门店。可想而知，汉堡王通过区区 5 万美金的传播费用在大众抵制广告的时代创造了一次营销奇迹。

在我国，此类个案也层出不穷，例如百度在网上投放的《唐伯虎篇》等系列电影式广告，微软的以公益为名义的"'I' m计划"，百事可乐的"后舍男生"等都是利用搞笑图片、视频、FLASH、文字、活动等方式传播企业理念、商业信息。

这种公关策略的趋势是：以网络为传播平台；吸引消费者娱乐性参与及互动；鼓励消费者自主传播、主动扩散。

(2) 挑战传统。

传统一直是每个民族赖以延续的精神核心，也是区别各个族群的基本要素。但对于整个人类而言，无论是东方还是西方，对于美、快乐、健康等公共性话题，都有着相近的看法。因此，一旦选择了这些传统型的公关议题，要想挑动话题情绪，就只有另辟蹊径，大胆逾越传统边界，才能一石激起千层浪，起到"四两拨千斤"的功效。

世界知名品牌联合利华旗下的多芬就深谙其道。2004年，多芬推出"真实的美丽"这一公关主题，在这一传播过程中，多芬选择了中年妇女和邻家女孩这些完全真实的女性消费者作为传播主角。比如选用满脸雀斑的中年女性，配以标题"有瑕还是无瑕"；选用满头银丝的老太太，配以标题"灰色还是出色"；选用体形偏胖的女性，配以标题"超重还是出众"。这一系列问答式主题的抛出彻底超越了传统观念上社会对于美丽的既有标准，挑战了惯有的思维模式，并通过网络的迅速传播引起社会女性阶层的热烈关注和讨论。多芬这种打破传统观念的公关主题的选择，不但使得多芬这一品牌在一片沉闷乏味的美女传播现象中脱颖而出，还深深唤醒了生活中众多对自己容貌不甚满意的女性内心的自信；从人文关怀的角度传播了企业所推崇的更广义、更健康、更平民化的美丽新观念，自然也赢得了众多女性消费群体的认同和好感，其营销效应当然不言而喻。

(3) 紧随社会热点。

公关重"势"，除了当今的主动出击自己造势之外，更简便的办法就是紧密关注社会热点，紧随社会潮流顺势而为。

西单一直是北京最繁华的商圈之一。2006年冬天的一个周日，西单商圈的消费者发现熙熙攘攘的街道中，出现了一个大型的用雪堆积的北极熊。随着人流从旁边穿过，可爱的北极熊一点点地融化了，最后彻底消失了，仅留下了一地水渍。原来"消失的北极熊"是世界最大的非政府环保机构——世界自然基金会推出的系列公益活动之一，旨在告诉大家全球变暖的危害。

由于社会热点总是随着时代潮流潮起潮落，因此要及时把握住社会热点，就需要策划人员知识丰富、触感敏锐、视角广泛、了然社会脉动、锁定时代潮流。

2. 公关主题的营销上限：承载话题的能力

创造诙谐、有趣、独特的主题是公关策划的职责，但引发的主题如同“水能载舟亦能覆舟”，只有以更宏观的视角留心公关营销的上限，才能在挑动话题的同时又不逾越主题张力，以获得最佳的传播效益。

(1) 社会价值观不容挑战。

历史的累积让每个社会都形成了既有的一些基本价值观，尤其是关涉社会道德层面的一些深层次的价值观念更是植根于公众的内心，不允许其他声音的挑战与戏弄。

台湾大众银行MUCH卡的宣传片——《曹启泰篇》，就曾经小小地触碰了公众的道德神经，并引发了一连串的社会反应。台湾大众银行启用因借钱而声名大噪的人物曹启泰为其代言，并在文案中强调“借钱并不可耻，借钱是高尚的行为”之价值观。此言一出，立即遭到舆论及各界挞伐，尤其是不少民众认为其会对青少年产生不良影响。最后此广告终于遭致台湾“新闻局”限定只能在深夜播出的命运。虽然随后由于广告主的从善如流以及公关人员奋力解释、澄清、更正，终于力挽狂澜，MUCH卡意外地得到了公众的理解，取得了不错的议题效应。但这件事还是给我们提了个醒，在关涉社会固有的价值立场时，即使议题不触及法律法规，也同样需要谨慎为之。

(2) 竞争对手利益要小心触碰。

同一行业的不同企业之间的关系一直是公共关系中一项重要的关系。激烈的竞争使得这些企业之间的关系变得敏感而脆弱。共同的生存环境又迫使这些企业间需要维护相互之间的合作与平衡，因此企业的营销传播包括公关传播更需要顾及同行的利益。

2000年发生的农夫山泉“天然水—纯净水”之战相信很多人还记忆犹新，类似的恶性竞争甚至恶劣的口水战大多是以竞争者之一的个别“言论”引发。其实有竞争才有合作，因此在个别企业不顾一切地抛出轰动性议题时，最好还是考虑周详，以免赔了夫人又折兵，惹火烧身。

(3) 民族情感不容亵渎。

随着经济的全球化，跨文化传播已经成为普遍现象。在跨文化传播的过程中，就必然涉及随着传播对象的转换，传播内容与当地文化背景相协调的问题。近年频繁发生的引爆民族情绪的传播活动，值得我们注意和反思。

2003年丰田汽车在国内引发了一系列失败的文化议题，让丰田车在市场上接连受挫。在丰田车发布的“霸道PRADO”广告中，一辆名为霸道的汽车停在两只石狮子前，一只石狮对丰田车做敬礼状，另一只则向下俯首，并配以文案“霸道，你不得不尊敬”。另一则广告为“丰田陆地巡洋舰”的广告：该车在雪地高原上，以钢索拖拉一辆形似国内的绿色解放车般的卡车。这两个广告引起了国内网友的大力抨击，被认为是“明显的辱华广告”，甚至引发了后来的签名拒买日货。这一系列风波弄得丰田灰头土脸，不得已发布对中国消费者的公开致歉信。2007年立邦漆也犯了类似的错误。为了在广告中传播油漆“想不到的光滑”的理念，立邦漆在广告创意中“让中国龙从涂用了立邦漆的柱子上滑落”，没料到这样的玩笑信息大大伤害了中华民族的情感。

历史的积淀使得每个民族都会形成情感的敏感区域，无论大到一段史实还是小到一个图腾，都可能牵扯出一个民族内心深处的疼痛，这些敏感禁区也是公关议题不得轻易逾越的雷区。

资料来源：陈英：《论公关主题的营销边界》，载《中国市场》，2008（5）。

3.2.4　选择传播渠道

目标、公众、主题一经确定，就要针对公众的特点，选择能突出主题、实现目标的传播渠道，与内部公众和外部公众进行双向的信息交流。公共关系传播，是信息交流的过程，也是社会组织开展公共关系工作的重要手段。离开了传播，公众就无从了解组织，组织也无从了解公众。如果我们把社会组织看作公共关系工作的主体，把公众看作公共关系工作的客体，那么传播就是二者之间相互联系的纽带和桥梁。组织与公众的沟通，在很大程度上依靠信息传播，组织与公众之间的误解，也往往是由于信息不畅造成的。因此，一个社会组织不但要有明确的目标、符合公众利益的政策和措施，还要充分利用传播手段开展公关活动，赢得公众的好感和舆论的支持，获得良好的经济效益和社会效益。

从媒介看，公共关系传播渠道有：语言媒介，如演讲与报告、会议与会谈、谈判与对话、电话等；文字媒介，如报纸与杂志、书籍与纪念刊、海报与传单、组织名片与函件等；电子媒介，如广播、电视、网络、录音、录像、幻灯和电影等；图像标识，如摄影与图片、商标与徽记、门面与包装、代表色等；非语言传播媒介，如表情、体态、眼神等。

一般把公共关系传播渠道分为人际传播渠道、群体传播渠道和大众传播渠道三类：

(1) 人际传播渠道。

基于人际传播媒体形式的差异，我们还可以进一步把人际传播划分为直接传播和间接传播两种形式。所谓直接传播，指的是古来已有的传播者和受体之间无须经过传播媒体而面对面地直接进行信息交流的过程。直接传播主要是通过口头语言、类语言、体态语的传递进行的信息交流。间接传播是指在现代社会里的各种传播媒体出现后，人际传播不再受到距离的限制，而可以通过这些传播媒体进行远距离交流。这就大大拓展了人际传播的范围。

人际传播是组织形象传播的主要形式，表现在组织内部成员之间的沟通和组织外部公众之间的沟通。人际传播的具体形式很多，如与员工的交谈，与客户的书信往来或电话联络，组织举办的报告会、恳谈会、洽谈会、联欢会、演讲会、座谈会等。应当根据不同的传播目的、对象、内容、情境等具体情况选择恰当的人际传播形式。

参考资料

人际传播的技巧

(1) 倾听技巧。

倾听能鼓励对方倾吐他们的状况与问题，同时有效地协助他们找出解决问题的方法。倾听技巧是进行有效人际传播和获得反馈的关键，需要具备相当的耐心与全神贯注。倾听技巧由四个具体技巧所组成，分别是鼓励、询问、反应与复述。

鼓励是指通过赞许、支持等引起对方更大的表达意愿，使对方表达得更为全面具体。

询问是以提出问题的探索方式获得更多对方的信息资料。

反应是通过不断反馈告诉对方你在听，引发对方继续，同时这也可以帮助你确定是否完全了解对方的意思。

复述是用于讨论结束时，将对方的主要信息和观点用自己的理解复述一遍，确定没有误解对方的意思。

(2) 气氛控制技巧。

安全而和谐的气氛，有助于增强对方沟通的意愿，而如果双方彼此猜忌、批评或恶意中伤，就会使气氛变得紧张甚至产生冲突，加速彼此的心理设防，导致沟通中断或无效。气氛控制技巧也是由四个具体技巧所组成的，分别是联合、参与、依赖与觉察。

联合是以兴趣、价值、需求和目标等强调双方所共有的事物或共同特点，营造和谐的气氛而达到沟通的效果。

参与是激发对方的投入态度，创造一种热忱氛围，使目标得以更快地完成，并为随后进行的行动创造积极气氛。

依赖是为创造安全的情境，提高对方的安全感，加强有效的沟通而接纳对方的感受、态度与价值等。

觉察是将潜在“爆炸性”或高度冲突状况提前予以化解，避免沟通讨论演变成具有破坏性的激烈争论，产生负面影响。

(3) 推动技巧。

推动技巧是用积极的反应来影响他人的行为，从而使沟通内容逐渐符合自己的议题。有效运用推动技巧的关键在于以明白、具体、积极的态度，让对方在毫无怀疑的情况下接受你的意见，并觉得受到了激励，从而想完成沟通并产生行动。组成推动技巧的四个具体技巧包括：回馈、提议、推论与增强。

回馈是让对方了解你对其行为的感受，这些回馈对对方改变行为或维持适当行为是相当重要的。在提供回馈时，要注意以清晰具体而非侵犯的态度提出。

提议是将自己的意见具体明确地表达出来，让对方能了解自己的行动方向与目的。

推论是通过整理谈话内容，并以它为基础，为沟通目的延伸而锁定目标，使沟通具有进展性或更加深入。

增强是利用强化对方出现的正向行为（符合沟通意图的行为）来影响他人，也就是通过强化正向行为来激励对方做你想要他们做的事。

(2) 群体传播渠道。

群体传播主要是指群体内部或外部的信息传播活动。群体传播在形成群体意识和群体结构方面起着重要的作用，而这种意识和结构一旦形成，又会反过来成为群体活动的框架，对个人的态度和行为加以制约，以保障群体的共同性。因此，群体传播是群体生存和发展的一条基本的生命线。群体传播的主要形式包括各种公众代表会、大型座谈会、记者招待会、新闻发布会、信息发布会、宴会、茶会、舞会、网络聊天、博客及其他群体交往活动。

群体传播的主要特点是：信息传播在小群体成员之间进行，是一种双向性的直接传播；群体传播在群体意识的形成中起重要作用。群体意识越强，群体的凝聚力就越强，越有利于群体目标的实现；在群体交流中形成的一致性意见会产生一种群体倾向，这种群体压力能够改变群体中个别人的不同意见，从而产生从众行为；群体中的“意见领袖”对人们的认知和行为改变具有引导作用，往往是开展健康传播的切入点。

案例分析

网络群体传播特点分析——以“家乐福事件”为例

家乐福于1995年进入中国后，受到了广大消费者的青睐。然而，2008年4月，这家零售业巨头面临着进入中国13年来最大的信任危机。2008年4月7日，北京奥运火炬在巴黎传递受阻，巴黎市政府打出了“支持西藏独立”的横幅。法国主流媒体的“火炬在巴黎惨败”、“给中国一记耳光”等报道更是火上浇油，刺激了中国民众的反法情绪。作为家乐福最大股东的法国路易威登·莫特轩尼诗集团曾资助达赖的消息传出后，家乐福更是成为了众矢之的。

1.“家乐福事件”的信息传播

关于抵制法货的信息最早出现在天涯社区上。2008年4月10日，网友“水婴”将题为“抵制法国货，从家乐福开始”的帖子发布在“猫扑”社区网站上，众多网友纷纷响应。随后几天里，“抵制家乐福”、“5月1日，让全国的家乐福冷场”的口号与相关资料迅速通过网站、聊天工具、短信广泛转载并引起热烈讨论。自2008年4月13日起，北京、青岛、福州、武汉、西安、大连等地相继出现了抵制家乐福的行动，甚至出现不少群众围攻家乐福卖场的行为。家乐福（中国）官方网站两度被黑，百度、谷歌、雅虎三家网站一致屏蔽“家乐福”，各地游行示威不断。直到2008年4月20日，“家乐福澄清资助达赖”的新闻在央视《新闻联播》播出后，抵制活动才渐渐平息。

2. 网络群体特征

网络群体是指通过论坛、社区以及博客临时组成的、松散的、事先未通谋的群体，他们往往是针对当下社会热点或自己的兴趣爱好所组成的一群网络人。网络群体具有以下特征：

(1) 群体成员的匿名性。

开放的网络平台使得任何人都可以发表看法，每个人都有着自己的ID却不足以使其他人知道自己的真实身份。真实身份的丧失与隐匿使他们处于没有社会与道德约束力的匿名状态，也失去社会责任感与自我控制的能力。这表现在网络中就是发帖者肆无忌惮地发表自己的言论和对他人的言论予以极力的反驳。任何意见基本上均可随时公开，那些过激的、甚至带有人身攻击色彩的言论也很少受到众人指责，即使受到指责也不会对现实生活造成直接影响。这种状态

易产生法不责众的罪责扩散心理，在这种心理作用下，一个人往往会干出他在独处情境中所不敢做的危害社会与他人的事情。

(2) 成员的年轻化。

与现实中的众多群体不同，网络群体成员多是能够轻松驾驭网络的年轻一族。他们特立独行、对事物有自己的看法、有强烈的爱国心和独特的爱国方式、对待权威不会盲目认同，却更容易相信所属群体中意见领袖的意见。网络为他们提供了一个畅所欲言的平台，他们得以将自己的观点展现出来试图获得他人的认同，同时对不同意见加以强烈的排斥与批判。

(3) 虚实互动性。

现实中人与网络中人分别生存于两个世界。作为网络中的一员，虽然在网络中发言不受约束，看似是超然的个体，其实网络中个人是现实中个人在网络中的折射，网络中的群体的许多言论、行为、状态都直接受现实群体的影响，同时网络中的群体对现实群体也有很明显的反作用。

在此次“家乐福事件”中，网络间疯狂传播的信息影响了人们的日常交往，甚至出现了朋友见面首谈家乐福的现象，而人际传播又进一步影响了网络信息的传播，甚至不少大城市均出现了围攻家乐福的事件。这些事件照片在网络中疯狂流传，无形中又坚定了网络中的每一个个体的信念与决心。在网络与现实的互动中，进一步形成崭新的网络群体。

(4) 群体压力。

群体压力是指群体中的多数意见对成员中的个人意见或少数意见所产生的压力。在面对群体压力时，个人和少数意见一般会对多数意见采取服从态度。在部分论坛中也有不少理性的人呼吁大家正确理性地对待“家乐福事件”，却被众人“拍砖”，被骂为“汉奸”、“卖国贼”。

“家乐福事件”中，转发信息者被看做对事件的忠实支持者，而信息的接收者或者仅看帖不回的也被看做对该事件持默许态度。在这种强烈的情绪感染下造成了群体意见行为的一致性，也淹没了那些不一样的声音。在网络中谁要是发出相反的意见，哪怕是略微的不同意见，就会马上被众人群起而“诛”之。

(5) 意见领袖。

在网络群体中，尽管大家可以隐藏自己的真实社会背景，但是一些网民却凭借着自身素质（如文字功底好、见解深刻等）而极易成为网络中的“意见领袖”。他们往往能凭借自己的帖子来影响众多网民的意见，并促成网络舆论的最终形成。

“家乐福事件”中的“意见领袖”便是通过发帖、发表日志等方式来发表意见并获得网民积极响应的“水婴”们。他们善于从表象信息中剖析比较深层的价值内涵和意义，并能对问题予以深刻的解析，形成自己的观点并加以表达，最终在网络上达到一呼百应的效果。由于绝大多数网民属于“沉默的大多数”，只是被动地接受信息，所以“意见领袖”的观点会成为意见“轴心”，而其他网民则依附于这一“轴心”，接纳“意见领袖”的观点或以意见“轴心”为准绳不断修正自己的意见。

3. 网络群体信息传播机制

(1) 议题的产生与发展。

从“家乐福事件”中可以看到，此次议题的产生与奥运年的大背景、传统媒体在“藏独”问题上的报道、火炬在巴黎受阻事件上传统媒体所给予的报道有着较密切的关系，其议程设置的功能无形中使众多网友将目光转向了“‘藏独’事件与法国”。

伴随着网络讨论的不断深入，议题从最初事实层面上的探讨上升到了价值层面，表现出强烈的泛民族主义或泛政治化的倾向。抵制“家乐福事件”的跟帖，议题从最开始事实层面的奥运火炬传递受阻、抵制法国发展到抵制家乐福，最后上升到价值层面的民族主义情绪。各种情绪化的言论最后都采用了一个宽泛而充足的理由——爱国，用这一抽象的议题取代了原帖的具体问题，所有非理性非道德的行为都可用“爱国”两个字掩盖其责任。在该事件中所有的人都最终将“抵制家乐福”与爱国无形中画上了等号，以致最终没有人去探寻抵制家乐福的最根本原因，大家都在模仿中加入了一场以爱国为名义的抵制家乐福的盛宴之中。

(2) 在群体暗示与群体感染下信息传播迅速。

近年来，不少国人心中暗藏多年的“中国崛起与复兴”思想逐渐萌发，并赋予了北京奥运会非凡的意义——中国人崛起的标志，向世界人民展现中国国力的绝好机会。而奥运火炬的巴黎受阻无疑给国人的胸口猛烈一拳，加之曾遭遇列强侵略的悲惨历史，这一切都使该事件最大化地伤害了中国人的民族自尊心，激发了他们前所未有的爱国热情。

在网络传播过程中，任何事件的阐述与评论都存在情绪化甚至成为了部分网友情绪发泄的平台。他们善于用形象来思维，让事实本身变得面目全非。从抵制法国到抵制法国的大企业——家乐福、LV、各种法国化妆品乃至一切有关法国的东西，所有的联想都顺理成章。这一联想的过程也是经过暗示的，网络

群体最初只是反对法国，但抵制法货的帖子暗示网友不用法国的产品，包括拒绝家乐福。“群体中的某个人对真相的第一次歪曲，是传染性暗示过程的起点。”家乐福是否与“藏独”有染许多人不得而知，但网友的《抵制法国货，从家乐福开始》一帖，彻底让议题的中心由中法关系转向了中国人民与家乐福的关系，此后该议题不断延伸，终成抵制运动。在暗示与感染机制作用之下群体成员相互模仿，并为自己成为其中一员而感到自豪。网络群体犹如处在集合状态的群体，其中每一个个体在失去了独立思考的能力后极易成为人云亦云者，并很快形成群体意见。

（3）持续地立体传播。

网络群体已经冲破单纯利用网络进行信息传播的局限，将传统与新兴的各种媒体充分调动起来，形成立体式传播，将传播效果最大化。

在“家乐福事件”中，网民们利用QQ群、MSN和BBS论坛社区等网络空间积极回帖转帖，让“抵制家乐福”的呼声迅速传达到网络的各个角落，让更多的人接触到这一信息。同时将各种信息再通过手机短信的形式滚雪球，如“将该信息转发20个朋友，你就是最爱国的中国人”等。同时传统媒体与网络媒体的整合互动报道，使得“家乐福事件”在长达半个多月的时间内成为社会热点，并促使越来越多的人参与到网络讨论。在这些媒体的共同作用下，抵制家乐福的消息迅速传达到每一个网友手中。

（4）夹杂的理性少数派声音。

在一片抵制家乐福的舆论洪流中，除了一大批狂热的爱国者外还可以看到部分理智的反对的声音。不少公众人物作为个体以理性的姿态呼吁人们保持理智，不要盲目地抵制家乐福。

然而，这些不同的声音刚一发出就被部分网友称之为“汉奸”、“卖国贼”、“叛徒”。这些理性的声音虽然很快湮没在群体的声讨中，但也促使一部分人冷静下来思考问题，在一定程度上缓解了群体情绪的进一步激化。

（5）议题不断被强化，最终转化为实际行动。

“抵制家乐福”的议题在几天内被无限地强化，虽然在传播的过程中也会产生一些反对的声音，但当支持的声音占绝对优势时，反对的声音最终变成了“沉默的螺旋”。而那些冷静的思考者和反对抵制行为的人，也在众骂声中成为“卖国贼”。议题在传播过程中被不断强化与认同，最后在大家意见空前一致的情况下将网络上的意见转化成实际行动——积极抵制家乐福。

资料来源：王丽丽：《网络群体传播特点分析——以“家乐福事件”为例》，载《东南传播》，2009（5）。

(3) 大众传播渠道。

大众传播是组织利用报纸、杂志、书籍、广播、电影、电视、网络等大众媒介向相对众多的人传递信息的过程。20 世纪以来，随着广播、电视等电子媒介的诞生和发展，以及信息的大量化、多样化，大众传播已成为普遍的社会现象。

大众传播的特点是：具有组织性；在传播内容上具有公开性和易逝性；具有很强的选择性；受众具有不知名和参差不齐的特点；在信息流通上一般具有单向性；具有快速性。

上述渠道和媒介都有自己的长处与短处（在后面的章节会专门讨论），分别适用于不同的地区、不同的组织和不同的公众。在制定公共关系计划时，要根据公共关系活动不同的目标、不同的对象公众、不同的信息内容，选择与利用合适的传播渠道，达到传播信息的目的。

传播效果理论的研究告诉我们，大众传播媒介固然能够改变受众原有的观念，但其效果不是无限的。在实际工作中，公共关系人员不能把大众传播媒介作为唯一的手段，而应当将它与人际传播、群体传播等多种方式结合起来，以便收到更好的效果。同时，受众的被动地位是相对的，他们对信息的注意、理解和记忆都是有选择的。公共关系人员可以通过各种调查手段（如观察、访问、文献分析、抽样调查等）了解公众对信息的接受程度，知己知彼，百战不殆。此外，在信息传播过程中，还要重视专家、学者、社会名流等“意见领袖”的中转作用，设法通过他们影响公众。

3.2.5 选择时机

在较大的公共关系活动中，各个项目都要选在恰当的时机进行，这样就会取得较好效果，达到预定目标。如果时机选择错误，就会打乱公共关系计划的正常执行程序，造成不必要的损失。如当社会出现重大事件或重大事故时，社会、媒体、民众对事件的关注度最高，如果企业能够在第一时间主动表态，必然可以引来更多注意力，也最能吸引媒体的报道，达到“四两拨千斤”的效果。

影响时机选择的因素很多。其中有些是公共关系人员不能控制的——这些因素主要与传播媒介的工作特点有关——如在召开全国性会议或国际会议时，企业的新闻可能难以登报，又如将促销性的公共关系活动安排在商品销售旺季到来之前比较妥当，否则会得不偿失。而另一些因素则是可以控制的，如公共关系人员自身所安排的活动。因此，在制定计划时，公共关系人员应充分考虑这些因素，变不可控因素为可控因素，将不利因素化为有利因素，使活动在恰当的时机进行，如不在发生全国性重大事件时发布企业新闻，重大灾难性事件不在政治新闻中同时播出，不在同一天安排两项重要活动，等等。

3.2.6 编制费用预算和时间安排

公共关系活动与其他任何活动一样，都需要耗费一定的钱财，这就需要在制定计划时正确编制公共关系活动的费用预算，这是组织管理预算的一部分。

公共关系活动的费用，依组织的类型和规模、公共关系活动的目标和要求而定。如果公共关系活动由组织外部的公共关系公司来做，其所需经费与靠内部公共关系部来做所需经费也不同。但一般说来，组织的公共关系活动所需经费开支要包括以下几项：劳动报酬、行政管理费、传播媒介费、器材费、实际活动费、其他应急或机动的费用。

常用的预算编制方法有两种：一种是“按销售量抽成法”，即按组织过去（或将来）的总销售量或纯销售量，拨出一定百分比的款项作为公共关系经费。另一种是“目标作业法”，即按目标和工作计划详细列出完成公共关系任务所需的各项活动经费，以最后核定预估的金额作预算的极限。选择哪一种方法，要根据组织的特点和需要来决定，要与整个组织的计划相适应。

在确定费用后，还要确定公共关系活动的时间计划。要合理分配时间，根据各项工作的重要性、难易度确定所需时间，要规定大体上什么时间做什么事，完成多大的工作量，将这些安排列在时间表上。考虑到影响时间的因素很多，有时难免出现一些突发性事件，因而时间安排上要有一定弹性。对一些费时的工作，如去工厂访问、筹办讲演会等，要至少预留20%的时间，以使计划可以按时完成。

以上是公共关系活动计划的主要内容。除这些内容外，在计划中还要确定解决问题的程序、策略，评价公共关系活动效果的标准和方法等，并将计划写成书面报告。

参考资料

公共关系企划书

1. 活动主题

万名大学生与“××牙膏”为您服务。

（说明：主题的拟订应言简意赅，并易于被公众理解、记忆。本次活动将素有“天之骄子”之称的大学生与高科技产品“××牙膏”联系起来，以体现“××牙膏”的质量与品位。）

2. 活动目标

通过大学生宣传及上门为消费者服务，在目标城市普及、宣传、提高××牙膏的知名度，增进消费者对××牙膏的品牌、特性、功能以及价格的理解；并通过后续的公共关系活动，树立××公司尊重科学、关心青年学生身体健康、积极服务于社会的企业形象，提高××公司的美誉度。

（说明：活动目标既应与企业总体目标相一致，又应能够体现此次活动的具体特点。简言之，活动目标应是企业总体目标在此次活动中的具体体现。）

3. 综合分析

（1）企业概况（略）。

（2）产品简况。××牙膏系天然生物型牙膏，内含丰富的天然生物活性物质丝肽及表皮生长因子（该项发现获 1986 年诺贝尔生理学医学奖），可直接为口腔黏膜吸收，能促进细胞新陈代谢，集洁齿、治疗、营养三功能于一体，有药物牙膏之功效，但无药物牙膏之副作用。

（3）市场分析。××牙膏目前生产量为 800 万支，其中××市场占总销量的 32%；××公司现已陆续在××等数十个大中城市设立了销售网点。

（4）消费者分析。××牙膏系第三代产品，它的价格约高出其他牙膏 1 倍，其潜在消费者主要是城市居民中收入和文化程度较高者。

（说明：在单个活动的企划书中，综合分析可以略去，但企划者必须对上述企业、产品、市场、消费者四个方面的情况有较深入的了解，否则企划就难免不切实际。）

4. 基本活动程序

（1）选择 2002 年 3 月 18 日为“××牙膏直销日”；并落实该活动于同一天在××等十大城市举行。

（2）2002 年前后，派员工与上述十大城市的大学联络，每校落实参加直销活动的大学生 500～1 200 名；其中，××等有条件的城市在同时组织人数在 100～200 人之间的大学生自行车宣传队，每城市各一支队伍。

（3）2002 年 3 月 18 日 9 时，各城市大学生自行车队沿拟订线路作“闹市行”，沿途向市民散发××牙膏宣传品；同时，参加直销活动的大学生走进千家万户进行宣传和直销活动。

（4）在直销活动结束后一个月内，××公司在××大学举办一场音乐晚会，并赠公共关系书籍 500 本。

5. 传播与沟通方案

(1) 在活动进行前一天，在××市的《××报》与××市的《××报·周末版》上刊登宣传广告。

(2) 预先与××电视台、《××报》等媒介联系，争取在活动后陆续开始新闻报道。

(3) 由进行宣传和直销的大学生向消费者宣传××牙膏的基本特性，并散发单页宣传品。

(4) 由选修公共关系理论与实务课程的××大学数百名学生撰写该项活动的个案分析，并择优寄往《××公共关系报》、《××公共关系导报》等媒介。

(说明：该方案包括通过传播媒介和直销人员的口头沟通两种途径，宣传××牙膏及此次直销与公共关系活动。)

6. 经费预算

(1) 印制宣传品10万份及制作宣传绶带500条，约2万美元。

(2) 活动预告的报纸广告费及媒介报道安排费用4万美元。

(3) 10位销售活动监督、协助人员差旅费，以90美元/人计，共900美元。

(4) 大学生宣传车队劳务费：××等城市车队队员共约500人，以10美元/人计，共5 000美元。

(5) 音乐晚会费及赠书活动费用：音乐会一场300美元，500本公共关系书籍400美元，共700美元。

7. 预算效果

全部活动花费在10万～12万美元之间，如果活动能安排妥当，达到预期目标，其效果肯定大于用这部分经费进行单纯的广告宣传所带来的效果。

3.3　公共关系计划实施

公共关系活动是否能获得预期效果，不仅要看公共关系计划制定得是否可行，更重要的是看计划实施情况如何。由于公共关系活动的大多数项目是针对特定公众而进行的信息传播活动，因而，公共关系计划的实施，就是选择好具体实施日期，制作信息，采取各种方式将信息传播给公众，并在实施过程中适时检查、调整计划。

3.3.1 确定日期

公关计划实施的时机选择是公共关系工作的重要技巧问题，如促销性的公共关系活动，安排在商品销售旺季到来之前比较妥当，否则会得不偿失。又如利用新闻媒介传播组织新闻时就要避免在发生重大的全国性或国际性事件时期向报社发稿，因为发去了也可能被重大的新闻挤掉，这是公共关系人员主观上所无法控制的时机因素。经验丰富的公共关系人员在实施计划时一定要经过周密而全面的考虑，考虑一切影响行动时机的因素，以将无法控制的因素化为可控制因素，将不利因素化为有利因素，抓住一切机会，主动开展多种公共关系活动，努力使公共关系计划目标得以实现。

3.3.2 制作信息

由于公共关系活动的核心就是传播和收集信息，因而信息是否科学，直接关系公共关系活动的成败。在设计制作信息时，要根据公共关系活动的主题，认真确定信息的内容，选用信息的结构和语言。

1. 确定信息的内容

在确定信息内容时，公共关系人员要把自己的主观愿望与公众的需求和对某个问题的“预存立场”紧密结合起来。好的信息内容，要能使公众注意、理解和记忆。

2. 设计信息的结构和语言

信息结构是表达信息内容的形式。它同样影响到公众对信息的注意、理解和记忆，在设计图案色彩、线条、文字段落、句式时，公共关系人员要运用信息刺激强度原理和信息刺激对比度原理，以使信息引起公众的注意、理解和记忆。

要实现目标，公共关系人员不能指望通过一两次演讲会、一两份宣传资料就可以解决问题，而应在信息的重复刺激上做文章。

重复刺激虽可能吸引公众，但也可能失去公众，因为它会使公众产生厌倦情绪。要解决这一问题，就应不断变换信息形式，使公众在接受重复刺激的同时有一种新鲜感。

公共关系信息的语言应力求准确、简洁、生动、易懂。还要特别注意词语的价值色彩的把握，一味说好话，一般不易获得好感，而有意无意地贬抑对方，更会引起反感。一般多用中性词语，这样可以提高传播的成效。

3.3.3 传播信息

要将制作好的信息传播给社会公众，公共关系人员就必须运用一定的工作方

式。他们可用的工作方式是多种多样的，具体采用哪一种，要根据组织的特点、组织发展的特殊要求、公众的特点和要求等来选择。

组织传播信息的工作方式主要有以下几种：

1. 宣传

宣传就是利用各种传播媒介传播信息。这是一种最常用的传播信息的方式，目的是直接向公众表白自己，以求最迅速地将组织的内部信息传播出去，形成有利的社会舆论，取得公众的理解和支持。

宣传分对内宣传和对外宣传两种。对内宣传的主要对象是组织的内部公众，如员工、股东等。宣传内容是组织发展的成就、困难或挫折，组织的决策和行动，外界公众对组织的评价，目的在于鼓舞士气或取得内部谅解和支持。对外宣传的对象是与组织有关的一切外部公众（主要是新闻记者）；宣传内容是组织的方针、政策和活动，组织的整体形象，目的在于形成良好的舆论。公共关系的这种宣传是双向的，既要将外界信息传给内部公众，又要把内部信息传给外部公众，以沟通意见。

宣传的主要途径是利用大众传播媒介，如报纸、杂志、网络、电视、广播等。宣传的另一条重要途径是利用各种印刷物，如出版组织的刊物，印发简报、产品说明书、祝贺信件和卡片，印刷或出版各种有关书籍和小册子等。除利用大众传播媒介和印刷物外，还可利用名人、明星等特殊人物的声望来进行宣传。这样可利用人们的特殊心理，获得较好的传播效果。

可见，宣传方式的特点是主导性强、时效性强，能较有效地利用传播媒介等与公众沟通，收到实效。但它是间接性的，往往使沟通停留在“认知”的层面。

2. 交际

交际以无媒介的人际交往为主。目的是通过人与人间的直接接触，为组织广结善缘，建立广泛的社会关系网络。

现代社会中，一个组织要能顺利存在和发展，就必须重视人与人之间的交往。许多信息就是在人与人的接触和交谈中交换与传播的。公共关系网络的建构和信息的沟通是等价的。任何组织都必须通过人与人的接触来收集、传播信息，使组织获得良好的美誉度和信誉度，从而获得宽松的生存和发展空间，并在竞争中获胜。

交际的具体形式很多，如各种各样的招待会、座谈会、工作午餐会、宴会、茶会、专访活动、个人书信往来等。

交际具有直接性、灵活性、富有人情味等特点，能使人际沟通进入较高的“情感”层次。

3. 服务

服务的目的是以实际行动来争取社会公众的了解和好评，建立组织的良好形象。

对于一个组织来说，要达到其预定的目标，宣传固然重要，但更重要的在于自己的工作，在于组织为公众服务的质量。公共关系学强调，组织首先要自己做得好，然后才能获益。在当今世界上，组织在业务上的独占性越来越小，组织间相互竞争的焦点往往集中在服务质量上，特别是一些商业企业，这种特点更明显。一些工业企业和社会组织，也越来越重视售后服务。许多人已认识到，服务对一个组织的声誉的促进作用，并不亚于产品的技术和质量。

服务的具体方式很多，如工业企业的售后服务、消费教育和指导，商业服务行业的优质服务，公用事业单位的完善服务、政府部门为基层组织和民众提供的服务等。

服务这种方式最显著的特点在于实在的行动。服务能有效地使人际间的沟通达到“行为”的层次，是一种最实在的传播信息的方式。

4. 亲善

亲善这种方式以各种有组织的社会性、公益性、赞助性活动为主，目的在于向公众传播组织关心社会事业和组织顺利发展的信息，扩大社会影响力。

亲善的具体方式有两种：一种是以组织机构本身的重要节日为中心，如利用组织的开业剪彩、周年纪念，邀请各界嘉宾，渲染喜庆气氛，借庆典活动与各界人士建立友好关系，并传播信息。另一种是以组织所处的社区或有关组织的重要节日为中心，如参加所在地有影响的节日庆祝活动，赞助公益事业、赞助文体活动等，在这些活动进行过程中，自然而然地将组织的信息传播出去。

亲善方式的特点在于它的公益性、社会性。它着眼于社会利益和长远利益，而不拘泥于组织利益和眼前利益，因而，所传播的信息较易为公众所接受，容易实现公共关系的目标。但采用亲善方式要量力而行。

3.3.4 检查调整计划

公关计划执行情况的检查是公共关系实施过程中不可缺少的一个环节。公关计划检查的内容有三个方面：第一是进度，即检查计划完成的进度。它是指实际完成的绝对数字和完成数所占计划的百分比。第二是效益。即检查公共关系活动是否符合预算和财务计划要求，投入与产出比例是否恰当。第三是关系。其中包括公关计划与组织整体计划、与各部门计划的执行情况是否协调；彼此配合是否默契，是否符合党和国家的方针政策。

可以定出公关计划检查表（见表 3—5），对实施过程中的信息进行及时的收集和反馈，不断与总目标相对照，找出差距并及时调整计划，使整个公共关系计划的实施过程得到良好的控制，以更好地实现目标。

表 3—5　　公关计划检查表

检查对象		检查执行部门	
项目	重点	报告要点	评价
公关目标	执行什么目标 获得的预期成果是什么		
人员选择	执行者是谁 有功劳的人是谁 当事者是谁		
提案选择	选择哪个 删除哪个		
地点选择	多少处地点 什么场所		
时间安排	需多长时间 何时起，何时止		
方法选择	选择什么方法 如何做		
资金预算	需要多少资金 怎样分配使用		
目标调整原因	为何进行调整		

3.4　公共关系评估

公共关系评估，就是根据特定的标准，对公共关系策划、实施及效果进行衡量、评价和估计，即在肯定成绩的同时，发现新的问题，不断地调整组织的公共关系目标、政策和行为，使组织的公共关系成为有计划的、持续性的工作。公共关系活动效果的评估，是公共关系活动的最后一个程序，它起着对活动结果进行总结、衡量和评价的作用。它既可能是前一时期公共关系活动的最后阶段，又可能是新时期公共关系活动的调研阶段。

3.4.1　公共关系评估的程序

公共关系评估的程序可以界定为评估从开始到结束工作安排的先后次序和具

体步骤。合理安排评估的程序，有助于保证评估工作的顺利进行。

公共关系评估工作必须安排以下一些具体步骤：

第一，明确评估的目标。进行公共关系评估，首先要明确评估的目标。明确评估的目标，才能确定评估的对象、内容、重点、收集资料的方式方法以及应该注意的问题，并保证评估工作的顺利进行。

公共关系目标或目标体系的确立，首先应合乎组织总目标的要求。在此基础之上，才能确立公共关系目标。而公共关系目标又有总体目标和具体目标之分。组织必须将总体目标和具体目标有机地结合起来，归纳出策划目标的内容，为公共关系效果评估提供依据。

在选择和确定公共关系的目标时，应注意有效、有利、急需、兼顾、弹性的原则。

第二，确定评估的主持者。公共关系评估从实践来看，一般可以分为自我评估、组织评估和专家评估三种形式。公共关系评估的主持人既可以是组织内部的公共关系人员，也可以是组织的领导人或外聘的公共关系顾问和专家。评估究竟由谁主持，应根据评估的目的或视具体情况来确定。对评估主持者的主要要求包括：客观中立、认真负责、遵从规范、讲究道德。

第三，选择评估的标准。组织应根据公共关系评估的目的、对象和内容来选定可靠的公共关系评估标准，如此才能使评估工作顺利地展开，从而保证结果的准确可靠。在进行公共关系评估时，最重要的是如何能使我们的评估标准与公共关系活动的目标相一致。

公共关系行业并没有制定出适合所有公关活动、项目和事件的评估标准。一般可以从定性与定量标准、常用评估标准两方面来考虑。

1）定性与定量标准。通常评估人从定性和定量两大方面来确定评估的基本标准。定性标准是对评估对象进行性质描述，如“他们这个企业的整体形象很好”、“知道我们产品的人非常多”、“这次活动的影响很大”等。定量标准是对评估标准给予特定的数量化。数量的表示有绝对数和相对数两种。如“要一个月之内让 10 万人称赞我们的产品”属于绝对数标准。“在这个地区，我们的产品提高了 10%的知名度”属于相对数标准。

2）常用评估标准。尽管不同的公共关系活动评估标准不同，但无论开展什么样的公共关系活动，都有一些共同的评估标准。主要是：总体效果；受众覆盖面；受众反应；信息作用效果；活动效益等。公共关系活动评估应分别从需求、过程、责任、效益等方面制定标准。

第四，确定收集评估资料的方法和途径。为保证评估结果尽量客观、公正和准确，不能单凭公共关系部门和人员的自我感觉及认识进行评价，还要采用科学的计量方法，使定性分析和定量分析相结合。为使评估更加可行，结果更加可信，在收集评估资料的过程中，应根据评估的目的和所需资料的内容与范围来适当选择调查的途径和方法。对一些评估项目，评估所需的资料应同样采用公共关系调研阶段所使用的渠道和方法收集，以增加现时和过去公共关系状态和组织形象地位的可比性。

第五，开展评估。通过各种途径和方法收集的资料，往往数量很多，其中有些资料可能杂乱无章，有些资料可能是片面和不真实的，对这些资料要根据评估的目的和内容系统地整理分析，以获得活动结果的准确情报，从而为评估提供材料和依据。在此基础上，再把公共关系的活动情况及结果与公共关系计划或目标进行对比分析，才能确定公共关系计划、目标完成和实现的程度及其原因，从而对整个公共关系活动过程及其结果进行全面准确的评估。

第六，评估结果的汇报。通过各种方法对公共关系工作进行评估后，必须把各种评估意见进行整理、分析和总结，接着还需要把公共关系的评估结果以书面报告的形式向组织的管理层和决策层进行汇报。评估报告的基本内容应包括工作过程，目标完成情况，预算的执行情况，取得的成绩、仍存在的问题和差距以及准备采取的相应对策，下一阶段工作的任务、重点和评估的程序与方法等。通过评估结果的汇报，既可以充分说明公共关系工作的重要性，同时又有助于保证领导及时掌握情况，以便对组织进行有效的管理和控制。

第七，评估结果的利用。组织的领导人和公共关系人员必须对公共关系评估的结果给予高度的重视并加以妥善的利用。除了利用总结性评估说明公共关系工作的作用、影响和效果外，更主要的是要把公共关系的评估结果用于决策。公共关系评估在公共关系活动过程中是连续不断地进行的，并贯穿于整个过程的始终，只有这样才能及时在公共关系工作中发现和解决问题，调整和修订公共关系工作和活动，使制定的目标和计划更加完善，并减少实施过程中的偏差。另外，评估的结果又能为下一阶段公共关系活动提供背景性材料，使社会环境分析及问题确定更加准确，公共关系计划和目标的确定更加符合组织实际和发展的需要。

3.4.2　公共关系评估的内容

公共关系评估有三大要素：一是把活动的效果与公关目标相比较，分析有哪些效果和差距；二是分析成功和失败的原因；三是提出相应的对策，为下一轮次的公关实施指明方向。

具体评估内容，可以从两方面进行分类：一是公关工作成效的评估，这里有日常公关活动效果、专题公关活动效果、年度公关活动效果三方面的评估；二是就公关的具体手段和目的进行评估，主要是传播活动效果、形象活动效果等的评估。

1. 公关工作成效评估

(1) 日常公关活动效果评估。

日常公关活动寓于组织内部各个方面、各个环节之中，需要组织内部全体员工的共同努力。因此，组织在对日常公关活动效果进行评估时，必须分部门、分环节进行，并使各部门、各环节的公关活动目标与组织的整体目标保持一致。

对日常公关活动效果进行评估，不同的社会组织应有不同的评估内容和标准。我们以经济组织——企业为例来说明其评估内容和标准。对企业日常公关活动效果评估的内容和标准应该包括：1）商品的购进在数量上与质量上是否能够满足顾客的需要？2）与商品供应者的关系是否长期友好，互相信任？3）企业管理是否科学、细致？管理人员的管理水平如何？员工是否有责任心和工作积极性？4）企业的商品是否受到用户或消费者的欢迎？商品的社会形象如何？企业的服务水平与服务质量是否达到一定的高度？服务态度怎样？5）是否经常与老主顾保持联系，是否有新主顾不断加入顾客行列并信任企业？6）企业是否有向心力和凝聚力，老职工是否安心，新职工队伍是否不断扩大？7）企业的资金来源是否能够满足需要，资金周转是否顺畅？8）企业是否经常发生重大的公关危机？对重大的危机是否积极地进行调查研究，制定计划，采取各种方式解决问题？9）企业是否经常通过各种途径听取各类公众的意见与建议？企业对公众的意见和建议的重视程度如何？10）企业的知名度与信誉度怎样？

(2) 专项公关活动效果评估。

通过专项公关计划开展的公关活动，一般均属重大的公关活动。这样的公关活动效果如何对组织今后的发展影响甚大，必须予以高度重视。对专项公关活动效果进行评估常常针对下列问题来确定评估内容与评估标准：1）项目的计划是否合适？2）项目的目标与公关总目标是否一致？项目的目标是否已经实现？3）项目所要求的沟通交往是否达到了目标公众的范围？4）在项目活动过程中是否产生了预料之外的影响？其影响方向如何？影响范围有多大？5）项目所有的支出是否在预算之内？是否超支？原因是什么？6）通过这项活动，组织的公关形象会发生哪些变化？其知名度与信誉度是否有所提高？7）项目活动出现了哪些预想不到的问题？哪些工作做得不妥？8）对于存在的问题和发生的不利于组织的事件，应如何采取措施给予补救并如何预防下次出现同类问题？9）本次活

动对组织总体发展目标起到了什么作用？10）这次活动为下次同类活动公关目标的设计提供了哪些有价值的资料和可供参考的依据？

（3）年度公关活动效果评估。

年度公关活动效果评估是指对计划年度内所有公关活动进行总体评估，以总结经验，吸取教训，找出存在的问题，提供下一年度公关计划的依据。

对年度公关活动效果进行评估要针对以下问题确定评估内容和评估标准：1）年度公关计划目标是否实现？2）年度公关活动开展得是否顺利？3）年度内出现了哪些重大的公关事件，对此采取的措施是否得当？4）年度内开展了哪些重大的公关活动，其效果如何？5）年度内是否有超出公关计划的活动？其效果如何？6）年度内公关活动有无预料之外的影响？其影响多大？效果如何？7）年度公关计划预算是否满足了需求？有无超支现象？其原因是什么？效果如何？8）年度内公关活动有哪些经验、教训？9）内部公众对企业的各项公关活动有哪些意见和建议？

2. 对公关具体手段和目的的评估

（1）对传播效果的评估。

对公关信息传播效果进行评估，是通过公关调查掌握了大量的信息传播资料后进行的。即通过对大量的信息传播调查资料所提供的情报和数据进行分析评估，看其是否实现了公关信息传播的目标及通过公关信息传播目标的实现，来判断是否保证了公关计划方案的贯彻落实。对信息传播效果的评估主要有以下内容：

1）内部信息传播效果的评估。

第一，通过内部公关调查了解组织内部在日常公关活动中是否能做到上情下达和下情上达，使上下协调一致，共同为组织自身发展服务。

第二，组织内部各部门之间是否能做到必要的横向信息交流及时、准确。

第三，在专门性的公关活动中是否能够做到让所有组织内部公众都能理解、支持。

第四，在组织内部是否能使全体员工对决策部门产生信任感，并通过各种途径听取全体内部员工的意见和建议。

第五，通过信息传播是否能保证企业具有凝聚力和向心力。

2）外部信息传播效果评估。

第一，公关广告评估。主要评估广告阅读率怎样，广告效益怎样，通过公关广告给组织带来了多大的社会效益和经济效益。

第二，大众传播媒介评估。主要评估通过大众传播媒介分析社会公众对组织的全部看法和整套信念；通过大众传播媒介掌握本组织的社会形象，与本组织有关的其他同类企业的形象，并进行分析对比，找出存在差距；媒介对本组织是否信任并感兴趣；哪些媒介愿意与本组织建立长期的往来关系，为什么；哪些媒介不愿意与本组织建立长期的往来关系，为什么。

第三，新闻发布会。主要评估在计划期内，组织是否召开过新闻发布会；召开过几次；新闻发布会的范围多大，时间是否合适；内容如何；每次新闻发布会的传播效果如何；是否实现了本次专项公关计划方案的目标。

第四，展览（销）会。主要评估计划期内开展过或参加过几次展览（销）会；展览（销）会的时间、地点是否对组织有利；通过展览（销）会组织在社会公众心目中影响如何；通过展览（销）会，组织进行信息传播是否有利于组织的发展和公关活动的开展。

（2）对形象效果的评估。

1）组织形象目标效果评估。

组织形象目标效果评估是指将公关方案中所设计的在一定时期内所要实现的主要目标与通过公关工作所达到的实际形象目标进行比较，看其实现程度如何。

2）商品或服务形象目标效果评估。

组织形象目标是公关的总体目标，其中商品或服务形象目标是总体形象目标中一个具体的分目标。对商品或服务形象目标效果进行评估，主要是根据社会公众对组织的商品或服务评价的结果，分析其商品或服务的社会形象。

3）员工形象目标评估。

员工形象目标作为组织形象的又一分目标，它表现在职工的精神风貌、工作作风及劳动态度等方面，对员工形象效果进行评估。主要依据员工的自身表现、劳动态度、完成商品购销额、服务质量、积极参与组织的各项活动以及社会公众对员工的多方面反映等给予的评价。

4）环境形象目标效果评估。

环境形象目标效果评估主要依据目标值的实现程度，即通过环境建议的目标完成率给予评估。

此外，还应该对公关其他项目目标、公关协作情况、公关活动的措施等进行评估。

3.4.3 公共关系评估的方法

公共关系评估的对象和内容主要是公共关系活动及其结果，因而公共关系评估的方法可以分为活动评估的方法和结果评估的方法两种基本类型。

1. 公共关系活动评估的方法

公共关系活动评估是一项过程性评估，它主要检测评价公共关系活动是否按预定的计划进行，其目的就在于控制和协调公共关系活动努力实现既定的目标，以避免公共关系活动的失败。具体来说，公共关系活动评估可以分为公共关系调查评估、公共关系计划评估以及公共关系传播评估三种，因而公共关系活动评估的方法也可分为三类。

（1）公共关系调查评估的方法。

在公共关系调查中或结束后，应该对公共关系调查活动及其收集的资料进行验证和分析，这样的评估有利于发现调查中没有明确的问题，并提供了及时补救的可能性。对调查计划和方案进行可行性研究的主要方法是：逻辑分析、经验判断、试验分析。对收集的资料的准确性和完整性进行衡量的主要方法是信度和效度评价。信度是指调查结果反映调查对象实际情况的可靠程度，效度是指调查结果反映调查所要说明问题的正确程度。

（2）公共关系计划评估的方法。

公共关系计划评估主要是对公共关系目标、活动项目以及计划编制等内容进行评价和分析。这一评估的目的是预先发现漏洞，进一步审定或调整计划与战略，改进方案的实施过程，以增强信息说服力，避免宣传产生负面效果，提高计划的可行性。

对公共关系计划评估的主要方法有：第一，经验判断。即用以往的实践经验对公共关系计划和方案的可行性进行检验和分析。第二，试验分析。它通过小范围的试验对公共关系计划和方案的可行性进行验证和分析。在公共关系计划评估中，应主要采用现场试验法。

（3）公共关系传播评估的方法。

在公共关系传播中或结束后，也应对公共关系传播活动进行评价。

对制作并发送信息数量的衡量，这一过程主要是了解所有信息资料的制作、发送情况以及其他宣传活动进行的情况。其主要方法是清点并统计制作、发送信息资料以及其他宣传活动的数量。

对接受信息的衡量，也称为信息曝光度的衡量，这一过程主要是了解信息资料被新闻媒介采用的数量以及注意该信息的公众数量。评估信息覆盖面的最常用方法是：收集剪报，统计新闻媒体的发行量，统计展览、演讲、专题活动等的次数。

对信息准确度的衡量，主要是确定目标公众接受信息的状况。评估信息准确度常用的方法有：内容分析、对组织目标影响的检测、受众调查、公众到席率。

2. 公共关系结果评估的方法

公共关系结果评估是一项总结性评估，它主要检测评价公共关系活动对目标公众的作用和影响程度，以及整个公共关系目标的实现程度，其目的就在于了解公共关系工作的效果，因而又称为公共关系效果评估。公共关系结果评估的主要方法有：

（1）接受信息的公众数量的评估方法。

对接受信息的公众数量的衡量，主要方法就是水准基点研究，即事前事后测验法，它是对公众在开展公共关系活动前后对组织的认识、了解和理解等变量进行调查比较。

（2）转变态度的公众数量的评估方法。

一般来说，对态度转变进行评估的常用方法也是事前事后测验法，它是对公共关系活动前后的公众态度进行衡量，在图表上标出公共关系工作前后公众态度变化的百分比，并用方差分析说明公众态度变化与公共关系工作的关系。

（3）产生行为的公众数量的评估方法。

对公众行为的评估经常利用的方法有：1）自我报告法，这种方法由公众对象自己说明行为变化的方向、程度和原因。2）直接观察法。这种方法是公共关系人员在公共关系活动期间，根据确定的主题对公众的行为进行直接的观察，直接观察需要公共关系人员有较强的观察分析能力。3）间接观察法，这种方法是公共关系人员利用仪器或有关部门的记录对公众行为进行的观察。

本章小结

◎ 公共关系调研是公共关系活动的始点。调研的目的，就是了解公众意见和社会趋势，发现组织所面临的问题，为制定公共关系计划打好基础。调研的内容主要包括：组织自我形象、组织社会形象、组织所处的政策环境、社会经济环境、人文环境、其他组织的公共关系问题。

◎ 公共关系调研要坚持全面性、客观性、时效性等原则。公共关系调研的一般程序可以分为五个基本阶段：调研准备阶段、资料收集阶段、整理分析阶段、报告写作阶段、总结评估阶段。在进行公共关系调研前，需要进行总体方案设计。

◎ 公共关系调研的方法主要采用文献分析法、观察法、抽样调查法、访问法。

◎ 公共关系调研报告可以分为综合型调研报告和专题型调研报告。这种报告

有一定的内容与结构，并且需要按照一定的步骤来撰写。

◎ 公共关系计划通常包括确定目标、确定公众、确定主题、选择传播渠道、选择时机、编制费用预算和时间安排等。

◎ 在公共关系计划实施中，需要选择好具体实施日期，制作信息，采取各种方式将信息传播给公众，并在实施过程中适时检查、调整计划。

◎ 公共关系活动效果的评估，是公共关系活动的最后一个程序。公共关系评估要按照一定的先后次序和步骤进行。公共关系评估包括两方面内容：一是公关工作成效的评估，二是公关的具体手段和目的的评估。公共关系评估的方法分为活动评估方法和结果评估方法，两者的具体方法各不相同。

关键术语

公共关系调研	知名度	美誉度
公共关系调研报告	人际传播	群体传播
大众传播	公共关系评估	

复习思考题

1. 公共关系调研的目的和主要内容是什么？
2. 如何理解公共关系调研的原则和程序？
3. 公共关系调研的总体方案设计包括哪些内容？
4. 公共关系调研中常用的方法有哪些？
5. 简述公共关系调研报告的主要内容和撰写步骤。
6. 在公共关系计划阶段要做哪些工作？
7. 试比较人际传播渠道、群体传播渠道和大众传播渠道的异同。
8. 在公共关系计划实施过程中要解决哪些问题？
9. 公共关系评估一般要经过哪些程序？
10. 公共关系评估的主要内容是什么？
11. 什么是公共关系效果评估测量方法导向？
12. 评估公共关系活动效果的主要方法有哪些？
13. 试用公共关系评估方法，评估某次公关活动的绩效。

第 4 章

公共关系与大众传播媒介

【学习目的和要求】

本章探讨了公共关系活动与大众传播媒介的关系。通过本章的学习，我们要明确各类大众传播的特点与功能，认识在公共关系活动中应如何选用各类大众传播媒介，了解影响传播效果的各种因素以及克服不良影响的方法，争取获得良好的传播效果。

一个组织开展公共关系活动，常常要借助大众传播媒介。大众传播媒介对我们的社会具有极大的影响力，它正在潜移默化地改变着社会，改变着人们的工作和生活方式，改变着传统的观念。在社会生活多样化和社会关系复杂化的今天，要使一个组织与社会公众之间相互沟通和相互了解，大众传播是一种十分重要的手段，善于运用大众传播媒介也就成为公共关系人员的基本功。

为此，公共关系人员就有必要了解大众传播的过程和功能，并能恰当地选择各类大众传播媒介，分析大众传播效果。

4.1 大众传播的过程与功能

按传播学理论，信息传播按受众范围的大小，可分为自我传播、亲身传播、

团体传播、组织传播和大众传播。自我传播是指每个人的自我信息沟通；亲身传播是指在个人之间进行的信息交流；团体传播是指在某一群体范围内进行的信息传播活动；组织传播是指有组织、有领导地进行的一定规模的信息传播活动。这四种均属人际传播范畴。

大众传播是指传播组织通过大众传播媒介（报纸、广播、电视、网络等）对极其广泛的受众进行迅速和连续的信息传播，以期在大量的、各种各样的传播对象中，唤起信息传播者预期的信念，并试图在各方面影响传播对象的过程。大众传播有传者、信息、大众传播工具和受众四个要素，它是一种影响最大的传播方式。

4.1.1　大众传播过程

要利用好大众传播手段，公共关系人员有必要了解大众传播过程。

1. 韦斯特利-麦克莱恩模式

1957 年，美国传播学者韦斯特利和麦克莱恩整理当时已有的研究成果，提出了一个适合大众传播研究的系统模式。韦斯特利-麦克莱恩模式是一种与公共关系活动比较相关的大众传播模式，这种模式的渐进步骤是：

（1）在接收者的范围内，接收者对所有的信息进行选择后，以抽象形式直接传送给其他接收者。在这样的选择中至少部分是基于接收者的需求和问题，有些或所有对象都以多种意义进行传送。

（2）在接收者接收信息时出现了信息的被传播者，被传播者选择信息并抽象后作为一个信息传给接收者。而接收者自己的感受范围中可能有也可能没有部分的或全部的接收信息。接收者有意或无意地将反馈传送给被传播者。

（3）此时接收者接收到的是什么样的信息还取决于一个无意的编码者的选择与抽象，它代替接收者起作用，也因此扩展了接收者的环境。而这个无意的编码者的选择必须根据来自接收者的反馈。

（4）编码者传给接收者的信息代表编码者在两方面信息中的选择，一方面是被传播者传给编码者的，另一方面是编码者从自己的感受范围中对信息进行抽象得到的。反馈不仅可以从接收者到被传播者，或从接收者到编码者，还可以从编码者到被传播者。显然，在大众传播环境中，多个编码者接收到多个被传播者传来的信息，并传送给大量的信息接收者，接收者同时也接收来自其他编码者的信息。

2. 传播过程的几个要素

1948 年，美国著名政治学家哈罗德·拉斯韦尔补充提出了传播过程五要素的公式："谁？说什么？通过什么渠道？对谁说？产生了什么效果？"这个公式描述的虽然是单向传播现象，但却为我们提供了一个分析传播过程的简易模式。因为其中包含了构成传播的基本要素：传播者、传播内容、传播渠道、受传者和传播效果。公共关系传播是组织运用传播手段向公众传递信息的过程，它经历了由传播者到受传者的全过程。因此，也应当包含上述传播过程的五个要素。

(1) 传播者。

公共关系传播者是组织信息的采集、发布者，是代表组织行使传播职能的人，是整个传播活动的中心。在我国政治组织中，该角色一般由党和国家的新闻发布机构、新闻发言人以及各级党和政府的新闻、宣传部门担任；在各种福利组织和营利性组织中，该角色由组织内部的宣传部门、公共关系部门或宣传人员、公共关系人员担任。

公共关系传播者是公共关系的主体，因为它是构成传播过程的主导因素。它的任务，是将外部的信息传达给组织内部公众，将有关组织的信息发布出去，传递到目标公众那里。

(2) 传播内容。

公共关系传播内容是指传播者发出的有关组织的所有信息。它大体上可以分为如下两类：

一类是告知性内容，即向公众介绍有关组织的情况。在信息传播过程中，告知性内容往往以动态消息或专题报道的形式出现。

另一类是劝导性的内容，即号召公众响应一项决议，呼吁公众参与一项社会公益活动，或者劝说人们购买某一品牌的商品。

(3) 传播渠道。

所谓传播渠道，是指信息流通的载体，也称媒介或工具。人们通常把用于传播的工具统称为传播媒介，而把公共关系活动中使用的传播媒介，称为公共关系媒介。可供公共人员利用的传播媒介有两种：一种是大众传播媒介，另一种是人际传播手段。具体来说，公共关系传播媒介是各种各样、丰富多彩的。常见的是语言媒介，像报纸与杂志、书籍与纪念刊、海报与传单、组织名片与函件等；还有电子媒介，像广播、电视、网络、录音、录像、幻灯片和电影等；也有标识，像摄影与图片、商标与徽记、门面与包装、代表色等；此外，还有非语言传播媒介，像表情、体态、目光等。

(4) 目标公众。

目标公众即组织的外部公众，是指那些与组织有着某种利益关系的特定公

众。它们是大众传播受传者中的一部分，是组织意欲影响的重点对象。

组织要想有效地开展公关工作，分辨自己面对的公众是十分重要的。一般说来，辨认公众可分几个步骤，层层深入。比如，首先把组织面对的公众无一遗漏地罗列出来，然后按需要对它们进行分类。当组织开展一项具体活动时，还可以对公众作出更进一步的分类，以便确定具体活动所针对的目标公众。

参考资料

大众传播受众研究的经典理论

1975 年，美国著名传播学家梅尔文·德弗勒在他的《大众传播理论》一书中，对受众理论作了一个总结，把它们分为四种类型。

1. 受众的个人差异论

大众传播中，同样的信息往往会收到不同的效果。显然，这种情况的出现不仅仅是由传播的内容引起的。为此，一些学者转而研究受众，并提出，对于同一信息的不同反应是由于人们性格和态度上的差异造成的。这就是个人差异论的起源。

个人差异论的理论基础是“刺激—反应”论，它是从行为主义心理学派的角度出发来对受众加以研究的。这一学派认为，人的心理和性格虽然有遗传的因素，但主要还是后天形成的。每个人的成长环境和社会经历都不尽相同，他们的性格也就各有差异。因此，具体到大众传播学，其并不存在整齐划一的受众。在大众传播提供的信息面前，个人会因为心理、性格的差异而对信息做出不同的选择和理解，随之而来的态度和行为的改变也会因人而异。

既然是个人差异论，那么个人差异到底是怎样形成的呢？这可以用行为主义理论进行解释。行为主义的“学习”理论认为，人们有着各自的心理结构，心理结构指的是人们的心理过程以及个性心理特征。其中前者又可分为认识过程、情感过程和意志过程，也就是我们常说的知、情、意；后者则是指个人在社会化过程中受到家庭、学校、党团等社会环境的影响并形成自身独特的兴趣、习惯、气质等性格和心理特征。人们的心理结构之所以各不相同，是因为他们在“学习”即社会化的过程中获得的观念、立场本身就有所不同。而这些性格和心理结构上的不同又决定了其态度倾向和实际行动的不同，这便是个人差异。

个人差异论的主要理论贡献在于提出了选择性和注意性理解。

2. 受众的社会分类论

社会分类论又叫社会类别论、社会范畴说。这一理论认为，受众可以根据年龄、性别、种族、文化程度、宗教信仰以及经济收入等人口学意义上的相似而组成不同的社会群体。这些因人口学因素相同或相似而结成的群体，又有着相似的性格和心理结构，在人生观、价值观等方面也有着较为一致的看法。因此，统一群体中的成员在传媒的选择、内容的接触甚至对信息的反应上都会有很多一致的地方。这样，就可以把受众分成不同的群体来加以研究。

社会分类论不囿于个体差异而强调群体内部的统一性，同时又注意到了群体之间的差异性，这是其优于个人差异论的地方。个人差异论注重个人性格和心理上的差异；而社会分类论则看到了社会群体的特征差异。可以说，社会分类论是对个人差异论的修正与改进。

3. 受众的社会关系论

社会关系论是拉扎斯菲尔德、贝雷尔森和卡茨等人的研究成果。他们认为，个人差异论和社会分类论都忽视了受众之间错综复杂的相互关系，而这种社会关系对于受众研究是极为重要的。受众的社会关系对受众有着巨大的影响，在受众的媒介接触中，社会关系经常既能加强、也能削弱媒介的影响。事实上，媒介的效果经常为受众的社会关系所削减。社会关系主要包括人际网络、群体规范和意见领袖等，具体到受众的社会关系则主要有他们所在的工作单位、社会组织以及各种非正式的群体等。社会关系论为大众传播和人际交往提供了一个结合点，而结合的桥梁就是社会关系。

群体压力理论是一种与社会关系论相关的理论。这种理论认为，群体压力能够影响受众对媒介内容的接受。人们一般都会选择加入与己意见一致的团体，团体对这些意见的认同会加强个人关于此意见的信心。媒介的信息一旦不符合团体的利益和规范时，便会受到团体的抵制。在这种情况下，团体成员往往会对这一媒介产生怀疑，固守并加强对原有信念的坚持。这时，媒介的力量被削弱已经成为不争的事实。如果媒体内容与团体规范的冲突并不是特别严重，团体则会对媒介意见另作解释，由于与其原有意见较为接近，因此团体成员也倾向于接受这种解释。这时，媒介的作用也会被减弱。因此，传播媒介要想改变人们固有的意见是非常困难的，除非它与这些人所处群体的意见一致。

4. 受众的文化规范论

文化规范论与前三种理论有所不同。前三种理论是以受众为出发点来探讨媒介与受众之间的关系，而文化规范论则以传播媒介为出发点，认为大众传播的

内容会促使接收对象发生种种变化。

受众的文化规范论认为，受传者能够从媒介内容中学到新的观点，这种观点可能加强或改变原有看法。也就是说，大众传播媒介不一定能直接改变受众，但由于受众是在社会文化氛围中生活的，因此，大众传播可以先改变社会文化，从而间接地实现对受众的改变。可见，这种理论强调大众传播间接和长期的效果。

可以说，现代社会里，大众传播充当着文化的选择者和创造者的角色。而人们在社会文化之中生活，久而久之，就会形成与这种文化相符合的社会观、价值观。在这一点上，文化规范论与“议题设置”理论有一定的联系。

(5) 传播效果。

1) 公共关系传播效果的内涵。

公共关系传播效果，是指目标公众对信息传播的反应，也是公共关系人员对传播对象的影响程度。

人们对传播效果的研究经历了半个多世纪的历程，先是提出“传播万能论”，继而提出“有限效果论”(以“两极传播”为主要内容)，后来又由“两极传播模式”发展为“多极传播模式”。传播效果理论的演变告诉我们，大众传播媒介固然能够改变受众原有的观念，但其效果不是无限的。在实际工作中，公共关系人员不能把大众传播媒介作为唯一的手段，而应当将它与人际传播、组织传播等多种方式结合起来，以便收到更好的效果。公共关系人员可以通过各种调查手段了解公众对信息的接受程度，知己知彼，百战不殆。此外，在信息传播过程中，还要重视专家、学者、社会名流等“意见领袖”的中转作用。

2) 公共关系传播效果层次。

各类传播者对受众都会产生一定的影响、作用，这就是效果。但是效果并不都是等值的，它们有作用范围大小与作用程度深浅不同的区别。对于公共关系工作者来说，由于各类传播形式都要使用，更应该了解传播发生作用的不同层次。

针对公共关系的目标和公关传播的目标评估，传播对于受众的影响可以达到四种程度，也就是四层次传播效果：信息层次、情感层次、态度层次、行为层次。

应该看到，随着效果层次的提高，受众由于各种原因而逐渐减少；同时只有能达到较高的效果层次，才能使传播效果（哪怕是初级效果）得以较长时间地保持，否则受众很快就会淡忘，一个传播行为也就以无效告终。几种传播效果不是直线相连、必然上升的，它们之间的互相影响是复杂的，其关系是辩证的。

3）影响公共关系传播效果的因素。

在传播过程中，有很多因素同时作用于受众，并对受众产生程度不同的影响。研究证明，影响传播效果的因素主要有四个：

第一，传播媒介。公众对传播媒介的要求一是要使用简便，易于掌握，易于得到；二是比较有效，即它的使用效果受到普遍的重视与承认，特别有效时，即使使用、驾驭上有一定难度，人们也会努力去得到或掌握它。

影响公众对媒介的选择的这两个因素可以概括为一个公式：

$$选择或然率=\frac{报偿的保证}{费力程度}$$

从这个公式可以看出，选择或然率与报偿的保证成正比，而与费力程度成反比。所以公关工作要注意选择适当的媒介传播信息，选择不当就有可能接收不到或者没有影响。

第二，信息的内容与表现方式。信息的内容即传播者传播的信息是否为受众所关心、感兴趣，是否重要、新鲜，是否可靠、可信，这一点是受众价值判断的中心点，也是决定传播效果的关键所在。公关人员在传播信息时要注意内容的趣味性、与受众的相关性以及信息来源的可靠性，内容的真实性，观点的客观性、科学性。

除内容自身的要求外，内容的表现方式也非常重要。形式、方法不当，再好的内容也难以传播出去，可能还会引起误解甚至反感。

第三，信息的重复。一个人接触某一信息的次数越多，越容易接受它。同样的信息多次发出，受众会逐渐由生疏到熟悉、由漠然到亲切，甚至在长期接触后，会把这一特定的内容形式融入自己的生活。所以同样的信息在相当长的时间里重复出现，是取得以至增强传播效果的重要因素。

第四，受众接收信息的条件。时间、空间对受众接收是否有利，对传播效果也有相当大的影响。受众接收环境存在各种干扰或没有足够的时间接收，这些因素都会使效果大打折扣。

从传播类型来说，不同种类的传播其效果也不相同。个人传播在各类传播形式中传播效果最好，传播率最高，而其他传播形式的传播效果都还不及它的一半，但个人传播的影响非常有限。因而传播学家提出这两类传播只是有“适度效果”，即一次具体的传播活动对某一个受众来说，效果是有限的。其中的影响因素一是受众本人的思维定式，二是受众周围团体、个人的影响。

4）公共关系传播效果的评价。

传播效果是指传播者所发出的信息对传播对象的影响和传播对象对传播内容的反应。而传播效果的评价，就是指对传播对象影响的范围和程度进行分析与衡

量，对传播效果的评价可采取两种方法来进行：

第一，传播前评价法。这种方法是在传播前进行的一种事先评价法。传播前，可根据这个既定的传播目标进行直接评价，即邀请部分受众对备好的几种传播方案（包括传播方式、媒体选择、传播内容、传播时间等），进行直接评价，比较哪一种传播方案与传播目标最为接近。各种传播方案的“形象差距”有多大，据此改进，最后确定实施最佳传播方案。

第二，传播后评价法。具体做法有两种：一是收集反馈意见，检查传播对象的接受程度，以评价传播效果；二是认识程度测试，抽样调查传播对象，让他们回忆信息的中心内容，以测定传播对象对公共关系信息的认识程度，找出传播目标的形象与公众认识形象的差距，以此来评价传播效果。

传播效果在很大程度上受到传播要素的影响与制约，任何一个传播要素不能发挥正常功能，都会导致传播效果的失衡。因此，在评价传播效果时，应对传播诸要素的功能正常程度进行检测并做出综合性分析，以提高传播效果。

参考资料

关于公共关系传播效果的主要理论

（1）传播万能论。

在第二次世界大战前，媒体研究者接受了著名伦理学家涂尔干的“大众社会”观点，认为由于“大众社会”中规范混乱、个人心理异常和孤独等原因，媒介享有强大的威力，人们很容易为媒介所左右。这种媒介万能论流行于20世纪二三十年代，也被称为“魔弹论”（the Magic Bullet Theory）、“皮下注射理论”（the Hypodermic Needle Theory）或“机械刺激反应论”。这种理论大都是建立在观察基础上的结论，如1938年10月威尔斯的“火星人入侵进攻地球”的广播，震惊了30%的美国听众；赫斯特报系在挑起美西战争中所扮演的角色，显示出媒体在寻求大众支持其论调方面的巨大能量；纳粹德国运用广播心理宣传作为战争武器，效果显著。

传播万能论过分夸大了大众媒介的力量和影响，忽视了大众传播的弱点和不足，其实大众传播只能和人际传播并存及相辅相成，而不能取而代之。传播万能论也忽视了受众对大众传播的自主权的前提，受众是具有高度自觉性的主人，对信息不仅有所选择，而且还自行解释，自行决定取舍。传播万能论还忽视了影响传播效果的各种社会因素，忽视了大众传播的效果是与当时当地的社会环境、媒介环境、群体心态、政治军事经济及文化背景密切相关的。

(2) 有限效果论。

有限效果论又称最低效果法则，流行于20世纪40年代至60年代，主要代表人物是拉扎斯菲尔德、霍夫兰、克拉伯。从20世纪40年代开始，传播效果研究进入第二个时期，“传播万能论”的效果观逐渐被否定。最低效果法则就是对早期“传播万能论”(魔弹论)的否定。它认为，传播活动是传受互动的过程，受众是具有不同特点的个体，而不是应声而倒的靶子，大众媒介的效果受媒介性质及其在社会中的地位影响。媒介不是影响受众的直接和唯一的因素。大众媒介透过许多中介，在多种格局的影响下发生作用，其对受众的影响是有限的。

这个时期研究方法的重要特点是，社会调查法和心理实验法被普遍应用于传播学研究，学者们的研究视角开始转入对传播效果产生的过程与机制进行实证考察。从传播流程切入而研究传播效果，是“有限效果论”的有力支撑。“有限效果论”的主要理论支撑是个体差异论、社会分类论、选择性理论、两极传播论(多极)、中介因素论、意见领袖论等。

这里专门介绍一下拉扎斯菲尔德的两极传播论(Bi-polar Communications Theory)。1940年，拉扎斯菲尔德等人通过调查发现，信息从大众媒介到受众，经过了两个阶段，首先从大众传播到意见领袖，然后从意见领袖传播到社会公众。前者作为第一个阶段，主要是信息传达的过程，后者作为第二阶段，则主要是人际影响的扩散。他们提出的理论称为两极传播论。两极传播论认为人际传播比大众传播在态度改变上更有效。

两极传播假设使人们认识到大众媒介渠道和人际传播渠道在人们信息获取和决策(态度形成和转变以及具体的行动)中的不同角色和作用。在创新的传播扩散中，两极传播模型具有重要的意义。受众对创新的采用由以下阶段组成：认知、说服、决策、使用和确认。在两极传播模式的诠释下，大众传播在人们的认知阶段具有重要作用；而在说服和决策阶段，人际传播的影响更为显著。

有限效果论重视针对受众的各种实验和社会调查，但是，该理论将传播的能力化为对受众行为层面的研究，贬低了大众传播效果，且只着眼于大众传播对受众的影响，忽视了受众对大众传播的作用，没有摆脱“传者中心论”的局限。

(3) 适度效果论。

适度效果论盛行于20世纪60年代至80年代，该理论认为大众传播对于受众虽然没有魔弹论所认为的那样直接的、立竿见影的效果，但也不像有限效果

论说得那么有限，适度效果论认为大众传播仍然是具有一定影响的，这种影响应该从受众这个角度来衡量，并且考察其长期效果。其代表性理论是赫佐格、贝雷尔森、卡茨等的使用与满足理论，罗杰斯的创新与扩散理论，麦库姆斯和肖的议程设置理论，格伯纳的教养理论（涵化理论），蒂奇纳、多诺霍和奥里恩的知识沟假说等。使用与满足理论以及议程设置理论较为完整地解释和揭示了传播的整个过程，是从媒介角度和受众角度的最佳结合与补充。

（4）强大效果论。

强大效果论出现于20世纪80年代以后，是在适度效果论的基础上发展起来的。与早期的媒介万能论不同，强大效果论从受众出发探讨媒介对社会的间接的、潜在的、长期的影响，同时将传播过程置于整个社会政治、经济环境中进行多元化的宏观分析，认为根据宣传理论的原则谨慎筹划制作节目，大众传播就能发挥强大效果。强大效果论最具代表性的是“沉默的螺旋”理论。该理论有三个基本命题：第一，个人意见表明是一个社会心理过程。人是害怕孤独的。人总是力图从周围环境中寻求支持，避免陷入孤立状态。当发现自己属于“多数”或“优势”意见时，他们便倾向于积极大胆地表明自己的观点；当发觉自己属于“少数”或“劣势”意见时，一般人就会屈于环境压力而转向“沉默”或附和。第二，意见的表明和“沉默”的扩散是一个螺旋式的社会传播过程。一方的“沉默”造成了另一方意见的增势，使“优势”意见显得更加强大，这种强大反过来又迫使更多的持不同意见者转向“沉默”，如此循环下去。第三，大众传播可以通过营造“意见环境”影响和制约舆论。舆论的形成不是社会公众的“理性讨论”的结果，而是“意见环境”的压力作用于人们惧怕孤立的心理，强制人们对“优势意见”采取趋同行动的过程。“沉默的螺旋”理论表明，谁能操纵媒介，谁就能操纵舆论，谁能操纵舆论，谁就能操纵社会。所以，大众传播的累积性、普遍性与和谐性的有机结合能对舆论产生强有力的效果。

我们将上述四种理论总结于图4—1中。

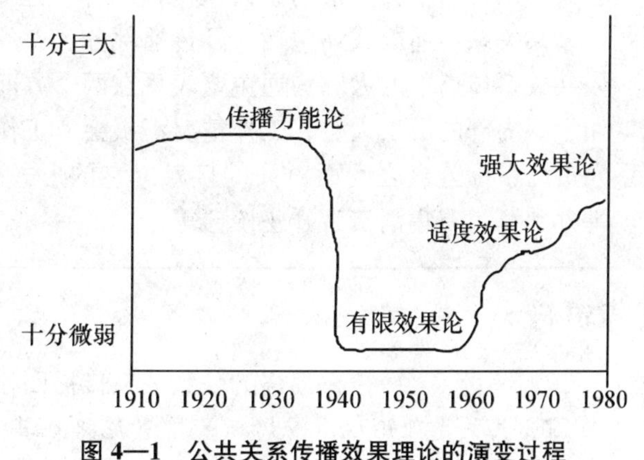

图4—1　公共关系传播效果理论的演变过程

3. 公共关系传播模式

公共关系传播的出发点是组织，是代表组织行使传播职能的个人或机构。

从组织内部结构看，一般组织（营利组织比较明显）可以划分为三个层次：决策层、管理层和执行层。这三个层次各自独立，又彼此联系，共同维系着组织自身的发展。

在这里，组织传播担负的任务是多重的：首先，它要把组织内部的信息传递给大众传播媒介，然后经媒介传递给目标公众；其次，它要想方设法吸引媒介，使大众传播媒介主动了解、采集有关组织的信息，并传达到目标公众那里；再次，它要在组织成员之间进行信息联络，充当组织关系的黏合剂；最后，它还要代表组织同目标公众进行面对面的接触，为组织取得直接的信息反馈。

公共关系传播链条的第二个环节——传播媒介，也就是由美国社会心理学家库尔特·卢因提出来的“把关人”的概念，现在已经得到美国大众传播学者的普遍认同。学者们认为，大众传播媒介在向公众传递信息的过程中，起着过滤的作用。主管这种过滤工作的记者和编辑，就是大众传播媒介的把关人。公共关系传播者发出的信息，只有顺利通过把关人这一关，才能经媒介流向公众。对于公共关系人员来说，这将是一个考验。

公共关系传播的下一个环节是公众。公众分为非目标公众和目标公众。前者指大众传播媒介面对的分布广泛的、不确定、不确知的公众，后者指与组织有着某种特定联系的集合群体。公共关系传播的目的，就是要使组织发出的信息经过传播媒介准确无误地传达到目标公众那里，并通过直接和间接的渠道取得信息反馈以进一步调整自己的传播行为。

公共关系传播不仅要借助于大众传播媒介，还要利用人际传播的某些手段。因此，公共关系传播模式还包括人际传播部分。

公共关系传播中的人际沟通主要表现在两个方面：其一是组织内部的人际交流，如组织内部的员工大会、工作情况汇报会、工作经验交流会等。其二是公共关系人员与目标公众之间面对面的接触。它的形式也是多种多样的，如接待来访、举办展览、召集消费者开座谈会等。

参考资料

格鲁尼格的公共关系传播四模式论

美国公共关系理论权威詹姆斯·格鲁尼格在其“卓越公共关系”的研究项目中，提出了四种类型的传播模式。

(1) 新闻代理人/宣传模式。其目的是为了宣传，本质是单向传播，传播的内容是非关键的事实，实践中的代表人物是 P.T. 巴纳姆。格鲁尼格的研究认为在实践中采用该种模式的组织的比例为 15%。

(2) 公共信息模式。其目的是为了传播信息，本质是单向传播，传播的内容是重要的事实，实践中的代表人物是艾维·李。格鲁尼格的研究认为在实践中采用该种模式的组织的比例为 50%。

(3) 双向、非对称模式。其目的是为了科学的说服，本质是双向传播，最终的目的是不平衡的效果，实践中的代表人物是爱德华·伯纳斯。格鲁尼格的研究认为在实践中采用该种模式的组织的比例为 20%。

(4) 双向、对称模式。其目的是为了相互理解，本质是双向传播，最终的目的是平衡的效果，实践中的代表人物是伯纳斯。格鲁尼格的研究认为在实践中采用该种模式的组织的比例为 15%。

4. 公共关系的大众传播过程

在大众传播过程模式的基础上，我们可以得出公共关系的传播过程模式图（见图 4—2）：

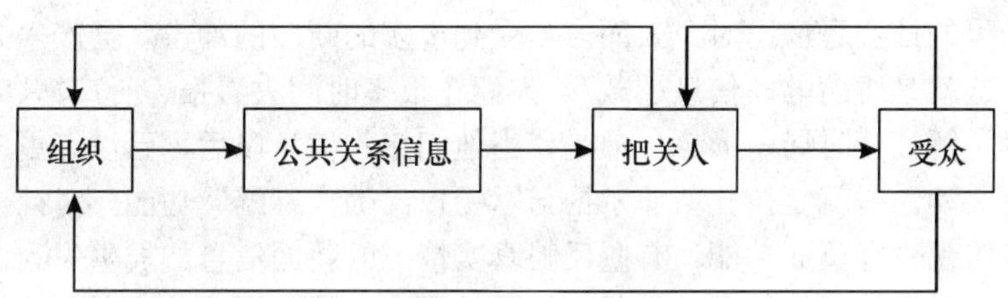

图 4—2　公共关系的传播过程模式图

社会组织（传播者）在收集到来自内、外各方面的信息后，对其加以分析，整理出符合传播需要的公共关系信息，并把它传递给把关人，把关人在对信息实行处理后，通过大众媒介传播给受众。受众受其影响后，又将信息反馈给把关人和社会组织，把关人也将获得的反馈信息传递给组织，最终完成一轮传播。组织在收集到各种反馈信息和新的信息后，制作出新的公共关系信息，再开始新一轮的传播。

4.1.2　大众传播的功能

作为组织与社会公众交流信息的一种方式，大众传播具有强大的社会功能，正是这种功能，使它在组织的公共关系活动中起着重要作用。

1. 大众传播的社会功能

对整个社会来说，大众传播具有环境监视功能、社会协调功能、文化传递功能、娱乐功能、设置议题功能和授予地位功能。

(1) 环境监视功能。

环境监视是大众传播的主要功能。著名美国新闻人约瑟夫·普利策有一句传世名言:“倘若一个国家是一艘航行在大海上的船,新闻记者就是船头的瞭望者。他要在一望无际的海面上观察一切,审视海上的不测风云和浅滩暗礁,及时发出警告。”普利策的这段话就是对大众传播监视环境功能的绝好注脚。由于大众媒介持续、公开地向人们提供大量有关该社会以至全世界各种事件的信息,这种监视、侦察活动产生的后果就是及时发出即将来临的自然灾害或战争威胁等警告,促使人们及早防御。而且,有关周围环境的信息流通,诸如交通运输、经济行情、影视剧演出等,也能满足全社会以至个人的日常需要。不仅如此,环境监视还导致社会常规的巩固。因为新闻报道能够把那些违背社会常规的行为公之于众,激起社会成员对其加以谴责,形成一种社会力量,从而加强对社会成员的控制。

以上是环境监视的正面功能,但是,环境监视也有其消极的负面功能。对社会而言,世界新闻的流通会构成一种对某社会体制潜伏的威胁。比如,有关另一类社会的信息可能导致人们将其与本社会进行比较,从而对所处环境产生反感,萌发变异的愿望;那些关于即将来临的某种威胁的警告,如不加以解释,也可能会引起严重的社会恐慌。对个人而言,受到过多的新闻的冲击,会产生无所适从的感觉,这就是所谓的“信息超载”。人们花很多时间去看报、听广播、看电视、上网,以了解社会时局、形势。但是,当他们接收信息以后,已没有更多时间去从事社会活动。这就是拉扎斯菲尔德与默顿提出的“麻醉”功能。对社会统治而言,环境监视也有负面功能:有些反映真实情况的新闻信息如战事失利、领导人的劣迹、敌对方的宣传等,一旦得到传播的机会,就会影响统治者的威信,甚至危及他们的统治。

对文化体系来说,因环境监视而产生的信息广泛流通,既能促进文化交流,推动社会的文化发展,也可能因此而出现文化渗透甚至文化侵略的后果。

新闻摘录

即使是娱乐节目也有监视环境的功能

1973年12月19日,NBC“今晚秀”(Tonight Show)的撰稿人注意到一则消息。该消息引用一位威斯康星州议员的话,说联邦政府没有及时在卫生纸供应商中招标。撰稿人注意到这里的幽默含义,便在主持人卡森的开场白中插入了一些类似的笑话。当晚,卡森跟他的数以千万计的观众开了个玩笑,说美国面临严重的卫生纸短缺危机。

> 不幸的是，一些人把“今晚秀”当作了NBC的晚间新闻，第二天超市一开门就冲进去采购卫生纸。每个人都不甘落后，有的人买了20美元的卫生纸。在纽约，甚至有位妇女买了一大箱64卷。一些杂货店被迫限量供应，规定每位客户只能买四卷。生产卫生纸的厂家猝不及防，他们从没有预料到他们的产品有如此紧俏的一天。虽然厂家加紧生产来应付这种异常的需求，但要让产品最终上到货架上还需要一些时间。与此同时，消费者的购买热情不减，超市卫生纸继续脱销。其他消费者看着空荡荡的货架，越发相信卡森关于卫生纸短缺的论断，急急忙忙地赶到其他商店去购买。
>
> 卡森试图平息这场混乱。他宣布说这只是个玩笑，那则新闻所说的短缺指的是较低级的政府配给纸，而非柔软的高级消费用纸。虽然他的解释起了些作用，但恐慌是会传染的，所以，一直过了三个星期，超市货架上的卫生纸供应才恢复正常。
>
> 资料来源：Dominick，Joseph R.，*The Dynamics of Mass Communication*，New York：The McGraw-Hill Companies，Inc.，1996。

（2）社会协调功能。

社会协调是一种组合功能，即大众传播通过新闻等各种信息的选择、解释与评论，提出相应的解决方案与策略，激励和动员群众投入到当前的事件中，提出对策，抵御有碍社会安定的各种威胁；通过解释与评论防止因报道某些事件和敏感问题造成的过度刺激。此外，大众传播对新闻加以选择和评价，有些还进行解释或提出对策，这就能更好地发挥这些新闻的效益，无论对社会或个人来说，都有助于人们对信息的摄取，也可以防止受传者个人因信息过多而无所适从，无法分析，陷于忧虑、紧张或埋头于个人小天地的趋向。

但是，大众传播协调社会行动也会产生负面功能。因为大众传播具有公开性，凡是其解释有触及现存社会秩序以至社会弊病之处，都会引起广泛的社会反响。这样，它所能进行的评论、解释以至献策都不能不受到限制。这种限制不一定都来自官方或政府机构，有时仅是经济方面的。此外，大众媒介对新闻所作的选择和解释可能会削弱社会或个人的判断能力。

（3）文化传递功能。

文化传递功能是指通过大众传播，把文化传递给下一代，并继续教育离开了学校的成年人，使社会成员遵循同一的价值观和社会规范，继承同一的社会文化遗产。所以，文化传递功能是一种延续社会传统、传播社会经验与知识的教育功能。发挥大众传播的这一功能无论对整个社会或对个人来说，都有相同的积极意义。对社会统治阶层来说，发挥大众传播的文化传递功能可以扩张其权力；对于文化体系而言，发挥这种功能则可以促成体系的一致性和标准化。

从负面功能来看，大众传播的各种教育活动也会进一步扩大“大众”社会。所谓“大众”社会，是说大众媒介的受众多数是没有受过专门教育的新对象，而由此构成的“大众”社会的平均教育水准也较低。标准化教育还会使人们失去学习的独创性和想象力。而且这种标准化也可能使从文化主流中派生出来的有关生活方式、习俗、服饰等的“亚文化”的多样性与创造性受到损害。这种千篇一律或大同小异的文化传播内容暴露了文化体系一致性的消极一面。

(4) 娱乐功能。

传播学研究已经越来越强调大众传播的娱乐功能。其原因是随着文化的发展和与外界环境的接触不断增多，人们越来越需要娱乐。人在劳累一天之后，需要“放松”一下，读点有趣的东西，听点轻快的音乐，看点令人捧腹的电视节目，浏览一下绚丽多彩的网页，以忘掉工作的烦恼，调剂紧张的神经。放松紧张的情绪只是娱乐的最低目标，人还有更高的需求，就是艺术享受。随着传播媒介的发展，特别是电视和网络几乎走进了城市和乡村的每一个家庭，使这种需求得到了满足。报纸的副刊，广播的音乐和戏曲节目，电视中的文艺节目，网上娱乐节目等，都体现了娱乐的功能。

但娱乐功能的负面作用也很明显，娱乐功能可能会增加人们的被动性，降低他们的审美情趣，并可能助长厌世情绪，从而转移整个社会的注意力，限制人们的社会性行动。

(5) 设置议题功能。

设置议题，也就是要引导舆论。在一个时期内，大众传播媒介集中谈论某些事件，将公众的注意力集中于这些事情上，构成社会舆论的中心议题。研究和调查表明，大众传播中越是强调或突出某议题、某事件，就越能影响公众突出地议及它们。大众传播对某些议题的着重强调与这些议题在受众中受重视的程度构成强烈的正比关系。

参考资料

大众传播的议题设置功能假说

“议题设置功能”作为一种理论假说，最早见于美国传播学家 M.E. 麦库姆斯和唐纳德·肖于1972年在《舆论季刊》上发表的一篇论文中，题目是《大众传播的议题设置功能》。这篇论文是他们在1968年美国总统选举期间就传播媒介的选举报道对选民的影响所作的一项调查研究的总结。

1968年，麦克姆斯和肖对总统大选进行了调查，以期了解媒介议题对公众议题有多大的影响。1972年他们提出了议题设置理论，该理论认为大众传播往往不能决定人们对某一事件或意见的具体看法，但可以通过提供信息和安排相关的议题来有效地左右人们关注哪些事实和意见及他们谈论的先后顺序。大众传播可能无法影响人们怎么想，却可以影响人们去想什么。议题设置是大众传播媒介影响社会的重要方式，其观点主要来自政治学，李普曼的《舆论》最早提出该思想，被认为是传播学领域的奠基之作。

（6）授予地位功能。

美国社会学家拉扎斯菲尔德和默顿1949年在《大众传播、大众兴趣和有组织社会行为》一文中提出，大众传播可以使社会事件和人物等正当化，树立威信，得到显著地位；也可使之威信扫地，败下阵来。这说明，大众传播能够赋予个人、团体、社会问题以及社会运动地位。事实表明，个人或社会政策一旦获得大众传播的好评，其社会地位和知名度也就提高了。这就是说，大众传播能使个人和集体的地位合法化，从而给他们以声望并提高他们的权威性。提高声誉的一种迂回的方式，就是由知名人士发表言论予以推荐，这样不仅会提高被推荐者的声誉，而且也会给推荐者本人带来声誉。这种社会关系的连锁反应，生动地说明了大众传播的这种功能。

参考资料

西方学者关于大众传播功能的各种论述

拉斯韦尔在1948年发表的《传播在社会中的结构与功能》一文中，将传播的基本社会功能概括为环境监视功能、社会协调功能、社会遗产传承功能三个方面，这三项功能是包括人际关系传播、群体传播、组织传播在内的一切社会传播活动的基本功能，大众传播不仅具备这些功能，而且起着重要的作用。

赖特继承了拉斯韦尔“三功能说”，并在此基础上围绕大众传播的社会功能问题提出了“四功能说”，即环境监视功能、解释与规定、社会化功能、提供娱乐功能。

施拉姆从政治功能、经济功能和一般社会功能三个方面对大众传播的社会功能进行了总结。施拉姆分类法的重要贡献在于它明确提出了传播的经济功能，指出了大众传播通过信息的收集、提供和解释，能够引导经济行为。大众传播的经济功能并不仅仅限于为其他产业提供信息服务，它本身就是知识产业的重要组成部分，在整个社会经济中占有重要的地位。

西方学者关于大众传播功能的主要学说见表4—1：

表4—1

拉斯韦尔三功能说	环境监视功能	自然与社会环境是不断变化的，只有及时了解、把握并适应内外环境的变化，人类社会才能保证自己的生存与发展。
	社会协调功能	社会是一个建立在分工合作基础上的有机体，只有实现了社会各组成部分之间的协调和统一，才能有效适应环境的变化。
	社会遗产传承功能	人类社会的发展是建立在继承和创新的基础之上的，只有将前人的经验、智慧、知识加以记录、积累、保存并传给后代，后人才能在前人的基础上做进一步的完善、发展和创造。
赖特四功能说	环境监视功能	大众传播是在特定社会的内部和外部收集和传达信息的活动。
	解释与规定功能	大众传播并不是单纯的"告知"活动，它所传达的信息中通常伴随着对事件的解释，并提示人们应该采取什么样的行为反应。
	社会化功能	大众传播在传播知识、价值以及行为规范方面具有重要的作用，这一功能也可称为大众传播的教育功能，与拉斯韦尔的"社会遗产传承功能"相对应。
	提供娱乐功能	大众传播中的内容并不是务实的，它的一项重要功能是提供娱乐，尤其在电视媒体中。
施拉姆三功能说	政治功能	监视、协调社会遗产、法律和习俗的传递。
	经济功能	提供关于资源以及买和卖的机会的信息；解释这种信息；制定经济政策；活跃和管理商场；引导经济行为等。
	一般社会功能	提供关于社会规范、作用等的信息；接受或拒绝它们；协调公众的了解和意愿，行使社会控制；向社会的新成员传递社会规范和作用的规定、娱乐等。

2. 大众传播对公共关系的作用

由于大众传播具有上述功能，因而对组织的外部公共关系和内部公共关系都能起到重要的作用。

(1) 大众传播对外部公共关系的作用。

公共关系的根本目的，就是努力建立组织在社会公众中的信誉和良好形象。要达到这一目的，必须先让公众了解这个组织，了解这个组织对社会的重要作用。这就需要将该组织的情况传播给社会公众。由于大众传播具有迅速、广泛的特点，因而能很好地完成这种传播。

由于大众传播具有授予地位的功能，当一个组织的信息被大众媒介传播出去后，组织的社会地位就会被合法化。在组织成立之初，这是十分必要的。另外，由于大众传播的受众极为广泛，当一个组织的信息经大众媒介传播出去后，就能被众多的人所了解，组织的知名度也因之大大提高。如果该组织成为大众传播的中心议题，公众就会对其更加关注，组织的知名度也会更高。

同样是由于大众传播的授予地位功能，当一个组织以其对社会的良好作用受到大众媒介的好评时，公众也会对该组织产生好感，组织的社会地位就会提高，它在公众中的良好形象也因之而树立起来。

当一个组织的形象和声誉因外在因素而受到影响时，它可以借助大众传播公布事实真相，赢得社会的理解，维护其良好形象和声誉。同时，大众传播还能及时发出警报，促使组织防御即将到来的对组织良好形象的侵害。

（2）大众传播对内部公共关系的作用。

一个组织要获得外部公众的支持与合作，首先必须获得组织内部全体员工的理解和支持。在这一方面，对内的大众传播也能起很大作用。

利用大众传播媒介加强与内部员工的信息交流，有利于员工了解组织的处境，理解和支持组织，从而在组织处于顺境时，促使其更快发展，而当组织处于逆境时，与组织共渡难关。大众传播还能把组织内部不良的行为公之于众，激起内部员工对其加以谴责，使组织不断地克服缺点，不断地完善自己。

大众传播能引导内部员工关注组织内部的重要事件，激励和动员大家投身到这些事件之中，献计献策，共同努力，解决组织的难题。大众传播还能引导员工开展业务学习，向他们传播先进经验和方法，帮助他们不断地提高自身的业务素质和工作能力。

组织利用大众传播的娱乐功能，既能帮助员工解除疲劳，使之有更充沛的精力投入以后的工作，又能在组织内部形成一种融洽的“家庭”气氛，调动大家的积极性，增加组织的凝聚力。

此外，对外的大众传播对内部公共关系也有一定影响。

总之，大众传播媒介对组织开展公共关系活动可以起到有利的作用。但是，由于大众媒介的客观性，它所传播的信息不一定都是赞誉组织的，这就需要组织正确对待。当不利于组织的传播是自己的失误造成的时，应公开承认，并力求纠正，然后将改进的效果传播出去，重新赢得公众的信任。当这种传播不符合事实时，则应通过一定的方式进行宣传解释，澄清事实。如果是有意的伤害甚至诬陷，要予以揭露，直至诉诸法律部门，以维护自己的形象。

4.2 大众传播媒介的选择

虽然大众传播有利于公共关系的开展，但对于大众传播媒介必须正确利用。由于各种大众传播媒介都有自己的特点，在传递公共关系信息时，也就有各自的优缺点。因此，对大众传播媒介必须进行合理的选择，才能收到良好的传播效果。

4.2.1 各种大众传播媒介的特点

作为传播者向社会公众传递信息的载体，大众传播媒介可以分为印刷媒介和电子媒介两种。印刷媒介包括报纸、杂志、书籍、信函等，电子媒介包括广播、电视、电影、录音、录像、网络、电子邮件等。也可以换个角度分为视觉媒介（报纸、杂志、书籍、信函、网络、电子邮件）、听觉媒介（广播、录音）和视听媒介（电视、电影、录像）。对于公共关系活动来说，大众传播媒介主要有报纸、杂志、广播、电视、网络。

1. 报纸的特点

报纸是一种以重量较轻、价值较低的新闻纸印刷而成，阅读后即可任意处置的出版物。报纸上通常刊载不同主题的新闻、消息、评论并且常附带有商业广告。这些不同的主题涉及政治事件、犯罪、体育、意见、天气等。报纸通常也涉及卡通或其他娱乐。

报纸有全国性报纸、地方性报纸、综合性报纸、专业性报纸等。报纸种类繁多，发行量大，其传播效果是不可轻视的。报纸的优点是：

（1）报纸目前在传播媒介中仍然占有重要的地位，它与一国的机关、团体、厂商、农户及广大公众有着传统上的密切联系。

（2）报纸报道深入、细致，可以有较充分的时间处理新闻，增加新闻报道的深度和广度，能给读者留下较深刻的印象。

（3）读者选择余地大。报纸可以克服时间和空间的间隔，能够传递相距千万里或相隔许多年代的人们之间的信息。

（4）便于保存，便于检索。当今的新闻信息，经过处理保存后，就成为历史资料和专门知识，如果读者想长期保存需要的内容，可以剪贴、摘录，以便日后反复使用。

（5）报纸是新闻性最强的媒介，而其他媒介的娱乐性与商业性方面常超过新闻性。

(6) 制作较为容易，成本不高。

报纸的缺点是：

(1) 读者数量受到一定条件的限制。如报纸要求读者具有一定的文化水平和理解能力，有些公众却不具备这种条件。此外，人们有爱好视、听甚于爱好阅读的习惯。

(2) 传播新闻不及广播、电视、网络迅速及时。报纸的传播速度不够快，而且在非常时期如恶劣天气、战争等情况下，会因发行环节受阻而失去时效。

(3) 不能直观地传播信息，不能像电视那样具有生动形象的画面，不易让人产生现场感，图片及文字的震撼力和感染力较电视的视频信息及电台的音频信息弱。

2. 杂志的特点

杂志是一种定期发行的介于书籍和报纸之间的连续的出版物，其中包含各种文章内容。大多数杂志的收入来源是广告费用和读者的购买成本。此外，杂志都具有一个固定的名称，并且用卷、期或者年、月顺序编号出版。

杂志的优点是：

(1) 种类繁多，发行量大，读者范围广。另外，杂志的专业性强，读者范围比较稳定。

(2) 报道层次较深。新闻性杂志由于编辑时间较长，有充分的时间去采访和分析，广泛收集资料，并加以解释，还可以配以必要的图片和图表，因而能对新闻事件进行深入翔实的报道。

(3) 由于能进行详尽的报道而具有学术和史料的价值。

(4) 印刷精良。由于杂志出版时间没有报纸那样紧迫，可以有更好的印刷，能做到色彩艳丽，图文并茂，有较强的感染力，能再现报道内容的形象和外观，因而可读性强。

杂志的缺点是：

(1) 出版周期较长，传播速度较慢。

(2) 杂志虽比报纸生动活泼，但仍不及电视。

(3) 杂志要求读者具有一定的文化水平和理解能力，专业性杂志还要求读者具有一定的专业知识和专门的爱好。

3. 广播的特点

广播的优点是：

(1) 听众不受文化程度的限制。因为不依赖文字作媒介，所以男女老少、文盲或无阅读习惯者均可接受，能接触到最广泛的公众。

(2) 不受空间限制。由于它是由电波传播，因此能把信息传达到印刷品、电视等媒介通常不能达到的地方。

(3) 传播迅速。消息播出后可立即传到听众耳中。对于一般的信息处理来说，互联网要快于广播。但是，对重大事件、重要新闻而言，广播的传播速度要快于互联网。移动电话的普及，大大提高了广播节目的时效性。

(4) 感染力强。广播以语言和音响作为传播的主要手段，它可以通过现场直播，使听众感觉到现场气氛，从而增加真实感。

(5) 广播的信息诉诸人的听觉，因而可以主动地向听众“进攻”。

(6) 费用较低。无论是其自身的运行成本，还是受众的接收成本，广播的各种费用都是最低、最经济的。

广播的缺点是：

(1) 广播传播的信息，稍纵即逝，听众稍不注意，就无法寻找，如有不明之处，也难以反复思考。如不及时录音，内容即无法保存，因而缺乏记录性。

(2) 收听某一节目必须在电台规定的播出时间，一旦错过就不容易再听第二遍，不如阅读报纸方便。

(3) 读报纸可以自行确定阅读顺序和重点，可以只看标题、结论而略过细节，听广播则必须按播音顺序来听，一条消息，常常要听完全部才能了解其全貌。

(4) 广播只传播音响，没有图像，不能展现图片、图像和形象。

不过，现代信息技术的发展及其应用在一定程度上弥补了广播的上述不足，从而给广播提供了全新的发展视野。信息时代的三大技术——数字技术、网络技术和卫星技术在传媒上的运用，使广播媒体成为最大的受益者，也使广播实现了真正意义上的“广为传播”。如今，广播在采访、编辑、传输、制作、播出、收听、储存等方面进行全面革新的时机已经成熟，条件已经具备。而且，一些走在广播改革前沿的电台，已经做出了成功的示范。

4. 电视的特点

电视是利用电子设备传送活动图像的技术，它利用人眼的视觉残留效应显现一帧帧渐变的静止图像，形成视觉上的活动图像，是目前主要的传播方式。作为新兴的大众传播媒介，电视对社会正发挥着日益强大的影响力。其优点是：

(1) 电视是文字、声音、形象三者的结合，而且有色彩，最能给人以身临其境的真实感，最接近面对面的人际传播，因此对观众而言，也最容易接受和产生兴趣。

(2) 电视在家庭中普及，深入到居民之中。观众大多是在业余时间收看电视

节目，视听情绪比较放松，因而也容易受到感染，引发共鸣。电视节目能掀起巨大的社会舆论。

(3) 与广播一样，电视在传播新闻时，速度比报纸等媒介要快得多。

电视的缺点是：

(1) 电视传播的信息稍纵即逝，没有记录性，不便查找。一般家庭没有录像设备，因此，信息不易保留。

(2) 观众选择余地小。电视播放的时间和内容都是既定的，观众处于被动收看的地位，可选择的机会很少。

(3) 电视节目从制作到播放，耗时费资，不能迅速将信息变为节目。加上播放、接收的设备比较昂贵，建立电视台和购买电视机都受到了经济支付能力的限制，影响了收看的范围和普及的速度。

虽然现在出现了数字电视，但是，由于电视接收机和收费方面的原因，数字电视还不能大规模、快速地普及，所以上述问题将在一个相当长的时间内存在。

5. 网络

网络传播就是指通过计算机网络的信息（包括新闻、知识等信息）传播活动，它代表着一种崭新的信息交流方式，推动了信息全球化的进程。

相对于报纸、广播、电视等传统媒体而言，网络媒体的传播特征，可以从传播的信息内容及其表现形式、传播方式、传受关系三个方面来进行分析。

从其所传播的信息内容及其表现形式来看，网络媒体所体现出的特征有：

(1) 数字化。

网络媒体是真正的数字化媒体。数字化是互联网媒体存在的前提。正像原子是构成物质世界的基本单元一样，比特是构成信息世界的基本单元。这使得信息第一次不仅在内容上，而且在形式上获得了同一性。数字化的革命意义不仅是便于复制和传送，更重要的是方便不同形式的信息之间的相互转换，如将文字转换为声音。

(2) 全球性。

就范围而言，与传统媒体的传播相比，网络传播的范围更广，具有一种全球性。这种全球性，实际上也表明了网络传播具有一种开放性的特征。

网络媒体是一种名副其实的全球化传播媒体。其全球化特征主要体现在传受双方，即信息传播的全球化和信息接受的全球化。网络媒体打破了传统媒体的传播范围多限于本地、本国的束缚，其受众遍及全世界。网络媒体的这一特征，有利于地方性媒体和全国性媒体、弱势媒体与强势媒体的竞争。甚至个人网站亦可以在一夜之间成为全世界网民关注的对象。

(3) 信息的丰富多样性与无限性。

这是指网络媒体在信息传输量上具有无限的丰富性，在信息形态上具有纷繁的多样性。无论是报纸、广播、电视，在单位时间（节目）和空间（版面）中所传播的信息，都是有限的，而网络媒体储存和发布的信息容量巨大，有人将其形象地比喻为“海量”。

(4) 可存储、易复制。

尼葛洛庞蒂教授曾指出：信息社会，其基本要素不是原子，而是比特。比特与原子遵循着完全不同的法则。比特没有重量，易于复制，可以极快的速度传播。在它传播时，时空障碍完全消失。原子只能由有限的人使用，使用的人越多其价值越低；比特可以由无限的人使用，使用的人越多其价值越高。

(5) 易检索。

网络媒体通过超文本链接的方式，将无限丰富的信息加以储存和发布，用户可以很方便地输入关键词进行资料检索。

从网络媒体的传播方式上看，它所表现出的特征有：

(1) 迅捷性。

网络媒体传播速度快捷，信息来源广泛，制作发布信息简便。因此，网络媒体可以随时发布新闻，尤其是在报道突发性事件和持续发展的新闻事件时，网络媒体的“刷新”更换功能比传播媒体的“滚动播出”更胜一筹。网络信息传播速度很快，具有很强的时效性。

(2) 多媒体化。

互联网媒体整合了报纸、广播、电视三大媒介的优势，实现了文字、图片、声音、图像等传播符号和手段的有机结合。

(3) 交互性。

交互性是指互联网媒体带来了传受双方的双向互动传播。自从国际互联网出现后，公众与媒介的传受地位发生了重大变化，尼葛洛庞蒂教授对这种变化有详细而形象的描述：“数字化会改变大众传播媒体的本质，‘推’(pushing) 送比特给人们的过程将变成允许大家（或他们的电脑）‘拉’(pulling) 出想要的比特的过程。这是一个剧烈的变化，因为我们以往媒体的整个概念是，通过层层的过滤之后，把信息和娱乐简化为一套‘要闻’或‘畅销书’，再抛给不同的‘受众’。”由“推”到“拉”不仅仅是一个动作的变化，更重要的是它把网上信息变成一个世界范围的“信息超级市场”，网民在其中可按自己意愿各取所需。

从网络媒体的传受关系角度看，其特征有：

(1) 多元性。

互联网媒体的多元性特征，首先表现在传播主体上，政府、企事业网站乃至个人网站都有能力发布新闻，成为传播新闻的主体。其次，网络媒体的全球化特征，决定了其文化的多元性。最后，网络媒体的传播方式也具有多元性的特点。网络媒体除了点对多即网站向网民、某一网民向不特定的其他网民发布信息这一方式之外，也有点对点即网民通过网络向其他某个网民发送电子邮件的方式，还有众多网民向某一个网站发送信息、反馈意见的多对点方式，以及网上聊天室、电子公告牌等多对多的传播方式。

(2) 自由性。

受众可以在自己许可的时间与地点上网，接受信息，消化信息。

(3) 个性化。

从这个意义上看，网络媒体的传播，是真正个性化的传播，它的内容设计，大多是出于受众的个体需要。因此，有人说网络媒体传播最温馨、最具有人情味。

6. 手机

手机媒体是一种以手机为载体的媒体，是继报纸、广播、电视、网络四大媒体之后出现的，其出现标志着人类社会进入"第五媒体时代"。第五媒体几乎集中了以往媒体的所有优点，3G 时代的到来更使其如虎添翼，可以充分实现手机电视、移动搜索、可视终端通话、电子阅读、流媒体音频视频、GPS 定位等更多功能。与报纸、广播、电视、网络四大媒体相比，手机媒体在传播方面有很多优势。

(1) 受众资源极其丰富。

从媒体理论上来看，衡量一个媒体是否具有竞争力的一个重要因素就是现实的和潜在的受众，而对手机媒体来说，最不用担心的就是用户资源。根据国际电信联盟（ITU）的资料显示，到 2009 年 6 月底，全球已有超过 41 亿的手机用户。而据中国互联网络信息中心的统计，中国手机用户在 2009 年 7 月时已经超过 7 亿，中国手机上网用户到 2009 年 8 月已达 1.81 亿，拥有手机的人数是所有报纸读者人数的两倍多。同时，使用手机短信的人已远远超过使用 e-mail 的人。手机已经不再仅仅是一个简单的通信工具，它成为传播、整合信息的设备，甚至是个人的数字娱乐中心，它的快速发展改变了人们的日常生活方式。

(2) 信息传播极其方便。

保罗·莱文森在 2004 年出版的《手机》一书中认为，人类有两种基本的交流方式：说话和走路。手机之前的一切媒介，即使是最最神奇的电脑也把说话和走路、生产、消费分割开来。唯独手机能够使人一边走路一边说话，一边走路一边发短信。无线移动的无限双向交流潜力，使手机成为信息传播最方便的媒介。

具有相当可读性、必读性、互动性、新奇性，分类丰富、内容上乘，能以不同内容、不同形式满足用户需求的手机媒体，很有可能成为用户随时随地获取信息与资讯的新媒体。

(3) 传播功能极其全面。

短信、彩信、交互式语音应答（IVR)、无线应用协议（WAP)、定位技术、摄像可拍照等多媒体功能，都为手机媒体在不同程度上的运用打下了很好的基础。在这个基础上，像文字、图片、音频、视频、WEB页、电子邮件、实时语音、实时影像等功能均可以实现，而这些传统、新鲜的功能结合在一起，所能带来的不仅是集中发力的冲击，而且能为不同需求、不同终端的用户提供不同的内容，满足他们的不同需求，也可通过多种形式形成一定的互补和替代，确保同一类内容在手机媒体中以不同的形式实现最广泛的传播。

(4) 传播速度极快，范围极广。

从传播的角度看，手机短信的交流手段更加方便、交流速度也更加快捷，实际上也带来了交流频率的增加和交流内容的扩大。手机短信、彩信的这一特点使它在新闻信息的传播方面有着不可比拟的优点。手机短信的优势是新闻信息短小精悍、更新快、传播速度快和传播范围广。

(5) 互动极为广泛迅速。

手机媒体在“交互性”方面也有着传统媒体所无法比拟的优势。在手机传播体系中，传者与受者一律平等，受者亦构成这个传播体系中的一环，传者与受者之间没有明确不变的界限。因此，手机报不仅给用户发送他所需要的新闻，更可实现跟踪、报料收集、读者调查、读者评报等多方面的功能。对读者和报社都提供了更多更方便的服务，实现了更广泛、更迅速的互动。

案例分析

“超级女声”火遍全国

· 项目背景

什么是手机？这个问题早在20世纪90年代初期，就被异口同声地定义为移动电话和奢侈品。而现今，国内手机用户已超过7亿，且随着3G时代的到来，同样的问题被再次提起：手机是什么？答案可能是众说纷纭。不少专家指出，现代化的手机本身是一种媒介工具。它是一个具有多项功能的载体，而其背后则是正在迅速成长的信息产业，现如今它已成为继报纸、广播、电视、网络后的“第五媒体”，自然有它独特的位置。

“第五媒体”的诞生，是因为随着技术手段的逐步提高，手机的多种功能被不断地发掘出来，它的内容产品也得到不断的丰富。我们最熟悉的是手机短信的膨胀发展。第五媒体的最大优势在于终端互动性，能让传播受众以主动的方式进行参与，而不是被动地接受，这就是第五媒体的力量。

·项目实施

2005年夏，火遍全国的湖南卫视选秀节目“超级女声”，其成功的关键之一就是很好地整合了各种资源，实现了电视、互联网、手机的三合一。“超级女声”动员了所有形态的媒体，报纸、杂志、广播、电视、网络以及被称为“第五媒体”的手机全部参与了进来。

其中，各种媒体有着不同的“分工”：报纸、广播敲边鼓，起到了推波助澜的作用；手机则既是青少年参与“超女”选拔的渠道，也是主办者获利的工具；电视是“超女”表现的舞台；而网络既是“煽风点火”的“鼓风机”，更是“超女”支持者的一个“主战场”，是他们联系、动员、“斗争”的工具及场所。

本次活动中第五媒体和传统媒体的合作，使得观众与主办单位乃至超女选手之间实现了真正的双向互动，形成了大众娱乐大众的媒体效应。据有关数据显示，“超级女声”七场总决赛的平均每场短信互动参与人数超过100万人，七场比赛观众投票总流量达到2 000万。主办方湖南卫视采用每个号码最多可投票15次，每场比赛后短信投票清零等方法，让忠实的“粉丝”们拿着手机不停地为自己的偶像贡献票数，支持了超女的同时也给湖南卫视带来了3 000多万元的短信收益。“超女”史无前例的超强人气和收视率，很大程度上来自比赛中的巨额短信数。因此，“超女”的成功可以说是传统媒体借助第五媒体的力量而取得的。从头到尾，“超级女声”都集合着各大媒体的优势传播力量，捞走了大家的钱又让这些“玉米”、“粉丝”心甘情愿地付出。这不能不说是策划者的精明。

“超女”的短信收入主要由两部分构成：“短信投票”和“向观众发送有关超级女声等节目资讯的短信增值服务”。据天娱传媒负责人透露，湖南卫视大约能从每场比赛的短信收入中分得100万元左右。而总决选期间短信投票量激增，每场总决选比赛的短信收入至少在200万元，7场比赛就是1 400万元，加上预赛期间的收入，总计有3 000万元左右的收入！其中，短信增值服务的基本服务费为6元，订制后服务提供商会在一个月内发送15条“超女”花絮，每条1元。一旦投票者发送定制信息，就被捆绑接收关于超级女声各类资讯与花絮的增值服务。这类短信资讯消费，使得湖南卫视在短信内容平台上的先后两家合作伙伴TOM无线和掌上灵通也获得了巨大的收益。

当观众投票的数量将直接影响选手的成绩和去留的时候,“超女”支持者的拇指便成了“战斗”的武器。总决赛期间,每场比赛获得观众手机短信票数最少的选手要走上PK(player killer)台,同评委认为表现较弱的一名选手对擂,然后由35名已经被淘汰的“超女”选手组成的投票团当场投票,用票数来决定淘汰谁。这样公开透明的淘汰机制、令人紧张的悬念、耳目一新的刺激,是具有超级吸引力的,再加上简便互动的参与方式,这些都充分调动起了“超女”支持者的参与热情。从70多岁的老太太到几岁的小姑娘都纷纷参与其中呐喊助威便是最好的说明。李宇春最终以3 528 308票的票数夺得冠军,即使以每个观众限投15票的极限来计算,也至少有23万多人在场外投票,而周笔畅则有21万多人支持,最少的张靓颖也有9万多人。也就是说,2005年8月26日至少有50万多人参与了短信大战。

传统媒体与第五媒体——手机的合作呈现了令人期待的前景。与传统媒体相比,手机作为媒体具有更大优势:它比报纸更互动,比广播更自由,比电视更便携,比互联网更普及。手机,能够带来的不仅是单向上网,最主要是带来了双向互动,这正是传统媒体最需要的。通过手机,可以建立传统媒体与受众之间新型的互动关系,也正因为有了手机,受众与媒体的互动参与更快、更广、更自由了。

现阶段,国内手机短信与大众媒体的结合可以分为以下两种方式:第一种是无线通信运营商、短信内容提供商SP和手机用户三者的组合。即网络、报纸、广播、电视等媒体作为SP,通过中国移动、中国联通这些手机运营商提供的无线传输网络,向手机短信的终端用户提供信息,手机运营商和SP按照协议各自获得短信用户缴纳的信息服务费。这是一种发散式的传播模式。第二种是手机运营商、短信平台服务商、大众媒体和手机用户的组合,手机用户通过编发短信到短信平台参与到媒体互动中,受众与媒体内容通过手机短信形成互动,而手机运营商、平台服务提供商和媒体都可以从这一组合中分得一杯羹。这是一种汇集式的传播模式。

• 项目效果

“第五媒体”——手机,这一新兴媒体,在2005年以迅雷不及掩耳之势走入了我们的生活。是“第五媒体”成就了“超级女声”,还是“超级女声”成就了“第五媒体”?这个问题很难回答。但不管怎样,“超级女声”由此获得了巨大成功,主办方获得了巨大收益,而“第五媒体”也显示出更广阔的发展前景。

资料来源:吴友富主编:《中国公共关系20年发展报告》。

4.2.2　各种大众传播媒介的传播机会

在公共关系传播过程中，不同的媒介由于其自身的特点，具有不同的传播机会。

1. 广播的公关传播机会

（1）新闻节目中的公关传播机会。在这类节目中可以安排主持人与组织发言人交谈，也可以安排组织的领导与公众直接对话等，用以联络组织与公众的感情或改变公众的某一看法。

（2）采访录音的公关机会。主要安排组织领导在公众面前亮相，与公众交流，以传播组织的形象、姿态、主张等，也可通过采访组织的其他成员来宣传组织。

（3）直播节目的公关机会。随着各地方台直播节目的开通，主持人的电话采访构成了组织公关传播的又一良机。在这个参与性极高的节目中，领导、公关人员及其他人员均可充分加以利用。

（4）系列专题节目的公关机会。公关人员可通过组织与电台合作，举办系列的公关专题节目。通常以关心公众生活、关心公益事业、关心人的健康以及提供有关生活知识为内容加深组织与公众的沟通。当然，也可以赞助某一有益的专题，扩大组织的影响。

（5）文艺节目的公关机会。在这类播出最多的节目中，公关人员可选择那些公众最感兴趣的内容做一些公关传播，可赞助、推出广告口号或信息等。

（6）娱乐节目的公关机会。各种知识竞赛、测验、竞猜、竞答等，组织可参与进来进行公关传播，如争取与电台合办，提供奖品或倡导一次围绕组织及产品的娱乐活动等。

（7）特别节目的公关机会。有些特别节目往往备受人们关注，如社区活动专题、热点报道、天气预报、各种会议专报、电台报时等。这些节目也可成为灵活多变的公关传播良机。

2. 电视的公关传播机会

（1）电视新闻的公关传播机会。组织可为电视台提供自制的录像片供电视台采用，也可提供采访机会和条件邀请电视新闻记者现场录制新闻片。

（2）电视专题节目的公关机会。电视台通常开办一系列专题节目，来满足各类公众的兴趣和需要，如教育专题、热点话题、风土人情专题、经济专题等。公关人员可采取各种方式参与这些专题活动，如出资支持某一专题，参与某一讨论，录制某方面题材的带子或制作某一电视剧供电视台播放。

（3）电视讲话、访谈中的公关机会。这是组织领导代表组织亮相的良机。

(4) 文艺节目的公关机会。电视台每天播放大量的文艺节目，深受欢迎的节目是公关良机，如赞助电视剧播放或其他节目的播放、插播公关信息、独家主办晚会等。

(5) 娱乐节目的公关机会。电视的娱乐节目比电台的要更吸引人，可借此通过赞助、提供奖品、提供道具等来宣传组织。

(6) 为电视台提供服装、道具、生活用品等。如电视台提供某种产品，往往会对公众行为具有直接的诱导作用。

3. 报纸的公关传播机会

(1) 新闻传播。报纸的新闻量大，组织对报纸新闻的利用机会最多。如可以提供新闻报道、特写等稿件。

(2) 专栏文章。报纸常常就有关人们关心的各类问题开辟一些专栏，如商业的、体育的、娱乐的、时装的、饮食的等。由于编辑要为这些专栏寻找文章稿件，公关人员可利用这一机会撰写一些有利于宣传组织的稿件投稿。

(3) 与报纸联办栏目。如出资与报纸同办某一专栏或资助某一栏目的社会活动等。

(4) 主办竞赛。在报纸上购买一定空间进行各类竞赛活动。

(5) 公关广告。如出资发表有关组织的故事、非商业性的文章、协调公共关系的广告等。

4. 杂志的公关传播机会

(1) 撰写宣传组织的文章。杂志的文章比其他媒介都要长，利用得法，可详细传播组织的全面情况，给公众一个完整的形象。

(2) 新闻特写。杂志新闻虽不及电子传媒及报纸那样传播快捷，但可以推出大部头的新闻特写，这是其独特的优势。例如，可将组织领导或其他成员作为新闻人物向公众推出，也可以将组织的背景、事业及发展成就写成文字向公众宣传。

(3) 资助杂志出版。对有影响力的杂志可出资资助其出版发行，创造传播机会。

(4) 参与杂志的笔谈活动。许多杂志定期或不定期邀请有关人士参加笔谈，并作为杂志的重要栏目推出。公关人员可利用这一机会参与进去，如帮助组织的领导人及其他成员参与笔谈活动等，这都是很好的公关机会。

5. 网络的公关传播机会

(1) 网上新闻发布。组织可与网络媒体合作，同期举办网上新闻发布会或设立新闻专题，向更广泛的受众全面传达组织信息。组织有重大事件发布或者是举

行线下新闻发布会，也可邀请相关网络媒体报道。也有一些组织在自己的网站上开设媒体入口，专门提供组织的相关资料或记者访问空间，便于记者及时了解组织动态。

(2) 网上沙龙。这是一种典型的网上互动交流活动，常常由网上媒体组织，就某个热点主题展开讨论，或者由组织与媒体合作发起，就组织开展的某项业务或网友关注的某个热门问题进行讨论，活动往往邀请一些嘉宾（往往是与主题有关的相关人士）参与。

(3) 网上访谈。网上访谈的形式较沙龙更为正式一些，可与新闻发布会结合进行，一般应用于组织对外界披露某件事情，或者发布组织的重要新闻等。可针对网友普遍关心的组织的大事对该组织的管理层进行访谈，或者就某一时段的社会热点，对相关人士进行访问等。

(4) 参与或赞助网络媒体组织的主题活动。与线下媒体相似，一些主流的网络媒体也会在某个时段，推出一些吸引网民参与或关注的主题活动，也可能是就某些社会热点问题，在网络上组织相关活动，请广大网民积极参与。组织可选择性地参与或者赞助这些活动，借助这些活动增进网民对组织的了解，展示组织热心社会公益事业的形象，或推广组织品牌。

6. 手机的公关传播机会

(1) 手机短信的新闻传播。手机短信虽然信息量不大，但传播迅速，组织对手机短信的利用机会最多。如可以提供组织的最新新闻、情况通报等信息。

(2) 手机短信营销。如短信群发广告、短信抽奖、短信促销等，短信在现阶段的应用已经非常普遍。组织可向运营商购买广告发布的渠道，或由组织与SP一起向运营商申请，获批后，由SP在其互动平台发布广告，宣传组织的相关信息。

(3) 手机视频广告。随着3G（甚至广播模式的手机电视）的到来，未来手机视频广告将有较大的发展空间。

(4) 手机广播。可以利用手机广播，随时随地向目标公众传递组织的信息。

7. 其他传媒的公关传播机会

除上述传媒外，公关传播还有诸多其他传播的机会可供利用。如电影、书籍、电视录像、自制宣传品、产品实物、系列公关活动等。组织也应该很好地利用这些传媒提升组织的知名度和美誉度。

4.2.3　大众传播媒介的选择原则

由于大众传播媒介各有自己的特点，因而公共关系人员选择不同的传播媒介，往往会收到不同的效果。一般来说，对大众传播媒介的选择，可从以下几方面来进行：

1. 内容

传播内容对传播媒介有一定的要求，比如图表就不能用广播进行传播。如果要介绍某一事件的整个活动过程，那么用电视、电影或网络就比较好。如一游乐园开张，用电视报道开张仪式的盛况和各种游乐项目，能产生非常诱人的效果，比单纯的文字报道要好得多。至于那些复杂的、需要思考的内容，利用广播和电视传播的效果则不如选用报纸或者杂志。

2. 范围

在选择媒介时，要考虑到公共关系对象分布在多大范围内，是全国性的还是区域性的，是普遍性的还是专业性的等。如果对象只是分布在某个局部地区，就可以只选择区域性的传播媒介，如果传播对象是一些专门的技术人员，便可以选择专业性杂志。在这里，并非传播范围越广越好，因为传播范围越广，与特定对象在地理上和心理上的距离就越大，影响就越小。

3. 针对性

在选择媒介时，公共关系人员要想到：传播对象的文化程度如何？经济状况怎样？工作和生活习惯如何？如果对象是少年儿童，选择报纸杂志就不如选择电视；而对于那些经常加班的出租汽车司机，采用电台广播，效果就会好一些。针对性不强的传播虽然能对各类公众施加影响，但不会收到良好的效果。

4. 持久性

有的公共关系活动只需在短时间内引起众多公众的注目，有的却需要产生长久的影响。对于前者来说，宜选择电子媒介如网络，而后者选择印刷媒介较好，比如《中国体育报》上的“特约报道”就能给读者施加反复的、持续的影响。

5. 影响威力

各种大众传播媒介在社会上的影响威力是不一样的。一方面，这种影响威力因社会文化背景的不同而存在差别；另一方面，在同一类媒介中，不同传播机构的威望也有差别。比如报纸，党报比文艺小报具有权威性，全国性大报比地方性报纸威力要大。

6. 时效性

有些信息的传播对时效性要求不高，有些则要求传播及时迅速。比如新闻性公共关系信息，就宜选用时效性好的网络、广播、电视、报纸。同样，一次短期展销活动，如果选择杂志登广告，待杂志传至读者手中时，展销活动已是“明日黄花”了。

7. 可行性

如果某组织开展了某项新闻价值不太大的社会公益活动，要在全国性媒介上以新闻形式传播出去，就不大可行。

8. 经济性

花尽可能少的钱产生尽可能大的传播效果，这也是公共关系人员在选择大众传播媒介时要考虑的。假如某一广告通过电视或广播传播会产生同样的效果，显然选择广播要经济一些。

总之，在选择大众传播媒介时，应综合考虑以上各个方面，并根据实际情况有所侧重。

4.2.4　媒介公关策略

为了达到预期的宣传效果，一项成功的公关活动需要采取两大重要策略：确定适当的媒体并建立紧密关系；跟踪监测并评估以上工作的有效性。

1. 确定适当的媒体并建立紧密关系

在进行媒体公关计划前，先要考虑两个因素：一是认识目标受众，了解他们从何处获得信息，比如是从行业媒体还是大众媒体，或是公司竞争对手的宣传媒体，然后再做出决策。并通过与客户及行业专家交流，找出答案，决定自己的目标媒体。而为这些媒体撰稿的记者也应当成为主要目标。二是明白当今的新闻环境。由于互联网及有线电视的发展，对新闻的需求大量增加，媒体需要一些有趣的、有新闻价值的信息来填补版面。

在了解了上述情况后，就可以拟订一份有效的媒体名单了。不过在拟订前先要考虑以下几点建议：

第一，拟订一份媒体名单。在确定了目标受众的信息来源后，就可以着手拟订相关媒体的名单。针对每个媒体，找到那些负责报道有关本公司、客户或相关议题的记者。

第二，熟悉记者。有了一份确实的媒体名单后，在正式实施计划之前还需要采取一些措施。要研究名单上的记者，熟悉他们的作品。

第三，确定传送方式。传送新闻稿有多种方式，其中包括：通过新闻专线；通过媒体数据库；通过新闻专线及媒体数据库；通过新闻专线、媒体数据库及每个记者单独的联系方式。

第四，考虑时机。如果新闻稿并不紧急，应避开股市开盘或收盘的时间发布，还要尽可能避开上市公司报告收益的时候。

拟订了目标媒体名单，知道该联系哪位记者，何时开始联系，这是获得良好媒体报道重要的第一步。

2. 跟踪监测并评估公关计划的有效性

在将新闻稿发送给主要联系人后，接下来就是监控并评估沟通计划效果了。监控评估一个公关计划的有效性是非常重要的步骤，应当贯穿整个计划的始终。定期监控及评估可帮助公关计划的实施方进行战略调整，对正在开展的沟通计划做必要的改进。

首先需要确定监控的对象。某些公司仅对网上的意见感兴趣，某些公司希望了解媒体及电视上的看法。认真考虑一下目标受众是从何处获取信息，并确定希望监控哪一类型的媒体。

监控可以独立完成，也可以使用专业监控服务。

可在活动或计划开始前、进行中及完成后通过关键字进行检索监控。需要考虑如下事项：监测服务的类型；监测服务的价格；监测服务的时效性；监测服务的功能。

监控后的工作就是对媒体效果的评估。在开始评估前要考虑以下几点：

第一，确定评估的范围。确定需要什么来证明达到了沟通计划中设定的目标：是剪报的数量还是报道的基调（正面/负面/中立），还是与竞争对手相比较的报道占有额？是希望通过所有投放的报道能影响的受众规模，还是目标受众在看了报道后消费行为的改变？

第二，让第三方公司或运用第三方系统或工具来完成评估工作，管理层会认为这样做更加客观可信。

寻找一位设备完善、能完成监测并交递报告的合作伙伴是至关重要的。自动化系统会比人工监测节约大量成本，但无论哪种方式，都需要花费时间去确定需要评估的项目，如关键信息、代言人、竞争对手、第三方信息来源等。

4.3　大众传播效果分析

大众传播是以人为目标的，而人各有自己的性格，性格又是传统、文化、风俗习惯等培养而成的。同时，人又有其特殊的思想、态度、价值观念、社会背景等。因而人的因素是非常复杂的，所以大众传播的效果也是复杂的。公共关系人员要想在运用各种传播媒介时达到预期的目的，就不能不重视大众传播效果分析。这里，我们将影响传播效果的力量分两大类来介绍：一类是传播的外在因素和环境，一类是与传播本身有关的因素。

4.3.1　传播的外因对效果的影响

传播效果是发生在受众身上的，受众的自身状况对传播效果影响很大。

1. 受众的原有立场的影响

受众在接触到信息之前，就已形成自己的态度、观念、想法、经验、价值观等，大众传播能否对一个人产生有说服力的效果，个人的原有立场很重要。

受众的内心意念，通常都有自我选择的能力和倾向，这种自我选择可分为三个过程：

（1）选择性注意。选择性注意又称为选择性暴露，即受众是否注意到媒介及其信息。这是受众心理选择过程的第一个环节。受众对媒介的接触具有很强的选择性，他们往往从自己原有的意见、观点和兴趣出发，将自己“暴露”在经过选择的传媒及其内容的面前。同时，受众更倾向于接触与原有态度较为一致的信息，而尽量回避那些与己见不合的信息。

从受众接受信息的动机进行分析，其动机有：第一，获取信息。获取有关社会公众事务的信息，以满足日常生活的信息需要。第二，娱乐。在生活、工作高度紧张的现代社会，受众可以从大众传媒获得娱乐和消遣，以舒缓压力，放松心情。第三，社交。在社交中，大众媒介的传播内容是很好的讨论或聊天话题。第四，心理需要。为了增加信心、取得慰藉、减轻烦恼等，受众常常转向大众媒介以寻求各种满足或解脱。

（2）选择性理解。这是受众心理选择过程的核心，又称为信息传播的译码过程。同样内容的信息对不同的受众来说会有不同的理解，有时甚至是相反的，出现这种情况的原因是受众的心理、感情、经历、需求以及所处环境等不同。

人的选择性决定了他们在有选择地接触到某种信息后，总是倾向于把信息内容看作是与自己原有意见相一致的。即使在接触到与自身观点相悖的信息时，人们也会对它们进行选择性的理解，将它们曲解为与自己相一致的观点。这种从自身需求出发对信息予以选择的心理倾向，使不同的人对同一信息的理解各不相同。所以，传播者在组织和传播信息时一定要考虑到受传者的这种选择性理解，要努力防止或至少减少受传者对信息的曲解并尽可能使信息被多数人所正确理解和接受。

（3）选择性记忆。与选择性注意、选择性理解一样，人们在接触过的传播内容中，倾向于记住自己所同意的信息，而很快忘掉自己所不同意的信息。

选择性记忆是指受众对信息的记忆是有所选择的，这是受众心理过程的最末环节。事实上，留在人们记忆中的信息量一般会少于它们所接收和理解的信息量，他们有时甚至还竭力使自己去忘记某些信息。

选择性记忆大致可以分为三个阶段：信息的输入阶段、信息的存储阶段、信息的输出阶段。

一般认为，传播过程中所受到的干扰主要是来自普遍存在着的受众的心理选择。对于那些争议较大的信息，这种心理选择的干扰也较大。传播者尽管能够决定传播的内容，却无法决定受传者是否接受、怎样接受和接受什么。因此，传播者只有减少这种干扰才能取得较好的传播效果。而对于受众来说，这种心理选择过程却并非出于故意，而是非常自然地存在、发生的。这二者之间的矛盾也恰恰体现了整个传播过程的复杂性。

2. 团体的影响

个人是团体的一部分，团体是个人精神的支持者，团体的意向往往影响个人的意见和态度，决定个人的行为方式。有时为了避免受到组织的歧视，个人总是自觉或不自觉地跟着团体走。

团体规范常常决定一个人选择什么传播内容，同时决定他对传播内容作何种反应。他越重视与团体的关系，便越能排斥那些促使他改变团体立场的传播。同样地，团体规范也会影响团体成员对传播内容作选择性的注意、理解和记忆。

3. 个人亲身传播的影响

在所有的传播形式中，面对面地亲身传播是参与感最强、影响力最大的。媒介是死的，人是活的，在面对面传播时，人不但可以用语言，还可以用动作来加以辅助，往往可以收到意想不到的效果。不过，个人亲身传播的影响，其说服力比大众传播要差一些。

在大众传播中，意见领袖能供给受众某种信息和观念，影响传播效果。在个人亲身传播中，意见领袖是最有力量的人。

4. 个人性格的影响

个人的性格、气质、能力、兴趣、态度等，也能影响传播的效果。

一般来说，好与人作对者、处世淡漠者、缺乏想象力者、注重个人目标和行为准则者，听从性小；而自卑感强者、随遇而安者，听从性大。另外，对智商低或教育水准低的人，单面的陈述较为有效，而对智商高和文化层次高的人，从各方面进行分析更为有效。

4.3.2 传播的内因对效果的影响

与传播本身相关的影响传播效果的因素包括：传播来源、传播媒介、传播内容、传播环境等。

1. 传播来源

传播的来源是否权威？可靠性如何？这些都关系说服效力和传播效果。信息来自有崇高地位者，或发布者以专家的姿态出现，就比较容易为受众接受。

能起到好的传播效果的来源有两类，一类是专门性来源，另一类是已被熟知的来源。对特殊的受众，专门性的来源符合他们的意愿，较易被接受。如政府机关发言人、专门性杂志，都具有高度的权威性，易被接受。而以往已被熟知的来源，因其为公众所熟悉，具有可信性、亲切性，说服力也较大。

2. 传播媒介

大众传播各有自己的特点，具有不同的权威性，传播效果也各有差别。这些已在上一节中做了详细的介绍。

3. 传播内容

传播的内容是否能引起受众的注意和兴趣，与传播的效果有十分重要的关系。如果传播的内容不为对象所注意，就毫无效果可言。

4. 传播环境

受众所处环境的气氛，如同组织规范一样，也影响着受众，从而影响到传播效果。个人总是希望能以组织或环境来作为支持，他对于周围环境的态度，有几分顺从感。在对一项意见进行表决时，即使有一些意见未定的游离分子，其结果也常常会是顺从大多数人的意见。

4.3.3　如何取得良好的传播效果

以上的分析表明，影响大众传播效果的因素有很多。要想获得良好的传播效果，就必须对各种因素进行有效的分析，并采取措施，减少其不利影响。

1. 减少选择性干扰

受众心理选择是传播过程中的主要干扰，而且是普遍存在的。对公共关系人员来说，首先要做的是使编制和传递的信息对受众有足够的吸引力。要达到这一目的，公共关系信息应遵循以下原则：

（1）易得性。要求被接受的信息唾手可得，俯拾皆是。

（2）相关性。受众对于与他的需求、利益、地位、兴趣、习惯等有关的信息，表现得相当敏感，而对相反的信息，则较不关心。

（3）重复性。一再重复的信息，加强了其易得性和重要性，容易吸引受众。

（4）对比性。受众常常会被那些与环境中的其他部分形成对比的信息所吸引。在同一环境中，强的、大的刺激及新奇的、变化较大的信息容易引人注意。

以上四点是信息被受众接受的先决条件，传播者在传递信息时，要能符合其中至少一项，才容易被接纳。此外，还要设法减少或消除受众对信息的误解，尽可能使信息为大多数人所理解。

2. 选择适当的传播内容

传播内容是产生传播效果的根本。恰当的内容能产生对组织有利的传播效果，不恰当的内容则会产生对组织不利的传播效果。比如为了提高组织的美誉度，就应选择组织所从事的有利于社会公益、有利于受众的活动内容进行传播，而不能以损害社会公益的事作为传播内容。一个科研所的研究工作有成功也有失败，显然，报道其成功的一面比报道其失败的一面更利于收到提高科研所声誉的效果。

选择什么样的信息作为传播内容，要根据所要达到的传播效果进行具体分析。当公众对商品质量持怀疑态度时，公布本商店里哪些是伪劣商品，未尝不是提高商店信誉、争取顾客的好办法。

此外，传播内容的选择还要考虑传播对象的特征。比如对宗教界人士大力宣讲无神论，效果会适得其反。

3. 传播人为公众所信赖

要改变传播效果，行之有效的办法是改变受传者对传播人的印象和看法。值得注意的是，这里所说的传播人，不是指需要将公共关系信息传播出去的社会组织，而是指将公共关系信息传播给公众的人和传播媒介。研究表明，传播人如具有下列条件，较有利于提高传播效果。

(1) 权威。人们乐于相信专家们讲的话。对于所谈论的问题，由享有声誉的专家来发表意见，总比无声誉的人更能引起受众的态度改变。

(2) 客观。如果传播人在公众心目中被认为是态度超然的，不想借传播来宣传或图利，那么他就比较容易取得传播的效果。

(3)“自己人”。在其他条件相同的情况下，如果受传者认为传播人是“自己人”，他就比较容易接受传播人的意见。这相当于人们在日常生活中容易接受朋友的忠告。

4. 选择适当的传播媒介

根据所希望达到的不同的传播效果，选择不同的传播媒介。这一点在上一节已做了详细的介绍。

前面已经说过，受传者所在的团体、所处的环境，对其接受信息后的反应会造成很大影响。人们通常倾向于接近与自己意见相投的团体，与团体的接触和讨论又会再强化这些固有意见。如果传播媒介的信息不符合或有违于团体的利益和规范，团体便会起来抵制，削弱媒介的力量，其成员也将不信任这一传播媒介，并加强原有的信念。在不太严重的情况下，团体也会对传播媒介的不同意见另作

解释，以减弱和改变媒介的作用。

不过，这种影响并不是绝对的，大众传播的力量也不容忽视。一方面，团体是受传者所处的环境；另一方面，整个社会又是团体所处的环境，团体的集体意识也有顺应整个社会的倾向。另外，一个人如果接受了新的价值观念，他与原来所珍视的团体的关系也会发生变化。因此，在某种情况下，可以设法隔断受传者与原有团体之间的联系，以加速其观念改变。

当然，在公共关系的实际工作中，极少需要，也不大可能去把受传者与他的团体、环境相隔离。重要的还是了解团体、环境对受传者的影响，并采取相应的措施，去改善传播环境，争取达到良好的传播效果。

本章小结

◎ 大众传播过程模式较多，与公共关系信息传播关系较密切的是韦斯特利-麦克莱恩模式。大众传播过程包括五个要素：传播者、传播内容、传播渠道、目标公众和传播效果。

◎ 大众传播具有强大的社会功能，包括环境监视功能、社会协调功能、文化传递功能、娱乐功能、设置议题功能和授予地位功能。正是这些功能，使大众传播对组织的外部公共关系和内部公共关系都能起到重要的作用。

◎ 由于各种大众传播媒介（主要是报纸、杂志、广播、电视、网络、手机）在传递公共关系信息时，各有自己的优缺点，因此，对大众传播媒介必须根据一些原则进行合理的选择，才能收到良好的传播效果。

◎ 为了达到预期的宣传效果，一项成功的公关活动需要采取两大重要策略：确定适当的媒体并建立紧密关系；跟踪监测并评估以上工作的有效性。

◎ 公共关系人员要想达到预期的目的，必须进行效果分析，具体可从传播的外在因素和环境的影响、与传播本身有关的因素的影响两个方面去分析公关传播的效果。

◎ 要想获得良好的传播效果，就必须对各种因素进行有效的分析，并采取措施，减少其干扰和不利影响。

关键术语

大众传播　　韦斯特利-麦克莱恩模式　　公共关系传播效果

设置议题功能　授予地位功能　选择性注意
选择性理解　选择性记忆

复习思考题

1. 大众传播过程包括哪些要素?
2. 影响公共关系传播效果的因素有哪些?
3. 大众传播具有哪些社会功能? 大众传播对公共关系有哪些作用?
4. 大众传播对公共关系具有什么样的作用?
5. 如何理解网络媒体的传播特征?
6. 如何理解手机媒体的传播优势?
7. 如何理解大众传播媒介的选择原则?
8. 传播的外因和内因对传播效果各有什么样的影响?
9. 如何取得良好的传播效果?
10. 试举例说明如何取得较好的传播效果。

第5章 公共关系的应用技术

【学习目的和要求】

本章介绍了公共关系的主要应用技术，包括进行新闻宣传，做公共关系广告，举办展览会，提供赞助。通过本章的学习，我们要掌握各种公关技术的应用诀窍，了解如何写好新闻稿、开好记者招待会、做好公关广告、办好展览会、有效提供赞助，从而使公共关系活动富有成效、达到预期目的。

要使公共关系活动富有成效，达到预期的目的，公共关系人员就必须娴熟地运用多种技术。这些技术除前面提到的各种调查方法，后面要讨论的在企业公共关系、政府公共关系、国际公共关系中所采用的各种工作方式外，还有新闻宣传、公共关系广告、社会赞助、展览活动等。本章即介绍如何开展这几项活动。

5.1 如何搞好新闻宣传

从第 4 章的分析可以看到，公共关系人员利用大众传播媒介可迅速而有效地与社会公众进行双向信息沟通，与社会公众建立良好关系，因为新闻宣传较客观，易于为社会公众所接受。因而，搞好新闻宣传工作是公共关系人员的一项重要任务。而要搞好新闻宣传，公共关系人员就必须与新闻界密切联络，建立良好的关系。具体来说，就是要指定专人负责平常联络，并尊重记者的职业特点，协助其采访，同时对记者应一视同仁。此外，写好新闻稿、开好记者招待会也是搞好新闻宣传工作的两项重要任务。下面具体讨论如何撰写新闻稿和开好记者招待会。

5.1.1 如何撰写新闻稿

撰写新闻稿是公共关系人员利用大众传播媒介对公众施加影响的必要手段，也是组织与新闻界保持密切联系的纽带。而新闻机构只向公众传播有新闻价值的信息，因而，公共关系人员首先应了解什么是新闻。

新闻是对新近发生的具有传播价值的事件所作的报道。世界上每天都发生着许多事情，但不可能都成为新闻。一件事情要具有新闻价值，必须具备以下几个特点：

(1) 时效性。新闻首先强调“新”，即所报道的事件必须是最近发生的，事件发生的时间与报道的时间间隔越短越好。不过，从新闻价值来看，时效性又是相对的，它还要受到其他因素的制约，有些过去了的事情在今天仍然能引起人们的兴趣，也可成为新闻。

(2) 重要性。新闻报道的事件应是对某些国家或地区的政治、经济和社会生活产生一定影响的重要事件。这方面的事件一般都是新闻媒介的头版新闻。

(3) 特殊性。如果一个事件非常与众不同，或者很罕见很奇特，那么，它也具有新闻价值。

(4) 接近性。即事件发生的地点与准备接受这一信息的公众在空间距离或心理距离上越接近越好。一般人都关注其周围的事件，特别是与其密切相关的事件，这些事件最能引起他们的兴趣。

公共关系人员在了解什么是新闻后，还要知晓新闻传播情况，如报刊是如何出版的，广播、电视、网络节目是如何制作的，各种传播媒介的编辑政策、出版次数、排版日期、印刷程序、发行范围和区域、读者对象、发行办法等，以便有针对性地发送新闻稿。

要写好新闻稿，公共关系人员不仅要了解新闻媒介的情况，更重要的是掌握新闻稿的写作技巧：

1. 选择新闻素材

在选材时，要看组织中发生的哪些事件具有新闻价值，看这些具有新闻价值的材料有哪些最有助于达到公共关系活动的目标，还要考虑已选好的新闻媒介的特点及受众的情况。

就一个工商企业而言，如下事件可能具有新闻价值：

(1) 企业新的经营方针与宗旨的制定和提出。

(2) 产品生产、销售和技术改造上的新成就，如某种产品或技术获奖、企业采用某种新机器、接到大宗订单、产品打入国际市场等。

(3) 企业的服务有了新措施，如宣布某种产品终身保修。

(4) 企业的发展取得了较大的突破，如进入了世界500强，在国内同行业排名中进入了100强，经过改制后上市，在产值、销售额、利润、税收等方面有了新突破。

(5) 企业在经营管理方面有了新经验，如率先推行期权制等。

(6) 企业举行了大型的奠基典礼、开业典礼或其他庆祝活动，并有重大的影响。

(7) 企业员工获得了荣誉，如被授予劳动模范称号、荣获技术革新奖等。

(8) 大企业高级管理人员的任免及升迁。

(9) 企业关心员工福利和培训。

(10) 企业参加社会公益活动，如给灾区无偿捐献本企业的产品、举行各种社会培训、赞助文体活动等。

此外，企业中还有一些事件也可能成为新闻素材，这就要靠公共关系人员去发掘、分析。

2. 确定报道的体裁

要根据素材的特点、报道的目的等，确定用什么样的新闻体裁。公共关系活动中常用的新闻体裁主要有：

(1) 消息。这是用途最广泛的一种形式。它以简洁的文字，迅速、准确地报道周围发生的最为公众关心的最新事实。它在报纸版面上或新闻节目中经常以主要角色出现。

(2) 通讯。这也是为公众所喜闻乐见的一种体裁。它详细地报道一个新闻事件的来龙去脉，以弥补消息之不足。

(3) 特写。它是取一个人物、一个活动片段而加以突出描绘，且加入适当的文学笔法的细致描写。它往往能达到一个特殊的报道效果，使公众获得具体的形象。

(4) 述评。它是对一个新闻事件的起因，在一个时期内的发生发展情况加以综述。其特征是夹叙夹议。

(5) 调查报告。它是围绕一个新近发生的事件或公众关心的某一方面的问题，全面、系统、准确地反映其发展过程。

(6) 报告文学。它是一种文艺性的新闻体裁。它用文学笔法来描述新闻事件，使读者从具体的生活图画中获得对现实的深刻认识。

3. 决定新闻稿的主题和结构

主题是一篇新闻稿提出的问题和体现的中心思想。选择主题要从新闻事件的特性出发，并注意当前形势迫切需要的、具有普遍意义的倾向和观点。

新闻稿常用以下三种结构，公共关系人员可根据情况予以选择。

(1) 倒金字塔结构。这是最常用的结构。它是根据重要性递减的顺序来安排新闻中的各种事实。这种结构的新闻稿，由导语、主体和结尾构成。导语是新闻的开头，是一篇新闻稿的灵魂，包含了最重要的信息。导语之后是新闻稿的主体，它把各种事实按重要到次要的次序排列，是对新闻事件或人物的解释。结尾要言简意赅、发人深思。

采用这种结构，一是为了引起读者阅读的兴趣，促使其读完全文；二是便于编辑由下而上地删改。

(2) 并列结构。在要报道的事实几乎具有同等的重要性时，可用这种结构。即先写一段概括性导语，然后将新闻事件有机地排列在一起。

(3) 顺时结构。这种结构的新闻稿是按时间顺序来写的，先发生的事实先写，后发生的事实后写。其导语可以是概括性的，也可以是新闻稿所涉及的最早发生的事件。

4. 确定新闻稿的撰写方式

新闻稿件的篇幅一般较小，但在较小的篇幅内既要将事件描述清楚，又要精确地表达观点，使得新闻稿的撰写成为一件不是很容易的事情。实际上，对于组织的公关新闻稿而言，难就难在“把可是新闻，可不是新闻的事件写成新闻”，或者说，把“一件司空见惯的小事写成意义非凡的大事”。因此，如果把“事件描述”说成“画龙”，则精确的观点表达就是画龙的“点睛之笔”。

要写好新闻稿的“点睛之笔”，首先要对组织本身、组织所在的行业以及竞争对手有较为全面的了解和理解，并尽可能形成自己的观点。因此，在撰写一篇新闻稿之前，应尽量多地查阅相关的信息，只有这样才能够较为精确地把握住新闻事件的“亮点”，并对新闻事件的“意义”进行恰到好处的“拔高”。

相对于“观点表达”这一新闻稿的“神”，新闻稿的“形”则相对有章可循。

新闻稿撰写有所谓“三段论”的说法。所谓“三段论”，顾名思义就是在通常情况下，以三个段落完成一篇新闻稿件：

第一段，以较为简练的语言对事件做概括性的描述，通常只要说清事件的主体、客体、时间、地点，再以一句话简单概括出这一事件的意义。以前往往要包括新闻宣传的五要素（或称五个“W”），即何时（When）、何地（Where）、何

人（Who）、何事（What）、何因（Why），但这样做很难突出重点，读起来吃力，忘得也快。所以现在人们倾向于突出某一个或几个 W，其他内容则在下面交代，这样更有吸引力。在表达方式上，可根据事件的特点，恰当选用提问式、议论式、叙述式、描写式、摘要式、对比式等语言形式。但无论采用哪种形式，都要醒目、洗练、生动、开门见山，突出最新鲜、最重要的事件。从某种意义上说，人们可以认为新闻稿件的第一段就是新闻稿的"浓缩"，这种"浓缩"的好处在于便于媒体记者的删改，同时也有利于读者的阅读。

第二段，重点在于阐述事件作为新闻的"由头"，主要对第一段所描述的新闻事件发生的历史、环境、原因、实际意义进行说明、补充、映衬。有些事物较复杂，必须介绍其背景材料，包括历史背景、人物背景、地理背景和事物背景。这部分要观点鲜明、层次清楚、语言生动。

第三段，主要是对事件提出"观点"，也就是对事件的"意义"进行"拔高"。撰写这一段的要领在于要"发散"开去写，要把这一事件放到大的环境、背景以及组织自身的发展历史中去写，只有这样，才能够在更高、更深的层面去体现事件的价值和意义。

5. 讲究写作技巧

判断新闻稿的新闻价值可以依据四个标准：是否主要依赖形容词来实现宣传目标；是否主要基于一家之言而较少引用当事人言论和第三方评论；是否见事见物不见人，行文枯燥乏味；评论与事实是否严重地"油水分离"。

为了达到上述标准的要求，新闻稿写作时应该掌握下列技巧：

（1）少用形容词，适量使用动词和副词。

形容词使用的频率和比例，是判断新闻公平性最快捷的指标。形容词修饰的是名词。在公关稿件中，往往会在公司、产品、事件前附加大量形容词。如"业界领先的××公司"、"性能卓越的××产品"、"意义重大的××事件"。但过度的溢美之词很容易招致读者的反感并引起他们的警觉。最常见的情形就是放下报纸不屑地说："这完全是广告嘛。"所以，依赖形容词来建立组织形象的新闻稿，是很难具备较高新闻价值的。这样的形容词最终也往往会被编辑删掉。如果通篇都是这样的词句而无从修改的话，编辑可能就会干脆将稿件束之高阁。

谨慎地选择恰当的动词和副词，同样可以实现表达作者倾向的意图，同时不让读者察觉。如与其说"××公司在华南市场取得了惊人的业绩"，不如说"××公司在华南地区的市场份额急剧增长"；与其说"××洗发水带给用户超凡的洗发乐趣"，不如说"许多用户不断重复购买××洗发水"。形容词消灭了读者自己做判断、下结论的机会，将结论强加给读者；而以副词修饰过的动词则将事实展现给读者，使得读者在副词的导向下自己得出结论。这就是二者的根本区别。

(2) 用事实赢得信赖。

新闻贵在讲述，贵在展现事实，而不是评论。作者个人倾向表达得越多，读者就可能越不信任新闻的真实性，进而不信任媒体。要做到这一点，一个快速的方法就是尽可能多地使用引语。引语包括两种：一种是采访对象的言论，一种是公开发表、出版的数据、文字，如IT公关常用的IDC的研究数据。每条关键信息都包含一个引语，是一种能确保赢得读者信赖的方法。更重要的是，使用引语的一个基本原则是尽量说明引语来源，越详细越好。当发言人的真实身份被提供给读者，新闻稿就真正实现了公关的基本原则：借助第三方的力量来影响目标受众。相反，诸如"据专家介绍"、"业内人士表示"之类的文字则让人明显感觉如同编造，是很难让读者信服的。即使是虚拟的公司内部发言人如CEO、产品经理，也应当尽量详细地对其身份、职务加以说明，以确保发言内容的权威性和真实性不被质疑。从另外一个角度说，一旦引语的来源都被足够详细地披露，那么新闻稿本身就无须对引语所传达的内容真实性负责。而这正是许多记者拒绝接受公关新闻稿所考虑的因素。

(3) 要让人物说话，而不是一味地叙事。

引语中人物的言论是一个特别值得注意的话题。通过巧妙地剪辑，记者无须任何笔墨，就可以轻易地用新闻事件当事人的语言和动作吸引读者的注意力。这样，新闻稿件就具备了另一项非常重要的价值——人情味。所有的新闻都是人的新闻。如果一则新闻里面没有一点"人"的因素，那么这则新闻可以说是非常失败的。只有与人有关的事情才能引发同样作为"人"的读者的兴趣。如一个很冷僻的行业软件新品新闻，关于其大幅度提高工作效率的关键信息，除一般的技术性能介绍外，引用用户的语言指出使用该软件后可以"准时下班，周末也可以陪女儿去逛动物园了"，就很容易获得编辑和读者的认同，以同样的篇幅可获得更好的传播效果。

(4) 剪辑素材，引导读者的推理方向，而不是生硬地推销观点。

相同的素材，完全客观的素材，不同的剪辑会引导读者得出完全不同的结论。宋强在《中国可以说不》一书中曾经举例，西方记者用在中国西藏拍到的完全真实的镜头剪辑出的片子，让任何人都可以得出西藏严重缺乏人权的结论。镜头是会欺骗人的，文字是可以引导人的。2004年5月13日《参考消息》头版头条转载《洛杉矶时报》文章《大部分伊拉克囚犯被"错捕"》，以红十字会的一份报告为素材，描述美国监狱虐待囚犯的普遍现象。全文没有任何一处作者个人的

观点，七个自然段约 1 000 字全部是这份报告内容的剪裁，而编辑为此文及另外两篇分别来自香港和澳门的新闻所做的选题标题则是《虐俘，美国永远擦不去的污点》，其导向性可见一斑。

5.1.2　如何开好记者招待会

记者招待会，又称新闻发布会，是一个社会组织直接向新闻界发布有关组织信息、解释组织重大事件而举办的活动。它是组织与新闻机构建立与保持联系的一种方式，也是组织向新闻机构传播信息的一种较正式的形式。记者招待会的特点是：(1) 正规隆重：形式正规，档次较高，地点精心安排，邀请记者、新闻界（媒体）负责人、行业部门主管、各协作单位代表及政府官员参加。(2) 沟通活跃：双向互动，先发布新闻，后请记者提问回答。(3) 方式优越：新闻传播面广，包括报刊、电视、广播、网站，集中发布（时间集中、人员集中、媒体集中），能迅速扩散到目标公众。

为使这种新闻宣传活动达到预期目的，公共关系人员必须计划周密，做好以下工作：

1. 确定议程

在召开记者招待会前，应该做好议程安排，以保证招待会有序、顺利地举行。议程安排一般写成条款式的，要确定招待会的召开时间和结束时间，主要包括迎宾签到、分发资料、会议过程、会后活动、效果评估和注意事项。

在议程安排时，要注意紧凑、连贯。从实践来看，一般控制在一到两个小时为宜。主持人介绍情况的时间、嘉宾发言的时间都应该严格控制，一般嘉宾发言时间以 15～20 分钟之间为宜。回答每个记者问题时也应该简明扼要。

2. 确定一个明确的主题和名字

在每次记者招待会前，组织者都应确定其主题，即传播的主要内容是什么？是向新闻界解释某件事，还是发布一条新闻？如果是发布新闻，要发布哪些新闻，达到什么效果？主题明确了，就可以有针对性地准备宣传材料，还可以选择要邀请的记者类型，即是邀请专业记者（专门采访报道某一部门或某一系统的消息的记者），还是邀请特派记者（因特别任务而受编辑部派遣的记者），地方记者（是较大的报纸编辑部派往某地的常驻记者）或机动记者（为完成某项特殊任务而受编辑部机动调遣的记者）。

每次记者招待会都会有一个名字，这个名字会打在有关记者招待会的一切表现形式上，包括请柬、会议资料、会场布置、纪念品等。在选择记者招待会的标题时，一般需要注意以下几点：

(1) 根据情况决定使用什么样的招待会字样。我国对新闻发布会是有严格申报、审批程序的，政府一般用新闻发布会的字样，但对企业而言，并没有必要如此烦琐，所以直接把招待会的名字定义为“××记者招待会”、“××信息发布会”或“××媒体沟通会”即可。

(2) 最好在招待会的标题中说明招待会的主旨内容。如：“××企业2005新品发布会”。

(3) 通常情况下，需要打出会议举办的时间、地点和主办单位。这个可以在招待会主标题下以稍小的字体出现。

(4) 有时可以为招待会选择一个具有象征意义的标题。这时，一般可以采取主题加副题的方式。副题说明招待会的内容，主题表现组织想要表达的主要含义。如“海阔天空——五星电器收购青岛雅泰信息发布会”。

3. 选择适当的地点

招待会的地点可选在组织机构内部，也可选在组织机构外部。在机构内部便于在招待会后组织记者参观组织机构，在机构外部便于选择适中的地点，使记者到会方便；如果会后要举行宴会，安排在宾馆、饭店就更适宜。但无论内部还是外部，都要注意环境条件，不要选在卫生条件差和噪音干扰大的地方。在确定地点后，要派人事先实地观察一下，布置好会场，安排好主宾位置。对选定的地点一般不要临时变动。

酒店选择是记者招待会必须面临的一个很重要的问题。酒店有不同的星级，从组织形象的角度来说，重要的招待会宜选择五星级或四星级酒店。酒店有不同的风格和定位，选择酒店的风格要注意与发布会的内容相统一，还要考虑地点的交通便利与易于寻找，包括离主要媒体、重要人物的远近，交通是否便利、泊车是否方便等。

发布方在寻找记者招待会的场所时，还必须考虑以下的问题：

(1) 会议厅可容纳人数，主席台的大小，投影设备、电源，布景、胸部麦克风、远程麦克风，相关服务如何，住宿、酒品、食物、饮料的提供，价钱是否合理，有没有空间的浪费。

(2) 背景布置。主题背景板，内容含主题、会议日期，有的会写上召开城市，颜色、字体注意美观大方，颜色可以企业标志为基准。酒店是否会代为安排。

(3) 酒店外围布置，如酒店外横幅、竖幅、飘空气球、拱形门等。酒店是否允许布置。当地市容主管部门是否有规定限制等。

4. 选定适当的时机

适于召开记者招待会的时机包括：组织及相关的某一事件或产品（服务）已

成为某一公众关注热点问题的一部分、组织及其成员已成为众矢之的、组织取得了重大的业绩、组织人员出现重大调整等。

不过，上述所谓的"合适时机"也可能成为"不合适时机"。事实上，很多的记者招待会往往弄得较为枯燥或琐碎、令人厌烦。这就需要组织认真选择时机。比如，当公司考察是否举办记者招待会时，首先应对照下列项目检查一下：

(1) 一则新闻通稿或声像资料带（附带事件简介、背景材料）是否完全可以提供给记者所需的、媒介受众喜欢的故事？

(2) 让记者们亲眼看到或试用某一新产品时，是否可以给一则新闻通稿增加些什么？

(3) 公司高层管理者或董事会成员公开露面是否能为公司获得或提高凝聚力、可信度？

(4) 能否提供给记者在别处得不到的新闻？

(5) 是否存在其他有效地向记者传递信息的途径？如一次舞会、一次聚餐。

(6) 公司新闻发言人能否有效传递信息并经受住提问的考验？

(7) 与记者面对面的交流是否可以为他们提供一个询问公司其他方面情况而我们又不希望将之公开化的机会？

5. 选定适宜的时间

记者招待会往往邀请不同新闻机构的许多记者一起参加，他们又较忙，因而要商定一个对大家都方便的时间，保证绝大多数被邀请者都能参加。如能事先发函询问编辑部或记者本人的意见就更好。还要注意不要与一些重要的活动或纪念日相冲突，不要与报社、电台、电视台预定的采访工作日相冲突，也要避开突发性事件，如地震、龙卷风等。选定日期后应尽早将请柬送到记者手中，便于他们提前做好准备。

确定在哪一周的哪一天也很重要。具体日期的确定一般应该从锁定目标公众开始。即首先考察一下目标公众最容易获知某新闻消息的时间、什么方法最好？周一一般不适宜，记者往往忙于检查上周工作；周五也不宜选，因为很多的人正考虑着如何过周末，他们当然不愿坐在那里提问或单独访问。周二至周四通常较合适。

确定在某一天的几点钟开始是最困难的一件事。早报、晚报的截稿时间不同。早报记者参加，记者招待会应在中午、下午；如要在当天晚报或电视晚间新闻报道中，最好安排在上午 9：30 或 10：00—10：30。

部分主办者出于礼貌的考虑，有的希望可以与记者在招待会后共进午餐或晚餐，这并不可取。如果不是历时较长的邀请记者进行体验式的记者招待会，一般不需要做类似的安排。

有一些以晚宴酒会形式举行的重大事件发布，也会邀请记者出席。但应把新闻发布的内容安排在最初的阶段，至少保证记者的采访工作可以比较早地结束，以确保媒体次日发稿。

6. 准备翔实的材料

为使记者对招待会上所发布的新闻有充分的理解，能在会议涉及的问题之外挖掘新闻事件、决定报道范围和深度，事先要准备许多背景材料。背景材料一般应包括以下内容：会议议程；新闻通稿；演讲发言稿；发言人的背景资料介绍（应包括头衔、主要经历、取得的成就等）；组织发展简史；技术手册（如果发布会的目的在于推介一种新产品或新机器）；有关图片、图表、照片、幻灯、录音带、录像带等；纪念品（或纪念品领用券）；组织新闻负责人名片（以便新闻发布后进一步采访、新闻发表后寄达联络）；空白信笺、笔（方便记者记录）。背景材料的封面要打印公司标志，以建立公众认知。

提供给媒体的材料，一般以广告手提袋或文件袋的形式，整理妥当，按顺序摆放，再在招待会前发放给新闻媒体。把这些材料发放给记者，实际上就是事先对发布给媒体的信息进行把关，从而将于己不利和那些虚假的信息排除过滤掉，这种替媒体设置议程的做法就是引导舆论、驾驭媒体。美国报人理查·霍奇勒在《操控新闻》一文中说："许多美国报纸的读者并不知道，他们所阅读的'新闻'，很多其实并非出自新闻人员本身的勤奋发掘或谨慎思考，而是来自某份由政府机构所发布、上面印有'请勿引述来源'的新闻资料。"

新闻通稿里应该包含除组织机密和个人隐私以外的全部已知的有新闻价值的事实，否则就有掩盖事实的嫌疑——为什么不把已经发生的事实告诉媒体呢？把新闻通稿提前发给记者，这意味着当记者一来签到时就能拿到它，这样就可以一边听一边翻看。不必担心记者在听讲时只浏览到材料的标题，因为专业记者已习惯于边搜索信息边听讲。不过，材料要设计得便于快速阅读，勿要冗长拖沓。组织还要想到提供声像资料给记者。为此，要确保有专业摄影师在场。

7. 安排好主持人和工作人员

招待会是组织领导同媒介打交道的一次很好的机会，值得珍惜。代表组织形象的主持人（发言人）对公众认知会产生重大影响。如其表现不佳，组织形象无疑也会令人不悦。

主持人（发言人）一般应具备以下几方面的条件：

（1）主持人（发言人）可以是组织的领导人，也可是公共关系部门的经理，有权代表组织讲话，但人数不能超过三个。

（2）良好的外形和表达能力。主持人（发言人）的知识面要广，要有清晰明确的语言表达能力、倾听能力及反应能力。

（3）执行原定计划并加以灵活调整的能力。

（4）有现场调控能力，可以充分控制和调动招待会现场的气氛。

除了主持人（发言人）外，也应该安排好工作人员。工作人员要有明确的分工，使会场秩序有条不紊。如果必要，还要安排招待会的记录、摄影、录音、录像、电脑操作等人员，记录下有关资料以备将来宣传和纪念之用。

8. 主持人答记者问的准备和策略

在记者招待会上，通常在主持人进行发言以后，有一个答记者问的环节。可以充分通过双方的沟通，增强记者对整个新闻事件的理解以及对背景资料的掌握。有准备、亲和力强的领导人接受媒体专访，可使招待会所发布的新闻素材得到进一步的升华。

在答记者问时，一般由一位主答人负责回答，必要时，如涉及专业性强的问题，可由他人辅助。

招待会前主办方要准备记者答问备忘提纲，并在事先取得一致意见，尤其是主答和辅助答问者要取得共识。

在招待会进行的过程中，对于记者的提问应该认真作答，对于无关或过长的提问则可以委婉礼貌地制止，对于涉及组织秘密的问题，有的可以直接、礼貌地告诉它是组织机密，一般来说，记者也可以理解，有的则可以委婉作答。避免使用“无可奉告”的字眼。对于复杂而需要大量的解释的问题，可以先简单答出要点，邀请其在会后探讨。

有些组织喜欢事先安排好媒体提问的问题，以防止媒体问到尖锐、敏感的问题。但建议不要采取这种方式。

在答记者问时，发布人应该掌握一定的策略技巧。比如当记者的提问特别专业、表达非常精彩或涉及的问题正中下怀的时候，可以适当夸奖记者。又如，对来自特殊地区的媒体记者可以在措辞和态度上适当照顾，以期通过媒体和这位记者本人，传达对他的国度和地域的关心。在招待会上对表现好的记者予以公开表扬，是发言人进行公关的手段。

9. 对记者的邀请

媒体邀请的技巧很重要，既要吸引记者参加，又不能过多透露将要发布的新闻。在媒体邀请的密度上，既不能过多，也不能过少。组织一般应该邀请比较重要的媒体或者与本行业联系比较紧密的媒体的记者参加，必要时如事件现场气氛热烈，应关照平面媒体记者与摄影记者一起前往。

永远不要用电话邀请。带有组织标志的请柬表明记者招待会是很正规的。请柬的设计应精美一些，要写明招待会的内容、时间、地点、会议程序、组织名称、联系人的姓氏（如×先生或×小姐）、工作电话，并最好列明在会上发言的主要人物的姓名和职务。请柬中最好不注明会议联系人的全名和个人电话。请柬最好派专人送达，以免邮寄延误时间。邀请的时间一般以提前三到五天为宜。招待会前一天可做适当的提醒，可以打电话询问请柬是否如期送达、对方是否与会等。

适当地制造悬念可以吸引记者对招待会新闻的兴趣，一种可选的方式是开会前不透露新闻，给记者一个惊喜。

在邀请记者的过程中必须注意，一定要邀请新闻记者，而不能邀请媒体的广告业务部门人员。有时，媒体广告人员希望借助招待会的时机进行业务联系，并作出也可帮助发稿的承诺，此时也必须予以回绝。

10. 其他安排

要准备好必要的视听设备。最主要的道具是麦克风和音响设备，还有电话、电传等，一些需要做电脑展示的内容还应包括投影仪、笔记本电脑、联线、上网连接设备、投影幕布等。

招待会现场的背景布置和外围布置需要提前安排。

做好记者招待会整体投入的预算。举办一场招待会一般包括场地费用、设计费用、展示内容的费用、道具费用、嘉宾和媒体的车马费、吃住费用等。在举办活动的时候一定要选择投入产出最优的方案。在成本一定的情况下，让边际效益最大化。

要注意席位摆放和房间设置。记者招待会的席位摆放一般采取主席台加下面的课桌式摆放方式。注意确定主席台人员。要摆放席卡，以方便记者记录发言人姓名。房间设置也很有讲究，记者招待会所用的房间大小主要取决于与会的摄影记者。电视摄影记者比报刊摄影记者所占的空间要大。

举行记者招待会，最好会前组织“模拟训练”，做到有备无患。

组织机构的每一名职员都要在胸前佩戴写有姓名的胸卡。对与会的记者和来宾也应发给写有姓名和单位的标记。

要认真评测新闻发布会效果，及时全面收集反馈信息，核对发稿情况，总结经验。

5.2 如何做好公共关系广告

所谓公共关系广告，是由明确的社会组织通过各种传播媒介，向特定公众发

布的以提高自身知名度、树立组织信誉以及协调与各类公众关系为特征的广告。

公共关系活动不同于广告，因为广告的主要目的是推销商品，而公共关系活动则旨在建立良好形象。因而，我们不能将二者混淆在一起。但是，在实际公共关系活动中，要将广告作为重要手段之一。如某机构在报上刊登广告向公众拜年，某公用事业单位在提价前刊登广告分析成本，某企业在同行业的其他企业开业或周年纪念时表示祝贺，等等。这些都是公共关系广告。

5.2.1　公共关系广告与一般商业广告

1. 公共关系广告与一般商业广告的差异性

公共关系广告是在组织的公共关系活动产生和发展的基础上，从商业广告中分离出来的。既已分离，公共关系广告与一般商业广告之间就有着明显的区别：

（1）二者的直接目的不同。

一般商业广告力图通过向公众宣传企业的产品和服务方面的信息，引起人们的注意和兴趣，产生购买欲望和行为，促进企业产品销售额的增长。而公共关系广告则试图通过向公众传播本组织的信息，同公众相互沟通，与公众建立感情，转变公众的态度，树立良好的组织形象。因此，可以说，公共关系广告的直接目的是要创造购买的气氛，而一般商业广告的直接目的在于使人购买商品。

（2）二者的内容不同。

一般商业广告的主要内容是以宣传产品的名称、商标、图案、质量、价格、功能等来介绍产品和服务。而公共关系广告宣传内容较广泛，它不仅包括这些方面，还包括组织的发展目标和经营计划、经营方针和政策、服务宗旨、组织的技术发展能力等。

（3）二者的侧重面不同。

一般商业广告侧重于其营业效果，亦即广告对于产品销售额、利润额或服务收入增加的促进作用，而公共关系广告则侧重于其传播效果，即它播出后，对提高组织的知名度、美誉度起了多大作用。

（4）新闻媒介对这两种广告的报道方式不同。

一般商业广告在报道中往往要集中归类，在报刊上有特定的版面，在电视、广播中有特定的时间，公众很清楚地知道这是广告。而公共关系广告往往以新闻报道或某种专题节目的形式出现，或作为专题新闻或作为专访，或作为市场信息、经验介绍等，因而，公共关系广告的商业色彩较淡薄。这样，公共关系广告的客观效果往往要比自编印刷物的宣传效果好得多。

(5) 二者的应用范围不同。

一般商业广告只是为工业、商业、服务业等经济部门所采用，而公共关系广告不仅可为这些经济部门所用，还可为政府等部门所用。

2. 公共关系广告与一般商业广告的互补性

公共关系广告既然是从商业广告中独立出来并发展起来的，二者之间自然就有着密切的联系，并存在互补性：

(1) 公关广告可增加一般商业广告的可信度。

由于公关广告大都通过媒体，从新闻的角度进行，所以没有赤裸裸的产品宣传，而往往以一种更加隐秘的方式达到其传播目的，其可信度要大大高于出于直接销售目的的广告宣传。公关广告可以弥补一般商业广告在可信度方面的不足。

一般来说，广告是一种硬性推销，即便是巧妙的情感诉求和创意也难以吸引越来越挑剔的消费者和赢得越来越复杂的竞争博弈。原因在于广告缺乏建立品牌的最关键要素——可信度。公关的本质在于控制社会舆论，使社会舆论朝着有利于企业形象的方向制造宣传效应，抑或帮助企业化解突如其来的市场、信誉等危机，稳定市场。公关在传播中的功能主要体现在制定计划影响和引导社会舆论。公关想要控制舆论，首先就必须制造舆论，而公关依靠社会公共活动作为载体，通过新闻和事件来传递企业、品牌理念等方面的信息。由于公关以事实为准绳，所以与广告相比，更具可信性。

当今传播渠道多元化会造成某一单个渠道的受众“点击率”的分流和下降，目前，就中国这个相对特殊的市场而言，企业确实很依赖广告，而对于大部分消费者来说，广告做得多的企业，他们未必会觉得信任度也高，相反某些致力于公益和环保活动的企业反而赢得了消费者的信任。所以良好的公关活动可以为企业广告增加信任度。

(2) 公关广告可使商业广告效果最大化。

迫于大众传播媒介的价格日趋高涨和其广告效果日渐低落的现实，许多跨国公司都将广告预算下调。广告效果的降低，源自于传播渠道多元化，渠道之间或交叉或竞争形成了分流。与此同时，因为公关活动的成本大大低于黄金时段电视媒介的广告投入成本，加上公关与广告通过互相之间密切地配合，发挥各自优势与长处，利用多种手段、宣传方式，立体地对目标客户进行贴身追踪，使他们逃脱不了信息有形或无形的包围与影响，从而实现宣传效果的最大化。所以把广告和公关这两种传播手段结合起来会使单一的广告宣传取得更大的传播效果。

(3) 公关广告加强受众信任，商业广告促进产品销售。

随着社会经济的快速发展，市场上同质化的商品越来越多，单纯靠产品说话已经无法拉动消费者了，产品以外的品牌附加值才是一个企业提供给消费者最有价值的东西。越来越多的企业认识到品牌的力量，可是依靠传统广告建立品牌在现在已经是远远不够了，而公关在品牌建立上则可担此重任。如果说品牌本质上是一种消费者的体验，那么公关就是创造消费者体验品牌的容器，广告则是告诉消费者如何体验的说明，两者的相辅相成推动着企业或产品的品牌塑造运动。公关广告用温婉、客观、不动声色的方式传播企业或产品的良性信息，广告则简单明了、不厌其烦地将信息重复告诉消费者，加深他们对品牌的印象。而公关广告的“拉”与“推”，帮助消费者克服各种认知障碍并加强他们对产品的信任感，从而塑造出企业坚固的品牌影响力。

（4）公关广告协助商业广告渗透。

对于那些公众可理解性不强、信任感差的产品，单纯的广告营销很难打开市场的缺口，要直接让目标客户群接受相关信息也是困难重重。专业性强的产品或大众关注度低的产品，如工业用品、专业信息太多的药品等都属于此类。所以，在这种情况下，商业广告往往需要公关广告的协助才能进行有效的营销推进。

5.2.2　公共关系广告的类型和目标

1. 公共关系广告的类型

公共关系广告有四种类型：

（1）组织广告。

组织广告主要是介绍组织各方面的情况，具体内容包括：

第一，宣传组织的生产经营情况，如组织的历史、价值观念、政策、规模、产品、销售办法、扩建计划、商标、服务、市场、职工福利、财务状况、分配办法等，使公众对组织生产经营状况有一个清楚的了解，树立良好的组织形象。

第二，宣传组织的公共服务项目和主旨，以便有机会协助解决地方性或全国性的问题，提高组织在外界的知名度。

第三，宣传组织的经济贡献，以加深社会公众对目前经济情况的了解，显示组织对国家的经济发展的贡献。

第四，宣传组织内部员工关系状况，向社会说明员工的福利、就业稳定状况、合理的收入标准、工会与管理部门的关系，以吸引公众进入本组织。

第五，宣传组织的特殊事件，如周年庆祝活动、公司上市、陈列展览、新厂落成等，以引起公众对本组织的兴趣。

（2）响应广告。

这类广告强调组织对社会生活各方面的关注，以引起公众的共鸣。其主要内容是对政府的某项政策措施或当前社会生活中的某个重大主题，以组织的名义表示响应，表示自己的支持态度。这样做，可以显示自己不仅为自己打算，而且具有整体和全局观念，善于从全局着眼，愿意为社会的发展和全民的利益作贡献，从而可以为组织创造一个良好的社会环境，赢得公众的支持。比如农夫山泉在“购买一瓶农夫山泉就为希望工程捐款 1 分钱”这一活动中，利用软文将农夫山泉的企业性格娓娓道来，充分展示了农夫山泉热心公益的一面。

(3) 祝贺广告。

在某组织开始营运时，以同行的身份在传播媒介上刊登广告表示热烈的祝贺，以此表明愿意合作的诚意，也表明本组织不视同行为冤家，愿意在平等的基础上正当竞争，这样可赢得对方的好感，有助于改善自己的形象。具体做法多是向新营运的组织提供若干广告费，并在该组织的开业广告上署名祝贺，该组织一般也会表示感谢。我们经常能在春节联欢晚会中看到某某企业祝全国观众春节快乐，这种形式的公关广告能在特定的时候传达企业的形象，达到了很好的传播效果。

(4) 鼓动广告。

鼓动广告就是某组织以自己的名义率先发起某种社会活动，或提倡某种有社会意义的新思想等，并以此为主题制作广告。这种广告的目的也是向公众表明自己对参与社会生活的态度。如果不矫揉造作、故弄玄虚，也能为组织带来良好的声誉。

2. 公共关系广告的目标

公共关系广告的目标当然需与公共关系活动的总目标相一致，但它又有自己特定的目标：

(1) 通过及时地反映组织的工作情况及其成就，显示自己的贡献，以引起社会公众的注意和好感，扩大组织的影响力，提高组织的知名度及其社会地位。

(2) 通过说明组织所作的努力及其对社会的作用，说明其自身的存在和发展与社会发展和公众福利的提高之间的关系，显示组织为社会公众服务的决心和信心，谋求社会公众的信任和赞许，提高组织的美誉度。

(3) 通过增进了解，达成谅解，消除误会，使组织与社会公众间，与往来单位间的隔阂得以消除，以形成良好的社会关系。

(4) 进一步融洽组织内部关系，增进员工的责任感和自信心。

5.2.3 公共关系广告的创作原则

要使公共关系广告达到预期目标，就必须遵守一些创作原则：

1. 内容真实

公共关系广告必须以事实为依据，既不能夸张，也不能掺假。若其内容不真实或言过其实，就会损害公众的利益，对组织的声誉不利，会导致组织的信誉下降。必须谨慎使用诸如“领导世界新潮流”等一类的词语。

2. 立意深刻

广告创作必须服从于广告宣传的整体方案，遵从广告策划的既定宗旨。要刻意宣传组织的信念、宗旨、口号，甚至组织的名称和产品名称。如果背离了广告策划的整体宣传目标，即使表现的形象优美，运用的色彩和谐、艺术手法新颖，但人们看不出它要传达什么信息，这样的广告宣传也就失去了意义。

3. 构思新颖

如果广告内容真实且立意深刻，但呆板乏味，没有艺术感染力，也不能引起公众的注意。因而，广告创作还必须构思新颖。广告创作提倡反向思维和与众不同，忌讳人云亦云和千篇一律。创作人员要发挥艺术想象力，使构思独特，内容简洁完整，令公众产生新奇惊诧之感，这样，广告所传达的信息就会深深刻印在公众的心目中。

4. 态度友善

公共关系广告的宗旨是尽可能多地争取朋友。因而，广告创作时要体现组织自身与公众的友善态度。对于竞争对手，不要肆意贬低，对于那些曾奚落、排挤和刁难过自己的单位和个人，也不要肆意攻击。

5.2.4　公关广告与商业广告协同传播的几种模式

公关广告与商业广告协同传播的模式主要有以下几种：

1. 商业广告先行造势，公关广告背后渗透

这一传播策略，是国内企业运用得比较早也是比较习惯于应用的策略模式。商业广告的特点是大声宣扬“我来了”，而公关广告则不同，它是在背后默默地支持商业广告及处理商业广告所带来的效果。

商业广告先利用其传播迅速的特点对消费者进行告知，传播品牌信息。公关广告则利用其互动性好的特点进行地面推进，扩大商业广告的传播效果，增强消费者的印象，提供更多的与消费者互动的机会，使消费者进一步强化品牌认知，并促成他们参与到具体的品牌中来，与品牌面对面。对于那些公众可理解性不强、信任感差的产品，单纯的商业广告营销很难打开市场的缺口，要直接地让目标客户群接受相关信息也是困难重重的。所以，这时就可以利用“商业广告先行造势，公关广告背后渗透”的传播模式，用公关广告协助商业广告前进，以有效

地推进营销。

2. 公关广告炒作引爆，商业广告协助扩散

首先利用公关广告进行炒作，然后利用商业广告协助扩散的策略，近年来被越来越多的品牌采用。公关广告可以用新闻、软文等形式策划一个热点，引起媒体与目标对象的注意和兴趣，等受众的好奇心被提到一个足够高的高度时，再由商业广告登场，向目标对象传播各种具体的信息，目标对象对商业广告传播的关注由被动变为主动，由淡漠变为积极，商业广告的传播效果也就得到了大大地提高。这种方式改变了传统推广方式中的广告公关顺序，强调以公关广告方式进行市场培育。这种方式的优点是成本较低，风险较小，相对于需要较多资金的商业广告而言，公关广告可以"四两拨千斤"，起到出其不意的效果。但是其前提是需要较好的新闻点。这一策略适用于企业进入一个新的产品品类，在这一品类领域无任何基础和沉淀或者企业实力较弱，涉足项目较大。

3. 商业广告与公关广告同步传播

现在，让消费者迅速接受并引起购买行为已经越来越不容易。传统的商业广告已经不再能引起消费者的购买兴趣，而公关的活动范围和力度也受到其自身特点的限制在一些产品的推广上显得力不从心。怎样才能更快速有效地推广产品与品牌形象，非公关广告与商业广告的同步传播莫属。通过商业广告快速传达产品信息，利用公关广告造势，形成公关广告与商业广告的合围。让受众在一段时间内无论是通过何种渠道都能接收到产品或品牌信息，自然达成购买。

5.2.5 公共关系广告效果的评估

公共关系广告效果有狭义和广义之分。狭义的公共关系广告效果是指公共关系广告所获得的经济效益，即公共关系广告传播促进产品销售量增加的程度，也就是公共关系广告带来的销售效果。广义的公共关系广告效果则是指公共关系广告活动目标的实现程度，是公共关系广告信息在传播过程中所引起的直接或间接变化的总和，它包括公关广告的经济效果（销售效果）、心理效果和社会效果。

公关广告的效果和影响的评估是一项复杂而困难的工作，这不仅因为效果可能在很长时间后才体现，且是以渗透的方式体现，而且因为组织的发展和业绩的增加，并不只是公关广告作用的结果，还有其他许多因素在其中起了作用。尽管如此，我们还是可以用许多方法来评估公关广告效果。

1. 公关广告经济效果的评估方法

公关广告经济效果是指公关广告带来的经济效益或损失，亦即销售效果。它通过广告所引发的商品或劳务销售与利润变化来衡量。

相对于其他组织而言，企业最关心公共关系广告的经济效果（销售效果）的评估。从企业的角度看公关广告，公关广告的目的可以用两个字来表述：获利。它既是企业获得长期最大利益的手段，也是短期提高商品销售额的途径。因此，对公关广告的经济效果进行评估，就是要对公关广告活动的促销效果和提高利润的程度进行衡量与评价。评估公关广告经济效果的传统方法主要是销售成果评估法和盈亏平衡点法，这是从短期来评估的。

随着品牌意识日益深入人心，对作为公关广告的经济效果之一的品牌效果的评估也成为公关广告投放者关心的重要问题。所谓品牌意识，是指消费者通过接触公关广告而加深的品牌印象。而品牌的根本价值在于其联想的集合，即对消费者的利益和价值，联想常常代表着消费者决定购买的基础。消费者是否因这种差异化的利益和价值而产生或增加了品牌忠诚和偏好就是品牌态度。品牌提升对销售额的影响是长期的。公关广告的品牌效果可通过品牌知名度提高率、企业知名度提高率和企业美誉度提高率来进行评估。

具体来说，公关广告经济效果的评估方法主要有以下几种：

（1）销售成果评估法。

在企业成本和价格不变的情况下，对公关广告提高利润的程度进行衡量，又可以归结为对其促销效果的衡量，此方法即是在对公关广告带来顾客人数增加的情况进行调查的基础上，设置指标进行计算，最后再根据计算结果进行分析、评价，具体有以下三个步骤：

第一步：进行市场调查。调查常用三种方法：电话询问、信函查询和人员走访。在调查中我们可以突出两个问题：一是是否看过（或听过）本公司的广告？二是是否购买了本公司的产品？根据问题回答情况可以将被调查人群划分为四大类：1）看过或听过广告而购买了产品的；2）看过或听过广告而未购买产品的；3）没有看过或听过广告而购买了产品的；4）没有看过或听过广告也没有购买产品的（见表 5—1）。

表 5—1　　市场调查表

	广告认知		合计人数
	有	无	
已购	a	b	$a+b$
未购	c	d	$c+d$
合计人数	$a+c$	$b+d$	$N=a+b+c+d$

第二步：计算公关广告效果指数。

所有未看过或听过该广告的人数：$b+d$

受非公关广告因素影响而购买新产品人数比率：$b/(b+d)$

如果不做公关广告可能的产品购买人数：$N\times b/(b+d)$

做公关广告后实际增加的购买者人数：$\Delta Q=(a+b)-N\times b/(b+d)$

公关广告效果指数（AEI）＝公关广告后实际增加的购买者人数/全体被调查人数＝$\Delta Q/N$

第三步：分析评价。根据计算出的公关广告效果指数，可以从四个方面来研究公关广告的经济效果：1）在一定条件下公关广告的促销效果越好，则广告的经济效果越好，因此如果公关广告效果指数越大，即做公关广告后增加的购买者人数占全体被调查者人数的比例越大，就表明公关广告的促销效果越好，经济效果也越好。2）公关广告效果指数为负数时，表示在实际经济生活中公关广告起了作用，但是带来了负面效果。3）公关广告效果指数多高可以令人满意呢？似乎可以通过计算行业广告效果指数平均值来解决这个问题，如广告效果指数高于平均值，便可以认为该广告取得了较为满意的效果，否则相反。但行业的广告效果指数平均值很难获得，因此比较理想的参照标准可以是本企业过去的广告效果指数平均值。4）公关广告效果指数在不同的行业间不具可比性。对那些产品选择性较大的行业来说，公关广告效果指数一般要高一些，如化妆品广告。而对那些产品用途、特点为公众熟悉、选择性较小的行业来说，公关广告效果指数则一般要低一些，如农副产品的广告、廉价建材的广告等。

（2）盈亏平衡点法。

企业做公关广告就会造成相应的费用支出，这部分支出可以看成是一定时期内企业的酌量性固定成本，因此我们可以从盈亏平衡的角度来进行分析。成本、收益及销售量的关系可以用图5—1表示：

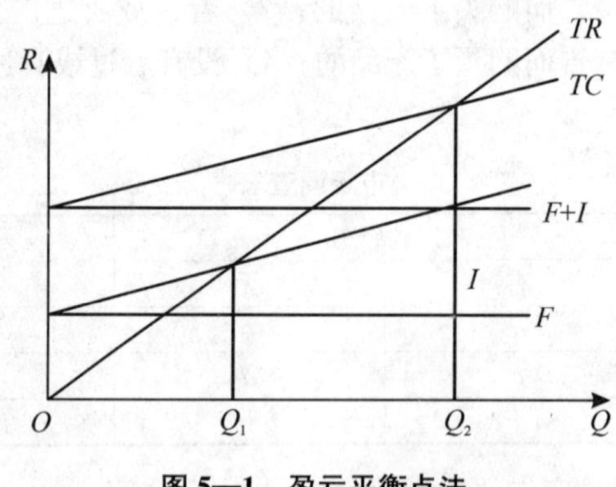

图5—1　盈亏平衡点法

在图5—1中，F为做公关广告前企业的固定成本支出；I为企业的广告费支出；TR为企业的销售收入曲线；TC为企业的总成本曲线。

从图中5—1可以看出，由于广告费支出的发生，使得企业的盈亏平衡点由Q_1变为Q_2。

$$\Delta Q=Q_2-Q_1=[(F+I)/(P-V)]-F/(P-V)$$

式中，P为单位产品价格；V为单位产品变动成本。

当企业做公关广告后增加的销售量大于ΔQ时，则可以认为在经济效果方面，该公关广告是成功的；当企业做公关广告后增加的销售量小于ΔQ，则可以认为，起码在短期内，该公关广告的经济效果不佳。

(3) 公关广告的品牌效果评估。

品牌知名度提高率的计算公式是：

$$A=B\times C$$

式中，A表示由品牌知名度提高率引起的销售额的比率；B表示品牌知名度提高率；C表示与品牌知名度提高有关的销售率。关于C的计算可以通过企业长期的数据跟踪得出。

企业知名度提高率的计算公式是：

$$D=E\times F$$

式中，D表示由企业知名度提高率引起的销售额的比率；E表示企业知名度提高率；F表示与企业知名度提高有关的销售率。

企业美誉度提高率的计算公式是：

$$G=H\times I$$

式中，G表示由企业美誉度提高率引起的销售额的比率；H表示企业美誉度提高率；I表示与企业美誉度提高有关的销售率。

由品牌知名度提高率、企业知名度提高率和企业美誉度提高率所引起的销售额分别可以通过上面的公式和调查问卷计算得出。

2. 公关广告心理效果的评估

公关广告传播效果是指公关广告信息是否到达受众及到达程度如何、对受众影响如何等。传播效果是广告效果的核心，是经济效果的基础，公关广告传播能培养受众对品牌的信任和好感，树立组织的良好形象。

公关广告对其受众发挥作用的过程，就是一个“注意—趣味—欲望—确信—行动”的过程。对这五个过程进行考察可以发现，其实际上是一个心理作用的过程。一个成功的公关广告，不但能正确地向受众传递产品的价格和质量信息，而且能通过形象的、寓意深刻的宣传，揭示或赋予产品以一定的“心理”使用价值，从而达到诱发和强化消费者购买行为的目的。因此，在评估公关广告的效果时，有必要对公关广告在受众的心理过程中所引起的注意、产生的兴趣和感情的效果进行评估，即进行公关广告心理效果的评估。

在实践中，对公关广告的心理效果进行评估，通常可采用以下两种方法：

方法一：广告联卷调查评估法，即采用广告联卷的形式进行调查，然后对调查结果进行评估的方法。包括以下几个步骤：

第一步：问卷设计。问卷可以设计成表5—2的式样：

表5—2

评估项目	评估依据	程度		
吸引注意力（25%）	吸引注意力的程度（包括视觉形象或视觉效果）以及对潜在需求者的号召力	好	一般	差
可读性（20%）	对公关广告信息焦点的认知程度、公关广告的内容是否值得阅读，对内容的了解是否有必要			
感兴趣（20%）	是否对公关广告产生了兴趣			
引起购买欲（35%）	由公关广告引起的实现需求欲望的迫切感			

第二步：将问卷以广告联卷的形式刊登出来，为提高问卷的回答率，可采用有奖征答的方式进行。

第三步：赋予分值，进行问卷处理。首先给问卷所评价的四个项目分别赋予一定的分值：吸引注意力（25%），可读性（20%），感兴趣（20%），引起购买欲（35%）。然后给反映程度的“好”、“一般”、“差”三个等级赋予一定的分值，在对返回问卷分别计算广告心理效果得分的基础上，再计算其平均值。同时确定广告心理效果优劣分数线，进行评价，得分在90分以上者为最佳，89～75分为优等，74～60分为中等，59～40分为下等，39分以下为最差。

采用这种调查方式有三个优点：调查方便、节省人力；没有向谁寄问卷的难题；问卷本身也可以增强公关广告的吸引力和效果，消费者在回答问卷的时候必然会反复阅读公关广告。

方法二：实验室节目分析法。具体可以分两步进行：

第一步：选择被评估的消费者。考虑此方法操作上的局限性，被测人数应在30～50人之间较佳，人员的挑选一般可根据以下两个原则进行：第一，为确保一定的代表性，被测受众应尽量来自不同的收入阶层和职业阶层；第二，被测人员应与公关广告所介绍的产品有较大的关系。如果我们要评估的是一个女性美容化妆品的公关广告，则我们在挑选人员时，应多选一些女性。但应注意的是被测人员不一定就是公关广告所介绍产品的使用者，例如当公关广告介绍的产品是一种婴幼儿保

健用品时，我们就不能把婴幼儿作为被测对象，而应以年轻的家长为被测对象。

第二步：对选定的人员集中测试。首先给每位被测者一个包括3～5个按钮的回答装置，每个按钮代表一种对公关广告的评价，然后进行公关广告演示，演示的公关广告可以是画面、图像或声音。被测人根据各自的感觉按回答装置上的按钮，与回答装置相接的计算机迅速进行汇总分析，并在荧光屏上反映出分析结果。

这种方法有两个优点：速度快，效率高；便于根据结构调整广告再测试，反复进行几次，便可以得到效果较佳的公关广告。

3. 公关广告社会效果的评估

一个经济效果明显的公关广告，可能心理效果不佳，而心理效果很好的公关广告，可能经济效果在短期内不太明显，即使经济效果和心理效果都很理想，在进行公关效果评估时，还要衡量其社会效果如何。公关广告社会效果也称接受效果，是指公关广告对社会道德、文化教育及伦理等方面的影响和作用，其主要表现在以下两方面：一是公关广告对受众消费的指导作用。一些新产品往往可以通过公关广告使人们加强对它的了解，从而起到改变旧的生活习惯，引导新的消费潮流的作用。二是公关广告应该具有符合时代主流的思想性、艺术性。因此，有必要对广告的社会效果进行评估，通常采用专家会议法进行。即邀请有关专家，召开会议进行充分的讨论，讨论的内容可以是经济效果、知名度、品牌形象、心理价值创造能力、社会效果等。然后综合专家们的各种意见、观点，对要被评估的公关广告作出一个综合评价。

该方法可以集思广益、互相启发、取长补短，从而有助于得出正确结论。但它也有不足之处：由于参加会议人数不能太多，因而代表性不大；讨论如没有得到较好的引导，可能会偏离主题，影响最后的评估；若有权威人士存在，则可能导致随大流的情况出现。

上面从经济效果、心理效果、社会效果三个方面，讨论了广告效果评估的方法，应该说，不同的主体对公关广告效果关心的侧重点是不同的。对企业来说，它最关心的是公关广告的经济效果和心理效果；而对社会部门来说，则更关心公关广告的社会效果，侧重于对公关广告的社会效果进行评估。

5.3　如何办好展览会

展览会就是以实物、文字、图表、照片等形式在一定时间和地点展现组织成就的活动。举办展览会是组织公共关系活动的一项重要内容。

5.3.1 展览会的种类和特点

1. 展览会的种类

展览会是多种多样的，大致可归纳为以下几种：

(1) 按举办的地点来分，有室内展览会和露天展览会。

大多数的展览都在室内举行，即在商店内设专柜，工厂内设展览室或在专门的展览馆举行，这样显得较为庄重，且不受天气的影响，举办时间也可以较长。但室内展览会的布置较复杂，受空间限制大，只能展出精品，布展费用也较高。而露天展览会最大的特点是不受空间限制，展品可大可小，可多可少，布置工作较简单，所花费用较少，但易受天气的影响。通常在露天举办的展览有农产品展览、花卉展览等，而较为精致、价值较高的商品展览则宜在室内举行。

(2) 按展览的项目来分，有综合性展览会和专项展览会。

综合性展览会旨在展现一个地区、一个行业、一个企业的全面成就，如某个地区的化工产品展览会。专项展览会是围绕一个专业或专题举办的，如 2009 年国际消费类电子产品展览会等。

(3) 按展览的性质来分，有贸易展览会和宣传展览会。

前者展览的东西主要是实物产品，目的在于宣传组织的产品，促进产品的销售，如中国进出口商品交易会（广交会）。后者主要通过展出有关组织的照片资料、图表和实物来宣传组织的成就、价值观念，以扩大影响，如 2009 年 9 月 19 日开幕的新中国成立 60 周年成就展、中国冶金史展览会等。

(4) 按展览的规模来分，有大型综合展览会和小型展览会。

前者一般由专门的单位举办，有产品展览的组织需通过报名参加。这种展览会规模较大，参展项目较多，展览技术要求较高，如世博会即属这种类型。小型展览会的规模较小，一般由组织自己展出自己的商品，展览地点多选在车站候车室、机场的进出口处等地方。

(5) 按展览的地理范围来分，可分为国际、全国、地区、本地四个层次的展览会。

本地展览会的规模相对较小，旨在吸收附近的参观者，如各城市举办的房展会等；地区性展览会一般是全国性展览会的一部分；国际性展览会的参展商和观众往往来自许多国家，如 2001 年由德国汉诺威展览公司在上海光大展览中心举办的首届亚洲信息技术展览会等。

组织要根据自己的情况和目标，恰当地选择展览会的种类，以收到较好的效果。

2. 展览会的特点

展览会一般有以下几方面的特点：

(1) 展览会是一种综合性的大型活动，比较容易引起公众和新闻媒介的注意。从展览会上可以看到组织的有代表性的产品或组织的各方面的情况。对公众来说，可以在购买过程中收集信息，认真选择。对于新闻媒介来说，可以集中、方便地取得素材。

(2) 展览会是一种综合传播方式。展览会可利用多种传播媒介来进行信息传播。这些媒介有声音媒介（如讲解、交谈、现场广播、网络直播等），文字媒介（如宣传手册、说明材料），图像媒介（如各种幻灯、照片、录像等）等。多种媒介的综合运用，能使传播效果更佳。

(3) 展览会是一种非常生动直观的传播方式。一般展览会都可展出实物，并可以进行使用、操作表演，还能辅以其他视听工具，十分形象、生动，这样可以使参观展览会的人全面认识组织形象，并留下感性的、深刻的印象。

(4) 展览会是组织与公众进行双向信息交流的好时机。在展览会上，组织方面的人员可以当面回答参观者提出的问题，并就他们感兴趣的问题进行深入的讨论。这样，不仅组织可以生动地向公众宣传组织的产品和服务，扩大组织的影响，还可以迅速了解公众对组织各方面情况的反映和要求。这样即实现了双向信息交流的目的，增进了相互的了解和友谊。

(5) 展览会是促销的好方式。现在的展览会，大多是展、销结合的，在展览的同时销售产品。展览会上组织与顾客可当场洽谈、当场成交，缩短了交易时间。同时，一个展销会集中了全国甚至全世界的各种牌号的同类产品，这样，采购员可在很短的时间内与很多组织进行洽谈，增加了成交机会，提高了工作效率。

5.3.2　举办展览会要考虑的事项

要使展览会搞得卓有成效，达到预期目的，就要认真考虑以下事项：

(1) 分析举办展览会的必要性。

在举办展览会时，要考虑有无必要性的问题。因为展览会是大型活动，人力投入多，费用开支大，因而有必要谨慎从事，论证它的可行性和必要性，写出可行性报告，防止出现得不偿失的情况。

(2) 明确展览会的主题思想。

要明确展览会的主题和目的，以便据此确定参展单位、参展项目与参展标准，然后采取广告和发邀请信的方式召集参展者。看看是要宣传产品的质量、品种，还是要宣传组织形象；是要提高组织的知名度，还是要消除人们的误解。只有主题明确，才能使展览会重点突出，收到较好的效果。要明确一个基本的主题，作为全局的纲领。其他子题目，必须围绕主题进行，目的是给公众留下一个鲜明、深刻的印象。

(3) 制定展览计划。

展览计划主要包括展览目的、具体措施等项目。计划制定出来后还要经领导审批才能执行，只有计划得当，展览会才能有步骤、有秩序地顺利进行。

(4) 确定展览会的类型和参展单位。

要明确是举办室内展览会，还是举办露天展览会；是举办大型展览会，还是举办小型展览会；是举办专题类展览会，还是举办综合类展览会。展览会类型的确定决定了参展单位的选择：是选择同类的参展单位，还是选择不同类的参展单位。参展单位一般用广告的方式加以征集。

(5) 确定展览会的经费预算。

举办展览会总需要一定的费用，例如场地费用、设计和布置费用、职员费用、联络费用、交际费用、宣传费用、运输费用和保险费用等。在做这些经费预算时，一般应留出5%～10%作预备金，以作调剂之用。

(6) 选择适宜的展览地点。

展览会宜选在交通方便、环境适宜、设施齐全的地方。

(7) 选择恰当的时机。

何时展览，对于一些季节性明显的商品来说，是尤其要考虑的因素。一般来说，展览时间应适合该项商品的销售，而且每次展览时间不宜过长，以免拖延时日、耗费钱财、影响效果。

(8) 预测参观者的类型和人数。

参观者有专业型和参观型之分。一般准备两套解说词：对参观型参观者，解说词要通俗易懂；对专业型参观者，介绍的资料应详细和深入，学术性要强。预测参观人数，也是一项必须完成的工作。

(9) 准备好展览会所要用的各种宣传资料。

如制作介绍组织和产品的图片、幻灯片、录像带、录音带，印制各种宣传手册、介绍材料、展览会的目录表等。

(10) 培训参展工作人员。

展览会工作人员包括讲解员、接待员和服务员。展览会既是组织产品、服务的展示平台，也是组织员工精神面貌和综合素质的展示平台。在展览会上，公众当然可以通过自己的眼、耳、口、鼻、舌、皮肤等直接感知展销物品，但如果辅之以人员讲解及操作示范，则效果无疑会更佳。素质良好、技能娴熟的展览会工作人员可以让展览会取得更好的效果。合格的工作人员，一要懂得各项目、内容

的专业知识，能提供专业咨询服务；二要仪表端庄，善于交际，能自如地与各界人员交谈，懂得公关接待和公关礼仪方面的基本知识；三要明确自己的职责、各种可能发生的突发性事件的处理原则和基本程序。

(11) 做好新闻宣传工作。

为了加强新闻宣传，扩大影响，可以成立专门的对外新闻发布机构，该机构的工作内容是：在展览会日期、地点确定后，举办记者招待会发布消息，邀请新闻界人士参加开幕式，尽可能多地在报刊、广播、电视、网络上报道开幕式的消息和实况。这样做可以在展览会开始之前就产生重要的宣传作用，也可以吸引更多的参观者。安排好新闻发布室，并准备新闻报道所需的各种辅助宣传材料。在展览会开始后，公共关系人员应把展览会中许多有新闻价值的东西发掘出来并写成各种新闻稿发表，扩大展览会的影响范围和效果。在展览会期间，新闻发布室应自始至终开放，随时收集参观者及展览会的相关信息，并与新闻媒体保持密切联系。在展览会结束后，公共关系人员应注意收集新闻媒介对展览会的有关报道，总结经验教训，留档保存，作为下次举办展览会的参考依据。

(12) 准备展览会的辅助设备和相关服务。

为了成功地举办一个国际博览会，就要设有处理对外贸易业务的部门，即附设产品订购、文书、邮政、检验、海关、对外运输等服务部门，还要设休息室、洽谈室、小卖部等设施。要举办一个国内展览会，所需设备和所要提供的服务也是较多的。

(13) 展览会的布置要突出展览会的主题，显示出展览会的特点。布局要合理，一般要在展厅的入口处设立咨询台和签到处，并贴出展览会平面图。

(14) 设计展览会的标志，准备适当的纪念品，以联络感情，加深印象。

(15) 可邀请一些知名人士、新闻机构、主管部门领导参加展览会，以扩大影响。

5.3.3　如何制定参展策略

参展是一项极为复杂的系统工程，受制因素很多。从制定计划、市场调研、展位选择、展品征集、报关运输、客户邀请、展场布置、广告宣传、组织成交直至展品回运，形成了一个互相影响、互相制约的有机整体，任何一个环节的失误，都会直接影响展览活动的效果。一个精心策划的展览会可以成为营销计划最节省成本的组成部分。从时间顺序上分析，组织的展览会营销策略通常包括明确参展目的、选择展览会、会前活动、会中活动、会后活动及营销策略效果评估以及重视网上展览会等。

1. 明确参展目的

每个组织由于各自情况不同，其参展的目的也就不同，在决定参展之前，组织必须设定参展目标。组织的参展目的不外乎展示实力、树立组织形象、宣传产品、达成交易、物色代理商、批发商或合资伙伴、研究当地市场、开发新产品等。德国展览协会根据市场营销理论将参展目标归纳为基本目标、产品目标、价格目标、宣传目标和销售目标五类。组织应根据顾客需求来细分市场并适应这些变化的需求，比如寻求潜在的可能顾客的策略与进一步加强长期顾客关系的策略就截然不同。

2. 选择展览会

在众多的展览会中，组织必须有选择地参加某个展览会。选择展览会时主要考虑如下一些因素：展览会的目标市场；展览会的规模；展览会组织者的能力；展览会的历史和影响；参展的费用；展览会所在城市和展览馆。

3. 会前活动

会前活动包括公关活动以及提前辨识可能的客户并给其发送特别邀请。可以利用展览会的会刊、展前快讯、展前的媒体宣传等手段来扩大组织的影响力，吸引更多的目标客户。其具体工作如下：

(1) 12 个月前：在制定整个参展计划的过程中，明确企业在展览会各个阶段所要开展的工作，同时编制科学的参展预算。

(2) 9 个月前：通过直接邮寄、电话或 e-mail 等手段，与国外潜在客户及当前顾客进行初步联络，告知他们本企业将参加某展览会，欢迎他们届时光临。

(3) 6 个月前：以广告或邮件等手段进行推广活动，在专业报刊、杂志上至少刊登一期广告或报道，然后将这篇广告、报道的复印件邮寄给当前及潜在客户，并提醒他们某项产品将于展览会中展出；复查企业的参展说明书、宣传单和新闻稿，并准备必要的翻译；此外，向服务承包商及展览会主办单位预订促销广告。

(4) 3 个月前：通过广告、邮寄等方式，继续追踪产品推广活动，同时向客户赠送由展览会主办方提供的、印有本企业名称及摊位号的贵宾卡（专用邀请函）；制定展览会期间的会谈计划，并安排展览会现场或场外的各种招待活动。

(5) 抵达目的地后：联络所有服务承包商，确保现场广告等准备工作已经就绪；若时间许可的话，提前拜访当地客户；将促销用品送至直接分配中心；与参展员工、翻译等进行展览前的沟通，开展最后一次培训。

4. 会中活动

与其他方面相比，这是决定组织参展成败的决定因素，主要包括展位的选

择、展台的布置、展品的选择及其展示方式、展台的人员配备、洽谈环境以及展会期间的相关活动等。

展位的选择具体涉及展位的位置、面积的大小等。展位的选择一般是根据人潮在整个会场移动的方向来考虑；展位面积通常为 9 平方米，称为标准展位。

展台是显示组织实力和产品特色的窗口，有个性、有视觉冲击力的展台布置可以使组织在众多的参展商中脱颖而出。展台设计的根本任务是帮助组织达到参展的目的，展台要能反映组织的形象，能吸引观众的注意力，能提供工作的功能环境。

在展品的选择上，要选择能体现自身产品优势的展品，展品品质是参展组织给观众留下印象的最重要因素。

在展示方式上，展品本身大部分情况下并不能说明组织产品的全部情况、显示全部特征，一般需要配以图表、资料、照片、模型、道具、模特或讲解员等真人实物，借助装饰、布景、照明、视听设备等展示手段，加以说明、强调和渲染。总之，展示设计应做到内容与形式的统一、整体与局部的统一、科学与艺术的统一、继承与创新的统一等。

在人员配备上，人员配备的质量决定着参展组织在展览会上的成败，组织配备的人员的能力及其展示反映了组织在行业中的地位，没有代表参展或仅有狭小摊位的组织，将面临失去市场份额的危险。特别是服务人员的身体语言、对话和知识是否具有亲和力对展览会的成功是极为重要的，服务人员在发放资料时应尽量多与观众沟通交流以达到互动的效果。

在展览开幕当天，要将新闻稿送到展会新闻中心，争取被媒体记者采用；按照预定的计划，召开产品新闻发布会，以激发新闻媒体的兴趣；组织各种促销活动，吸引观众和媒体的注意力；认真记录每个到访客户的情况及要求，并及时给予合理而可能的答复；还可以举行经销商年会、产品演示等配套活动，这是在稳定老客户的基础上发展新客户的有效手段；此外，营造轻松、愉快的洽谈环境对提高商务成功率也大有裨益。

5. 会后活动及营销策略效果评估

组织应将在展览会中收集到的信息纳入组织的营销信息系统中，对获得的市场信息进行分析和评估。组织还应及时将展览结果与预定目标进行比较，总结效果如何、分析原因何在。一般来说，展会的效果难以精确评估，其原因主要是有些成果可立刻产生，但更有可能在展会后的一段时间之后产生。展览会的组织者为了帮助参展商进行展览会评价，一般会提供有关展览会与会者的统计信息。

组织可根据这些统计信息并结合自身实际情况对参展的效果进行评估，并就下次是否参加该展览会做出初步决策。

6. 重视网上展览会

网上展览会已成为展览业的一道新风景线，被称为永不落幕的展览会。网上展览会目前只是实物展览会的补充和配角，但随着信息技术和电子商务的进一步发展，网上展览会有望后来居上，成为现代展览业的主体。与实物展览相比，网上展览会具有自身的优势：一是成本更低、速度更快、成功的可能性更大；二是机会平等，无论组织强弱，只要产品合适就有可能找到合适的买家；三是可以减少中间商的盘剥，越来越多的买家都在想方设法直接向生产厂家购买产品。

组织可以自建网站或把产品信息放在专业展览网站上实现实物展览与网上展览的相互补充。目前我国已经出现一些展览会专业网站，如中国展览总网、中国国际展览网、中国会议网、中国出口商品网、在线广交会、易成商务网站、阿里巴巴网站、美商网等。仅中国出口商品网（网上广交会）就已经吸纳了 19 万家出口企业和 100 多万种商品，为无缘进入广交会的广大中小企业提供了出口交易的机会。

参考资料

网上广交会

网上广交会（e. cantonfair. org. cn）是广交会承办机构——中国对外贸易中心建立的广交会唯一官方电子商务平台。它凭借“中国第一展”的品牌优势，利用广交会数十年积累的参展商展品数据库和客商数据库资源，通过与现场广交会业务的紧密结合，实现“网上洽谈、现场成交”，促进国内企业的出口成交，成为每届广交会现场成交的有力补充。

网上广交会与广交会产品资料库数据同源，具有无可比拟的资源优势、宣传优势以及渠道整合优势。网上广交会日均访问量达 60 万，在广交会期间日均访问量更高达 700 万。据统计，超过 75%以上的到会客商通过广交会网站获知展会资讯，并提前查询关注的企业及产品信息。到目前为止，网上广交会已成功吸引了来自 211 个国家和地区的 11 万家国际买家会员和 4 万多家中国供应商会员。网上广交会成为广交会主站上访问量最高的业务平台。

随着经济全球化的飞速发展，我国中小企业的外贸出口也面临着难得的发展机遇。网上广交会致力于成为专业的国际贸易电子商务平台，协助更多国内企业开拓国际市场，分享全球经济增长的成果。

网上广交会独有三大核心优势：

一是资源优势。鲜活的采购商数据库，真实的买家采购信息，高质量的贸易撮合推荐服务，丰富的商贸资讯，提供更多贸易机会。

二是现场优势。在遍布广交会现场的数十个信息咨询点收集到会买家第一手采购信息，利用过百台电脑终端辅助宣传推广会员企业；并设立专门的会员服务中心，提供贸易撮合推荐服务。

三是整合优势。整合广交会多个独有优势渠道，在广交会网站、广交会展商展品查询系统、广交会宣传光盘中进行多方位推介；利用现场多媒体视频广告、电子杂志、邮件直投、短信推广等手段加强推广力度，实现强势宣传组合。

网上广交会会员应具备一定的入会资格：

第一，依法取得法人营业执照的国内贸易公司与生产企业。

第二，接受网上广交会的相关条款，并具有合法经营证明的境外企业。

5.4　如何提供赞助

赞助是组织的一种必要的公共关系项目，是组织对社会事业提供的金钱和物质支持。它是一种社会性服务工作。

组织对社会事业提供赞助，体现了组织的社会责任感，对搞好组织的外部关系、争取外界的支持是有帮助的。国外企业很早就开展赞助活动，并取得了良好的效果。我国企业近些年也开展了一些赞助活动，并且规模越来越大，形式越来越多，影响也越来越大。下面就介绍一下有关赞助的几个问题。

5.4.1　赞助的形式和基本原则

1. 赞助的形式

赞助是一项组织与公众均受益的活动，在实践中可以采用多种形式，常用的形式主要有以下几种：

（1）赞助体育活动。

这是最常用、也是效果最显著的赞助形式。组织能通过给体育活动提供赞助，加强组织对公众的影响，从而起到广告宣传的作用。体育赞助有多种方式，如负担某个体育组织的经费、资助某项体育活动或比赛、向运动队或运动员赠送体育用品、生活用品等。

(2) 赞助文化艺术活动。

赞助文化艺术活动能更迅速地传递组织信息，在组织与公众间维系良好的感情，也可以改善组织形象，它一直深受组织的青睐。赞助文化艺术活动，除了赞助电视剧的制作外，还可以赞助电影、幻灯片的制作及发行，音乐会、各种演出的举办及为文艺团体包括剧团、博物馆、图书馆等提供经费。

(3) 赞助教育事业。

赞助教育事业，可以树立组织关心社会教育的良好形象，能融洽组织与教育单位的关系，为组织招聘优秀人才、开展业务培训创造有利条件，对提高组织品位将产生深远的影响。

(4) 赞助出版物的出版发行。

这是一种投资少、见效快的赞助形式。如赞助地图册、电话号码簿、指南、年鉴、辞典、日历、旅游手册及技术著作等的出版发行，这可以避免广告的商业性，增强客观性，取得更好的效果。

(5) 赞助社会福利和公益事业。

这是体现组织的社会责任感的重要形式，有利于树立组织的良好形象，形成良好的社区关系、消费者关系、政企关系等，为自己创造一个良好的外部环境。其具体形式包括为残疾人提供基金，资助敬老院、儿童活动中心、康复中心，资助改造环境，修建公路等。

(6) 赞助社会上的各种竞赛和奖励活动。

组织可以资助报社、电视台、电台、网站等媒介举办法制知识竞赛、计算机知识竞赛等活动，还可以资助建立某项奖励基金，如优秀作家奖、优秀新闻工作者奖、杰出建筑设计家奖、优秀摄影奖等，这些都会赢得公众的好感。

(7) 赞助节日庆典活动和展览活动。

如为游园会提供设备和奖品，赞助专营字画的商店举办一些书画展等。由于庆典和展览活动影响大、参加人数多，因而这种赞助也会收到较好的效果。

(8) 赞助学术研究活动。

组织可出资与报社、杂志社、学会等机构联合召开某种理论讨论会，或资助某项科研工作，这既有利于科学技术进步，为企业开发新产品、改造老产品创造条件，也可在公众中为自己树立关心科技发展的好形象。

(9) 赞助救灾活动及其他社会活动。

向灾区捐赠物品、款项，提供文物保护基金、保护野生动物基金等，也是组织履行社会责任的一种方式，同样有利于树立组织的良好形象。

总之，组织的社会赞助形式是多种多样的，具体选择哪种形式，要根据实际情况认真加以考虑，争取使有限的资源发挥尽可能大的效果。

2. 赞助的基本原则

为了取得较好的效果，组织开展赞助活动必须遵循以下基本原则：

(1) 社会效益原则。

在赞助时，要认真研究赞助对象和项目的社会意义与社会影响，分析赞助的社会效果。所赞助的对象必须有可靠而又良好的社会背景和社会信誉，所赞助的项目必须有积极的社会意义和广泛的社会影响。一般来说，社会组织要优先赞助社会慈善事业、福利事业、教育事业和公共设施建设事业。

(2) 合法原则。

合法原则是开展赞助活动的基本要求，它包括两个方面的含义：一是组织赞助活动的对象必须符合道德法律，符合社会利益和公众利益。如果组织赞助活动的对象是违法的，那就表明赞助的方向错了，不仅达不到开展赞助活动的目的，反而有损于组织的形象。二是组织开展赞助活动时必须遵守国家的政策和法律，不允许利用赞助之名，搞不正之风，否则会削弱赞助活动的宣传效果。

(3) 传播效果原则。

赞助是一种通过直接提供金钱或物质帮助来进行的传播活动，因此，必须讲究传播效果。所赞助的项目应该与本组织的目标定位有相关性，这样有利于扩大本组织的知名度和美誉度。同时，要分析公众及新闻界对有关赞助项目的关注程度，明确对于赞助所给予的传播补偿方式和条件。

(4) 量力而行原则。

组织开展赞助活动，必须量力而行，要考虑组织的经济承受能力，争取做到少花钱、多办事、办好事，办出效益。

5.4.2　赞助的主要目标和策略

1. 赞助的主要目标

组织之所以竞相解囊赞助某项社会事业，归根到底是为了树立良好的整体形象。具体来说，赞助是为了达到以下目标：

(1) 增进社会效益，履行社会责任。

组织的社会赞助活动，为社会活动提供了必要的财源，使社会事业能正常进行，促进了社会效益的提高，同时也使组织履行了其作为社会的一员而应尽的责任。

(2) 提高组织的知名度。

组织在资助某项社会活动后，其名称必然会随着社会活动信息的广泛传播而为更多的公众所知晓，从而其知名度也会提高。实际上，在现实生活中，不少公众是通过组织的赞助活动方知晓某个组织的，一些名牌产品的名声会随赞助活动的举行而更加响亮。

(3) 提高组织的美誉度。

在一般公众心目中，如果一个组织能够赞助社会活动，说明该组织状况良好，实力雄厚，关心社会事业，因而会增进公众对组织的信任和赞誉。联想、耐克、万宝路等品牌通过把对体育运动的支持作为一种责任，在公众中树立了良好的形象。

(4) 加速组织信息的传播。

社会活动，尤其是体育、文艺活动有着广泛的群众基础，容易引起公众的注意和兴趣，而新闻机构也很愿意及时报道这些活动。因而，组织赞助某些社会活动，会借新闻媒介免费地将组织所要传播的信息迅速、广泛地传播出去。

(5) 与公众建立起良好感情。

组织赞助某项社会活动，一般都会密切与活动主办者或有关人员的感情。如可口可乐公司专门赞助青年人的活动，在青年人中树立了良好的形象。

(6) 争取潜在的顾客。

由于赞助活动提高了组织的知名度和美誉度，密切了与公众的感情，因而有助于争取到一些潜在的顾客。

2. 赞助的策略

组织在赞助过程中，既要考虑社会效益，更要注重经济效益，希望可以通过赞助更多地获益。因此，组织应根据不同的情况，采取不同的赞助策略。

(1) 联系性策略。

赞助的活动与本组织的形象及产品的联系尽可能紧密，最好做到公众只要参与、观看或提及此项活动，便会联想到组织及其产品和服务，达到“少花钱多办事”的效果。赞助活动切忌与组织的形象相抵触。

(2) 整合传播策略。

企业的赞助营销活动应该是整合传播的过程，要配合报纸、杂志、电台、电视、网络等媒介的宣传，集中力量在短时间内以赞助活动为龙头，结合广告、促销及公关等手段发起浩大的沟通攻势，以迅速提高组织、产品和服务的知名度、美誉度。

(3) 时间性策略。

赞助营销活动的策划应该是一个整体的策划，包括活动之前的宣传，活动举行中的高潮以及活动之后的整合形象的传播。在赞助次数、赞助目标、赞助项目

上要保持一定的稳定性与连续性。

(4) 联合性策略。

联合多个组织共同捐资组建赞助基金会，以少量投入获得长期的、具有规模效应的宣传效果。组建赞助基金会，一则可以持续影响公众，二则可以借助别人的力量共同完成某些重大项目的赞助，能够取得最大化的宣传效果。

(5) 空间性策略。

赞助营销的空间主要体现在所赞助对象的层次上，而这一策略的制定主要是根据组织本身的实力、品牌地位、战略目标及产品的目标市场范围来决定的。组织赞助的范围应该是先地方后区域、先区域后全国、先国内后国际，赞助的规模应从小到大，赞助的频率应由少到多，随着组织实力的增强、产品目标市场范围的扩大，循序渐进、不断积累经验、层层推进、螺旋式地上升。

5.4.3　赞助的风险及风险规避策略

1. 赞助的风险

作为一种商业行为，社会赞助尤其是体育赞助，在给组织带来现实和潜在利益的同时，也存在着巨大的风险。社会赞助的风险主要包括定位风险、财务风险、违约风险和竞争风险。

(1) 定位风险。

定位风险，是指在赞助过程中，赞助者对受赞助方的战略选择存在偏差，致使组织的赞助利益无法实现的风险。定位风险存在的主要原因有：第一，定位的短期性。组织在实施赞助时急功近利，只关注短期市场利益，不能正确地考虑投资和回报的问题，不能正确定位回报的长期性和短期性，忽视了长远利益和社会效应，赞助行为单一，缺乏整体营销计划，这将损害组织的长远发展利益。第二，定位的盲目性。由于组织是一个从事本行业运营的单位，对多变的赞助市场信息的了解存在局限性，易造成在赞助中对受赞助方战略选择的盲目性，导致赞助组织的品牌提升与受赞助方的活动不匹配，无法实现赞助的目标。

(2) 财务风险。

财务风险，是指当大量资金被投入到赞助活动时，组织的现金净流量减少，导致短期偿债能力下降，速动比率、现金比率等指标下降。如果组织花费了大量资金在赞助及相关活动上，而长期的盈利能力并没有因此而提高，甚至出现了相反的情况，这时，组织便会陷入巨大的财务困境中。其存在的主要原因是：第一，组织对市场预测的失误。市场是一个变幻莫测的主体，赞助市场对一个从事其他行业经营管理的组织来说更加难以预测。在组织实行赞助过程中难免会出现错误的预测，使组织自身的赞助计划错误或脱离计划，造成赞助的失败，使组织不能获得预期的收益。第二，资金管控的失误。由于一些赞助单位对资金流的管控能力尚很薄弱，无法驾驭高额的赞助门槛费和巨额的后继资金，可能会使组织的赞助活动半途而废，无法收回投资，甚至严重影响组织的正常运营。

（3）违约风险。

违约风险，是指赞助活动系统中某一方或几方不履行事先签订的合同或履行合同的义务不符合约定的风险。违约风险存在的主要原因是：由于相关法律法规的不完善以及参与各方法律意识淡薄，而导致赞助商自己不能履行合同或履行合同义务不符合约定，或者被赞助方不能履行合同或履行合同义务不符合约定。任何一方违约，都对赞助活动的圆满完成形成了阻碍，都有可能损害到对方的利益。

（4）竞争风险。

竞争风险，是指因赞助商间的低水平竞争和非正当竞争，而给组织带来的风险。其存在的主要原因是：第一，在竞争日益激烈的赞助行业，很多组织考虑的并不是如何通过提高自身的赞助水平来提升竞争力，而是为了自身的利益，不择手段，排挤打击其他赞助商，进行低水平竞争，从而破坏整个赞助体系的秩序和利益，最终影响自身发展。第二，隐蔽营销的猖獗。隐蔽营销是赞助中非正当竞争的主要表现形式，指一些组织不经许可，也不承担任何义务，却有意或无意地制造或利用伪造的名义和未经许可的手段与体育赛事挂钩，从而获得只有正式赞助商才可以享受的某些待遇和利益的行为。这种非法谋取利益的隐蔽营销行为并不承担像奥运赞助商那样的巨额赞助费用，而是给正式赞助商造成了严重的危害，使其利益得不到保证，在市场竞争中面临巨大的风险，这也破坏了整个行业的秩序。

2. 赞助的风险规避策略

赞助是一种手段，也是一种投资，能使赞助各方获得许多利益，但是获利和风险是相对的，只有不断地提高风险的防范意识，在一定范围内改变其形成和发展的条件，降低风险事故发生的概率，或者将风险改变成有利于各方发展的因素，才能获得赞助的成功。具体而言，组织可采取以下策略来规避和化解赞助的风险。

（1）强化赞助战略定位的准确性。

组织领导人应在组织的发展战略的指导下，深入收集相关资料，掌握准确的投资信息，并重点对项目实施的必要性、技术的可行性、经济的合理性进行严密

的科学论证，对投资准确定位。因此，组织进行赞助，一定要明确自己的使命，选择与组织实际相匹配的赞助项目和实施手段，坚持赞助的连续性、系统性、节奏性、广泛性，不要急功近利，要有长远眼光，制定长期而完善的配合执行计划，整合赞助与广告、公关、人员销售、促销活动等其他环节的活动，实现赞助效益的最大化。

（2）建立财务风险预警机制。

赞助商把资金、物品、技术、服务等投入到赞助事业后，不是不管不问，而是应对赞助资金、物品等进行追踪管理，建立财务预警机制，对赞助市场及其赞助双方的信息敏锐反应，实施即时评估监督，防止财务风险的发生。

（3）完善制度，加强政府的扶持力度，保护赞助各方的权益不受侵害。

有关部门应完善制度，增强执法力度，对赞助的性质、赞助者、被赞助者以及中介机构的权益做出必要的规定和说明，并通过法律的强制实施，保护组织赞助的合法权益。还可以采用合同转移的方法，通过赛事组委会与其他赛事参与方（赞助商、供应商等）分别签署合同，明确双方的风险责任，从而将活动本身转移给对方、减少组委会对对方损失的责任和减少组委会对第三方损失的责任。同时，政府应减少干预，通过市场机制来促进赞助的发展，采取灵活的态度，提供政策优惠，鼓励各种组织和个人进行赞助活动。

（4）打击非正当竞争行为，完善市场竞争机制。

相关行政机关和赛事组委会应坚决严厉打击非正当竞争行为，保护合法赞助单位的利益，引导组织提高竞争水平，规范其竞争行为，建立起完善的市场竞争机制。一方面，赞助商自身也要时刻关注自身的合法利益是否遭受到非法侵害，发现隐蔽营销，一定要用法律的武器维护自身的合法权益。另一方面，加强媒体和大众的监督力度，约束参与方的不正当竞争行为。

案例分析

七匹狼赞助皇马“流血后”的反思

1. 七匹狼赞助皇马事件

2003年，福建七匹狼公司赞助了皇马的第一次中国行，这次赞助因为隐性营销事件而被业界人士戏称“花巨资为阿迪达斯打工”，但七匹狼还是借助皇马球星的巨大眼球效应，大大提升了品牌的知名度。在中国媒体和亿万球迷的集体躁动中，七匹狼所倡导的“奋斗”、“进取”、“渴求胜利”图腾文化和品牌形象得到了认同和提升。

2005年7月22日，皇马开始了第二次中国行。作为此次活动的赞助商，七匹狼出资300万与负责皇马中国行的高德公司签订了协议，邀请皇马全队2005年7月22日上午在昆仑饭店二楼出席产品新闻发布会。早早租赁了酒店最大会场并精心准备的七匹狼却迎来了让他们始料未及的场景：一墙之隔的吉列公司迎来了自己的形象代言人小贝，而七匹狼在等待了两个小时后，只能对外宣布发布会取消。原因是皇马与高德公司在合同细节上出现了分歧，因此拒绝参加七匹狼的活动。皇马此举，不仅让七匹狼蒙受了经济上的巨大损失，更重要的是使他们早已为此次活动进行的大量宣传打了水漂。

但七匹狼的伤痛并没有结束。同样在2005年7月22日，奥迪中国迎来了皇马巨星罗纳尔多与菲戈，为其全新升级的奥迪驾控之旅亮相开球；2005年7月23日上午阿迪达斯的活动也成功请来了贝克汉姆和劳尔，两个活动场面的热烈火暴，足以让七匹狼痛恨和垂涎。

2. 必不可少的反思

七匹狼在这一次赞助过程中的表现如同拿大炮打蚊子，巨额投入打了水漂。七匹狼应该反思，有志于运用体育赞助这一市场利器的中国企业同样应该反思。

反思一：搭载豪门商业之行的赞助模式值得商榷

强势的皇马在本次中国之行中并没有表现出对中国企业足够的尊重，屡屡爽约。七匹狼是跟高德公司签订的赞助合同，对皇马本身并没有约束力，这使其失去了资本的话语权，并导致它在和皇马的博弈中一直处于被动地位。皇马在比赛和商业活动中的表现，也让七匹狼的品牌个性难以体现。再加上皇马之行只是“一次性事件”，缺乏供七匹狼针对其长期运作的商业周期。赛后，七匹狼虽然组建了“七匹狼皇马俱乐部球迷会”，开展赠送服饰等活动，但是商业气息浓厚，效果并不明显。事后有人谈及七匹狼的此次赞助，戏谑道：“300万可以赞助中超或CBA一年的时间，七匹狼一个星期就花完了，却什么也没得到。”

反思二：赞助时机把握不准确

七匹狼选择了一个错误的赞助时机。2003年皇马巨星是顶着欧洲冠军的光环莅临中国的，疯狂过后中国球迷领略到了亲近偶像的滋味。皇马的第二次中国行由于成绩下滑却激不起人们太多的兴奋点。而且，众球星更对俱乐部不顾球员疲劳而远征东亚的市场策略敢怒不敢言，更因为它对中国球迷无所谓的态度让皇马在中国人气大跌。加之前后有曼联、巴塞罗那等球队的鱼贯而入，皇马之行的轰动效应被迅速稀释。七匹狼选择在这个时候举着皇马的牌子争夺眼球，即便皇马不爽约，其赞助效应也会大打折扣。

反思三：选择赞助主体不妥当

七匹狼选择皇马作为赞助主体并不妥当，尤其是在皇马有阿迪达斯这样的国际巨头作为其服装赞助商的前提下。阿迪达斯与皇马签订的是有排他权的赞助合同，即在全队出现的公共场合，皇马诸星也必须穿上阿迪达斯的服装。这样的合同就决定了七匹狼基本上没有施展身手的舞台。

2003年，七匹狼就曾闹出了天大的笑话，不幸的是这一幕在2005年再次重演。七匹狼虽然是皇马中国之行的唯一指定服装赞助品牌，但是，球星们不仅在赛场上穿的是阿迪达斯的运动服，就连任何活动都身着阿迪达斯服装，着实上演了一场阿迪达斯的服装秀。这样的情形不由让人怀疑，七匹狼凑这次皇马中国行的热闹有什么意义？

反思四：缺乏系统的体育营销理念，缺乏对赛事风险的完整估计

缺乏系统的体育营销理念，缺乏对赛事风险的完整估计也是七匹狼的败笔之一。为了追求赞助大型体育赛事所带来的广告效应，急功近利的七匹狼期望能够通过简单复制而取得成功。它们却忽略了球迷对赛事的不满，会对企业品牌造成巨大的负面影响。

体育赞助不仅仅是赞助一项赛事，更重要的是能将赞助商的品牌通过赞助来与消费者进行沟通，达到提升品牌知名度与影响力的目的。而要达到这一目标需要系统的传播方式，需要后续的跟进与维护。七匹狼更多的是将这次的赞助当作事件营销去运作，企图将赛事的高关注度嫁接到自身品牌之上，提升自身品牌的知名度。这未尝不是妙招，但由于缺乏系统化的执行与跟进以及危机应对措施，使七匹狼在皇马爽约之后束手无策，丧失了事后补救和危机公关的良机。

可以用七匹狼打折时常用的广告词“狼在流血”来形容其对2005年皇马中国行的赞助活动——在错误的时间用错误的方式赞助了一支错误的球队。痛定思痛，如何有效地搭载体育赞助快车来实现品牌扩张，是摆在中国企业面前不容忽视的话题。

资料来源：http：//guide. ppsj. com. cn/art/2069/20697/。

5.4.4　提供赞助要考虑的问题

要使组织的赞助活动事半功倍，达到预定的目标，规避可能出现的风险，就要考虑以下一些问题：

1. 明确赞助目标

组织进行每项赞助，都要有明确的具体目标，确定这次赞助活动主要是为了

提高组织的知名度，或是为了提高组织的信誉，还是为了改善组织的形象，等等。赞助目标明确了，就可以据之确定赞助对象等事项。

2. 选择合适的赞助时机

恰当的时机选择，可以起到“四两拨千斤”的效果。当社会出现重大事件或重大事故时，社会、媒体、民众对事件的关注度最高，如果组织能够在第一时间进行赞助，必然可以引来更多注意力，也最能吸引媒体的报道。比如在 1998 年抗洪救灾活动中，许多企业都借助这一现实性时机，向灾区大力赞助，显示出企业“一方有难、八方支援”的奉献精神，他们的义举得到了社会各界的赞扬，企业形象得到了很大的提升。

3. 认真选择赞助对象

赞助对象的确定可以由组织自己主动选择，也可在接到赞助请求后再作出反应。赞助对象的选择要分层次、分类型。在选择赞助对象时，要了解请求予以赞助机构的性质，其在社会上的地位和影响、其所要进行的活动是否正当、其是否值得和应该赞助、对其赞助能否给本组织带来有利的影响等。如果选错了赞助对象，不仅可能浪费钱财，甚至可能给组织声誉带来损害。组织优先考虑的社会赞助对象应是公益性的、社会影响大的事业与活动。

4. 选择合适的赞助方式

组织的赞助方式选择可以结合民族个性、地区特色、政府导向和个人特性等诸多情况进行。例如，向 40～50 岁的人宣传老年人应注意的健康等公益问题；向少年儿童赞助小玩具、饮料、文具等；向残疾人赞助特体服装、轮椅、扩音器、助听器、复明仪等；向希望工程小学赞助图书、教师培训、教学仪器等；向医院赞助医疗用书、技术培训、医疗器械等；向青年人赞助出版物，由于出版物可以反复阅读和保存，可以采取赞助出版发行旅游手册、纪念册、专刊、丛书、年鉴、日历、地图、各种技术手册等方式；对专业团体、专业协会、学会等社团组织的活动进行赞助，可以采取赞助其演讲会、研讨会、洽谈会等，一方面扶持其发展，另一方面增加对该专业领域的影响，与社会各界建立起双向信息交流渠道；向特殊领域赞助，可以建立基金组织，专门支持某一特殊领域，如保护文化古迹和历史文化遗产，或设立专业奖项，如最佳摄影奖、电影明星奖、新闻奖、设计奖、竞技奖等。

5. 确定合理的赞助费用

赞助费用要量力而行，考虑到组织的负担能力，赞助的目的和所要取得的效果等问题。总的说来，费用当然越省越好，但也不能一味选择费用低的项目。如果组织有负担能力，且赞助活动又与组织的具体目的相协调，即使费用高些也是

可行的，反之，则是不可行的。还要考虑本组织对某一项目的赞助额应有多大才能取得较好效果。

6. 制定切实可行的赞助计划

每搞一次赞助活动，都应有一个明确的计划。计划应包括赞助目的、赞助对象、赞助费用预算、赞助形式等事项。还可以规定赞助活动怎样与其他公共关系活动密切配合。

7. 有效地落实赞助计划

每一个赞助计划，都应派专门的公共关系人员负责实施。在实施过程中，应充分运用各种巧妙的公共关系技巧，使组织的赞助活动卓有成效。

8. 科学评估赞助效果

效果评估是指每次赞助活动完成之后对赞助所带来的社会效益和经济效益的测定。在每次赞助活动完成后，都应认真评估赞助效果，看看是否达到了预期的目的。如达到了，有什么经验？如未达到，原因何在？应将评估结果写成正式报告，妥善保存，以备查考。

5.4.5　赞助效果评估

对赞助效果进行评估，能够发现赞助方案的设计、赞助方案的实施中存在的不足，并及时修正，也能够对赞助活动结束后取得的效果做到心中有数，为以后的赞助活动提供参考、借鉴。如在国际奥委会 TOP 计划中，对 TOP 赞助商的回报条件中重要的一条就是“在奥运结束后，TOP 赞助商都会收到一份完整的赞助成果评价报告，包括公众对赞助商的认知和赞助效益的分析”。对赞助效果的评估，包括赞助的心理效果评估与经济效果评估两方面。下面以体育赞助为例加以说明。

1. 赞助的心理效果评估

赞助的心理效果主要体现在知名度、美誉度和形象转移这三个方面。知名度的主要衡量指标是感知度和记忆度，其中感知度是记忆度的前提，而记忆度更能反映消费者对赞助者的认知程度；美誉度和形象转移的主要衡量标准是态度。此外，三者的共同前提条件是赞助信息的曝光度和到达率。因此，赞助的心理效果评估的主要指标为曝光度、到达率、感知度、记忆度和态度。

（1）曝光度。

曝光度是指赞助者及其所要提供的赞助称号、企业或产品的品牌、商标、名称等信息一定时期内在现场和媒体上出现的力度与频率。曝光度是衡量赞助效果最基本的指标，也是衡量其他评估指标的前提。因为如果没有足够的曝光度，信息就无法到达目标受众，也就无法产生后面的效果。

曝光度的测定方法主要是统计法，详细统计在某一段时期相关信息在比赛赛场和媒体出现的次数和时间，通过次数的多少和出现频率的高低来确定赞助效果的高低。

（2）到达率。

到达率是指赞助者的各种信息到达受众的程度，即接收到该信息的人数占特定人数的比率。到达率是一个广度的指标，主要体现在媒体受众的数量上，如广播电视的收视率、报刊的发行量、网络媒体的点击率等。

到达率的测定方法主要有两种：一是媒体统计法，即通过电视收视记录仪自动记录下包括收看时间、频道和节目等内容的收视情况或记录赛事期间网络广告的点击数量等方法调查相关情况；二是电话调查法，即在赛事进行的前后有选择地打电话调查相关情况。

（3）感知度。

感知度是指各种赞助措施和信息被受众接受并经过初步加工形成初步印象的程度，即赞助措施和信息被受众所注意的程度。感知度一方面取决于赞助信息的曝光度和到达率，只有曝光并且到达受众的信息才能被人们所感知；另一方面又是曝光度和到达率的延伸，体育赛事是受众注意力集中的地方，只有当隐含于赛事中的赞助信息被感知和接受后，赞助才能产生效果。

感知度的测定方法主要有两种：一是问卷调查法，即把所要调查的内容如赞助者名称、企业品牌、产品名称等信息列入问卷中并对赛事观众进行调查；二是实验室调查法，即在实验室中通过对测试者对赞助信息录像的观察，可以看出不同形式、内容、强度和位置的赞助信息被感知的情况。

（4）记忆度。

记忆度是衡量在某一时点上目标受众接收的赞助信息数量准确性的程度。一般来说，只有当消费者对赞助商的品牌名称或产品产生准确的回忆时，赞助的沟通效果才算达到。

记忆度的测定主要有两种方法：一是回忆度测定，即在比赛结束后通过问卷、电话等方式对观众关于赞助企业品牌及产品等的信息进行调查；二是再认识测定，即测定被调查者能否从众多干扰信息中识别赞助信息。

（5）态度。

态度是指对赞助信息的看法以及对其价值的认定，主要是了解目标受众对企业或产品形象的总体感受和看法。对态度的测定主要分为美誉度测定法和形象转移测定法两种。

美誉度测定法主要采用评分调查法，即对赞助企业品牌的声誉、产品形象等方面直接进行打分，根据分数的多少确定赞助效果的高低。形象转移测定法包括两种：一是比较评分法，即针对赞助企业列举众多与之相关的形象特征，让被调查者在赛事赞助的不同时期进行评价打分，通过分数的变化比较得出赞助效果的高低；二是联想比较法，即举出赞助商的名称后，让被调查者通过自由联想给出形象特征并将信息汇总分析，通过形象特征的高低排序与企业所期望的顺序比较来最终得出赞助效果的高低。

2. 赞助的经济效果评估

企业的一切活动都要以盈利为目的，销售是盈利的实现手段。赞助营销可能带来企业销售的增长，但有时候，赞助可能只是起到预防销售下降的作用。此外，企业销售的变化是受多种因素影响的，宏观的环境、产品的质量、销售政策和其他营销策略等的变化都会对销售量的变化起到很大的影响。

因此，用销售效果来衡量企业的赞助效果难度就比较大。赞助本身还不具备独特的经济效果测定方法，一般多借用广告经济效果的某些测定方法。在这里只是简单地介绍两个指标测定方法：

（1）销售量增加比率。通过观察开展赞助前后销售量的变化，得出赞助的经济效果。计算公式为：

销售量增加比率＝（赞助后平均销售量—赞助前平均销售量）/赞助费用×100％

销售量增加比率和赞助的经济效果成正比，增加比率越大，赞助的经济效果越好，反之亦然。

（2）赞助费比率。通过赞助费用投入量和赞助后销售量之间的关系，来衡量赞助的经济效果。计算公式为：

赞助费比率＝赞助费用/赞助后销售量×100％

赞助费比率和赞助的经济效果成反比，即赞助费比率越小，赞助的经济效果越好，反之亦然。

本章小结

◎ 为了写好新闻稿，公共关系人员要了解什么是新闻，知晓新闻传播情况，尤其是要掌握新闻稿的写作技巧，包括选择新闻素材，确定报道的体裁，决定新闻稿的主题，确定新闻稿的结构，写好新闻导语、主体和背景材料，注意遣词造句。

◎ 要开好记者招待会，必须在主题确定、材料准备、地点和时间选择、请柬发送、人员安排、答记者问的策略、记者邀请、设备准备、会议室布置、议程安排等方面做好工作。

◎ 公共关系广告与一般商业广告既有区别，又有联系。公共关系广告有组织广告、响应广告、祝贺广告和鼓动广告四种类型。公共关系广告有助于促进公众对组织的了解，塑造组织的美好形象。公关广告可以采取几种模式与商业广告进行协同传播。

◎ 公共关系广告效果的评估要坚持相关性、客观性、综合性和计划性等原则。公共关系广告效果的评估，包括经济效果评估、心理效果评估、社会效果评估三方面。

◎ 要使展览会达到预期目的，就要认真考虑以下事项：必要性、主题思想、经费预算、参展商品、展览地点、展览时机、人员安排、新闻宣传等。在参展时，也要精心制定策略，以便取得预期的效果。

◎ 赞助可以采用多种形式。为了实现赞助的主要目标，组织应根据不同的情况，采取不同的赞助策略。赞助存在着巨大的风险，因而在提供赞助时要采取风险规避策略。在提供赞助时，要认真考虑赞助的目标、时机、对象、方式、费用、效果等问题，并要及时从心理效果与经济效果两方面对赞助效果进行评估。

关键术语

记者招待会　　公共关系广告　　公共关系广告效果
公关广告经济效果　　公关广告社会效果　　盈亏平衡点法
展览会　　赞助　　赞助的心理效果
赞助的经济效果

复习思考题

1. 如何写好新闻稿?
2. 如何开好记者招待会?
3. 公共关系广告与一般商业广告有什么区别和联系?

4. 公共关系广告有哪几种类型?
5. 如何进行公共关系广告效果的评估?
6. 展览会有哪些种类? 举办展览会要考虑哪些事项?
7. 如何制定参展策略?
8. 常用的赞助形式是什么? 赞助的主要目标和策略是什么?
9. 赞助的风险是什么? 如何规避赞助风险?
10. 提供赞助要考虑哪些问题? 如何进行赞助效果评估?
11. 试举例说明如何做好公共关系广告。

第 6 章

公共关系机构和人员

【学习目的和要求】

本章介绍了公共关系组织机构和人员。通过本章的学习，我们要了解公共关系部和公共关系公司的特点、类型、地位、作用和职责，认识公共关系人员应遵守的职业道德、应具备的基本素质和技能，并了解公共关系人员是如何培养和考评的。

公共关系工作要靠公共关系机构去做。公共关系机构中公共关系人员的素质对公共关系机构的工作效率起着决定性的作用。因此，合理设置公共关系机构，培训和任用具有良好素质和技能、有职业道德的公共关系人员，对高效率地开展公共关系活动，是十分重要的。

6.1　公共关系机构

公共关系机构是组织内部从事公共关系活动的部门和社会上专门为委托人承办公共关系活动、解决公共关系问题的企业。公共关系机构可以分为两大类：组织内部的公共关系部和不隶属于任何组织的、独立的公共关系公司。本节将对这两种组织形式分别进行介绍。

6.1.1　公共关系部

公共关系部是组织专门聘任专业公共关系人员组成的为组织开展公共关系活动的职能部门。

1. 公共关系部在组织中的地位

每个组织都有公共关系问题需要处理。但一个组织的公共关系问题是否一定要设置一个专门的机构去处理，主要取决于公共关系部门在组织中的作用，当然还取决于组织决策者对设置这一机构的认识、组织现有人才的状况及组织的特定公众对这一机构的认可程度。理想状态下组织是从目标受众的角度出发，建立起包括政府关系、媒体关系、员工关系、客户关系、投资者关系、社区关系在内的各种内部和外部关系的公关部，大中型组织机构尤其应该这样。但现实中很多组织的公关部并不是这样设置的，有的组织将公共关系的一些职能放在其他部门，如设置政府关系部门专门处理政府关系，由人力资源部处理员工关系，由市场部或销售部处理客户关系，成立投资者关系部门以处理投资者关系。从实践上看，这种将公关职能分散在各个部门的做法，会增加协调的成本，不利于最好的传播效果的实现。公关部的建立首先要考虑的就是公共关系在企业中发挥的作用。

公共关系部在组织中设置的现实，反映了公共关系职能部门在组织体系中扮演着一种“边缘”、“中介”的角色，即处于决策部门与其他专业职能部门之间、组织与外部环境之间，担负着建立联系、沟通信息、咨询建议、辅助服务、策划组织、协调行动等责任。

(1) 公关部门在组织内部管理中的地位。

从系统论的观点来看组织的管理结构，公共关系部作为一个子系统，它的位置介于管理子系统与其他非管理子系统之间。公关部门介于高层决策中心与各个执行部门之间，介于各管理、执行部门与基层人员之间。

(2) 公关部门在组织外部运营中的地位。

公关部介于组织与公众之间，对外代表组织，对内代表公众，通过传播活动保持组织与公众环境之间的双向沟通。

格鲁尼格教授指出：“凡卓越的公共关系部，它必须在组织里发挥着战略管理的作用或具有这样的地位。也就是说，公共关系必须与组织的战略管理发生关系，与组织的长远目标联系在一起，参与组织的重要决策。”这里，关键词是“战略管理”和“参与决策”。这也是组织的公共关系部定位的核心之所在。

2. 公共关系部在组织中的作用

组织中公共关系部的作用体现在其业务活动上。公共关系部的业务活动没有一个固定的范围，而是因它所在组织的性质不同而不同。有的公共关系部的业务活动范围可能宽一些，有的可能窄一些。

组织内部的公共关系部有以下七个方面的职能：

(1) 积极开展相关调查工作，监测舆论环境，分析各种信息，为组织的发展战略和有关工作计划的制定提供依据。

(2) 对组织形象的定位、设计等事关组织形象整体建设问题进行统筹考虑，并向决策层提出切实可行的建议方案。

(3) 作为企业的新闻发言人，以及新闻发言人的支持部门，深入把握企业情况，及时向社会公众提供企业的各种信息。

(4) 制定整体传播计划，通过策划和实施各种新闻发布活动或公共关系专题活动，有效地传播组织或品牌的良好形象。

(5) 积极、主动地与那些与组织运营相关的社会公众进行沟通，并协调和拓展这些关系，为组织发展营造一个良好的外部环境。

(6) 协助组织决策层建立科学、务实的危机管理机制，并负责日常危机信息的收集及危机预警方面的工作。

(7) 详细应对并妥善处理组织随时有可能面临的各种突发性的危机事件，切实维护组织或品牌的社会声誉和良好形象。

案例分析

从广州白云山制药厂的实践经验看企业公共关系部的职能

广州白云山制药厂于1984年7月成立了公共关系部，这在我国工业企业中是首创之举。短短的一年时间，就取得了较大的成就，引起了国内许多企业的普遍关注。

1. 追求企业发展和社会利益相一致的工作

所谓公共关系部，顾名思义，就是企业处理、协调、发展本企业与社会各部门、社会公众的公共关系的部门。

公共关系部是企业对外联络的重要门户，也是外来单位首先接触的部门。它的职能之一是组织参观访问、介绍业务联系、讨论联营开发等，用公开与合法的手段调查和收集各种事实及意见，进一步分析和评估企业在公众心目中的形象。它不仅向社会各界提供本企业的各种信息，而且也向企业的决策层提供

各种情报资料信息，预测企业发展趋势，以求得企业发展和社会利益相一致。如该公共关系部了解到儿童医院由于一些药品被淘汰，只好将成人用药的分量减半给儿童服用的信息后，及时反映给厂部组织生产。这样，既增加了企业的收入，也满足了社会的需要。

因此，公共关系部是在现代化工业协作关系日益复杂、企业与社会联系更加紧密的条件下所产生的具有特定功能的部门。

2. 以真实和符合社会公众利益来树立企业的形象

良好的企业形象，是企业的无形资产。具有良好社会形象的企业能得到消费者的信任与肯定，从而提高企业在同行业中的竞争能力。在树立企业具体形象的工作中，药厂每年拿出总产值的1%作为企业的信誉投资。公共关系部通过广告宣传，编印刊物以及内部摄影等多种形式，沟通企业与外界的联系，并通过处理投诉，给予顾客必要的赔偿，在一定程度上维护了企业的声誉。在树立企业良好形象的过程中，公共关系部以优质服务为根本原则，从符合社会公众的利益方面来开展工作。否则，企业言过其实，欺骗顾客，从短期看可以获得利润，但长久如此，只能给企业带来“灭顶之灾”。因而公共关系部在开展宣传工作时必须遵守优质服务和符合公众利益两条根本原则。

3. 扩大企业的知名度，做好迎来送往

我们不少企业的大门上都挂有“谢绝参观”类的字牌。顾客要买你的产品，而你也想把你的产品卖掉，那么在客户对你的企业缺乏了解的情况下，如果谢绝别人来参观的话，这笔生意恐怕很难做得成。国外的工厂想请客人来厂参观，还怕客人的时间不够。当然一个工厂如果天天有人来参观，也是相当麻烦的。有了公共关系部，这个问题也就迎刃而解了。药厂公共关系部成立一年来共接待了国内外来宾2万多人次，他们通过播放录像、组织座谈、带队参观等形式，广泛地与外界交往，建立了友谊，扩大了影响。这是一种花钱不多、效果极佳的信誉投资，俗话说“百闻不如一见”，事实毕竟是最有说服力的。

4. 协调社会各界关系，减少摩擦

公共关系部与外界具有了广泛的联系，外界往往首先从公共关系部看到企业的形象，所以，从事公共关系的人应具有知识面广，组织能力、社交能力强等特质。他们除了学习新闻、广告、市场营销等专业以外，还要研究逻辑学、社会学、心理学，并具备说和写的能力，适应各种环境，具有敏锐地反映企业形象的能力。当今社会，企业已不再是单纯的技术—经济组合体，而是整个社会中的一个有机细胞，企业只有在技术、经济和社会三方面保持平衡协调，才能获得顺利发展。而由熟悉公共关系知识的人来从事顾客关系、企业内外协调方面的工作，企业的发展就顺利多了。

5. 应酬企业琐碎工作，成为领导的“有效代表”

随着商品经济的进一步开放，企业与外界的交往越来越频繁，各项琐碎的事务都要企业领导应酬的话，领导就很难集中精力考虑企业的经营管理了。企业成立了公共关系部以后，各种开会座谈、社会赞助等日常琐碎的工作均可由受过专业训练的公共关系人员来承担，他们是领导层在这些活动中有效的代表或“替身”。药厂的公共关系部里有工程师负责与外单位谈判、企业联营、技术开发等工作，而日常接待工作则由两位年轻人来承担。

6. 培养企业与员工的感情，做到企业员工同舟共济

人力是企业经营上最重要的一种资源，要使人力能够充分发挥作用，企业就必须创造一种和睦相处、奋发向上的“组织气候”。公共关系部可以定期出版墙报，编辑企业刊物、业务通讯等，把企业在公众心目中的形象及时反映给企业员工，还可以利用企业周年纪念、产品展览等多种活动来宣传本厂的优势，联络职工感情，激发职工的干劲。药厂在成立十周年纪念活动中，通过公共关系部联系，邀请了东方歌舞团来厂参观访问、演出。此事经过电台、电视台、报纸等报道，不但将药厂的形象广泛地传播出去，更重要的是增强了本厂职工的荣誉感，其结果是一举数得。当然，平时公共关系部还要创造条件，鼓励员工多提建议、多批评，使企业的利害、荣辱与个人结合在一起。企业与职工“同舟共济”，何愁不能渡过急流险滩，由此而产生的经济效益，是很难用金钱来衡量的。

公共关系部不是决策单位，它不能自行处理企业中的各种业务，它的职能有一定的范围，但这并不排除公共关系部是企业管理中的重要职能部门。随着商品经济的发展，经济体制的改革、企业的生存和发展都需要企业重视公共关系，公共关系部将在更多的企业中出现，发挥其重要的作用，促使企业兴旺发达。

资料来源：林达志：《从广州白云山制药厂的实践经验看企业公共关系部的职能》，载《企业经济》，1985（11）。

3. 对公共关系部经理的要求

公共关系部经理应担负如下职责：

（1）为各阶段的公共关系活动确定目标，估计各项活动所需的工时、财力和物力，研究实现既定目标的可行性。

（2）为组织、组织的产品、组织的服务、组织的员工树立正确和完美的

形象。

(3) 监视外界舆论并及时将有关情报向组织的领导汇报，报告信息输导中面临的问题，提交解决问题的方案及措施。

(4) 向有关公众公布本组织的方针、活动、产品、服务及员工情况，以便充分赢得理解。

公共关系部经理（或主任）作为公共关系部的负责人，是专门司行公共关系工作的，因此他必须精通公关业务，让其他部门把他当作该领域的专家而尊重他，接受其意见。同时应建立内部交流渠道，了解每一个员工，并获得员工的了解和信任，这样就可以在任何时候从本组织的所有部门获得信息。他还必须与本组织的往来单位及经销商、大众传播媒介等建立外部传播渠道，以便获得外部的反馈信息。使自己成为内、外部信息交流的中心，使信息源源不断地流入和流出。

参考资料

公关经理应具备的十大素质

——访志高空调市场部部长兼企划部部长伏海波

企业公关部作为企业重要的对外窗口，关乎企业的形象和声誉。而作为公关部的当家人，公关部经理不但要有深厚的文化积淀，还要有战略的眼光和良好的职业操守。在采访中，伏海波认为，根据他自己的亲身体会，一个合格的公关经理应具备以下十个方面的素质。

1. 具备归零心态

“公关经理被誉为是企业形象和声誉的守夜人。”伏海波说，因为他们是企业信息的制造者、传递者和最终发布者，是企业的一个窗口。他们与其他部门经理的本质区别在于，公关经理几乎涉及整个企业以及与企业相关的方方面面。公关经理比同级别的其他部门经理付出的精力更多，协调成本更高，这必然对其本身的素质提出了更高的要求。

他认为，这就要求公关经理对经济、管理、广告、心理、市场营销、新闻、营销策划、商务谈判、现代汉语等学科都要有所涉猎和掌握，要有很深的文化积淀和良好的素养，需要不断学习和历练。也就是说，公关经理必须是一个杂家，不但要视野开阔，而且知识面要广。另外，公关是一个创造性很强的职业，因此，很多公关经理常有“江郎才尽”之感，那是因为他们的知识结构没有及时更新，在工作过程中就会有透支的感觉。一个优秀的公关经理必须具备空杯心理，时刻让自己“归零”，多看书、多思考、多动笔，不要让头脑和思维生锈。

2. 练就灵敏的新闻嗅觉和市场洞察力

公关经理从事的是信息制造、处理、过滤和发布等工作，因此，需眼观六路、耳听八方。对外界特别是媒介信息的敏感程度，将在很大程度上决定公关经理的水平与工作业绩。如几年前，奥克斯空调利用产品免检这一国家政策，策划出了“平价是爹、免检是娘”的公关事件，利用行业的价格战策划出“空调行业价格白皮书”等事件，大大提升了其在空调行业和社会各界的知名度。2004 年，蒙牛利用“神舟五号”进入太空这一新闻事件，进行产品行销，也取得了很好的效果。

“因此，一个优秀的公关经理，绝对不允许自己被企业公共关系部门琐碎繁杂的事务淹没。他的大部分精力应该是在和记者、经销商、供应商、咨询专家等的广泛接触上；应该多跑市场，特别是重点区域市场，多听听导购员、业务员、区域经理、经销商的意见，及时调整自己的新闻宣传策略。”伏海波强调道。

3. 对所在行业、市场及产品特征的准确把握

对于这一要求，伏海波认为，这是公关经理必须做到的，因为决定公关传播质量优劣的是核心信息的提炼是否到位。只有站在行业、市场和消费者的角度去考虑，方可真正将新闻提升到一定的高度，使之具备传播价值。这一点尤其体现在公关软文上，虽然其价格没有硬性广告那么昂贵，但在全国各区域市场的投入代价也不菲。因此，如何提炼产品的核心卖点，如何将技术性质较强的产品软文变得更加通俗易懂，便于受众阅读，是摆在公关经理面前的重要课题。

4. 要有良好的口才与过硬的文字能力

企业公关是企业中与媒体接触最多的人，因此，在伏海波看来，如何巧妙地与记者沟通，如何策划和撰写高质量的新闻通稿与软文，是所有公关经理们必须具备的基本素质。在与记者沟通时，哪些话可以说，哪些话不能说；什么信息可以模糊，什么信息必须精确以及沟通的方式、语言火候的把握等都显得格外重要。公关无小事，一个数据或者一个消息都有可能对企业的正常运营带来重大震荡。此外，过硬的文字能力也是一个公关经理的必备条件。

5. 具备教练型的管理素质和水平

如何铸造优秀的公共关系团队，是考验公关经理的一个重要指标。伏海波的体会是，优秀的公关团队，应该是一个学习型组织，拥有和谐宽松的环境。公关经理应该具备良好的知识管理能力，在团队中缔造良好的资源与信息的共享机制。“因为公关是一个脑力和知识透支特别快的职业，提升公关人员的工作能力和专业水准，是公关经理义不容辞的责任。”伏海波深有感触地说。在他看

来，从事公关的人大多有较强的个性，自尊心较强且敏感。因此，公关经理无论是在专业上还是在管理上，都应该具备较强的能力，才能驾驭好这样一个团队，使之发挥最大的潜能。

6. 要有很强的心理承受力

“战战兢兢、如履薄冰”是很多公关人形容自己工作状态的常用语，伏海波也不例外。他说，冷不丁冒出的企业负面消息就有你好受的了。老板质问你，为什么会这样？你有气还不能够发，对写负面消息的记者还得笑容以对，请求他高抬贵笔。除此之外，还必须四处求情，请网站、平面媒体不要转载。

最让伏海波郁闷的是，公关经理需要看太多人的脸色。更要命的是，公关经理的业绩，还无法用客观的数据来衡量。没有负面新闻，企业外界环境和谐，似乎是应该的；但一旦出现负面新闻，公关经理便成为众矢之的。

“另外，公关这个职位，决定了公关经理有许多的应酬和交际，手机必须24小时开机待命。因此，在目前的大环境下，公关经理们需要有厚脸皮、好身体、极强的忍耐性和奉献精神。”伏海波笑着说。

7. 要具备很强的沟通、组织和协调能力

公关是一门沟通的艺术。因此，伏海波认为，一个优秀的公关经理，应该将自己工作时间的70%用在沟通上，不仅如此，还要求公关经理对所沟通的内容和目标有清晰的认定。沟通创造价值，这句话用在公关经理人身上再恰当不过了。

此外，他还认为，良好的组织和协调能力也十分重要。重大公关事件和活动的策划固然能够体现公关经理的水平，而如何将策划方案变成现实，需要的则是较强的组织和协调能力，特别是横向协调和沟通能力（与企业内部市场部、销售部、市场研究等部门的沟通），它是公共关系能否真正在企业发挥作用（对市场和销售起作用）的关键。

8. “农夫+诗人”的气质

“在我看来，一个优秀的公关经理应该具备‘农夫+诗人’的气质。”伏海波说。公共关系非常注重细节，因此，公关经理必须具备农夫精耕细作的特点。比如召开一个新闻发布会，不仅仅是场地布置、记者邀请和新闻通稿的准备及刊发要考虑，还要顾及细节上是否到位，记者的吃、住、行等每个环节是否都安排稳妥，事前与记者沟通是否到位，等等。

对结果的跟踪也十分重要。一场公关活动或者一场新闻发布会，其最终结果是看新闻发布的效果。每次新闻发布会的效果评估，不仅要看稿件刊发的频次，还需看新闻发布的质量，这可以从标题、版面位置、篇幅大小、有无配发评论、有无配图、刊发时间的及时性、被转载的次数等多个方面来考核。

当然，公关经理还需要有诗人的灵气和悟性。公关策划是体现公关经理人能力和水平的重要指标。一个没有才情的公关经理，充其量也只能将常规的公关传播做好，真正出彩的事件策划就很难出现。

9. 具备战略的眼光和高度

让伏海波难过的是，在很多企业里面，公关只是营销部门的附庸，公关经理人也仅仅是一个策略的执行者、一个小小的部门经理，他们所从事的都是战术性质的事情。许多公关经理陷入繁杂的事物性工作中而不能自拔，老守着产品、技术等题材转悠，企业传播没有深度和高度，更谈不上前瞻性。

因此，伏海波认为，优秀的公关经理应该抽出时间来进行战略性思考，比如品牌长期规划、产品的卖点分析和提炼、营销政策的制定、广告公司提案、促销策略的制定等。公关经理人要从整合营销传播的角度做深度的战略性思考，这样才能充分发挥公关的作用，体现公关的价值。

10. 良好的职业操守和职业素养

公关经理是一个很敏感的位置，虽然职位不高，但“上可通天”（老板）。由于其职位的特殊性，公关经理对企业的情况比其他员工要了解多一些，有些还涉及企业的机密。因此，良好的职业操守对公关经理来说十分重要，也是考核一个公关经理是否合格乃至优秀的必要条件。优秀的公关经理，应该知道如何把握分寸，对企业忠诚，即使离开，也应该遵循职业操守。

资料来源：侯明廷：《公关经理应具备的十大素质——访志高空调市场部部长兼企划部部长伏海波》，载《国际公关》，2005（6）。

4. 公共关系部的机构特点和组织原则

公共关系部这一组织机构具有如下特点：

（1）专业性（或正规性）。

公共关系部是专门开展公共关系活动的组织机构，它不能成为“杂货店”，也不是“临时班子”。在组织上要求每个公关专职人员具有专业知识，开拓精神；在工作内容上要求公关部集中精力去做自己的本职工作。

（2）协调性（或协同性）。

公共关系部的主要作用之一就是协调各种关系，这种协调也必须在组织上体现出来。因此，公共关系部适当选聘精通组织其他部门业务和情况的人，适当选聘社会上与组织有关的某些专家作为自己的工作人员是很有必要的。

（3）服务性。

公共关系部不是生产部门，不是领导部门，也不是直接的管理部门，而是一种具有服务性质的高层次间接管理部门，它的工作是服务性工作。

建立公共关系部应遵循如下原则：

（1）规模的适应性（或经济性）。

组织有大型、中型和小型之别，相应地公共关系部也有大型、中型、小型之分。公共关系部规模的大小要视其所在组织的大小而定。组织规模越大，不但公共关系部的规模越大而且内部分工也越细，一个很小的组织则可不设公共关系部，需要时委托公共关系专门公司即可。

（2）行业的适应性（或工作的针对性）。

公共关系部的下属机构（如销售科、医疗单位关系科）的设置要根据本组织所在行业的特性而定。如在政府机关的公关部下设置销售科是可笑的，在造纸厂的公关部下设置医疗单位关系科同样荒谬，只有在制药厂的公关部下设置医疗单位关系科才有意义。

不过，每个行业的公共关系部都有一个共同的下属机构，那就是处理新闻媒介关系的机构。这一机构在任何公关部下都非常重要。

（3）地区的适应性。

跨国公司或跨地区公司可以按照不同国家或地区的特点，在公关部下设置不同地区的公共关系机构，这样可以使针对性更强。

5. 公共关系部的组织类型

公共关系职能部门在美国企业中是普遍受到重视的。作为参谋部门，它与公司法律部门一样，扮演着与一线部门不一样的角色（见图6—1）。公共关系部在美国企业中是作为参谋部门，与企业最高管理层、一线部门捆在一起执行职能的。公关部的工作与市场营销、财务金融、人力资源、法律咨询、行政运营等一线部门各有不同程度的重叠。公关部的工作角色主要是配合和支持，在合作中调整公关部的使用，修理一线部门“破损的篱笆”。美国人普遍认为，公共关系部作为一个参谋部门，应该是“可以随时取用的水龙头”。换句话说，公关部主要是为第一线业务作出贡献，而不完成独立的任务，或者生产这个组织的终端产品。不过，由于管理组织的相互关系是一个越来越重要而且核心的职能，有的公关人员已从参谋职位被提升为一线管理人员，甚至成为了首席执行官。

在美国，公关部的工作往往从最高管理层开始，因为一个企业的公关声誉很大程度上来自于其高级官员的行为和见解。那些在高级管理层的人怎样行动，发表什么样的见解，公共关系部门就随之做出怎样的解释和反应，为高层提供咨询

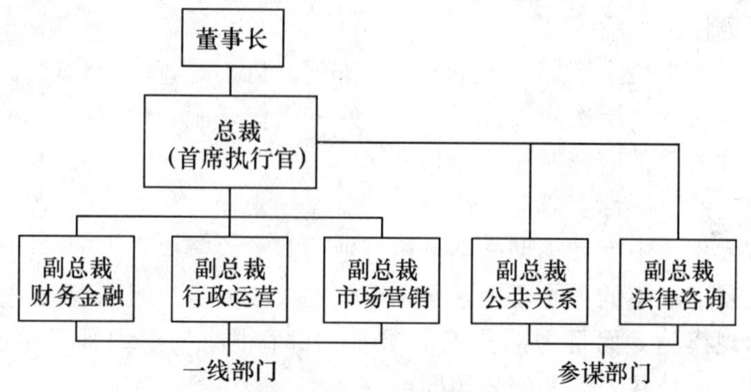

图6—1　美国一般企业的组织结构

和传播的支撑。接近和接触是影响公关部在管理层决策中的角色作用的重要因素，60%的美国企业公关部经理每周至少与企业最高执行官会谈一次。当美国联合百货公司面临破产威胁时，公司将公关工作放在极端重要的地位，把公关部门搬到总裁办公室旁边，使公关部门可以了解最高管理层的整个思考过程。然而在美国，决定公关在组织决策里所起作用的主要因素，是一线管理者在多大程度上把公关部门看成是管理团队的一部分。在公关仅被看作是传播输出的组织中，公关变成了例行公事和高度模式化的东西。当公共关系运用目标管理、效果管理、问题管理来指导项目计划和实施时，注意力就会从传播进程转移到结果和效用上来，也会使公关部更多地成为负有实现组织目标的责任的管理团队组成部分。因此，将公关部的职能从单一的传播职能上升为管理职能，一直是美国企业公关部的追求。

我国很多企业也设有公关部来行使相关的职能。现阶段企业内部公关机构的设置可以从不同的角度来考察。

(1) 从公共关系部在组织中的地位来考察。

从这种角度出发，公共关系部可分为以下三种模式：

1) 部门隶属型。

即公关机构隶属于组织的某个职能部门，其模式见图6—2所示。

具体附属于哪个部门，实践中有不同的模式。一般来说，公关部多附属于传播沟通业务较集中的部门。

第一，归属于销售部门。

在国内，很多企业领导人都认为，公关活动的最终目的是促进产品的销售，把公共关系看作一种协助销售的促销策略，强调它的促销功能。这种设置将公关的职能局限于商品的推销，突出了顾客关系，忽视了其他的公众对象（政府、股东、内部职工等）。

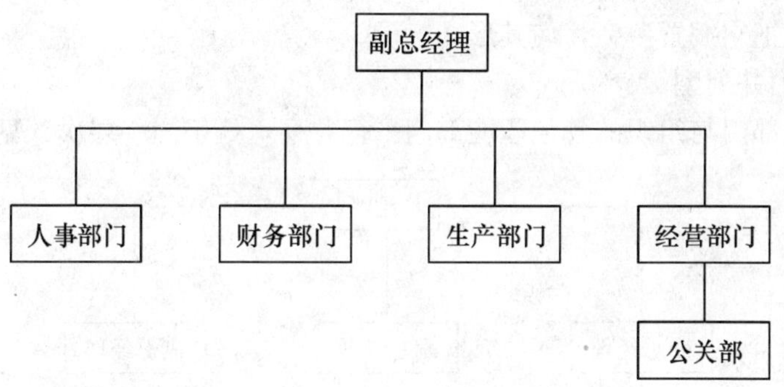

图6—2　部门隶属型公关部

第二，归属于广告或宣传部门。

这种归属偏重于公共关系的宣传职能。对外将公共关系部门作为企业的发言人，配合广告、宣传树立企业的形象，作为广告、宣传的一种补充；对内承担了对职工进行宣传教育的职能，建立企业文化，确立企业精神。

这种归属重点突出了公关在传播推广方面的职能，而忽视了在分析公众、反馈信息、辅助决策和协调关系方面的职能。

如某家电企业是宣传部统筹所有的宣传工作，下设四个科室：广告科（主管全国性媒体的硬广告投放，并审批各分公司地区性硬广告投放）、设计科（负责广告的设计制作）、信息科（负责收集对手的信息和行业信息）、新闻中心（负责和媒体联系、发布公司信息）。这种模式分工比较明细，但公关的职能仅局限于联系媒体，发布信息。

第三，归属于联络接待部门。

很多组织的领导人对公关的理解，侧重于人际关系方面。很多企业把公关部门归属于接待科，或把接待科改为公关部，而不改变它的职能。由于组织要与社会各类公众进行交流，日常的接待事务日益繁忙，需要有专门的人员或部门来处理，公关部应该承担这样的责任是理所当然。但将公关部门的职能局限于交际应酬，就贬低了公关部门在组织中的地位，这使很多方面的公关职能不能得到履行，特别是在遇到危机时，企业往往惊慌失措，遭受很大的损失。

第四，归属于办公室。

办公室（总经理办公室、行政办公室）是最接近行政领导的机构，是组织的管理中枢。这种归属便于最高领导的直接指挥，不过分偏重某一方面的功能，是一种比较灵活的又便于掌握的形式。但办公室的工作往往包罗万象，非常繁杂。如果组织的领导人和办公室主任的公共关系意识不强的话，工作繁忙时容易忽视公关工作，把它搁置一旁，使其形同虚设。

2）部门并列型。

即公关部门与组织的其他职能部门平行并列，处于同一层次（见图 6—3）。

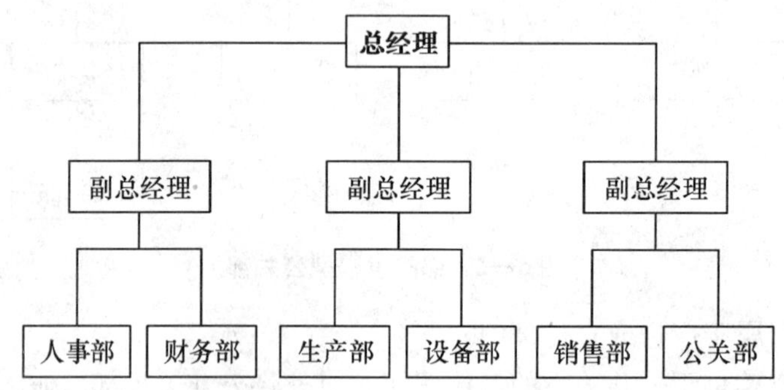

图 6—3　部门并列型公关部

与前一种类型相比较而言，此类型的公关机构在组织中的地位和权力比较高，反映了公关职能在组织中的独立性和重要性。公关部门可直接参与最高层决策，有足够的权力去调动资源，协调企业的内、外部关系。一般来说，大的集团才可能设置这样的公关机构，小企业很少这样做。

3）高层领导直属型。

即公关不隶属于哪一个二级机构，而是直属于组织的最高层领导，直接向最高决策层和管理层负责（见图 6—4）。

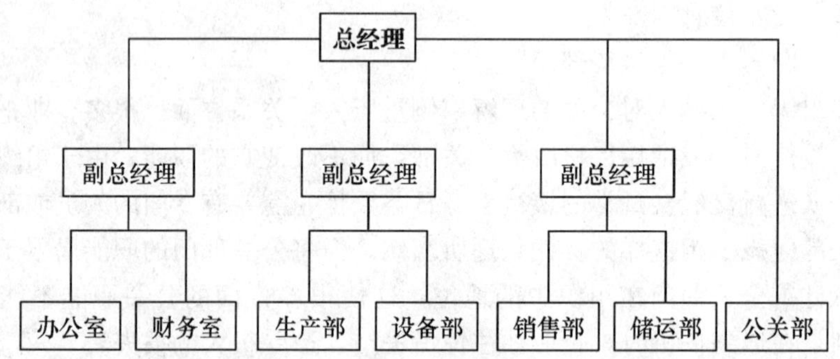

图 6—4　高层领导直属型公关部

这种类型的主要特点是，公关部在组织中拥有较大的行政权力，具有较多的沟通权限，可以直接和最高行政长官沟通，并代表最高行政长官与其他部门进行沟通，直接介入决策，同时有着相当的独立性和自主权。

（2）从规模大小来考察。

以这种方式划分，公关部可分为大、中、小三种类型：

1）小型公关部。

这种形式的公关部人数少，机构简单，适用于小型企业或其他组织（见图6—5）。

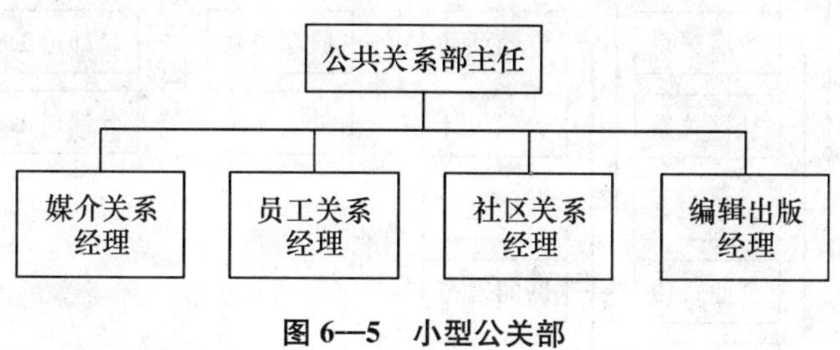

图6—5　小型公关部

2）中型公关部。

这种形式的公关部涉及的关系对象较多，工作范围较广，公关人员分工较细，适用于中型企业或其他组织（见图6—6）。

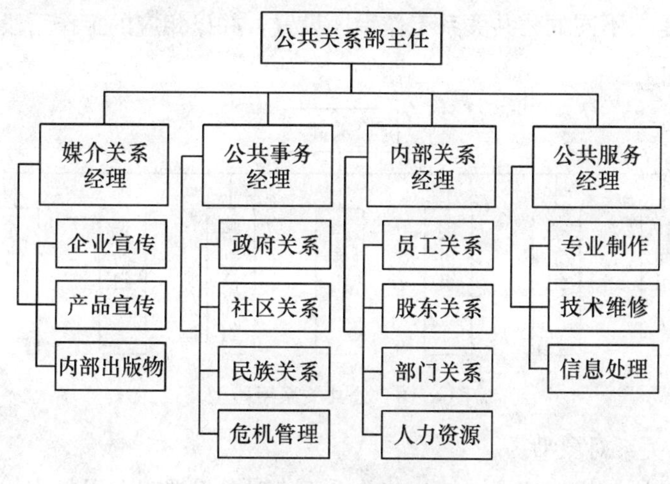

图6—6　中型公关部

3）大型公关部。

这种形式的公关部人数很多，机构很复杂，人员分工更细，适用于大型企业或其他组织（见图6—7）。

（3）从工作方式上考察。

以这种方式划分，公共关系部可分为以下三种类型：

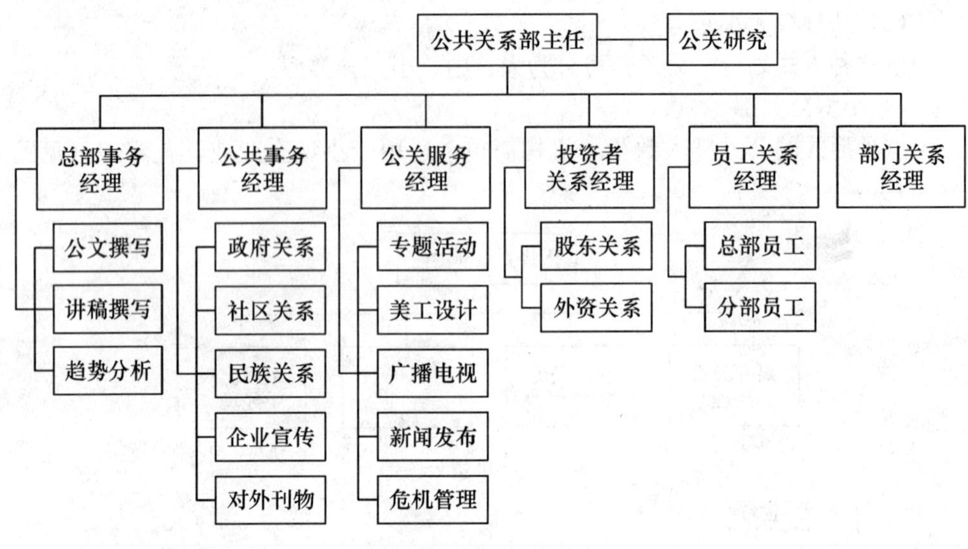

图 6—7　大型公关部

1）公共关系手段型。

其特点是按不同的公共关系工作手段设置，并以相应的工作手段作为机构的名称（见图 6—8）。

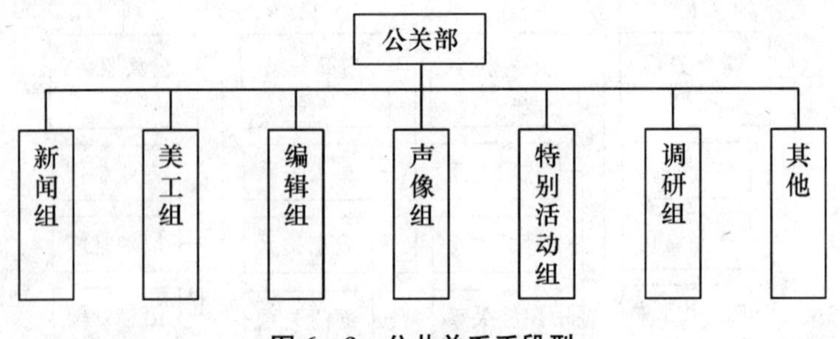

图 6—8　公共关系手段型

2）公共关系对象型。

其特点是所属机构按不同的公共关系工作对象设置，并以相应的工作对象作为各机构的名称（见图 6—9）。

3）公共关系复合型。

这种类型是把公共关系对象型和公共关系手段型合二为一，机构按实际需要来设置，不拘泥于固定模式。在公关部所属机构名称中，既反映公共关系的工作手段，又反映工作对象（见图 6—10）。

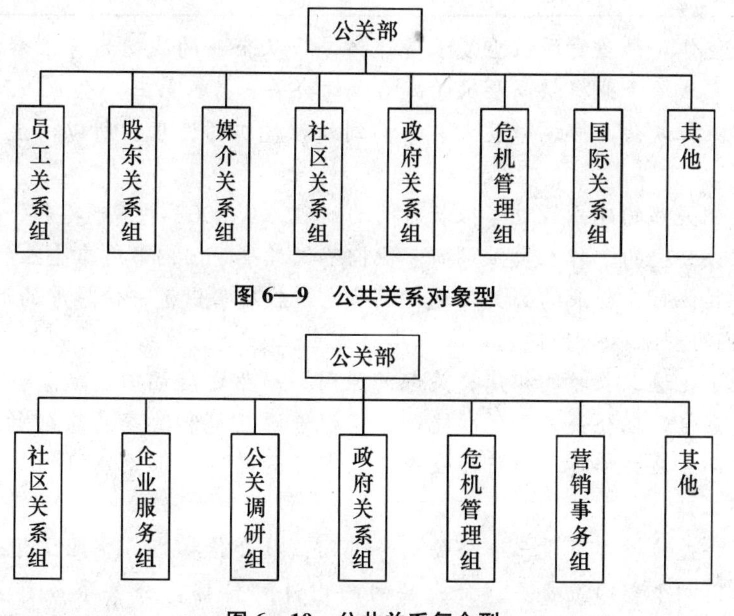

图 6—9　公共关系对象型

图 6—10　公共关系复合型

正如 1978 年国际公关协会发表的《墨西哥宣言》所说的那样：公共关系是一门艺术和科学。它分析趋势，预测后果，向机构领导人提供意见，履行一系列有计划的行动，以服务于本机构和公众的共同利益。也就是说，公关机构不仅仅是一个执行部门，更重要的是要参与决策，制定政策，为组织设定一系列的形象计划。这就要求公关工作要上升到企业战略的高度，公共关系的负责人要参与高层决策。

各类组织在设置公关工作机构的时候，必须根据自身的性质、特点、需要及规模等实际情况来具体考虑。

新闻摘录

公关部是企业战略的代言人

• 多维整合创造价值

在谈及福田成立企业公关部的初衷时，郑刚说："原来的总经理办公室除了负责传统的行政文秘工作，还要负责企业文化建设、企业公众关系的管理、政府关系的维护、企业机构设置和企业形象管理等工作。当时企业还有党委宣传部，主要负责媒体关系和宣传。而随着企业的发展，这种传统管理方式的局限性也越来越突出。第一，各部门职能分散，媒体关系由宣传部负责，活动、政府关系则由总经理办公室做。因此不仅在协调上存在诸多问题，而且由于不能形成一个整体，很多资源被重复浪费；第二，从企业的战略运营来看，这种分散的设置无法给企业提供高层次的战略上的公关支持；第三，企业遇到危机时，由于内部流程复杂，协调难度大，影响到处理危机的速度。所以，企业决定组建公关部”。

福田公关部的建立经过了很长时间的酝酿。从 2003 年下半年起，郑刚就带领总经理办公室的工作人员做调研。他们不仅考察了国内各汽车企业的公关部，同时也对其他行业企业的公关部进行了研究，然后拿出了一份厚厚的调研报告。

“我们希望采取一种模式，在汽车行业成立一个最有效率的公关部。”郑刚笑着解释了花这么长时间组建公关部的原因。一年之后福田决定整合原来办公室和党委宣传部在公关方面的职能，在实现资源互补和共享的基础上成立企业公关传播部。公关部负责所有涉及企业，产品的品牌、形象及对内对外传播与关系协调工作。

福田公关传播部下设三个公关业务部门：社会传播部、企业文化部和公共事务部。前两个部门主要负责企业层面的内外部传播，公共事务部主要负责公关活动、特殊关系与企业形象管理。郑刚认为：“企业形象是通过各种维度、各种感观来建立的，公关部如果抓不住传播的全过程和全要素，只做某个点是不够的。因此，我们要求公关传播工作必须着眼于面上的、系统的工作，从而形成一个整合的传播概念。这已成为福田公关部的两大特色之一。”正是具备了这两个特色，福田公关部成立不久即发挥了很大的作用，使企业形象和声誉迅速得到了提升。

“整合创造价值。”郑刚说，“福田公关部实现了各部门资源的有效整合，这是我们的特色。”对此，郑刚举了一个例子：公关部曾借助党委宣传部在党委系统的宣传作用，巧作了一次公关文章。他们协同中国思想政治研究会将福田近几年来的党委创新实践经验加以转化，使其成为国家级的党委创新案例，在全国党委系统进行宣传推广。这一做法引起了很大反响。在企业文化建设方面，福田获得了“全国最佳企业文化奖”。在政府和企业高端管理层中树立了自己良好的企业形象。

但郑刚认为公关部这种整合资源的优势，不能仅仅体现在宣传品牌和树立企业形象上，更重要的是要应用到产品的市场推广和销售上。在这方面，福田不仅早已付诸实际行动，且收获多多。他说客车行业的消费群比较特殊，其最大特点就是政府主导。在一个新产品从研发到下线上市前的整个过程中，公关部一直参与其中，收集各方面公关信息，建立相应的数据库。等客车市场部获

悉某一城市购买意向时，企业公关部就开始动用已建立好的数据库，迅速掌握该城市负责该业务的相关单位和个人，然后由公关部的公共事务部出马，利用其政府方面的所有资源与其进行沟通。

• 企业战略的公关代言人

“企业公关部做公关，不要局限于执行，要做战略公关。公关部经理只有站在企业战略高度上，才有可能全面了解企业信息，准确把握企业大势，才会从企业战略出发去思考公关部的业务，从而充分发挥公关的作用。”郑刚深有体会地说，“只有充分认识公关在战略上的地位，把公关部的工作融入到企业的战略体系中，才可能实现各种资源的整合，从而实现战略意义上的公关。”

2004年11月，福田汽车新款“欧V”客车下线，其时国内大客车市场竞争激烈。“欧V”客车虽然有很好的性价比，但作为一个新产品，知名度低，公众了解甚少。如何使该品牌一炮打响，顺利推上市场，是福田公关部急需解决的一个问题。

公关部在进行了一系列的思考、讨论后，策划了一系列针对“欧V”客车的公关推广活动。首先抓住福田第一百万辆客车下线这一新闻亮点，在2004年11月30日举行了一个“福田汽车百万辆车下线暨‘欧V’客车下线”仪式。同时与北京市企联/企业家协会在现场联合举办“北京市百强企业发布”仪式，政府、各大企业集团主要领导都参加了这一仪式。这一活动得到了各大媒体报道。正是凭借这些报道，“欧V”广为人知。有了知名度，还要有美誉度。为此，公关部又迈出了第二步：策划“欧V”与福田其他三大品牌一起参加在上海举办的“年度世界客车博览亚洲展览会”。在展会上初出茅庐的“欧V”一举荣获了“最佳环保客车奖”和“最值得关注的汽车企业奖”两项大奖，在业内一鸣惊人，提升了形象，打出了品牌，为成功上市赢得先机。接着，又成功入选“两会”用车，进一步巩固了形象。

“企业公关部应该是企业战略的公关代言人，是公关界的企业代言人”。这是郑刚对企业公关部的定位。而目前很多企业的公关部还难以做到这一点。究其原因，他认为一是企业领导对于公关的认识程度不深，重视程度不够，更重要原因是公关部没有做出可以引起企业领导重视的业绩。公关部应该加强自身建设，在自己现有的职能范围内有所作为，最大限度地发挥作用，这样才会逐渐赢得企业领导的重视，才会逐步提高公关部在企业中的地位，最终体现出公关对企业发展的价值；企业公关部人员虽然了解媒体，熟悉公关操作流程，但是对企业的整体战略规划却理解不深。对此，郑刚认为，公关部经理与企业高层应该有很好的沟通，最好是处于企业的决策层，在企业经营的各个环节拥有发言权，这样才能在实际工作中充分调动各方资源。

谈到公关部建设时他认为，“公关部的人员搭配很重要，既要在企业工作过，熟悉、懂得企业管理的人员，也要有具备丰富公关从业经验的专业人士，甚至是公关专家。二者都很重要，缺一不可”。

资料来源：侯明廷、沈志勇：《公关部是企业战略的代言人——访北汽福田汽车股份有限公司公关传播部经理郑刚》，载《国际公关》，2005（5）。

6.1.2 公共关系公司

公共关系公司又称为公共关系咨询公司或公共关系顾问公司。它是不隶属于任何组织的、由各具特长的公共关系专家组成的、专门受托从事公共关系工作的服务性机构。

1. 公共关系公司的组织机构

公共关系公司的组织机构与公共关系部的组织机构大致相同，它也同样没有固定的模式，可以从各个不同的角度来划分其类型。

首先，从规模来看，也可分为小型、中型、大型三种类型。如果按照营业额划分，通常年营业额在1亿元以上算作大型的公关公司，2 000万至1亿元为中型规模，而小型的公关公司则只有几百万元左右。

其次，从经营业务来看，有承办多项业务的公司，也有承办单项业务的公司，但广告代理部门不能算作公共关系公司。

最后，从工作范围来看，有跨国、跨地区的大公司，也有专司某一小地区业务的小公司。

一个大型公共关系公司机构可以设置如下（见图6—11）：

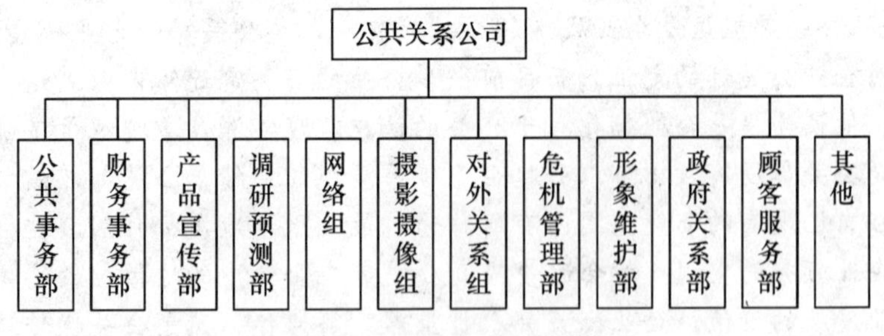

图6—11 大型公共关系公司机构

2. 公共关系公司的工作

就国际公关公司的工作内容而言，多数以提供公共关系策略咨询服务为主。具体而言，即经营以公共关系战略咨询顾问、新闻传播策略顾问、新闻传播代理、媒体关系为主的“咨询服务”业务。从商业模式而言，则是以收取服务费为主体的盈利模式。

而我国本土公关公司的成长，则是与中国特定的媒体环境和市场环境密切相关的，现在已形成了以“执行服务”为主体的业务模式，主要围绕新闻稿发布、“软文”发布、活动实施、媒体关系等开展工作，也逐步拓展形象管理、危机管理、CSR等高端专业服务。从商业模式而言，则是以收取代理费为主体的盈利模式。

从公关公司的工作程序看，主要包括协议、调查、计划、实施四个环节。

（1）协议。

公共关系公司一般与委托人（或称客户）签订合同，或达成其他形式的协议。协议的内容主要包括委托方式与收费方式等。

收费方式将留待下面讨论，这里谈谈委托方式。委托方式可分为以下三种：

第一，公共关系咨询。这里，公共关系公司只向委托人提供建议，并不参与客户的行动。

第二，短期专项委托。公共关系公司受客户委托，在短期内为客户完成协议规定的专项公关工作。

第三，长期综合委托。此协议形式的周期较长，一般在一年以上。在此期间，公共关系公司按协议要求，负责客户的某些或全部公共关系工作。

（2）调查。

公共关系公司的调查事务从某一客户招标时起就得进行，除非它不想中标。中标以后，仍然要和委托人一起进一步进行深入调查研究，以查出病根，对症下药。

（3）计划。

在找出问题的症结之后，就要根据既定目标和客户一起制定出切实可行的计划。

（4）实施。

根据计划，协助客户具体实施，并进行反馈分析。

如果合同只是咨询的话，以上工作中有些可以省去。

3. 公共关系公司业务收费

公共关系公司的收费方式很多，但一般采用按工时收费的办法，其具体办法如下：

(1) 预计开展公共关系活动要花费的时间，工时按小时计算。

(2) 费用包括：工资、行政管理费、专业管理费、正常利润以及物质成本(如文具、邮资、摄像、照片等所耗费用)。

(3) 如果收取的费用是所耗工时的工资的二倍半至三倍，那就包括了所有的费用（这是一个经验数据，仅供参考)。

6.1.3 两种公共关系组织形式的比较

公共关系部和公共关系公司是两种不同的公共关系组织形式，它们各有优缺点。

1. 公共关系部的优缺点

与公共关系公司相比，公共关系部有如下缺点：

(1) 由于熟悉本组织情况，因而便于发现组织的问题，能抓住症结所在。

(2) 有利于促进内部交流，开展内部公共关系工作。

(3) 能迅速接收和传递信息，及时作出反应。

(4) 由于长期在本组织工作，较注重组织的长期目标。

(5) 身为本组织工作人员，较注意节约经费。

与公共关系公司相比，公共关系部有如下缺点：

(1) 容易成为“杂货铺”，使工作不够专精。

(2) 身为本组织工作人员，思想观点多少有一点偏见，工作上多少有点顾忌。

(3) 有可能把不称职的人员塞进公共关系部，这样可能成事不足，败事有余。

(4) 与公共关系公司相比，所提建议可能不那么受到组织领导的重视。

(5) 公共关系部的权力和活动范围可能受到限制，从而使其效率降低。

2. 公共关系公司的优缺点

公共关系公司具有如下优点：

(1) 立场公正，看问题客观。这是由于公关公司与组织没有其他感情瓜葛，即所谓“旁观者清”。

(2) 可以无所顾忌地提出批评意见。

(3) 经验丰富，与外界联系密切、广泛。

(4) 意见容易得到客户的重视。

(5) 适应于中、小型组织的需要。这是因为中、小型组织无力自己成立公共关系部或如果成立则经济上不合算。委托公共关系公司则可以解决这一矛盾。

公共关系公司有如下缺点：

（1）远离客户。

（2）不太熟悉客户情况，信息渠道狭窄，掌握的情况可能不全面。

（3）往往只注重短期目标。

6.2　公共关系人员

公共关系活动的复杂性、广泛性、创造性和灵活性，使得公关人员需要具有良好的职业素质和技能。公共关系工作完成的质量在相当大程度上取决于人的素质和技能。那么，公共关系人员的职责是什么？公共关系工作对公共关系人员的素质有什么要求呢？如何才能造就合格的公共关系人员呢？这些问题正是本节所要关注的几个方面。

6.2.1　公共关系人员的定义和工作职责

公关人员即公共关系人员，英文为Public Relation Practitioner，缩写为PR Practitioner。在欧美国家，对公共关系人员的称呼有PR Practitioner（公共关系从业人员）、PR Man（公关人员）、PR Officer（公关官员），指的是以从事公共关系理论研究、教学活动和实践工作为职业的人员。我们这里主要涉及的是公共关系实践工作者。

在《公共关系人员国家职业标准》中，公共关系人员（简称为公关员）被定义为“专门从事组织机构公众信息传播、关系协调与形象管理事务的调查、咨询、策划和实施的人员”。

公共关系人员的工作职责主要包括以下几个方面：

（1）制定组织的公众传播计划，编辑、制作和发行组织的各种宣传材料，负责组织的新闻发布、形象传播工作。

（2）监测、收集、整理和分析组织的公众信息，向组织的领导人提供管理咨询建议。

（3）制定组织和产品（服务）的形象管理计划，策划和实施各种专题性公众活动，并对其进行评估。

（4）沟通、协调组织与内外公众的关系，参与处理组织的公众咨询、投诉和来访接待事务。

（5）协助组织发现、处理并监控其与公众之间的矛盾、问题和突发（危机）

事件。

(6) 对组织的其他有关人员进行上述工作的专业培训和指导。

6.2.2 公共关系人员的基本素质和技能

究竟什么样的人能从事公共关系工作？公共关系人员应具备什么样的素质？作为公共关系活动的策划者、实施者、组织形象的代表者，公共关系人员应具备知识、能力、心理、品德等多方面的素质。

1. 广泛的学科知识

现代公共关系是一种复杂的活动，必须以科学的理论和方法为指导。公关人员应该有合理的知识结构。

(1) 公关理论知识。

如公共关系的基本概念、历史沿革、结构与功能、基本要素及相互关系、工作程序等。要用公关理论知识指导实践活动，这样有助于克服盲目性，增强自觉性。

(2) 公关实务知识。

公共关系是一种实践性强、重视经验积累的职业，当然也重视公关基本实务知识和技巧，如公共关系调研、策划、谈判、传播、项目实施、方案评估、处理公关危机的知识、社交礼仪的知识等。公关实务知识的掌握，关键在于学以致用。

(3) 与公关相关的学科知识。

公共关系从业人员为了更好地开展工作，还应该掌握一些相关学科的理论知识。如管理学、社会学、心理学、市场学、广告学、新闻学、传播学、行为科学、法律等。除此以外，公共关系从业人员在接受特别的委托公关业务如国际市场公关、行业公关时，还要了解相应的地区文化传统、风俗习惯以及特定行业的基础知识。这些知识的掌握或了解，有助于在复杂多变的社会关系中处理好公共关系的各项事务。

2. 公共关系人员的基本技能

美国公共关系专家坎托曾在《公共关系杂志》上撰文，阐述了成功公关从业人员的十大特征：对于紧张状态做出反应；个人主动性；好奇心和学习；精力、活力和抱负；客观的思考；灵活的态度；为其他人提供服务；友善；多才多艺；缺乏自我意识。这十大成功因素，大都与公关人员的工作能力相关，由此可以看出，较强的综合能力对公关人员十分重要。

一个合格的公关人员，应该努力掌握下列技能：

（1）收集和处理信息的能力。

现代社会是信息社会，信息与物质、能量构成组织生存和发展的外部环境。信息就是资源，信息就是财富。组织与公众之间关系的建立和改善有赖于信息的双向传播沟通。就其本质而言，公共关系工作就是一种信息工作，沟通信息是公共关系非常重要的职能。因此，公共关系人员必须具有强烈的信息意识，能熟练运用现代信息技术收集信息，并对信息有高度的敏感性，及时处理信息，为组织决策提供咨询建议，使组织赢得成功的先机。

（2）文字和口头表达能力。

古人云："一言之辩，重于九鼎之宝；三寸之舌，强于百万之师。"公关工作在很大程度上是信息的传播工作，需要及时、准确地通过语言和文字向公众发布信息，解释组织的有关政策。这就要求公共关系人员有出色的文字表达能力和口头表达能力。能写会说是公关工作对公关人员最基本的要求。公关离不开写作，如新闻稿、广告词、公关计划、公关策划书、调查报告、总结报告、请柬、函电、展览说明、影视资料解说词等。写作是指通过文字表达思想、传播信息、联络情感。因此，公关人员应具备较好的文学语言修养和文字表达运用能力。在语言使用上要求规范、通俗、准确、文明，讲究艺术。交际中的语言，应显示出主动诚挚的态度、谦虚的品质、宽容的肚量、友好的精神，避免使用尖刻、讽刺、嘲笑甚至谩骂的语言，多用礼貌用语，多一点幽默风趣，从而吸引人、打动人、说服人，以收到良好的效果。

（3）社会交际能力。

公共关系人员是组织的代表，他们通过各种社交活动来传播组织信息，加强与公众的感情沟通，增进公众对组织的信任和好感，在社会交往中广交朋友，树立自己的良好形象，也为组织赢得更多的发展机会。这就需要公关人员有出色的社会交际能力。为此，公共关系人员必须懂得各种社会交际礼仪，如服饰礼仪、交谈礼仪、宴请礼仪、次序礼仪等，了解不同国家和民族的风俗习惯，善于建立友好的人际关系，做一个既受欢迎又对别人有重要影响的人。

参考资料

公关活动中的社交礼仪

礼仪是企业形象、文化、员工修养素质的综合体现，我们只有明确应有的礼仪才能将企业在形象塑造、文化表达上提升到一个令人满意的地位。"每位员工都是企业形象的代言人"，企业形象可以决定企业未来的发展。良好的职业形象是公关人员维护企业形象的关键，只有通过严格、系统的专业礼仪训练，才能使员工在仪容、仪表、姿态、语言、表情等方面发生变化，真正体现出员工的个人素养，从而提升企业形象，使顾客满意度达到100%。

·主持参加庆祝活动

礼仪庆祝活动是为重大节日、纪念日举办的。一般分为三类：一是私人之间友好往来祝贺；二是民间庆祝活动；三是官方庆祝活动。

无论是以主人身份主持庆祝活动，还是以宾客身份参加其他单位组织的庆祝活动，对于公关人员来说都是开展公关活动的良机。如果是主持这些活动，应做好以下几方面工作：

第一，对客人一律要以礼相待，提供热情周到的服务，细致地做好迎接、安排席位、送别等环节的工作，不要使任何一位客人感觉受到冷遇。

第二，对重要宾客如政府要人、社会名流、新闻界人士、合作伙伴、外宾等要给予特殊关照，应有专门的休息室供这些宾客休息。如有可能还要安排他们作简短讲话，这样既可以使他们感觉受到尊重，又可以为庆祝活动增辉。

第三，对重要宾客除发出请柬外，还应在活动前后通过信函或电话表示感谢，并慰问是否劳累。

第四，主持人应在活动中始终保持喜庆愉快的表情和精力充沛的神态，即使遇到一些不愉快或身体疲劳也应如此。

第五，主持人要给人一种衣着整洁、落落大方、彬彬有礼的感觉。

公关人员如果以客人身份参加庆祝活动，要求做到：

第一，不迟到、不早退，尽量参加活动的全过程，以表示对主办单位的支持和尊重。

第二，争取机会发表祝词，这样既可以加深和主办单位的感情，又可以宣传自己，提高知名度。

第三，利用活动多结识一些新朋友。

第四，不在庆祝活动中讲有损于主办单位形象的话，不在庆祝活动中拒绝主人的各项要求，实在做不到时要讲明实情。

第五，对主办单位的人士彬彬有礼、热情问候，对活动中的所有客人要尊重。

第六，不喧宾夺主，摆正自己的位置。

·礼品礼仪

送礼要选择好时间，最好是在重大节日或具有纪念意义的日子，如春节、

中秋节、端午节、生日、婚礼等。另外，接到朋友喜庆请帖时，也应送礼。

礼品不可太贵重，应强调“礼轻情义重”，注重纪念意义。应使礼品意义上的价值大于其物质价值，切不可将送礼变成行贿。

喜礼一般在婚前送到。对于深交的朋友，即使对方请帖未到，也可先行送礼。开张答谢礼必须在揭幕或剪彩之前数小时送到，以送花篮最为普遍，也有送镜屏或镜画的。

送礼时一般应当面赠送，可附上祝词和名片。收礼时最好当面打开包装欣赏礼品，并握手致谢：“我非常喜欢”、“好漂亮”、“谢谢”等。收到寄来的礼品，应及时回复短信或名片致谢。

·舞会和晚会礼仪

舞会和晚会是颇受人们欢迎的一种社交活动。主办方要定好舞会的时间，应提前向客人发出邀请，并说明起止时间，以方便客人安排时间。对已婚者，一般要邀请夫妇二人。邀请的男女客人的人数要大致相等。参加舞会时仪容要整洁，举止要文明，不要穿短裤、背心、拖鞋跳舞。最好不吃蒜葱等有强烈刺激气味的食物，也不宜喝酒。当患病、身体不适或感到疲倦时，最好不要勉强参加舞会，否则，因此引起咳嗽、打喷嚏、打哈欠等，对舞伴都是不礼貌的。

参加舞会的男女都可以主动邀请别人共舞，但一般是男方向女方主动发出邀请。一旦接受邀请，就应同对方跳至一曲终了，不要中途单方退场。

跳舞时要保持良好的风度和正确的舞姿。

一曲舞完毕，男士要向对方致谢，并把舞伴送到原来的位子上。中间休息时，不要乱扔果皮纸屑，不宜高声谈笑、随意喧哗，不要随意穿越舞场，更不要同别人争抢舞伴，要始终做到礼貌谦和、有礼有节。举行晚会要尽可能满足参加者的兴趣，可以是文艺演出、体育表演等。如果是招待到中国访问的外国朋友，最好安排客人观看具有中国民族风格的节目，以增进其对中国的了解。还要注意把晚会的其他组织工作如座位安排、演出节目单、入退席秩序等安排好。

资料来源：端阳：《公关活动中的社交礼仪》，载《现代企业文化》，2008（4）。

（4）策划组织能力。

策划组织能力，是指公关人员有目的、有计划地策划公关活动，实现组织目标，完成预定任务的能力。组织形象的塑造、组织知名度和美誉度的提高、产品的市场开拓、广告宣传和各种公关活动的实施、事故公关的方案设计等，都需要公关人员积极主动地筹划和组织。公关人员要善于策划并有效地组织实施各项活动和方案，为完成某项公关目标而有效进行人力、物力的安排和调配，能激发起参与者高涨的情绪和热烈的气氛，把公众的注意力引到所要实现的公关目标上来。

(5) 实际操作能力。

公共关系是一门实践性很强的应用科学。公关工作中的会议筹办、产品示范、多媒体演示、组织宣传品的制作、展览、展位设计等都需要公共关系人员实际动手操作。仅仅具有理论知识，而不实际操作和运用，是不可能协调好组织与公众之间的关系的，也不会树立起良好的组织形象。因此，公共关系人员必须在丰富理论知识的同时，不断提高自己的实际操作能力。

(6) 自控应变能力。

在日常公关工作中，公关人员要与不同类型、不同层次的公众打交道，负责处理公众投诉和突发事件，难免会遇到各种不尽如人意甚至被当出气筒的情况，这就需要公关人员沉着冷静、机智灵活地处理问题。具有临变不惊、遇事不慌的自控和应变能力，减少和避免组织损失，重塑组织形象。

(7) 创新和学习能力。

公共关系工作需要不断创新，不断超越，以便不断更新组织形象，创造最佳的组织效益和社会效益。墨守成规或故步自封，就会不进则退，失去公众的信任和支持。公共关系人员必须具有丰富的想象力和创造力，通过对组织公关活动独特新颖的设计，推陈出新，满足公众求新、求异的心理需要，增强公关活动的效果。公共关系人员还必须树立终身学习的观念，保持持续创新的能力。

3. 良好的心理素质

公关人员要和社会上各种各样的人打交道，常常需要面对各种难题、矛盾和困境，因此需要具备以下几种良好的心理素质：

(1) 较强的心理承受能力。

无论是成功还是失败，顺境还是逆境，公关人员都要善于控制自己的情绪和行为，理智地对待问题，解决问题。

(2) 坚强的意志。

公关人员应具有较强的事业心和进取心，对工作满腔热情，不畏艰难，勇于负责，持之以恒。

(3) 成熟的思维方式。

公关状态复杂多变，要求公关人员应有较高的智慧，遇事冷静思考，有严密的逻辑思维能力和综合分析问题的能力，有丰富的想象力和创造思维能力，使组织在激烈的竞争中立于不败之地。

(4) 开朗的性格。

开朗外向型性格的人，常常充满热情、富于朝气，可以使人感到亲切，易于创造交流思想、交流感情的环境，能够使人在困难面前保持乐观向上的情绪，能够使人形成宽容豁达的精神。因此公关人员具有开朗、乐观的性格，这是促进公关工作开展的重要心理条件。

(5) 广泛的兴趣爱好。

公关人员要与各行各业的人打交道，广泛的兴趣会给公关人员的社会交往带来更多的维度和空间，结交更多的朋友。公关人员应为了工作的需要，培养自己的多方面兴趣。

(6) 良好的气质。

公关人员的气质最好是活泼型，对工作热情而稳重，善交际而不急躁。兴奋型的人也可以从事公关职业，但工作中要注意不要感情用事。

4. 高尚的道德品行

由于公共关系职业与公众的密切关系，个人的行为（即使是私人方面的）也会对组织的声誉产生影响。因此，公关人员的思想品德应比其他行业的从业人员更高。为了规范公关人员的行为，国际公共关系协会全体大会于1968年4月17日在德黑兰通过了《国际公共关系职业道德准则》（即《德黑兰宣言》）。为推动中国公共关系事业的健康发展，1991年5月第四届全国省市公共关系组织联席会议通过了《中国公共关系职业道德准则》。2002年12月6日，《中国国际公共关系协会会员行为准则》得以通过，并已于2003年1月1日开始执行。

参考资料

中国公共关系职业道德准则

（1991年5月23日第四届全国省市公共关系组织联席会议通过）

总则

中国公共关系事业的发展是中国改革开放的必然趋势，它以新型的管理科学协调社会各方面的关系，密切党和广大人民群众的联系，调动各种积极因素，维护安定团结，促进社会主义建设。因此公共关系工作者肩负着时代的使命。公共关系工作者必须具有高尚的职业道德作为完善自身形象的行为准则。

条款

(1) 公共关系工作者应当坚持社会主义方向，自觉地遵守我国的宪法、法律和社会道德规范。

(2) 公共关系工作者开展公关活动首先要注重社会效益，努力维护公关职业的整体形象。

(3) 公共关系工作者在公共关系活动中，应当力求真实、准确、公正和对公众负责。

(4) 公共关系工作者应当努力提高自己的政治水平、文化修养和公关的专业技能。

(5) 公共关系工作者应当将公关理论联系中国的实际，以严肃认真、诚实的态度来从事公共关系学教育。

(6) 公共关系工作者应当注意传播信息的真实性和准确性，防止和避免使人误解的信息。

(7) 公共关系工作者不能有意损害其他公关工作者的信誉和公关实务。对不道德、不守法的公关组织及个人予以制止并通过有关组织采取相应的措施。

(8) 公共关系工作者不得借用公关名义从事任何有损公关信誉的活动。

(9) 公共关系工作者应当对公关事业具有高度的责任感。不得利用贿赂或其他不正当手段影响传播媒介人员真实、客观的报道。

(10) 公共关系工作者在国内外公共关系实务中应该严守国家和各自组织的有关机密。

参考资料

公共关系人员素质测定书

说明：下列各项中，除最后一小题为 1 分外，其余各小题均为 1.5 分，满分 100 分。对每个小题的回答，肯定的得分，否定的不得分。60 分以下的不适合做国际公共关系工作；70 分以上者可以把国际公共关系工作做得较好；90 分以上者可以成为国际公共关系方面的专家。

1. 思维

(1) 观察问题是否细心？

(2) 对问题反应是否敏捷？

(3) 分析问题是否深刻？

(4) 是否善于思考、勤于分析？

(5) 是否在不同的环境中都能发现问题？

(6) 遇事是否冷静？

2. 能力

(1) 是否有制定计划方案的能力？

(2) 能否合理地分授职权？

(3) 能否用人所长、调动部属的积极性？

(4) 能否组织好会议和活动？

(5) 能否协调不同性格的人一同工作？

(6) 能否与各种不同性格的人打交道或共事？

(7) 能否适应不同的环境？

(8) 口头表达是否清楚、伶俐？

(9) 是否有通过谈吐摆脱僵化局面的能力？

(10) 是否有撰写新闻稿件和其他有关文稿的能力？

(11) 是否能恰当使用“动作语言”和“体态语言”？

(12) 是否能总体估量组织内外的各种关系？

(13) 对不同意见是否有分析概括能力？

(14) 是否有解决各种偶发事件的能力？

(15) 做事是否富有想象力和创造力？

(16) 能否尽快恳切地承认自己的错误并坦然接受惩罚？

3. 知识

(1) 是否大学毕业？

(2) 是否经过公共关系学方面的专门学习与训练？

(3) 是否掌握了经济学方面的基础知识？

(4) 是否掌握了社会学方面的基础知识？

(5) 是否掌握了经营和管理学方面的基本知识？

(6) 是否掌握了市场营销方面的基本知识？

(7) 是否了解传播学方面的基本知识？

(8) 是否对心理学感兴趣？

(9) 是否受过哲学和逻辑学的思维训练？

4. 品德

(1) 为人是否公道正派？

(2) 说话办事是否诚实可靠？

(3) 是否有明断是非的能力？

(4) 做事是否有良好的责任感和道德感？

(5) 能否以大局利益为重?
(6) 是否相信人性本善说?
(7) 是否对他人有信任感?
(8) 是否有同情心,关心他人并赢得同事的信任?
(9) 能否遵守诺言?
(10) 是否谦虚、严谨?
(11) 是否有高尚的情操?
5. 性格
(1) 是否性格温和、待人和气?
(2) 是否有幽默感?
(3) 待人接物是否从容不迫、大方有礼?
(4) 能否往来于大庭广众之间而不胆怯?
(5) 是否自信、乐观?
(6) 是否有韧性、耐性?
(7) 是否有决心和毅力面对困难和挫折?
(8) 做事是否果断?
(9) 思维是否敏捷?
(10) 是否健谈且有吸引力?
(11) 仪表是否动人?
6. 其他
(1) 是否有较强的上进心和进取精神?
(2) 是否有较强的自学能力?
(3) 每天是否读书看报?
(4) 是否善于处理尴尬的局面?
(5) 对人对事是否有好奇心并保持浓厚兴趣?
(6) 能否当一个好听众,欣赏别人的谈话?
(7) 能否做好每一件小事?
(8) 有无与新闻界打交道的经验?
(9) 是否有广告、推销方面的经验?
(10) 是否有社会交际和社会活动经验?
(11) 是否了解舆论调查和民意调查的方法?
(12) 是否有谈判经验?

(13) 是否掌握公共关系日常工作的某些技术?

(14) 是否有奉献精神?

资料来源:晓佳编著:《商务文书范本大全》,北京,中国言实出版社,2006。

参考资料

公共关系人员资格鉴定书

说明:下列问题,每小题答案为"是"者,计1分,答案为"否"者,计0分。满分为44分。对以下问题的回答,27分以下者,不适合从事公共关系工作;27分以上者为及格,但需设法弥补自己的不足,才有可能从事公共关系工作;31分以上者,有资格从事公共关系工作;35分以上者,可以成为合格的公共关系工作者;39分以上者,可以成为公共关系方面的专家。

1. 谈吐

(1) 是否有幽默感?

(2) 谈吐能否吸引人?

(3) 谈吐是否轻松?

(4) 是否有通过谈吐摆脱僵化局面的能力?

(5) 能否通过谈吐化解各种矛盾?

2. 智慧

(1) 对人对事是否有好奇心并保持浓厚兴趣?

(2) 是否精于观察他人的言行?

(3) 能否当一个好听众,欣赏别人的谈话?

(4) 是否善于处理尴尬的局面?

(5) 写作是否流畅?

(6) 每天是否抽空读书看报?

(7) 做事是否富于想象力和创造性?

3. 阅历

(1) 阅历是否丰富?

(2) 是否了解世界各国的风俗习惯?

(3) 是否了解××国家各地的不同风俗习惯?

(4) 是否了解××国家各民族的民族特点?

(5) 是否了解各宗教信仰的特点?
(6) 是否能与各种类型的人打交道?
4. 胆识
(1) 是否有战略眼光，能否制定长期的公共关系规划?
(2) 是否能为长期规划的实现做好充分准备?
(3) 是否能做好每一件小事?
5. 技术
(1) 是否能够独立撰写各类新闻稿件?
(2) 是否掌握摄影技术?
(3) 是否了解美工技术?
(4) 是否掌握演讲技术?
(5) 是否有较好的演讲口才?
(6) 是否了解广告技术?
(7) 是否掌握打字技术?
(8) 是否能够运用计算机进行信息传播?
(9) 是否懂得各种印刷规则?
(10) 是否掌握公共关系礼仪?
6. 精神
(1) 是否有进取精神?
(2) 是否有奉献精神?
(3) 是否有感染别人的精神?
7. 经验
(1) 是否有新闻工作的经验?
(2) 是否有与新闻界打交道的经验?
(3) 是否有广告、推销方面的经验?
(4) 是否有人事管理方面的经验?
(5) 是否有社会交际或社会活动的经验?
(6) 是否从事过舆论调查和民意测验?
(7) 是否有谈判方面的经验?
(8) 是否有教学方面的工作经验?
(9) 是否有财会方面的工作经验?

8. 其他

能否尽快恳切地承认自己的错误并坦诚地接受惩罚？

资料来源：晓佳编著：《商务文书范本大全》。

6.2.3　公共关系人员的培养和考评

成为一名合格的公关人员并不是一件容易的事情，达到公关人员的基本要求只是第一步，而接受公关教育和培训是必经之路。

1. 公共关系人员的培养

公共关系人员的素质并非与生俱来的，而是后天有意识、有组织地不断教育培养的结果。

(1) 培养规格。

1) 通才型。

通才型公关人员具有较广的知识面，有较合理的知识结构，有良好的心理素质和综合能力素质，在工作中能独当一面，较好地处理复杂问题。美国公共关系协会认为，公共关系人员在实际工作中应该学习以下19种知识：新闻写作；研究公关理论；撰写专题报道；学习演讲；进行舆论调查；写小说；写杂志记事；通晓广告艺术；撰写论文；地方报纸研究；摄影、杂志研究；传播学研究；工业情报编辑；撰写批评文章；掌握印刷技术；媒体研究；撰写科学记事；学习报业关系法规；报业史研究。有人把此类人才结构形象地称为“三个1/3”，即1/3的企业家，有企业家头脑，强烈的经济效率的观念，敢于竞争，追求卓越的自信以及深刻的洞察力、敏锐的判断力、丰富的想象力和果断的判断力及较顽强的意志力；1/3的宣传家，有较强的形象观念、信息观念，能说会写，富有传播技巧，信息灵通，左右逢源；1/3的外交家，待人热情真诚，说话幽默高雅，举止端正，态度谦和，善交朋友。

2) 专才型。

专才型公关人员比较精通于某方面的公关技术技能，如编辑、写作、设计创意、市场调查、绘画摄影、设计广告等。这类人才是公关工作不可或缺的人才，是某方面的专家，较适宜于公关工作中某些具体的业务工作。

(2) 培养途径。

1) 学校正规的教育培训。

这是一条专门培养公共关系人才的正规途径，也是社会培养公关人才的一种方式。在这种方式下，学生可以系统地学习公关理论，潜心研究公关技巧，掌握信息传播工具，并参加适当的实践与模拟活动。学校正规培养的优点是：课程学习安排具有系统性和科学性，专业基础知识学习具有广泛性和厚实性的特点。

2）在职进修培训。

在职进修是我国公关教育培训中最受欢迎的形式之一，其主要特点是：教学的现实针对性较强，周期短，见效快；学生的学习目的明确，且已有实践经验，故易于理解、接受和领悟，而且能学以致用。

第一，短期培训。由高校、企业或行业组织（如公关协会）举办，时间长短不一。培训对象是有一定实践经验的人员，培训目标和重点是专业基本理论与知识，着力于理论水平的提高。此外，还有岗前培训，主要是进行专题讲座与报告，属于角色培训。

第二，见习培训。这种方式的特点是在实践中学习与提高，让见习者在一段时间内充任本组织或外部组织公关人员的助手，见习并实际参与公关实践，学习别人处理公关事务的技术和方法，增强感性认识。

第三，聘请专家、学者指导。聘请公共关系专家来单位指导和咨询，帮助解决公关工作中的疑难问题，对公关人员进行业务的实际辅导和点拨。这种方式针对性强，启发性大，实际效果好。

第四，其他培养形式。如组织员工参加自学考试、函授网络教育及广播电视教育，并为之提供参加辅导、面授等条件，多途径、多形式地提高专业理论水平和业务水平。

2. 公共关系从业人员的资格证书

1993 年，中国公共关系协会开始推进“公共关系专业资格证书”培训活动。经过多年的实践探索和不懈努力，终获国家有关部门认可。从 2000 年起，在全国举行统一的公共关系从业人员任职资格考试，合格者获“公关员”称号，有资格从事公共关系工作。2004 年 3 月，《公关员国家职业标准》（新版）通过专家鉴定并开始实施。

3. 公共关系人员的考核方法

考核就是指组织对本单位公共关系人员的思想、品行、技术业务、工作态度、工作能力、工作绩效以及健康状况等进行评价。为了促进公关工作质量和服务态度的改善，需要对公共关系人员进行考核。

(1) 考核内容。

考核内容主要有德、勤、能、绩四个方面。

1）德：即思想政治素质，包括是否遵守国家政策、法律法规，是否具备良好的职业道德和社会公德，以及敬业精神、奉献精神、廉洁自律和团结协作精

神等。

2）勤：即勤奋精神，包括工作出勤率、工作积极性等。

3）能：即完成各种公共关系专业性活动的能力，包括知识水平、业务水平、表达能力、交际能力、分析判断能力、组织管理能力、预见反应能力、应变耐久力、开拓与创新能力等。

4）绩：即工作的实绩（数量与质量），包括工作业绩、工作效率、工作质量等。

（2）考核方法。

考核的方法要坚持科学性原则，即做到客观、公正、全面。常见的考核方法有：

1）量表评定。

量表评定法是以一种标准化的等级量表为工具，采用组织评、群众评、自己评等多种途径，对公关人员进行全面评定的方法。

比如，要对某单位公共关系人员进行评价指标体系中的一项指标——专业知识的考核，可由考核人员对公关人员的表现打分。量表评定法的优点是评定项目设计严格，定义明确，计量方法统一合理，评定结果既可以反映一个人的实际水平，又可以进行相互间的比较。因此，这是一种比较好的判定方法。

2）相对比较法。

这种方法是根据各考核要素把所有的被考核者分别按两个一组的方式进行比较，并判断每组的优者和劣者，然后综合其结果得出最终序列和成绩。采用这种方法，必须把所有被考核者两两相比，每一要素的对比次数为$n(n-1)/2$（n代表被考核者人数），因而考核的准确性较高；而且由于考核者在考核过程中很难判断每个被考核者的最终成绩，因此可以避免考核者的主观影响。但这种考核方法的被考核人数有限，手续烦琐，工作量大。

3）考试评议法。

考试是检查公共关系人员专业理论、技术知识的重要考核手段，分为口试和笔试两种。公共关系人员的职位不同，对其文化程度和专业理论知识的要求也不同。评议是采取多种方法征求有关人员对被考核人员的意见，并组织进行分析、讨论，最后做出公平、正确的评价。这里的关键是需要事先深入了解公关人员的全面业务工作状况，以避免评议结果的片面性和主观性。

4）工作标准法。

这种方法主要是根据从事各个职务的公共关系人员的各项具体要求（包括工作的质量、数量、时间期限、工作方法等）制定工作标准，并以此标准去衡量公关人员的优劣。这种方法有明确而具体的客观标准，比较公平合理，特别适合考核工作成绩。这一方法适用于调整职务津贴和奖金分配，但不宜直接套用以决定公关人员的晋升和调配。因为有些职务不易制定标准，尤其是复杂的脑力劳动更难制定标准。因此，这种方法的适用范围有一定的局限性。

除上述方法外，公共关系人员的考核方法还有代表比较法、评分法、因素评级法等。各种方法都有优劣，而且考评的侧重面也不同，因此在选择考核方法时，必须从实际出发，不能套用一种模式。

本章小结

◎ 公共关系机构可以分为公共关系部和公共关系公司两大类。公共关系部在组织中具有重要的地位和作用，公共关系部经理担负着一些重要职责。受企业规模等因素的影响，企业公共关系部具有不同的组织结构类型。公共关系公司也有不同的组织形式，并有特定的工作内容。公共关系部和公共关系公司两种形式各有其优缺点。

◎ 公共关系工作完成的质量在相当大的程度上取决于人的素质和技能。公共关系人员有明确的工作职责。作为公共关系活动的策划者、实施者，公共关系人员应具备广泛的学科知识、较强的综合能力、良好的心理素质、高尚的道德品行。

◎ 公共关系人员的素质并非与生俱来的，而是后天有意识、有组织地不断教育培养的结果。为了促进公关工作质量和服务态度的改善，需要对公共关系人员进行考核。

关键术语

公共关系机构　　公共关系部　　公共关系公司

公共关系人员

复习思考题

1. 公共关系部在组织中的地位如何？公共关系部的作用是什么？

2. 公共关系部经理的主要职责是什么？

3. 公共关系部有哪些类型？

4. 公共关系公司和公共关系部各有什么优缺点？

5. 公共关系人员应当具备哪些基本素质和技能？

6. 公共关系人员的培养途径有哪些？

7. 试举例说明如何充分发挥企业公共关系部的职能？

第 7 章

企业公共关系

【学习目的和要求】

本章讨论了企业公共关系的目标、对象和方式。通过本章的学习，我们要认清工商企业开展公共关系要达到什么目标，明确企业公共关系活动中主要与哪些公众打交道，了解工商企业要采用哪些方式实现公共关系目标。

公共关系活动最早出现于工商企业中，是为企业的发展服务的。虽然由于其特殊作用和广泛的适应性而被扩展到政府各部门中，并在这些部门中起着不容忽视的作用。但是，从总体上看，企业公共关系一直是各部门公共关系中发展最成熟、影响最大的部分。下面我们将分别介绍企业公共关系的目标、对象和方式。

7.1 企业公共关系的概念与目标

7.1.1 企业公共关系的概念

企业公共关系（Corporate Public Relations，CPR），是指企业在生产和商业行为中所需要面对和处理的公共关系。

企业公共关系从属于企业宗旨，为企业的目标服务。它是企业面对外在的公众和内在的员工，通过长期有效地运用双向信息沟通、双向艺术交往、双向利益

调整等方法和途径，建立企业与目标对象之间的相互理解、相互信任和相互促进的互动关系。显然，企业公共关系是企业在现代商品经济和大众传播事业高度发达条件下的重要的经营管理手段。随着市场经济的不断发展，企业公共关系的应用领域也不断扩大，从市场营销中的策略组合，到企业发展中重大问题的解决，再到危机事件的处理等领域都可以看到企业公共关系的影子。

企业公共关系包括对内和对外两个方面。对内是企业与其内部相关公众之间通过双向信息交流，达到相互理解与支持的活动，主要包括员工关系和股东关系。其工作目的在于加强企业内部团结，提高企业素质，为企业开展对外公共关系提供良好的基础。对外是企业与其外部相关公众之间通过有效的信息沟通，达到相互理解与支持的一种活动。其目的是建立企业信誉，树立企业形象，协调彼此间利害关系，消除可能出现的冲突和矛盾，为企业的生存发展创造一个良好的经营环境。

7.1.2　企业公共关系的目标

企业公共关系的根本目标是内求团结、外求发展。具体说来，企业公共关系的目标是树立良好形象、获取充分信息、履行社会责任以及妥善化解危机。

1. 树立良好形象

公共关系所说的企业形象，就是社会公众心目中对一个企业的全部看法和评价、整套要求和标准，即个人或公众对一个企业的整套信念。它包括：对机构的评价，如机构是否健全，人员是否精干，办事是否有效率等；对管理水平的评价，如经营决策、生产管理、财务管理等是否方向正确，组织指挥得当等；对企业人员素质的评价，包括对领导者的决策水平、创新能力，对下属人员的技术水平、服务质量等的评价。

在现代社会中，良好的形象是企业最重要的无形资产。良好的企业形象可以创造出消费信息，增强企业的筹资能力，提高企业的凝聚力，使企业求得可靠的经销渠道，赢得社会公众的支持，从而可以提高本企业的竞争力。

树立企业形象应该坚持三个原则：一是整体性原则。企业的全体员工都要树立“企业形象高于一切”的企业精神，真正做到全员公关，同时从企业发展角度建立健全组织机构，进行整体形象设计和公关活动。二是坚持长期性原则。树立企业形象是一项战略性的工作和长期的任务，需要长期艰苦的努力，有计划、有目标、有步骤地开展公共关系工作的工作理念。急于求成、急功近利、立竿见影的思想和行为都是不可取的。三是树立企业形象还必须坚持形象性原则。树立企业形象要突出个性，别具一格，勇于创新，要应用象征性的标记，易于传播、便于记忆，使企业形象深入人心。

为了树立企业形象，企业的公共关系人员应该主要做好以下工作：

第一，加强双向沟通的信息传播，形成有利的社会舆论环境。大众传播是企业塑造良好形象，争取公众理解和支持的最重要手段。公共关系人员通过编写新闻公报，举行记者招待会，筹划企业领导人的演讲或报告，准备各种宣传资料，举行图片或实物展览，策划媒介事件，制作新闻电影、电视录像和广播讲话、撰写年报等进行传播活动，来提高企业的知名度、美誉度、信任度和透明度。

第二，加强企业文化建设。塑造企业形象的本质功能应该是建设企业文化，因为企业文化的核心是企业精神，而企业精神又是企业形象的精髓、灵魂。一个企业要保持长久不衰的旺盛生命力、强大的凝聚力，就要建设自己的企业文化，培育企业精神。企业也正是在这个过程中塑造自己的形象。

第三，用优质产品和优质服务来塑造良好的企业形象。优质的产品和服务是企业竞争中取胜的根本，也是企业形象的主要内容。一个企业的形象好不好，首先要看企业能否提供价廉物美的产品，能否最大限度地满足公众市场的需要，也要看企业能不能提供第一流的服务。

第四，企业形象塑造主要靠内在精神素质，也得力于公共关系的精心设计。如企业名称和产品名称是否易懂好记，是否清新醒目，是否寓意深刻。广告的创意、企业徽标、商品的商标、建筑风格、代表色和商品的包装是否与企业特色一致。这就是说，作为形象设计师的公共关系部门要充分考虑企业自身特点和公众的需求、兴趣、习惯等，使企业形象独具一格，而不能满足于公众的一般印象。

第五，通过赞助和扶持公益活动来塑造良好的企业形象。赞助是一种对社会作出贡献的行动，是综合运用多种传播手段塑造本组织社会形象的公共关系活动。企业赞助社会公益活动表明自己是社会的一员，要为社会贡献一分力量，可以有效地提高知名度、信誉度，塑造关心社会公益事业的良好形象。

案例分析

IBM的事件营销分析

·从IBM“深蓝”事件看“形象性事件”

“形象性事件”是指公关主体向目标受众表达本身形象并意图塑造、维护受众对组织态度、观感的事件。“深蓝”事件是IBM利用公关事件吸引公众注意、引起公众兴趣并留下深刻印象的非常成功的公关案例。案例知名程度之大以至于它成为营销教科书上的经典案例为大众所熟知。20世纪80年代，加

里·卡斯帕罗夫被世人公认为是当代的、也是国际象棋史上著名的棋手，并且先后在1985年和1989年两次战胜IBM的计算机。但在1997年IBM“深蓝”计算机再次与卡斯帕罗夫交手时，象棋大师败北。IBM在策划这一事件时，对传播策略的运用，显得非常老道。IBM重视的东西只是“人机大战”的过程，即由权威性的传播者——IBM公司将传播符号“IBM计算机”，通过电视媒介传播给受传者——世界公众。在策划这一事件时，IBM充分利用全世界的人几乎都异常关注这场比赛的心理，给媒介提供了焦点新闻。“深蓝”事件的成功之处不仅在于议题的新颖性和故事性，更重要的是该事件议题的策划非常巧妙，以浅显易懂而又新奇有趣的事件说明了IBM想要表达的信息，即其发明的计算机的“聪明”程度甚至高于象棋大师。以此在公众心目中奠定了IBM计算机技术领袖的地位，影响了公众想法，让不懂技术的普通公众也能感到IBM计算机的厉害，对此品牌产生好感。

· “超越时空的紫禁城”带来的“行销性事件”

促销、经销商公关、通路推广、价格调整、文化行销等具有行销目的的事件，都属于行销事件。这类事件出现的频率很高而且数量很大，其目的主要是强调消费者需求的提供或满足。好的行销性事件往往不直接和露骨地表现其宣传的产品，因为这样的宣传很容易引起人的反感；而是要通过其他方式或借助其他相关议题，达到产品和服务的行销目的。

2008年，IBM为故宫建立了以网络为基础的虚拟紫禁城，使人们能够从网上对故宫进行游览参观。这不是一个普通的门户网站，而是应用先进的3D技术、虚拟技术和软件，实现了前所未有的用户体验。2008年10月，IBM联合故宫高调对大众宣布：“超越时空的紫禁城”正式启动，并在紫禁城内举行了“超越时空的紫禁城”虚拟世界的发布会。“超越时空的紫禁城”是中国第一个在互联网上展现重要历史文化景点的虚拟世界。“紫禁城”的发布通过电视媒体和网络媒体在第一时间的报道，吸引了众多公众眼球，获得大众的广泛好评。IBM在此次宣传中也强调了自己在3D虚拟网络技术上的实力，间接地宣传了产品和服务。这也是IBM出现在公众视野中的正面形象，既体现了企业实力又体现了趣味性。

趣味性公众话题生动化传播，寻找公众连接点。大众“需要能够刺激感官、触动心灵和激发灵感的产品、宣传和营销活动”。生动化传播是通过创造顾客深度情感体验建立品牌形象，培育品牌资产的重要策略。品牌生动化传播策略的展开必须找到与顾客进行传播沟通的“客户界面”，在客户界面的每个触点上，通过生动化传播创造顾客情感、自我表现以及体验方面的利益是品牌生动化传播的一个重要条件。

· 点评

从以上 IBM 成功的企业事件公关的分析，我们可以从中总结一些 IT 企业事件公关的经验。高科技 IT 产业，多是强调研发、创新与制造的能力，而容易忽略与市场、社会大众的沟通与交流，造成一般大众对高科技 IT 产业的印象多是神秘、难以理解以及高不可攀的印象。然而，随着消费意识的兴起，IT 产业也必须透过传播的力量，建立与强化企业的良好形象，以塑造消费者对该企业之认同与忠诚感。通过开展公共关系，企业持续不断地对外传递正面的信息，同时通过公共关系和媒体建立良好的关系，从而确立企业良好的知名度和美誉度，还可以建立和消费者之间的互动关系。

资料来源：周洋：《IBM 的事件营销分析》，载《中国传媒科技》，2009 (7)。

2. 获取充分信息

在信息社会中，知识和信息就是战略资源。企业面临着异常激烈的竞争，每时每刻都会遇到大量的问题，企业领导需要获得产品质量、产品开发、新技术方向、竞争者动向、潜在危险、企业形象等方面的信息，以便作出及时而有效的决策。公共关系部门就是要利用各种渠道和网络收集与组织、产品形象有关的一系列信息，特别是有关企业形象和信誉的信息。

(1) 获取产品声誉信息。

公共关系人员应十分注意本企业的产品在各类顾客用户、消费者心目中的声誉和形象。要收集他们对产品质量、规格、功能、价格、服务、用途等方面的反馈信息，更要注意他们对于该产品优点、缺点的评价及如何改进的建议。这些信息的获得可以让企业了解新产品开发的方向，并不断提升产品和服务质量。

(2) 获取企业形象信息。

企业公共关系部门要注意收集企业形象信息，主要包括：第一，有关公众对企业管理水平的评价信息，它包括外部公众与内部员工对企业经营决策的评价，如经营战略、经营思想、经营目标、经营方针、经营策略等是否正确，决策有无创新，企业内部各部门管理是否合理等。第二，有关公众对组织机构的评价信息，如公众对于本单位的组织机构的设置是否精简合理，人员是否精干，运转是否灵活，工作效率是否高效等。

3. 履行社会责任

企业经营的目的在于追求利润，这是不容置疑的。在商品经济条件下，各企

业都尽一切手段来增加盈利，增大财富。也只有利润增加了，企业的规模才能不断扩大，竞争力量才能不断雄厚。同时，我们不能否认的是，对财富和利润的追求，是促使人们不断努力、辛勤劳动的动力之一。

但是，利润的追求并不是企业生产和经营的全部内容。一个现代企业，除了追求利润和自身经济效益，还要履行社会责任，用各种不同的方式为社会的进步、发展、福利作贡献。

对企业为什么以及如何承担社会责任，美国学者戴维斯提出了自己的看法，这种看法被称为“戴维斯模型”，其具体内容如下：

(1) 企业的社会责任来源于它的社会权力。由于企业对诸如少数民族平等就业和环境保护等重大社会问题的解决有重大的影响力，因此社会就必然要求企业运用这种影响力来解决这些社会问题。

(2) 企业应该是一个双向开放的系统，即开放的接受社会的信息，也要让社会公开的了解它的经营。为了保证整个社会的稳定和进步，企业和社会之间必须保持连续、诚实和公开的信息沟通。

(3) 企业的每项活动、产品和服务，都必须在考虑经济效益的同时，考虑社会成本和效益。也就是说，企业的经营决策不能只建立在技术可行性和经济收益之上，而且要考虑决策对社会的长期和短期的影响。

(4) 与每一活动、产品和服务相联系的社会成本应最终被转移到消费者身上。社会不能奢望企业完全用自己的资金、人力去从事那些只对社会有利的事情。

(5) 企业作为法人，应该和其他自然人一样参与解决一些超出自己正常范围之外的社会问题。因为整个社会条件的改善和进步，最终会给社会每一位成员(包括作为法人的企业) 带来好处。

积极履行社会责任也是国内外一些企业的成功之道。日本松下电器公司的创始人松下幸之助先生很早就认识到：“人们需要把他们的生产事业与社会相结合。”他提出了一种被西方人称为“达尔文式的结合企业利润与社会利益的经营哲学”。根据这种经营哲学，松下公司的基本原则是：“认清我们身为企业家的责任，追求进步，促进社会的发展，致力于世界文化的长远发展。”松下公司确立的员工信条是：“唯有本公司每一位成员齐心协力，才能促成进步与发展。因此，我们每一个人都要时时刻刻记住这一信条，努力促使本公司不断的进步。”松下公司还提出了所谓的“松下七精神”：产业报国精神、光明正大精神、和亲一致精神、力争向上精神、礼节谦让精神、顺应同化精神以及感谢报恩精神。正是这种兼顾自身利益与社会利益的经营哲学，形成了松下公司长期稳定发展的基础。

新闻摘录

中国企业社会责任整体水平较低

由中国社会科学院经济学部、社会科学文献出版社联合主办的《中国企业社会责任蓝皮书 2009》暨中国 100 强企业社会责任发展指数发布会于 2009 年 10 月 18 日举行。会议发布了《中国企业社会责任蓝皮书 2009》，公布了中国 100 强企业社会责任发展指数（2009）。会议还对中国 100 强企业的社会责任发展水平作出了评价，辨析了中国企业社会责任发展进程的阶段性特征。

会上，中国社科院经济学部企业社会责任研究中心钟宏武介绍说，2009 年企业社会责任 100 强的排名，中国远洋运输集团公司第一，得分为 84 分；国家电网公司、中国移动是第二、三名，紧随其后的是中国大唐、华能、宝钢、联想控股、中国海洋石油、中国中铁以及平安保险。

据介绍，《中国企业社会责任蓝皮书 2009》可以根据不同行业、不同企业性质进行分类查询。以采矿为例，有五家公司即中钢集团、神华、五矿、中煤还有山东煤炭属于采矿行业。

钟宏武表示，此次研究的主要结论是：

第一，中国企业社会责任的整体水平较低，平均指数为 31 分。按照指数的大小可把企业分为四类：得分在 60 分以上是领先者，得分 40 分到 60 分叫做追赶者，20 分到 40 分是起步者，20 分以下叫旁观者。结果发现，整体平均下来仅为 31 分，也就是说中国的社会责任总体水平刚刚起步。而 20%的企业尚处于起步阶段，有 40%的企业还在旁观。

第二，按照四位一体的模型，即责任管理、市场绩效、社会绩效和环境责任，直接比较来看得分最高的是市场责任，得分为 37.6 分。因为中国企业必须要在市场中取胜，中国企业比较重视市场责任，所以表现得非常好。而得分最差的是环境责任，其次是责任管理。但是，如果把三个方面的具体实践，即把市场、社会和环境加在一起叫做责任实践的综合得分，得分是 31.6 分，反而责任管理是 27.9 分，结论就是中国企业的责任管理落后于责任实践。

钟宏武说，研究发现，中国企业在社会实践方面绝对不差，但是在说、管方面有巨大的差距。与别人相比，中国的企业好事做得不少，但是做了好事不留名，存在着宣传不够的问题。在具体的责任实践方面来看，市场责任是最好的，其次是社会责任，而环境责任则相对较差。这和历史问题有关系，也

和目前环境责任的内涵扩大的非常快有关系。比如二氧化碳排放或者气体减排、新能源应用这些都纳入了企业环境责任的范畴，但是中国企业在这方面没有具体的行动。

第三，如果按企业性质来分，社会责任差异非常大，最好的是中央企业，平均为43.8分。这和国资委近年来积极推动企业社会责任有关系，尤其是2008年国资委发布了《中央企业社会责任》一号文，直接推动了中央企业的企业社会责任。其次是国有金融企业，再次是民营企业。把所有的国有企业加起来得到一个平均分是33.1分，这个分数比民营企业好，也比外资企业好。

第四，把社会责任指数按照企业规模进行了研究，发现企业规模越大社会责任指数越高。50分以上的有三家，即国家电网、中石油、中石化，这些企业属于社会责任的领先者。原因也很简单，企业越大，责任越大，他们对社会责任也就更为重视。随着企业规模的缩小，社会责任指数也依次降低。最后把社会责任按照行业进行分类，60分以上叫领先者，40分到60分叫追赶者，20分到40分叫起步者，20分以下叫旁观者。只有两个行业处于领先阶段，那就是电网、电力。这两个行业长期以来非常重视环境保护。

资料来源：http：//www.china.com.cn/policy/txt/2009－10/18/content_18724153.htm。

4. 妥善化解危机

随着生产社会化程度的提高，任何组织都处于复杂的关系网络之中，而且这种关系处于动态的变化之中。由于企业与公众存在着具体利益的差别，因而在公共关系活动中必然会充满各种矛盾。如果对这种状况缺乏认识，处理不当，就会产生公共关系纠纷，甚至导致严重的公关危机，如因产品质量不合格、劳资纠纷、法律纠纷、重大事故等被媒体曝光，就会给企业带来危机，它会令企业的美誉度遭受严重考验，甚至可能引发多米诺骨牌效应，连企业的生存都会受到威胁。在这种情况下，通过协调关系、化解危机以创造和谐的生产经营环境就成为企业公共关系的一项重要职能。这种职能的履行贯穿于从危机发生到消除的各阶段，具体要做好以下三个方面的工作。

（1）尽力防止危机的发生。

企业公关人员在日常工作中要防微杜渐，分析确认那些可能影响企业发展甚至导致危机发生的各种潜在的问题，采取切实有力的措施，把因内外部原因可能造成的危险降至最低。同时要把危机管理列入公关活动的议事日程，制定危机应对预案，做到未雨绸缪。

(2) 建立预警机制，提高化解危机能力。

为了更好地反映舆论信息，企业公共关系部门要建立危机预警系统，防患于未然。具体包括构建公众舆论调查和跟踪系统，建立公共关系状况评估制度等。

(3) 妥善处理危机。

公共关系危机一旦发生，企业公关人员必须保持清醒的头脑，协助领导及时妥善地加以处理，争取将危机造成的负面影响降到最低。如建立强有力的危机处理班子，包括对危机发生和蔓延进行监控；冷静地疏导公众及传媒，缓解公众的紧张和敌对情绪，在恰当时候通过与新闻媒介的密切沟通，传播事实真相，尽快改善企业或品牌形象，主动恢复消费者、社会、政府对企业的信任；有步骤地实施危机处理策略，并及时消除危机给企业造成的不良影响，以真诚的行动来挽回损失。

7.2 企业公共关系的对象

企业公共关系的目标，是在处理其与公共关系对象即各类公众关系的过程中实现的。企业公共关系的对象有多种，主要是员工、股东、顾客、供应商与经销商、政府机关、媒介、社区等。下面我们分别加以介绍。

7.2.1 员工

员工是企业的内部公众，是企业公共关系“内求发展”的首要对象，是企业公共关系的基础。企业公共关系的基础是员工关系，正如美国著名公共关系专家亨得利·拉尔特所说：“公共关系 90%靠自己做，10%靠宣传。”这是因为：(1) 员工是企业政策和措施的具体实施者，是企业生存和发展的细胞。只有员工们团结一致，勇于创新，才能提供优质产品和服务。(2) 员工是树立企业形象和声誉的重要媒介。不仅各职能部门的员工，而且生产第一线的工人，都会通过其言行将企业信息传播出去。如果员工关系良好，就会向外界传播出良好的企业和产品形象的信息，反之，会损害企业和产品形象。因而，工商企业应努力搞好员工关系。

良好的员工关系的重要标志，就是员工具有较强的企业忠诚心，愿意为企业努力工作。而要做到这一点，首先要关心员工的物质利益。

员工的物质利益，首先体现在劳动报酬上，这是关系员工生存的基本的生活需要，是员工最为敏感的问题，也是企业能否保证员工劳动热情的基本前提，以

及影响企业领导与员工关系的重要因素。企业应该认真贯彻执行按劳动分配兼顾公平的分配原则。因为任何一个员工都会把自己现在付出的劳动和所得的报酬与自己过去所付出的劳动与所得的报酬进行比较；也会将自己付出的劳动和所得的报酬与他人付出的劳动和所得的报酬进行比较。当发现自己的收支比例与他人的收支比例相等，或者现在的收支比例与过去的收支比例相等时，就会心情舒畅，努力工作；当发现收支比例悬殊时，特别是自己所获得的报酬偏低时，本人就会觉得自己未得到应有的公正待遇，就会有苦恼不安的情绪，就会有满腔怨气，就会影响工作质量，甚至影响产品质量。企业公共关系部门一方面应及时把员工对工资及收入的要求、意见，向有关领导报告，请他们认真研究解决；另一方面则应经常向员工说明工资收入的增长是以提高企业经济效益和社会效益为基础的，以激励大家齐心协力做好本职工作。

企业公共关系部门还应重视收集员工在日常生活、工作中对福利待遇的要求和意见，尽量及时、准确地报告给有关部门，协助领导办好员工食堂、幼儿园、托儿所，丰富员工文化娱乐活动。即使不能尽善尽美地予以解决，也应向员工作出合理的解释。应当看到，员工的福利待遇改善了，不仅会解除员工的后顾之忧，更重要的是会培养员工对企业的亲近感，使员工工作更努力。

改善劳动条件、劳动环境是企业处理员工物质利益关系的又一内容。为此，企业公共关系人员就要时时、处处关注员工在这方面的要求和意见，并协助企业领导加强安全生产教育，建立和健全劳动管理的规章制度，开展劳动保护活动，协调员工与企业在这方面的矛盾。

如果企业关心员工切身利益，报酬合理，奖罚得当，职工的衣食住行得到妥善安排，如果企业主动为自己的职工创造和提供良好的工作条件、生活环境、消遣设施，合理安排劳动强度，使员工们在八小时之内和八小时之外都感到舒畅适宜，那么员工就会自觉地以企业主人翁的态度关心集体的形象，主动完成各自的本职工作，企业内部就形成了和谐的充满爱的人际关系。企业切不可随意克扣工资、拖欠工资、不按国家规定提供福利、打骂工人，这些做法既违背了法治精神，又不符合科学发展观的要求。

不断满足和改善员工的物质利益，是企业良好公共关系状态的基础。但是，仅仅做到这一点还不够，还必须在满足物质利益的同时，满足员工的精神需要。员工的精神需要包括员工自由发挥自己创造性的需要和对各种精神产品的需要。在物质需要获得基本满足之后，这些需要会占有越来越重要的地位。因此，满足精神需要就越来越成为激励员工的重要手段。这可以从以下三方面着手。

第一，重视员工在企业中的地位，增强员工的责任感。在这方面，企业公共关系人员的任务就是在企业领导层、工会等部门之间沟通各种信息，促进员工参加民主管理。例如，协助建立信息收集制度，广泛收集各项合理化建议，定期召开员工代表大会，向员工通报企业重大决策、生产经营状况、发展前景等信息，允许员工向企业领导提出意见、建议，参与企业的重大决策，使每个员工都认识到自己的工作在整个企业活动中占有一定地位，起着一定作用，这样可以增进员工的责任感，提高工作效率。

第二，合理利用和开发人才，增强员工的自信心和上进心。企业应充分发挥员工的积极性和创造性，使每个员工都切实感到力有所用，才有所展，劳有所得，功有所赏，员工就会心情愉快，意气风发，自觉地把个人命运同企业命运联结在一起。企业领导应该讲究用人之道，做到信任员工、尊重员工。首先要信任员工，对员工的信任是密切员工关系的前提，“疑人不用，用人不疑”，这是领导所遵循的一条重要的原则，是对员工信任的表现。人们愿意在信任他的领导人手下工作，当然用人不疑的前提是知人，在任用之前要对员工作深入细致的了解。不仅要信任员工，还要尊重员工。尊重员工是密切员工关系的另一个前提。尊重人就是尊重他人的人格和民主权利，尊重他人的知识和才能。企业中的员工分工各有不同，能力有大小，水平有高低，但企业应该信任员工尊重员工，平等善待每一个员工，用好每一个员工，发挥每一个员工的积极性。

第三，承认和尊重员工的个体价值。管理学家贝克发现，每一个人的人性中都具有两种矛盾的愿望，既希望自己成为优势团体或杰出组织中的一分子，希望在自己的业务岗位上建立个人与企业的认同关系，融化在杰出组织之中，获得归属感和荣誉感，又希望有自我表现的机会，在特定的工作环境中以自己的才干赢得他人和社会的承认与尊敬。妥善处理好这种矛盾，无疑会促使良好员工关系的实现。从员工关系的目标来看，它追求的首先是团体价值。但团体价值与团体中的每一个成员的个体价值是分不开的。如果团体中的每一分子缺乏主人翁精神，与企业组织离心离德，那么这个团体价值就必然落空。团体价值离不开个体价值，需要个体价值来实现。因此，处理员工关系的着眼点，就是要从确立个体价值入手，使企业中的每个成员都能在团体环境中追求和实现个体价值。只有员工的个体价值受到肯定和尊重，使他觉得自己在企业中受到重视，他才能自觉地将自己的利益与企业的利益融为一体，才能自觉地和企业同呼吸共命运，并在与外界交往时自觉地以企业一员的角色维护企业的良好形象。为此，企业公共关系人员就不仅要自己，而且要提请企业领导与员工经常进行情感交流，建立友善的人际关系，还要协助组织员工参加丰富多彩的集体娱乐活动，如郊游、运动会、文艺联欢等。此外，在条件允许的情况下，还可鼓励员工穿厂服、戴厂徽、唱厂

歌、行企业礼节等。

总之，尽量满足员工的各种物质和精神需要，建立融洽的员工关系，激发员工的潜能，是企业不断开拓奋进的原动力。

7.2.2　股东

在西方国家，股东长期以来就是企业公共关系所面对的一种内部公众。尤其是第二次世界大战以来，股东关系在企业公共关系中占有越来越重要的地位，这不仅因为股东队伍越来越庞大，而且因为员工购买本企业的股票使企业与股东的关系更复杂。因此，企业越来越重视处理好与股东的关系。在我国，股东只是一些企业在改革开放后才开始面对的一种内部公众，它存在于各种股份制企业中。

由于股东与企业的利害关系密切，股东既是企业的投资者，又是企业的决策者（决策权由董事会具体行使），因此，处理好与股东的关系对企业的发展就相当重要。建立良好的股东关系的目的即在于：争取股东和潜在投资者的理解、信任和支持，创造有利的投资环境，稳定现有的投资者，吸引新的投资者，扩大企业的财源。

要建立良好的股东关系，企业公共关系人员就必须有效、积极地促进企业与股东间的信息交流，主要应做好以下几方面的工作：

1. 适时向股东通报企业的信息

股东是企业的投资者，是企业的主人，他们的切身利益与企业经营状况的好坏息息相关。因此，企业有义务定期向股东汇报企业的经营状况、企业面临和曾出现过的重大问题。企业公关部门应根据股东关心的问题经常性地向股东报告下列信息：1）企业的方针、政策、发展目标、发展规划、经营计划。2）企业的资金流转状况、经营状况。3）股利的分配政策。4）盈利预测。5）企业面临的内外部经济环境的变异情况。6）有关企业的各种详尽的统计数字。对于股东提出的质询，要充分重视，配合有关部门给予圆满的答复，消除股东的误解。企业有了新的情况，如对社会的重大贡献、新技术的开发、新产品的问世、管理人员的变更等，应以最快的速度，首先传达给股东。

在向股东传达有关企业的经营信息时，特别要注意，不论企业经营状况好坏，都必须如实向股东汇报，绝不可报喜不报忧。否则，极易丧失股东的信任。

2. 收集来自股东方面的信息，并协助有关部门妥善处理

企业的股东分散在不同的社会组织之中，可以了解到社会公众对本企业及其产品的反映，同时，出于自身利益的考虑，他们也愿意向企业传达这些反映，并提出自己的意见。因此，公共关系人员应重视收集来自股东的信息，如股东本人

状况，他对企业的意见和建议、他对产品或服务的感想、他所知道的社会公众对本企业的各种反映，他所收到的来自企业各方面的信息是否充分，他对这些信息的看法和反应，等等。对这些意见要请有关部门认真处理，并将处理结果及时告诉股东。

3. 监督企业的经营活动，维护股东的合法权益

取得股息是股东购买企业股份的特殊动机。而股东取得股息的大小，一方面同他的持股数额有关，另一方面也同企业的经营状况有关。企业公共关系部门在协调企业与股东的关系时，要从维护企业股东利益的角度出发，对企业的经营活动进行必要的监督，以促使企业的经营者改善经营管理，提高经济效益。从企业公共关系的角度来看，维护企业股东的合法权益，实际上也就是维护了企业长期、稳定发展的基本目标。

为了促进企业与股东之间的信息交流，进一步加强双方的联系，企业公关部门可以采取年终报告、召开股东大会等沟通形式。

(1) 利用年终报告进行交流。

利用年终总结报告是企业与股东进行交流的主要手段，亦是企业向股东汇报一年来经营状况的最重要的机会，因此，应给予足够的重视。许多股东往往就凭年终总结报告来判断企业的信誉和形象。年终总结报告的内容应尽量详尽。

(2) 召开股东大会。

企业可根据情况举行定期或不定期的股东大会，以向股东汇报企业的各方面情况。要开好股东大会，对于企业公共关系部门来说，必须做好下面几个方面的工作：第一，召开企业股东大会，要采取书面的形式，通知企业股东。第二，在选择会议地点时，要考虑到交通问题，同时要注意舒适性。第三，对于会议日程的安排，要做到紧凑和丰富。第四，在会议期间，有条件的话，应当安排一些其他活动，如举办股东聚餐会，组织股东参观企业或旅游。这样既可以密切企业与股东的联系，也可以提高股东大会的到会率。第五，在举行股东大会期间，企业公共关系部门要注意把股东大会进展情况、讨论的内容及形成的各种重大决议，及时地告诉企业的全体职工。

此外，还可以设立季度报告、股东刊物、股东通讯、财务通告、各种小册子等向股东汇报和交流信息。在必要的时候，甚至可直接访问股东，征求他们的意见等。

7.2.3 顾客

“顾客至上”、“顾客第一”、“顾客是上帝”，这是老幼皆知的俗语。然而，用

它来说明顾客关系的意义却是一点也不过分的。顾客既是产品的需求者和鉴定者，又是至关重要的宣传者。赢得顾客就等于赢得了市场，这是外部公关最重要的环节。工商企业和服务性行业的成功必须以顾客的利益和需求为导向。每个与顾客交往的员工都应把“顾客永远是对的”当作信条，以消费者的需求为中心组织生产和营销，同时兼顾属于产品销售再创造过程的售后服务。这既是商品经济性质和组织公共关系原则的必然推导，也已为许多企业的实践所充分证明。美国公共关系专家加瑞特说：“无论大小企业都永远必须按照下述信念来计划自己的方向。这个信念就是：企业要为消费者所有，为消费者所治，为消费者所亲。”这是对“顾客至上”理念的深刻诠释。

企业应重视处理与顾客的关系。企业与顾客之间的关系不仅是商品与货币的交换关系，还是广泛的信息交流和感情沟通关系。顾客关系的本质是与客户建立一种超越买卖关系的非交易关系，使顾客形成对企业及产品的良好印象和评价，提高企业及产品在市场上的知名度和美誉度，为企业争取顾客、开拓和稳定市场关系，保证企业营销成功。

在建立顾客关系的过程中，公共关系人员应努力加强企业与顾客间的信息交流，其内容包括以下几个方面：

1. 收集顾客信息

企业要收集的第一方面的顾客信息是有关顾客本身情况的信息。如顾客的年龄、性别、家庭构成、职业、教育程度、收入状况、购买动机、购买倾向、对价格和服务的要求等。了解了这些情况，就可以明确顾客的利益和要求，从而有的放矢地处理好与顾客的关系。

企业要收集的第二方面的顾客信息是顾客对企业产品形象和整体形象的评价信息。公关人员所收集的产品形象的信息包括：(1) 产品质量的信息，如产品的性能、种类、质量、包装等。(2) 产品服务的信息，如企业职工的服务态度、服务信誉及售后服务等方面的看法和评价等。(3) 企业形象信息，如企业的产品结构、开拓精神、人员素质、社会贡献方面等的评价。这些是企业与顾客关系中长期起作用的因素。

企业要收集的第三方面的顾客信息是顾客购后评价的反馈信息，如对产品质量、规格、价格、花色、品种、款式、服务方式、服务质量、服务态度、交货期、售货方式等方面要求的反馈信息。

所有这些信息都应尽量收集，并分类、归档、储存，并适时提供给有关部门。

2. 向顾客传播企业信息

要建立企业与顾客的良好关系，不仅要了解顾客对企业及其产品有什么要求和评价，并不断向顾客提供优质的产品和服务，还要尽量迅速、准确地将企业的各方面信息传播给顾客，以增进顾客对本企业的了解和信任，提高企业知名度。公共关系人员要向顾客传播的信息主要有以下几方面：(1) 企业的宗旨、目标、发展战略；(2) 企业发展史；(3) 企业产品的品质、性能、品种、规格、花色、价格等；(4) 企业的服务项目、服务标准、服务方式等；(5) 企业经营管理水平和经验；(6) 企业员工的素质、技术革新情况；(7) 企业的内部凝聚力。通过这些情况的介绍，可以让顾客了解企业的过去、现在和未来，了解企业的经营哲学、企业精神，了解企业的产品、服务质量和服务态度，争取更多的顾客。

3. 妥善处理顾客纠纷

与企业打交道的顾客是多种多样的，他们各有其特殊利益和需求，这些需求即使是经营管理水平较高的企业也难以尽善尽美地予以满足，总有令顾客不满意的地方，甚至出现一些严重的抱怨。对顾客的意见和批评，无论是顾客当面反映的，还是打电话或来信反映，公共关系人员均应正确对待，认真处理，不能置之不理。如果顾客的意见并无道理，也应当心平气和地向顾客作出解释，消除误解，不能动辄斥之，得理不让人。如果顾客的意见属实，要求合理，就更应主动承认，虚心听取批评，并采取适当方式补偿顾客的损失，维护顾客的权益：或退货，或换货，或折价售卖，或予以整修等。公共关系人员要让顾客的不满情绪平息下来，不要让他们再通过另外的渠道，以另外的方式发泄对本企业的不满。公共关系人员还要将顾客提出的各种意见和建议汇集起来，传达给有关部门，并督促他们提高质量、改善服务态度，并将顾客意见处理结果和产品、服务改进情况及时传播出去。恰当地处理顾客与企业的矛盾，可以提高企业信誉，这是建立良好的顾客关系的一个重要内容。

4. 科学地进行顾客关系管理，培养顾客的忠诚度

要提高顾客满意度，建立顾客对企业和产品品牌的忠诚，企业就必须以顾客为中心来管理他们的价值链以及整个价值让渡系统。企业的目标不仅是要赢得顾客，更重要的是要维系顾客，可以说保持顾客关系比吸引顾客更为重要。保持顾客关系的关键在于使其满意，但这并不意味着企业必须对其所有的顾客实行同样的公关手段才能达到这种目的，因为企业所面临的市场是不同的。企业必须对不同的细分市场或不同的顾客采取不同的公关策略和公关投入。菲利普·科特勒认为，这种投入必须在区分与顾客之间的五种不同关系的前提下进行。这五种不同程度的关系包括：一是基本型，即销售人员把产品销售出去就不再与顾客接触；二是被动型，即销售人员把产品销售出去并鼓励顾客在遇到问题或有意见时给企业打电话；三是负责型，即销售人员在产品销售后不久打电话给顾客，检查产品

是否符合顾客的期望，销售人员同时向顾客寻求有关产品改进的各种建议，以及任何特殊的缺陷与不足；四是能动型，即企业销售人员不断给顾客打电话，给顾客提供有关改进产品用途的建议或关于有用的新产品信息；五是伙伴型，即企业不断地与顾客共同努力，寻求顾客合理开支的方法或帮助顾客更好地进行购买。大多数企业在市场规模很大且企业的单位利润很小的情况下，实行基本型关系。在顾客很少而边际利润很高的情况下，大多数企业将转向伙伴型关系，建立长期稳定的关系。企业选择哪种类型关系，主要取决于企业对顾客终生价值与为吸引和维系这些顾客所要求的成本的对比估计。

7.2.4 供应商与经销商

企业与供应商和经销商的关系也是必须妥善处理的外部公关关系。在现代社会大生产中，组织好企业的正常运行必须依靠供应商提供原材料、工具及能源或有关商品，否则，就难以为继。供应商提供的商品、原料及其质量和价格如何，直接影响企业产品或服务质量的优劣。此外，供应商还可提供有关市场、原料、商品、价格、消费趋势、商业动态等一系列对企业极有价值的宝贵信息。

经销商是一个包括批发商、零售商、制造商代理人、经纪人等在内的重要群体。经销商担负着产品从生产者向消费者转移的重任；经销商有耳灵、腿长、联系面广的特点，不仅有专门的经营技能，而且有纵横交错、相互配套的流通网络，可扩散生产企业产品的市场面；经销商还从时间上调节着生产者和消费者的供需平衡。它不仅以其较宽的分销网节省了消费者购买商品的时间，而且，对长年生产的季节性消费商品起到了集散或储存的蓄水池作用；经销商还可从商品的数量、花色、品种及等级上调节生产和消费的矛盾。此外，企业处理好与经销商的关系，不仅有助于双方的友好合作，还可以促使经销商积极传播和维护组织及产品的声誉。

要建立良好的供销关系，当然主要靠优良的产品和服务、合理的价格及供销人员的努力。但是，公共关系人员也应做出积极的努力。

企业为处理好与供应商的关系，必须建立互惠互利的密切合作，应该制定出有关双方权利义务和利益的规则，以便交往有方、出现问题时有章可循。同时，企业应运用各种传播信息手段加强与供应商的双向信息交流，增进彼此间的了解，以促成双方的长期友好合作，谋求共同利益。

企业与供应商之间信息交流的主要内容是：

(1) 向供应商介绍企业的生产程序、生产能力和工艺水平，使其清楚地了解企业对原材料、商品等的需求情况。

(2) 向供应商介绍企业采购、验收、检查、会计等部门的工作方式和检验标准。

(3) 向供应商介绍企业采购人员的工作方式和个人情况。

(4) 收集供应商对企业方针、采购政策等的意见和建议。

(5) 向供应商了解社会环境和市场行情的变化。

处理好与经销商的关系，关键是把握四个字。一是要“和”——和睦融洽，和气生财；二是要“诚”——交往中要充满诚意、脚踏实地，“重要的不在谈论什么大道理，而在沟通心灵”(松下幸之助语)；三是要“活”——根据环境变化及时调整策略；四是要“信”——与经销商交往的人员要体现出人格的信誉，企业要具有商业信誉。企业应该及时提供品质优良、适销对路的产品，努力为经销商提供必要的便利和服务，比如，技术服务、销售服务、管理服务、广告服务等。处理好与经销商的关系，企业同样需要运用各种适宜的沟通手段，如经销商刊物、小册子、年度报告、各种会议、产品展览等形式，促成组织与经销商的信息交流。

企业与经销商之间信息交流的主要内容为：

(1) 向经销商介绍企业的资源、组织、领导、设备、财务和生产能力、质量控制方式等，使其信任并愿意销售本企业的产品。

(2) 向经销商介绍企业的技术水平、人才状况和创新能力，使其愿意销售新产品。

(3) 向经销商介绍企业的市场营销策略、产品或商标的形象等情况，以使其推销产品的策略和方式与企业的营销策略相配合。

(4) 详细了解经销商的态度，收集经销商对产品的性能、价格、销路等方面的意见和建议。

7.2.5 政府机关

政府是国家政权的执行机构，它具有组织和领导经济建设的职能，对企业进行管理是国家经济职能的重要组成部分。政府机关管理企业，依据的是各种政策法规，而执掌这些法规的是国家公务员。虽然法规是确定的，但法规的解释、执行的宽严、手续的繁简、处理的快慢，都有较大的差异。因此，与政府机关保持良好的关系，对企业的发展是有利的。

在企业与政府的关系中，企业是主体，政府公众则是客体，亦即企业政府关系的作用对象。政府公众是一个庞大而复杂的体系结构，从公共关系的角度可分为三个层次：一是国家的中央政府和组织利益所触及的各级地方政府；二是政府组织机构的职能部门，企业通过这些部门与政府打交道，接受政府的管理和约束；三是政府组织中的工作人员，在与政府交往过程中，企业需要接触政府的各

级官员、行政部门的助理和秘书，以及职能部门的其他工作人员。

各级政府机关与企业的关系是不一样的。最经常、最直接与企业打交道的是主管部门，我国各企业都有自己的归口单位。与企业经常发生关系的还有商务局、工商局、税务局、审计局等部门。其他如公安局、商品检验局、法院、海关、环卫部门、街道办事处等，有的经常打交道，有的难得打几次交道。与政府机关打交道要有长远眼光，对往来密切的固然要保持良好关系，对很少交往的也不能搞坏关系。这是处理企业与政府关系要坚持的第一个原则。

处理企业与政府关系要坚持的第二个原则是按程序办事。因为政府机关不仅有不同的层次，而且同一机构的人员也各有自己的职责权限范围。即使工商企业规模很大，企业领导人级别很高，也要按程序办事，不能越级，否则会搞坏关系，带来不良后果。

处理企业与政府关系要坚持的第三个原则是必须在法律规定范围内，以正当手段进行。对政府的公共关系不应靠请客、送礼、拉关系，而是应建立在公正、公平和公开的基础上。只有企业遵纪守法，才能在政府面前建立一个良好的形象，得到政府的认可，企业的权力和利益也才能得到政府公众的保护，并且也会更赢得消费者的信任。

在坚持上述原则的基础上，公共关系人员可采取以下措施来处理企业与政府的关系：

（1）加强与政府部门的信息沟通。

政府作为国家权力的执行机构，代表着国家利益和社会公众利益。企业要正确处理与政府的关系，首先要加强与政府部门的信息沟通，了解各级政府的职能、权力及工作程序，与政府部门建立正常的联系方式。因此，企业公共关系部门就要密切关注新闻媒介的动态，随时收集政府部门下达的各种命令和文件，并尽可能根据政策法令的变化来调整企业的政策及活动。当然，企业与政府的关系也不是简单的绝对服从关系，如果企业在执行政策法令的过程中，发现政府行为与实际出现了偏差，则有责任向政府有关部门提出修正意见。

（2）为政府决策提供支持和帮助。

企业要赢得政府的理解与支持，就要树立以支持政府工作为己任的观念。政府作为非营利性社会组织，一般财政支出较紧，但政府的重大决策研究又需要资金支持。因此，企业应为政府的决策研究提供力所能及的资助。国外一些大公司的公共关系部门在这方面都做出过积极和富有成效的努力。当他们了解到政府需要进行重大决策，并需要调查研究的资助时，便主动向政府提供有力的资助。

(3) 与政府人员建立良好、健康的亲密合作关系。

企业要赢得政府的理解与支持，还要主动与政府人员建立密切的联系。如举办企业的周年庆等活动，邀请部分政府官员前来做客，并赠送企业的产品或服务礼券，一方面可以让政府官员更加了解企业的产品和企业的动态，对他分析、制定各种行业政策有所帮助；另一方面也可使得他对企业的产品产生认同感，有利于建立良好的企业形象。同时企业领导可以利用这个机会和政府官员建立联系，密切关系。

(4) 尽可能熟悉政府职能部门的办事程序和方法。

了解和熟悉政府公众的组织机构、职权职能、办事程序等状况是企业协调与政府公众关系的前提条件之一。如果企业的公共关系人员对经常交往的政府公众的机构设置以及职权分工管理的状况比较熟悉，对具体事务需要与哪一级哪一个政府职能部门联系心中有底，那么就能有效地减少企业的申请和报告遭遇诸如“公文旅行”、甚至被“踢皮球”的现象，特别是当企业有紧急事务需要与政府相关部门沟通时，更能提高工作效率，从而有利于企业工作的正常开展。

(5) 由专人负责与政府公众的联系。

一般情况下，企业的政府关系是由企业的领导人负责的。这些领导人由于与政府公众的某些官员直接接触的比较频繁，双方相互了解，如果领导人与这些官员除了工作关系外还能建立朋友关系，那么，双方之间的沟通就比较随和、顺利，交谈往往能直接切入主题，有利于提高沟通与协调的质量。

案例分析

联合利华政府公关案例

1. 项目背景

联合利华公司是世界上最大的跨国公司之一。与大多数跨国公司不同，联合利华公司拥有两位总裁，截至1998年6月，这两位总裁从来没有同时出访过一个国家。

“本土化”是联合利华在中国发展的最终目标。1998年，当联合利华公司进入中国市场的第12个年头来临的时候，“本土化”问题不可避免地被提到了联合利华决策者的议事日程上。

2. 项目调查

通过访谈调查得出了以下结论：

(1) 联合利华“本土化”问题上面临的机遇。

宏观形势：随着中国对外开放的不断深化，以及世界经济一体化进程的不

断加快，中国经济必将纳入全球经济的轨道。外资企业的“本土化”已不再是空谈，而是历史发展的必然。

长期投资：在上海建立地区性总部，充分表现了联合利华在中国长期投资的信心。在中国长期投资，这是联合利华实现“本土化”的根本保证。

利税大户：联合利华每年向中国政府纳税5亿元人民币，容易获得政府的好感。

产品优势：联合利华在中国生产、销售的产品为家庭及护理产品和食品，“力士”、“夏士莲”、“奥妙”、“和路雪”等品牌已经深入人心，有利于获得公众的认同。

发展民族品牌：联合利华以多种形式优先发展“中华牙膏”、“京华茶叶”等在中国家喻户晓的民族品牌，如果处理得当，可以大大提高公众与联合利华的亲近感。

(2) 联合利华在“本土化”进程中不能回避的问题。

• 官方认同

官方认同包括三方面的内容：

首先，联合利华有必要向有关部门表明其有意长期发展民族品牌的意向。

其次，联合利华处在食品及日用工业品行业，并不属于中国政府希望优先注入外资的行业。从这个意义上讲，与中国政府的沟通就显得十分必要。

最后，由联合利华控股的公司在中国上市是联合利华完成本土化进程的重要标志，但针对外资或合资企业在华上市的问题，当时中国政府没有明确的政策。解决上述问题，首先要进行政府游说工作，获得政策的支持。

• 重组“阵痛”

资产重组必然带来部分企业的关闭以及企业与部分员工提前解除劳动合同，势必带来地方经济利益的损失和人员下岗。在当时的社会条件下，各方面对“下岗”问题十分敏感，一旦处理不当，激化了矛盾，“下岗”问题就有可能对联合利华的资产重组行使“一票否决权”。

• 舆论压力

在中国国内，保护国有资产和国有品牌的呼声很高，有些媒体甚至发出“狼来了”的感叹。

• 社会心理

在对待外资“本土化”的问题上，公众在心理上的接受需要一个相对较长的过程。在这个层面上，联合利华还需做长期、细致的工作。

综上所述，在当时的条件下，联合利华实现“本土化”的核心问题在于政府支持。

3. 项目策划

(1) 公关目标。

完成联合利华高层与中国政府有关主管领导的沟通，借此机会表达联合利华在华长期投资的决心，阐明联合利华“本土化”战略的立场，同时在“本土化”过程中的关键问题上（如合作发展民族品牌、在华资产重组、控股公司在华上市等）获得必要的支持。

(2) 目标受众。

——有最终决策权的国家领导人及上海市领导人。

——有关政府部门主管领导。

——联合利华在华各方面的合作者。

——新闻界。

——社会公众。

(3) 公关策略。

在1998年适当的时候，安排联合利华两位总裁同时访问中国，通过这次在联合利华历史上破天荒的举措，再次表明联合利华在中国长期投资的信心与诚意，进而通过以下举措完成既定公关目标。

——会见有决策权的领导人——国务院总理朱镕基以及上海市市长徐匡迪，以沟通情况，获得必要的支持。

——总裁在华期间，宴请有关政府主管部门代表，进行必要的沟通；同时宴请在华合作单位代表，维系长期稳定的合作关系。

——总裁访华期间，组织系列新闻宣传活动，宣传联合利华在华成就，形成有利于联合利华的社会舆论。

——访华期间，参加联合利华支持中国公益事业的捐助仪式，获得社会赞誉和认同感。

4. 项目实施

(1) 会见。

为了减少会见申报的中间环节，中国环球公共关系公司利用自身的新华社背景，协调新华社作为两位总裁访华的中方接待单位，由新华社直接上报国务院，减少了申报会见的时间。

1998年6月10日下午15:00，时任国务院总理朱镕基接见了联合利华两位总裁。

在当天早些时候，上海市市长徐匡迪也接见了联合利华的两位总裁。

（2）宴请。

1998年6月10日，在人民大会堂宴会厅联合利华举办了丰盛的晚宴。两位总裁宴请中国有关政府机构的负责人、中方合作单位代表及社会知名人士。同时，两位总裁借此机会宴请在联合利华的退休职工，以表达关爱之情。

（3）公益活动。

1998年6月10日，联合利华公司出资200万元人民币，资助125名贫困大学生的学习生活。

（4）媒介宣传。

宣传形式：

新闻发布会/新闻专访/CCTV专题片/文字专稿/图片专稿

媒介：

中央级媒介/上海当地主要媒介/全国重点地区核心媒介

宣传要点：

——联合利华对在中国投资充满信心。

——联合利华重新进入中国12年，业绩斐然。

——联合利华的国际地位、经营业绩。

——联合利华支持中国公益事业，捐资帮助贫困大学生。

（5）媒介活动。

北京、上海新闻发布会：会议期间，两位总裁透露了联合利华在中国进一步发展的设想并回答了记者感兴趣的问题。在早些时候，安排在上海举行了同样内容的新闻发布会。

图片专稿：1998年6月10日两位总裁在天安门前与中国少年儿童共同品尝“和路雪”，同时邀请在京主要新闻单位的摄影记者到现场采访。

电视专访：1998年6月10日，安排联合利华两位总裁接受CCTV“世界经济报道”栏目的专访，利用CCTV金牌经济栏目集中发布联合利华的声音。

5. 项目评估

（1）活动圆满成功。

时任国务院总理朱镕基及上海市市长徐匡迪接见了联合利华两位总裁，效果良好。

1998年6月10日的晚宴取得了成功。

在成功举办了捐助仪式的同时，此次公益活动引起了新闻界的广泛关注，产生了良好的社会影响。

(2) 媒介宣传达到预期效果。

新华社、《人民日报》、《光明日报》、《科技日报》等中央级媒介及《北京日报》、《北京青年报》、《新民晚报》、《文汇报》、《解放日报》等北京、上海的地方媒介均以较大的篇幅对活动进行了报道。同时，天安门广场图片专稿、CCTV专访等特色新闻活动的实施，也为整体的新闻宣传活动增色不少。42家文字媒介、3家电视台的集中报道使整体新闻活动达到了预期效果。

(3) 联合利华本土化进程进展顺利。

作为涉及公共事务（政府关系）领域的公关项目，客户诉求的事实效果是最重要的评估依据。联合利华两年来“本土化”进程顺利进行的实践说明，1998年的系列公关活动取得了成功：联合利华在华顺利完成资产重组，重组后的公司达到了资源的合理配置，大大降低了生产成本；联合利华实现了支持民族品牌的愿望，“中华牙膏”、“京华茶叶”成为联合利华优先发展的品牌。

1998年的一系列举措，确实为联合利华在中国市场开启了“本土化”之门。

6. 案例点评

这起案例向我们展示了策划者的战略眼光、处理政府关系的强大实力和富有创造性的沟通传播策划。

首先，此项以政府关系为目标的公关活动之所以获得巨大成功，主要是得益于环球公共关系公司对联合利华企业发展战略的准确把握。整个策划的每一个细节都充分考虑到为战略目标服务的问题，体现出强烈的整体战略意识。结果不仅实现了一次成功的访问，而且成功地实现了开启联合利华在中国推行本土化发展战略之门的战略性目标。

其次，策划者对中国社会、政治环境的鞭辟入里的分析，深谙政府运作之道，娴熟的政府关系处理技巧也是这一案例值得推崇的另一个原因。联合利华总裁在华的一系列活动在开释公众误解，减少舆论压力，争取政府支持等方面可谓招招切中要害，也充分显示了环球公共关系公司在推动、实施政府关系方面的强大实力。

最后，富有成效的传播沟通策划，既为访问活动营造了一个有利的舆论环境，又兼顾了准确、全面传达企业形象的目的。

7.2.6　媒介

媒介关系是公共关系工作对象中最敏感、最重要的部分。一方面，新闻媒介是企业与公众实现广泛、有效沟通的必经渠道，具有工具性的特点；另一方面，新闻媒介人员又是企业必须特别重视的公众，具有对象性的特点。

媒介与公众合一决定了媒介关系是一种传播性质最强、公共关系操作意义最大的关系。建立良好的媒介关系有着重要的意义，主要表现在两个方面。第一，良好的媒介关系就等于良好的舆论关系。新闻媒介报道的热点，往往会成为公众的舆论话题，直接影响着公众的舆论。因此，企业公共关系的一项重要任务就是努力建立一个良好的媒介关系。第二，建立的良好的媒介关系是运用大众传播手段的前提。企业的信息能否被大众媒介所报道，以及报道的时机、频率、角度等，决定权不在企业的公共关系机构，而在专业的传播界人士如记者、编辑、总编那里。因此与新闻界人士建立广泛良好的关系，是成功利用大众传播媒介的必要前提。

企业如何利用媒介，建立良好的媒介关系，打造品牌形象，不仅需要积极的心态，更需要高超的智慧。这需要做好以下工作：

1. 企业应站在战略高度看媒介关系

看待企业和媒介的关系，需要企业站在战略的高度。企业与媒介的关系，绝不仅是广告和宣传那样简单。有时，媒介并不能对企业帮什么忙，但关键的时候，如果你不重视媒介关系处理或者没有应对媒介关系的经验、策略，媒介就很可能给你帮倒忙。中国有句古话："好事不出门，坏事传千里。"在当今媒介传播手段多样化、网络化的时代，要让企业的负面新闻一夜传遍全国、全世界是非常容易的。创办一个企业不容易，成为名牌企业更不容易，但因一次危机事件毁掉一个企业却很容易。一次媒介危机报道的升级，使当年销售额达 80 亿元的三株保健品帝国崩溃了，使老牌的食品企业冠生园顷刻倒闭了，使正处于上升阶段的巨人集团轰然坍塌了。太多企业因为不能正确处理媒介关系而破产倒闭。可见，媒介关系也是生产力。处理好了，可以扩大企业的效益，处理不好，就会给企业带来麻烦，甚至导致企业的破产。企业在进行销售渠道建设的同时，不妨把媒介关系也纳入渠道建设的一部分。企业和媒介可以选择更深层次的合作，共同策划企媒合作，引导媒介舆论，开展新闻营销，进行危机公关预防和新闻传播。企业只有把媒介关系看成是内部沟通的一部分，把媒介关系看成是内部客户关系，把媒介关系拜访列入企业客户拜访计划，建立全国性的媒介通路，及时与媒介保持联系沟通，才能防止不良信息的传播，扩大正面影响。

2. 从日常做起，建立媒介关系库

建立和培养媒介关系一定要从日常做起。中国有句老话，叫“用人朝前不用人朝后”。任何一家具有良好公众形象的企业，都要有一个能够为己所用的媒介关系网络，而这个关系网络能够顺利运转的关键就在于日常维护。

日常维护未必在于企业隔三差五地请记者吃饭或者带记者旅游。很多情况下，天气冷暖变化时一句温馨的提醒，年节时一句良好的祝愿，都能让记者感到你的心里有他。同时再辅以必要的公关活动，如请记者参加企业的庆典、联欢、高阶培训等，就可以收到很好的效果。因此，从日常做起是建立和培养媒介关系的前提与基础。

要打造“企业媒介关系库”，可以遵循以下步骤：

首先，进行市场细分。目前我国的媒介主要有以下几方面：全国媒介和地方媒介；大众媒介和专业媒介；主流媒介和一般媒介。明确可以“为我所用”的媒介之后，企业应进行深入的市场调查，了解想建立关系的媒介定位、需求、风格、版面（栏目）负责人、周期、流程、本行业记者等。

其次，搭建媒介网络构架。平面媒介、电视媒介、网络媒介与客户终端等都有着各自不同的传播渠道及目标客户。如果能够在五种传播形式（报纸、杂志、广播、电视、网络）和三种传播层次（全国、地方、行业）上都有一个可以为我所用的媒介关系的话，就会形成一个属于企业的媒介关系网。同时，明确日常媒介关系负责人和沟通办法并与媒介建立长期的、不间断的友好的联系。一个企业是否拥有一个成熟媒介关系网络的标准，可以用以下几点来检验：明了不同媒介的需求、风格和受众特点；有长期和紧密联系的一批媒介；有专人负责与媒介的日常沟通；企业与媒介沟通顺畅；建立核心媒介关系；有一套对媒介报道的检验和评估程序；有应对媒介传播危机的应急机制。完善的媒介关系库是企业树立品牌、打造形象，处理危机的“制胜宝典”。

3. 熟悉媒介运营规律

媒介有自己的运营规律，学会和媒介打交道，建立媒介通路，就要熟悉媒介内部运营规律和潜规则。只有熟悉这些，才能和媒介建立良好的关系。

4. 主动接受媒介采访

企业主动接受媒介采访是与媒介沟通的最好方式。逃避媒介采访、拒绝媒介采访有时更能引起媒介和公众的误解。因为在媒介面前，企业有权选择沉默，有权拒绝采访，有追究记者采访报道失实的权利，但你无法做到让媒介保持沉默、不发表看法。因此，企业应该主动利用采访机会，与媒介合作，把风险降到最低。在“雀巢奶粉”事件中，雀巢公司就是因为不配合媒介采访，特别是对中央

电视台经济频道记者的采访四次中断对话，以及逃避采访的消极态度，终于使全国媒介群起攻之，引发大规模报道危机。类似危机情况也经常发生在我国一些大型知名公司、国际公司身上。

那么，在与媒介保持联系的时候，企业应遵循哪些接触的原则？采取何种沟通的途径和方式？与媒介建立怎样的合作流程？对此，企业都应该有一套具体的方案和策略，并要对企业新闻发言人、企业负责人作新闻采访技巧的培训，要了解接受媒介采访的技巧和禁忌。

5. 建立媒介危机的防御和处理机制

媒介危机往往突如其来，难以预料，对企业的影响也是巨大的。为此，企业既要建立媒介危机防御机制，也要建立媒介危机处理机制。建立媒介危机防御机制，除了加大企业良好形象宣传、建立良好的媒介关系网外，还要做好媒介危机评估和监测。企业公关部门要对媒介危机有一个准确的评估，根据评估结果制定相应的策略。有条件的企业可以委托专业媒介咨询公司对企业的正面和负面报道进行长期不间断的监测，及时发现负面报道，做出反应。

媒介危机发生后，企业公关部门要积极应对。首要的工作是成立媒介危机公关小组。媒介危机公关小组一般由企业高层领导和公关部成员组成。小组成员要适时采取果断、正确的媒介危机措施，一方面和消费者进行有诚意的沟通，同时邀请报道此事件的媒介全程跟踪采访，争取把危机事件造成的负面影响控制在最低程度。

7.2.7　社区

"社区"是一个社会学的概念。它是由居住在一定区域的人们因利益相互关联而结成的相对完整的社会实体。企业的社区关系，主要是指企业与周围的工厂、机关、商店、学校、医院、居民等的相互关系。这些社会组织和群体，不一定与企业有业务关系，却是企业所赖以存在和发展的外部环境，与企业有着十分密切的关系。企业开展社区公关的目的在于与社区公众建立长期友好、和睦的关系，获得社区公众的支持。

首先，社区为企业提供各种社会服务。企业周围的道路交通、水电供应、邮政通讯、治安保卫、消防等的状况，都会影响企业的生产经营活动。其次，社区为企业提供了充足的劳动力资源。企业的一些员工就是社区内的居民。社区居民的教育水平，会影响企业员工的素质。再次，社区公众是企业较稳定的顾客。顾客一般都愿意就近购买，而就近销售也可以减少产品的运输费用，及时获取产品形象的信息。只有企业与社区关系融洽，社区公众才愿意多购买本企业的产品。

还有，社区可为员工提供良好的生活环境。企业的许多员工都要经常同所在社区的商店、学校、幼儿园及其他服务机构打交道，企业搞好与社区的关系，可以方便员工的生活，提高工作效率。最后，企业所处社会环境的好坏也影响企业的发展。一个友善的社会环境，对内可增强企业的凝聚力，对外可让企业更容易得到有关单位或部门的支持和协作。

因此，为了促进自身的发展，企业应非常重视处理与社区的关系。企业建立良好的社区关系的目的，就是为企业在社区树立一个良好形象，争取得到各种社区公众的理解、尊重、合作与支持。

要建立企业与社区的良好关系，除了要求企业的活动不能有损于社区利益（如不能造成环境污染）外，还要求公共关系人员积极开展与社区的信息交流和社会交际活动，其主要做法为：

(1) 通过多种形式向社区公众介绍本企业的宗旨、生产项目、员工人数、工资和福利待遇、上缴税金情况、治理“三废”情况、对社区的种种支持等，使社区公众了解本企业的情况。

(2) 了解社区公众对本企业的看法。对于批评意见，要及时回答并妥善处理，及时平息社区公众对企业的种种不满。对于赞许意见，要用其来激励员工士气，并及时对外传播出去，以争取更广泛的好感。

(3) 企业要积极参加社区内的各项活动，如各种庆祝活动、文娱体育活动及社区内行政部门组织的一些活动，这是交流信息、联络感情、发展友谊的一种必要方式。

(4) 开放企业，邀请社会各界参观，使他们对企业有一个直观印象。

(5) 以提供资金和服务等方式，发展社区内的文化、教育、艺术、体育、医疗、社会福利等事业，改善交通、环境卫生等状况，这样会赢得社区公众的友谊和支持。

7.3 企业公共关系的方式

为了实现公共关系的目标，企业所采取的方式是多种多样的，而且针对不同的对象，企业所采取的具体方式也是不一样的。但是，无论企业采取哪一种方式，在实质上都是双向信息交流，即一方面收集各方面公众对企业的印象、评价、意见和要求等方面的信息，另一方面及时、准确地将有关企业的信息传播给

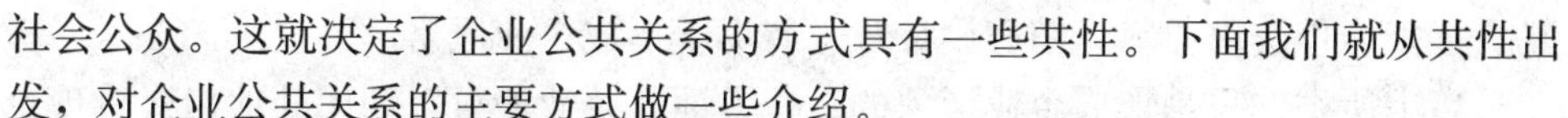

社会公众。这就决定了企业公共关系的方式具有一些共性。下面我们就从共性出发，对企业公共关系的主要方式做一些介绍。

7.3.1　形成企业风格

从一开始，企业就应形成自己的风格，也就是要形成自己的特色，使人一看而知这是某某企业，从而产生一种亲切感。不仅大企业要这样，中小企业也应如此。

企业要形成自己的风格，应从多方面着手，尤其要注意以下几项：

（1）企业名称。企业有一个音调响亮、字形美观、意味深长的名字，对树立企业形象是很有益的。名称一经确定，应用美观的字体予以定型。

（2）产品名称。企业应选用一个优雅的产品名称，这样会让人过目不忘，留下美好、深刻的印象。

（3）商标。对一家有名的企业来说，商标是一种无形资产，因为它既是代表商品一定质量的标志，又是企业树立商品持久信誉的手段。商标设计应该简单新颖，便于记忆，能表现出商品的特色。

（4）广告。广告是用来宣传企业的产品或服务的。广告设计一方面应适当变化以求新，另一方面也宜保持一定的风格。广告的内容或用图案，或用词句，一般要重复使用，这样可加强公众的印象。

（5）代表色。一个企业可选择一种色调，作为其代表色。有关该企业的一切标志，都用这一颜色，也可形成该企业的风格。

（6）门面装修。如果企业有许多分公司，则这些分公司的门面装修，包括招牌橱窗等，如能协调一致，保持相同的格调，使人一看即知是某公司的分公司，也会产生良好效果。

（7）电话号码。电话是工商企业对内对外联系的重要手段。选择一个容易记忆的电话号码，会带来很多方便。有些电话号码可以谐音来宣传，而谐音则要与企业的业务相关，这样既便于记忆，又可收广告之效。

（8）制服和徽章。现在不少企业的工作人员穿制服，佩戴徽章，看上去精神振奋。因为有了徽章、制服，无形中就形成了一种集体感和荣誉感。但徽章和制服也要精心设计，使人一看就产生好印象。

（9）包装。大部分商品都要包装。包装的容器和纸袋、手提袋等，由顾客带回去，可以扩大宣传面；如果包装有实用价值，也可加以保存。因此，要精心设计包装的形式，选择包装材料，但要避免过度包装。

（10）信笺及名片。信笺、信封、员工的名片，都是对外联络经常使用的工具。如能合理选用质料，精心设计，也有助于形成企业风格。

以上所举的只是形成企业形象的一些方面。企业还可以利用其他形式表现企业风格。

7.3.2 企业出版物

为了向内部公众和外部公众传播企业信息，并密切相互间的感情，争取公众的支持，扩大企业的影响，不少企业都有自己的出版物，这是企业与各种公众进行沟通的有效媒介。

企业出版物有多种。如按形式分，主要有杂志、报纸、网站、企业通讯、墙报或黑板报、小册子等。如按读者对象和范围分，主要有职工刊物、管理人员刊物、业务通讯、企业大众刊物、股东刊物、供应商刊物、经销商刊物等。

编制企业出版物，要注意以下问题：

(1) 出版目的。出版目的要事先确定，通常要根据整个企业的公共关系目标来定，要为整体目标服务。

(2) 读者对象。要根据出版目的来选定读者对象。如要提高员工士气，就要将读者对象定为企业内部员工。

(3) 采用的形式。采用何种形式，要根据公共关系的整体目标和用于出版宣传的经费多少来定。

(4) 内容。这也要由出版目的和读者对象来定。如读者对象是顾客，就应着重介绍产品的使用、维修和保养知识，以及与产品有关的科普知识等。

(5) 命名。出版物的名字要有特色，最好与企业的名称、产品和服务的种类等联系起来。

(6) 出版数量和周期。印数要根据所要影响的公众数量来确定，出版周期也要长短适宜。

(7) 印刷形式。印刷形式（平版印刷、活版印刷、照相凹版印刷、胶印、油印、复印等）的选择要依据出版物的篇幅、质量、装帧、色彩、发行量及经费来决定。

(8) 是否免费。企业出版物一般是免费赠阅的，但一些阅读价值较高的出版物也可公开出售。

(9) 登载广告。一些影响大的企业出版物常刊登本企业和其他企业的广告，收取广告费。

(10) 散发。企业出版物一般通过邮寄或由专人发送。

7.3.3　网络

与报刊、广播、电视等传统媒介相比，网络具有个性化、互动性、信息共享化和资源无限性等传播优势，集个人传播（如QQ、电子邮件）、组织传播（如BBS、新闻组）和大众传播于一体，具备强大的整合性，并且网络媒体的运作目前正在逐渐规范、成熟，已拥有相当大的影响力。因而，网络越来越成为受到企业青睐的新兴公关方式，在塑造企业良好的形象，促进企业产品、服务的销售，以及有效预防公关危机等方面起着日益明显的作用。网络公关的主要形式是网上宣传、主题访谈、网上活动赞助、网上新闻发布、电子邮件发送等。

（1）网上宣传。

重要媒体或门户网站由于担当着重要的网络信息传播途径，人气比较集中，相对而言，在其平台上组织的各种活动比较容易引起网友的参与和互动。因此，企业可选择这些网站开展网上宣传活动或者为线下的活动作铺垫。

（2）主题访谈。

如针对网友普遍关心的某企业的大事件对该企业的管理层进行访谈。网上访谈可与网上新闻发布会结合进行，一般应用于企业对外界披露某件事情，或者发布企业的重要新闻等。

（3）网上活动赞助。

与线下媒体相似，一些主流的网上媒体也会在某个时段，推出一些吸引网民参与或关注的主题活动，也可能是就某些社会热点问题，在网络上组织相关活动，请广大网民积极参与。企业可选择性的参与或者赞助这些活动，借助这些活动增进网民对企业的了解，展示企业热心社会公益事业的形象，或推广企业品牌。

（4）网上新闻发布。

主要采取网上互动交流、新闻发布、音视频演示、专题报道等多手段的立体组合，适合于新产品上市、企业形象推广、招商引资、网上会议、人才招聘等。这种集合了多种宣传手段的活动形式，能够使企业与公众之间达成更深层次的交流与互动，使每一个参与公众都能得到更全面的关于企业或产品的信息。

（5）电子邮件发送。

电子邮件发送收到的效果也十分有效。尤其是企业邮箱（以企业个性化域名为后缀），它的作用不仅是体现企业形象、强化内部管理、营销推广，其深层的意义更是一种服务的体现。企业公关人员可通过企业邮箱，将新推出的产品、促销活动等信息发送给客户，并得到客户的反馈。使用电子邮件发送要注意的问题是：注意收集潜在顾客的邮件地址，无论在网上还是网下，在你所使用的顾客信息登记表上都要为电子邮件地址安排一个显著的位置；邮件尽量使用纯文本格式，要有标题，尽量使电子邮件简单明了，易于浏览和阅读；首先传递最重要的信息，主要的信息和诉求重点应安排在第一屏可以看到的范围内；把文件标题作为邮件主题，如果主题富有吸引力，可以激发兴趣，才能促使接受者打开你的电子邮件；邮件越短越好，以节省收件人的时间。

7.3.4 电话

电话是企业重要的公共关系工具。公众对企业的印象好坏，很多是从电话中得到的。但人们往往对电话的重要性认识不足，因而在不知不觉中造成了一些损失。

要使电话发挥良好的功能，必须注意以下几点：

(1) 尽量在电话号码簿上刊登醒目的广告，使公众便于检索。

(2) 信笺、信封、出版物、包装纸及其他可以利用的东西上都可标上电话号码。

(3) 装配足够多的电话总机和分机及主要业务接洽人员的直接电话。

(4) 尽量不准员工在办公时间为私事使用电话，尤其要禁止员工在电话中聊天。

(5) 不仅电话接线员要懂得电话礼貌，而且全体员工也应接受电话礼貌训练。

(6) 与外界通话应遵守确实和简明原则，不能含糊其辞，切忌啰唆。

(7) 应做到任何时间都有人接电话，或使用留言、录音装置。

(8) 认真回复顾客的每一个电话，并努力解决顾客在电话中所提出的问题。

7.3.5 通信

通信也是企业做公共关系工作的一种重要方式。通信可发大宗邮件，也可以个别办理。可以用信件、明信片、电报、卡片等不同形式。接到对方信件，若尽快回复，其收效是明显的。

使用通信方式，要注意以下几点：

(1) 信笺、信封要力求精美，使收信者产生好感，并留下深刻印象。

(2) 信笺、信封上应留有地址、电话，以便对方回复。

(3) 亲笔写信，使对方有亲切感。如用打字方式或由秘书代笔时，要由本人签名，以示郑重。

(4) 对方的名字、头衔、信封上的地址，要正确无误。信封应以正楷书写，以示庄重。

（5）邮票要贴在正确位置，并正贴。个别信可贴纪念邮票，让对方产生好感。

（6）贺年片要精心设计，也可买现成的生日卡、祝贺卡、致谢卡等，方便寄送。

（7）对收信人的称号及自己的署名，要恰如其分。

（8）客套话不要太多，但可加上一两句增进感情的话。

（9）叙事应简单明了，不要拖泥带水。

（10）写完信后要仔细校对，以免发生错误。重要的信件要留副本，以备查考。

7.3.6　售后服务

生意不应是一次性的。一位顾客与你成交了一笔生意，你必须让他满意，这样不仅可以吸引他再来购买，而且他可以替你做义务宣传，从而增大企业的知名度和美誉度。如你的服务不尽如人意，对企业的形象是有损害的。

企业对顾客的服务，应从生意成交之时开始，如介绍产品的性能和使用方法，提出意见供对方选择和参考，提供良好的包装、送货上门服务、装配服务等。

对耐用商品，应提供保养和修理服务，并供应零配件。在一定时间内应对一定的项目予以免费保养。服务站应较普遍，有足够的服务人员。

对售出商品，如发现缺陷，应即时收回，这样虽要承担一定损失，但可维护声誉。

对于老顾客要保持联系，如由业务人员登门拜访、编发用户快讯、寄贺年卡、寄赠小礼物、有新产品时寄送宣传品、组织用户俱乐部等。

应建立包退换制度。美国的大百货公司均设有专柜，专门负责退货，凡顾客买回去的商品，如认为价钱贵了或者东西不中意等，都可凭收据退货还款，手续简单，毫不刁难。

7.3.7　专题活动

公共关系专题活动是围绕某一主题而开展的特殊活动。举办专题活动，意在吸引公众的注意力，赢得公众的同情、支持和合作，扩大企业的影响。

专题活动的形式多种多样，如庆典活动（包括纪念活动、剪彩仪式、颁奖仪式等）、邀请公众参观企业、举行联谊活动和竞赛等。

企业的庆典活动在企业建立的周年日、产品生产的周年日、工程开工、奠基、纪念碑揭幕、轮船下水、工厂落成、商店开业、给员工或外界人士颁奖等时机举行。由于举办庆典活动可以向社会宣传企业的存在和发展，为企业创造良好的形象，所以许多企业都非常重视这一活动。

要使庆典活动富有成效，首先要选择恰当的形式。是采用典礼，还是采用联欢会、宴会、冷餐会、茶会、员工大会或论坛方式，要根据举办目的而定。其次要做好庆典活动的组织和实施工作，如参加人员的选择和邀请、议程安排、客人接待、确定讲演人员或剪彩人员、安排领导人和来宾会面、组织来宾参观和参加活动等。对重要活动，还要安排录音、录像、摄影、网络直播。

为了让公众更直接地了解企业，不少企业都会组织社会公众来厂或店参观。这些公众有社区公众、新闻记者、顾客、经销商、供应商、学校的师生、政府官员等。

要使公众参观活动达到预期目的，首先要选择好参观人员和参观项目。参观人员若是一些有影响的公众，如意见领袖，那么宣传效果就更有说服力。参观项目应是能代表企业特色的项目。如能开放那些公众心存疑虑的项目，还能消除误解。其次，要选择合适的时机，如定在节假日，公众就有时间参观，而且由于把娱乐活动与参观活动结合在一起，会收到较好的效果。再次，要做充分的准备，如定好参观路线，准备一些文字材料、音像资料、实物产品模型及饮料茶点等。有条件的地方，还可让参观者亲手操作。最后，为使参观活动产生持久效果，可以给参观者赠送一些纪念品。

企业适当地举办一些联谊活动、竞赛活动，也是有效的公共关系活动方式。

7.3.8 社会公益活动

社会公益活动也是企业公共关系活动的一种方式。开展得好，不仅使企业尽了社会责任，而且也有利于产品销售和事业发展。

企业要从事社会公益活动，首先要注意以社会利益为重，不造成外部负效应。企业在厂址选择、工艺流程设计等方面，就应考虑这个问题，尽量不产生废水、废气、废渣、噪声等方面的环境污染。如果仍不免要造成一定的环境污染，则要采取一些措施加以补救，以维持与社会公众的良好关系。

由于企业容易给所在社区造成外部负效应，同时企业的生存和发展也有赖于社区的支持和帮助，因而，企业从事一些社会公益活动是必要的。

企业所从事的社会公益活动的内容主要是：(1) 开放内部设施，如礼堂、运动场、图书室、招待所、幼儿园、游泳池、浴池等供当地居民使用；(2) 邀请当地人士参加企业的文娱活动如电影欣赏等；(3) 参加地方上举行的活动，如运动会、纪念会、展览会等，并适当赞助经费或提供奖品；（4）置备一些工具供地方人士使用，如户外集会的车辆等；（5）提供捐赠或救济，如捐赠消防车、救护车、设置奖学金等；（6）赞助文体事业，甚至可以由企业出资兴建医院、体育馆、运动场、图书馆等设施。

现在国外成立了不少基金会，如福特基金会、洛克菲勒基金会等，这是工商企业从事社会公益事业的重要途径之一。成立基金会，可能纯粹为了公众福利，也可能为了科学研究和技术发展，还可能为了发展教育。基金会规模庞大、影响深远，可以为企业带来声誉。

7.3.9　小礼物

企业在顾客购买商品的前提下，赠送一定的物品，这并不属于公共关系范畴。为公共关系目的而送小礼物给公众，完全是无条件的，并不需要公众购买商品，其目的不是为了直接推销商品，而是为了酬谢公众惠顾，联络相互感情，发展友好关系。

要达到赠送小礼物的本来目的，不在于礼物的价值大小，但要求礼物要制作精美、设计新颖、令人喜欢，并且各次所送礼物尽量不要重复。

常作为小礼物的，是一些日用品，如公文包、电脑包、U 盘、鼠标、钢笔、电子表、打火机、烟灰缸、温度计、玻璃杯、皮夹等。这些东西很实用，接受者可以立即使用，且使用寿命较长。上面还可印上赠送企业的名称、商标等。

可作为小礼物的还有一些精致的工艺品，如木雕、大理石雕、水晶玻璃等。接受者可以当作陈列品。

此外，企业自身的产品也可作为小礼物，如糖果厂送糖果，领带厂送领带，制药厂送药品，纺织厂送布料，服装厂送成衣等。

每到年终，月历、年历、记事簿是最为人们所喜爱的小礼物。这些礼物花钱不多，但可悬挂于显著的地方，或随身携带，其使用寿命至少一年，颇有宣传作用。

以上介绍的仅仅是企业所采取的主要公共关系方式。除了这些之外，企业还可以采取座谈会、广告、展览与陈列会、集会、民意测验、记者招待会等方式开展公共关系，其中的一些方式在前面的一些章节中已做了介绍，而另一些方式由于更经常地为政府开展公共关系时所采用，因而本章未提及。

本章小结

◎ 企业公共关系包括对内和对外两个方面。企业公共关系的根本目标是内求团结、外求发展。企业公共关系的目标是树立良好形象、获取充分信息、履行社会责任、妥善化解危机。

◎ 企业公共关系的对象有多种，主要是员工、股东、顾客、供应商与经销商、政府机关、媒介、社区等。

◎ 企业公共关系的基础是员工关系。良好的员工关系的重要标志，就是员工具有较强的企业忠诚心，愿意为企业努力工作。而要做到这一点，就要关心员工的物质利益、满足员工的精神需要。

◎ 股东是企业公共关系所面对的一种内部公众。要建立良好的股东关系，企业公共关系人员必须有效、积极地促进企业与股东间的信息交流，维护股东的合法权益。

◎ 企业应重视处理与顾客的关系。在建立顾客关系的过程中，公共关系人员应努力加强企业与顾客间的信息交流，妥善处理顾客纠纷，科学地进行顾客关系管理。

◎ 企业与供应商和经销商的关系也是必须妥善处理的外部公关关系。为建立良好的供销关系，公共关系人员应积极推进企业与供应商、经销商之间的信息交流，增进了解，密切联系。

◎ 与政府机关保持良好关系，对企业的发展是有利的。与政府机关打交道，要有长远眼光，并按程序办事，还应以正当手段进行。

◎ 媒介关系是公共关系工作对象中最敏感、最重要的部分。为了建立良好的媒介关系，企业公关人员需要高度重视媒介关系，建立媒介关系库，熟悉媒介运营规律和潜规则，主动接受媒介采访，建立媒介危机的防御和处理机制。

◎ 社区是企业赖以生存和发展的外部环境。为建立良好的社区关系，公共关系人员要积极开展与社区的信息交流和社会交际活动。

◎ 企业公共关系所采取的方式是多种多样的，主要有：形成企业风格、企业出版物、网络、电话、通信、售后服务、专题活动、社会公益活动、小礼物等。

关键术语

企业公共关系　　企业形象　　戴维斯模型

专题活动

复习思考题

1. 企业公共关系的目标是什么?
2. 企业公共关系的主要对象有哪些?
3. 企业应如何处理好员工关系?
4. 企业应如何处理好顾客关系?
5. 企业应如何处理好政府关系?
6. 企业应如何处理好社区关系?
7. 企业公共关系的方式主要有哪些?
8. 试举例说明企业应该如何处理好媒介关系。

第8章 政府公共关系

【学习目的和要求】

本章讨论了政府公共关系的目标、对象和方式。通过本章的学习，我们要明确政府公共关系活动的目标，认清政府公共关系的主要对象，了解政府应如何与公众建立良好的关系。

政府开展公共关系活动，可追溯到20世纪初期。两次世界大战和20世纪30年代经济大萧条期间，为克服困难并赢取战争的胜利，西方各国政府普遍开展了公共关系活动，其中美国总统富兰克林·罗斯福领导的政府，曾成功地利用公共关系推行了新政和社会改革方案，从而成为美国历史上威望最高的政府之一。在我国，各级政府也越来越重视政府公共关系工作，以促进经济发展、政治民主、社会稳定、民族团结。本章要讨论的是政府公共关系的主要特点、原则、对象和方式等。

8.1 政府公共关系的主要特点和基本原则

政府即国家行政机关，是国家权力的执行机构，包括行政、立法、司法以及代表国家管理的各级权力机构，它对国家各方面事务行使着指导、管理、监督、

协调、保卫和服务等基本职能。

所谓政府公共关系，是指以政府作为行为主体，利用各种信息传播手段与民众进行双向的信息沟通，以争取民众的支持、信任与合作，从而树立政府良好形象的各类活动。

8.1.1　政府公共关系的主要特点

在政治民主化的社会背景下，政府公共关系是各级政府机构与公众建立良好关系、实施社会管理的有效手段之一。作为一种特殊类型的公共关系，与其他部门的公共关系相比较，政府公共关系既具有一般公共关系的属性，又具有其独特的内容。

（1）政府机构作为政府公共关系的主体其本身不但具有主导性，而且具有权威性、导向性和代表性。政府是国家权力的执行机关和管理机关，享有法律规定的充分的行政权力，因而政府机构作为政府公共关系的主体也具有权威性。政府的立场、意图、行为等一经传播必然会有相应的舆论紧随其后，总会在公众中产生支持者和鼓吹者，表现出很强的导向性。政府本身又是其所辖成员的代表，要向国家及与之相关的社会成员负责，因此也具有代表性。

（2）政府机构自身的施政行为是其传播行为的内核，是其传播内容中最重要的方面。公共关系三要素中传播作为主体和客体之间的纽带，是核心的沟通手段。虽然目前我国政府机构的传播行为仍然具有很强的非竞争性，但随着新媒体技术的进步，网络论坛、博客、手机等新兴媒体增加了政府机构施政行为的透明度。而我国政务公开制度和政治民主化进程，促使政府机构施政行为更多也更为主动地呈现于公众面前，施政行为对于政府公共关系的核心意义也越来越得到凸显。

（3）公众作为政府机构的公关对象，具有普遍性和复杂性的特点。我国政府是人民的政府，代表着最广泛人民的利益，其公关对象就是广大人民群众，具有高度的普遍性。同时，政府机构所面对的各种利益群体和观念群体，对政府有着不同的要求，对政府的决策、行为等也会有不同的反应。这就决定了政府机构所面对的客体对象具有高度的复杂性。

总之，我国政府机构公共关系的三大要素都有其自身的特殊性，这也构成了对政府机构公共形象进行系统解读和科学分析的必要性与迫切性的基础，同时也决定了在分析政府机构形象时，除了要结合固有的公共关系学理论，也必须重视我国政府机构公共关系要素的特殊性。

8.1.2 政府公共关系的基本原则

我国政府公共关系的开展一定要贯彻“三个代表”重要思想和科学发展观的指导思想，坚持四项基本原则，以党和国家的路线、方针、政策、法规为依据，一切从实际出发，密切联系群众，促进社会主义事业的发展。在我国政府公共关系开展的过程中，一定要坚持整体利益、实事求是、合法诚信、服务公众等基本原则。

1. 整体利益原则

所谓整体利益，是指我国政府作为社会的组成部分，必须以增进社会、国家和公众的整体利益和长远利益为目标。利益原则是一切社会活动的基本原则，任何管理形式和管理过程都是以一定的利益追求为基础的。我国政府公共关系则是以增进社会整体利益为基础。在我国，社会利益、国家利益和公众利益三者从根本上说是一致的，但在具体社会活动中则表现为各种复杂的差异、矛盾或冲突。政府责无旁贷地承担起协调各方利益的责任。

整体利益是我国政府公共关系的出发点。政府面对的社会公众是不同的社会利益群体，属于不同的社会阶层，有不同的思想基础、政治要求、经济状况和利益诉求。这些社会利益群体为了自身的生存发展，既要向政府提出各自的利益诉求，又因其自身的利益诉求而阻碍甚至干扰政府的政策和行动。而政府作为公共权威的执行系统，其根本宗旨是为全体社会公众服务，要通过最小的资源投入获取最优良的社会服务效果，而不是仅仅为一部分社会公众服务，更不是为保证某一部分公众利益的实现而损害另一部分公众的利益。为实现这一根本宗旨，我国政府就必须把整体利益作为政府公共关系工作的出发点。在设计实施政府公共关系规则时，应在保证和维护社会群体利益的前提下，正确处理社会利益、国家利益、群体利益、个人利益之间的关系，正确处理公众的根本利益、长远利益与具体利益、眼前利益之间的关系，使不同社会群体的合理利益诉求得到满足并协调发展。

坚持整体利益原则，就必须坚持对社会负责与对政府负责的一致性。对社会负责，即政府公共关系决不能忽视或损害社会利益和公众利益。政府必须了解和参与社会活动，关心、支持社会事业和公众事务。我国政府公共关系不仅要重视由政府行为引起的社会问题，如环境污染等；也要重视那些与政府行为无关的、带有普遍性的社会问题，如自然灾害、资源匮乏等；更要重视那些政府一时来不及解决或解决不了的公众问题，如毒品等。对这些问题，政府如果能从为公众负责的角度出发，正视它，解决它，就将大大提高政府的权威。对政府负责，即政府公共关系要为特定的政治制度、经济建设和社会发展服务，要对政府行为直接

引起的社会效果负责，还要对与政府行为不直接相关的社会效益问题表示关切，以争取公众舆论，扩大政府影响，树立良好政府形象。

坚持整体利益原则，就必须坚持“从群众中来、到群众中去”的群众路线。我国政府公共关系能否形成科学的目标、政策和方案，这些目标、方案是否真正符合社会整体利益并得到实现，完全取决于是否坚持“从群众中来、到群众中去”的方法。

政府机构要制定实施科学的公共关系目标、政策和方案，必须深入实际，调查研究，把分散的、不系统的公众意见集中起来，反复比较、鉴别和论证，经过制度化的决策程序，转化为系统的公共关系目标和计划，又到公众中去宣传解释，并检验公共关系计划是否正确，通过再集中，再实施，不断补充完善。这样就使政府与公众之间的关系趋于高度的整体协调，从而真正实现社会整体利益。

2. 实事求是原则

所谓实事求是，是指政府公共关系活动必须以事实为依据，讲真话，不讲假话，不做假事，不愚弄公众。实事求是是我国政府公共关系的基础，是政府公共关系信誉和力量的根本条件。美国《幸福》杂志退休总编辑罗伯特·卢巴在为罗伯特·L·狄思达等人的著作《公共关系手册》第三版写的引言中指出：“坚定的、不动摇的诚实本身当然是很必要的，但在公共关系中尤其应强调这一点。公众最不能容忍的是不诚实。美国总统尼克松的下台不是因为他赞成在水门大厦里安装窃听器，而是因为他和他的公共关系助手做了手脚，失去了公众的信任。同样，在里根总统第二届任期内的伊朗武器交易上，使大多数人感到痛心的是有关官员不正大光明。”

我国政府公共关系要坚持实事求是原则，就必须做到：（1）全面准确地掌握客观事实。在政府公共关系领域，事实不仅仅是简单的客观现象，它还承担着一定的社会信息。能否全面准确地掌握客观事实，实际上决定着政府公共关系活动的成败。开展政府公共关系必须对各方面的情况有全面的认识，以便使政府公共关系目标的确定和措施的实施建立在各种相关的社会事实基础上。（2）信息传播要客观、公正、真实、全面。政府公共关系人员应避免主观色彩的影响，尽量从政府和公众的双重立场出发，保持客观性和一定的中立性：政府公共关系人员要坚持真理，不畏强权，把国家利益、社会利益和集体利益置于个人利益之上；以实事求是的态度对待事实，防止片面性，不能扩大或缩小事实，不能报喜不报忧，也不能多报喜少报忧。（3）政府要根据事实调整其行为。政府公共关系负责社会协调工作，只有具备满足公众合理要求的能力，针对具体的对象、环境和目标，选择相应的策略和方法，积极主动地筹划公共关系活动，勇于把事情真相告诉公众，诚恳承认自己的失误，并及时调整政府的政策和行为，使双方在相互了解、合作的基础上实现互惠互利，才能取得扎扎实实的效果。

3. 合法诚信原则

所谓合法诚信，是指我国政府公关活动必须符合国家各种法律、法规和相关规范的要求，自觉遵守和履行法律规定的各项行为准则和各项行为规范。在建设和谐社会的进程中，政府与公众之间必然发生种种复杂的法律关系，这些都离不开法律、法规和政策的制约。

政府公共关系活动作为政治性、政策性很强的社会协调行为，必须坚持依法治国、依法行政的原则，在法律和政策允许的范围内进行，任何违法和失信的行为都应该禁止。政府机构和相关人员在从事公共关系活动时，应当做到以下两点：一是依法办事。政府公共关系人员必须以纪律和法律为准绳，以法律和法规规范自己的言行，自觉维护法律的严肃性、权威性，善于运用法律保护政府机构的权益，不损害公民、法人和其他社会组织的合法权益，敢于同违法乱纪行为进行坚决的斗争，并给予违法乱纪人员必要的处分或制裁。二是诚实守信。为了提高政府公共关系活动的效力，应该健全政府信息发布制度，完善各类公开办事制度，提高政府工作透明度和公信力，同时政府要做到科学行政、民主行政，制定与群众利益密切相关的行政法规、规章、政策，要向社会公开征求意见，做到决策民主化、科学化，保证政策的稳定性和连续性。

4. 服务公众原则

所谓服务公众，就是说在政府组织的公关活动工作中，必须坚持和推行公众导向、公众至上的公关意识和服务理念，以公众为中心，从公众日益增长和不断变化的服务需求着眼，以公众满意为目的，为公众提供完善和优质的服务，归根结底就是要打造服务型政府。

所谓服务型政府，是“在公民本位、社会本位理念指导下，在整个社会民主秩序的框架下，通过法定程序，按照公民意志组建起来的以为公民服务为宗旨并承担服务责任的政府”。要实现从管理型政府向服务型政府转变，首先，必须坚决摒弃官本位思想和权力型、领导型、管理型政府的观念，牢固树立群众利益至上的理念和服务观念与服务意识，把执政理念集中到立党为公、执政为民和全心全意为人民服务，建设服务型政府上来。

其次，要切实转变政府职能，改变过去政府包揽一切的管理体制，缩小、分解政府的管理权限和范围；合理界定各级政府、政府各部门的职能边界，避免因分工不当、责任不明而导致政出多门、交叉错位；避免管理出现“断档”，公共服务出现“真空”。

再次，要继续推进机构改革，按照精简、统一、效能的原则和决策、执行、监督相协调的要求，深化机构改革，使政府组织机构更加合理、科学、高效。

最后，塑造先进的行政文化和公正无私的公务员形象。塑造行政文化形象，是塑造政府形象的重要方面。铲除管制文化的舆论和心理基础，树立公仆意识、服务意识。公务员形象是政府形象人格化的体现，直接反映政府形象的优劣。政府工作人员不仅应自觉地向公众宣传政府为公众谋福利的政策，而且还要切实地以自己的行为来证明人民政府为人民的本质。

8.2　政府公共关系的对象

不同时期，不同政府，由于其施政目标、政策和方法不同，政府公共关系的对象也不同。但一般来说，主要有以下几种：

8.2.1　内部员工

任何机构都谋求融洽的内部人际关系，以增强组织的凝聚力和归属感，政府机构当然也不例外。

在我国，政府内部员工主要是指机关干部和一般职员。对内部员工开展工作，现在还存在一些实际的困难。要改变现状，应该进一步进行政府内部的机构改革、干部制度改革。除此之外，政府还应知难而进，力求使各级公务员树立公正、高效率、高素质的形象，调动起内部员工的积极性。其具体途径为：

1. 增强其荣誉感

一旦员工意识到其工作责任重大，对社会和公众具有积极意义，就会精神振奋。为此，公关人员应进行各种活动，使内部员工以政府荣誉为重，殚精竭虑，做好本职工作。

2. 实施公平政策

不公平易滋生不满情绪，所谓不患寡而患不均。一般来说，导致员工感到不公平的原因，一是认为个人所得报酬低于自身的努力程度；二是认为所得报酬，现在和过去相比，没有增加或增加很少；三是认为自身的努力、贡献与他人相似，但所得却远低于他人。不公平是一种社会现象，当社会机制还未健全、各种社会关系还未理顺时，不公平现象就变得突出了，所以消除不公平是政府工作的一项重要内容。而政府借助公共关系可先从内部着手，在干部任用上应做到：第一，能级一致。这是按劳取酬原则的体现。能力低，工作轻，居高位，而责任重，事务多，却难以晋升，或者劳逸悬殊，收入待遇相同。这些都会导致不公平感。政府在实施干部制度改革时，还应利用公共关系工作，改变“能进不能出，能上不能下”的状况，实现能级统一。第二，机会均等。即政策应体现公平原则，对所有干部都应是适用的，一视同仁，大家都站在同一起跑线上，展开公平竞争。

3. 创造一个和谐的政务环境

政务环境的和谐首先依赖于政府内部员工关系的和谐。要营造和谐的政务环境，必须有一个团结的领导班子，有一支团结互助、乐于奉献、遵纪守法、勤政廉洁的公务员队伍。要营造和谐的政务环境，还应该处理好上下级关系，协调好本部门和其他相关部门的行政利益关系，克服政务作风上的“虚、浮、懒”，政务工作上的“推、拖、等”现象，打造一个互相尊重、互相协作、配合默契的团队。以营造良好的政务内部环境，构建和谐的政府与内部公众的关系，从而进一步激发内部公众的工作热情和创造力。

4. 消除内部弊端

组织内存在的弊端会削弱组织的战斗力。在日常生活中，不难见到有些政府干部，侃侃而谈本机构的成就，对于外界的批评，总是竭力辩护或解释，另一些人则相反，到处指责和渲染本机构的缺点。这正是政府内部公共关系成功与失败的根源之所在。

8.2.2 社会公众

各级政府推行政令的对象，是社会公众。一项政策推行得顺利与否，取决于以下许多因素：

(1) 政府自身的形象和信誉如何。如果政府公共关系已在公众中成功地塑造了政府公正、廉洁、高效的形象，则无疑会增加公众对政府的信任程度，政令的推行也就顺利。

(2) 政策本身是否体现公众的要求，反映公众的利益。政府自觉地履行社会职责和社会义务，不只是消极被动地不损害公众利益，而应积极主动地为全社会谋求福利，即政策应代表公众利益。

(3) 决策过程是否科学合理，是否符合民主程序，是否听取了公众的意见、建议。倘若政府决策独断专行，听不进不同意见，不关心公众的愿望和要求，那么难免会造成政令推行的困难。更由于公众未参与决策，不了解政令的意义和可能带来的结果，政策推行当然也就得不到公众的拥护和配合，这样既降低政策的预期价值，又削弱政策的实际效果。

所以，政府要顺利实施政策，必须与公众保持密切联系，并建立良好的关系。具体来说，主要应该从以下几方面着手：

（1）加强政府形象管理，增强政府的感召力，巩固执政基础。

“在一般公众的心目中，政府官员是政府形象的缩影，他们的言行不仅代表他个人，而且代表政府。因此，政府官员应该具备现代的形象意识和形象素质。”通过领导素质、领导阅历、领导水平、领导业务能力、领导民主作风，来显示自己独特的形象魅力。每一个公务员也都是政府形象的生动载体。抽象的政府形象在公务员的日常工作中都具体化了，工作人员热情敬业能为政府赢取公众的好感，工作人员游手好闲则会损害政府在公众中的声誉，广大的公务员应树立全员公关的意识，自觉维护良好的政府形象。

（2）加强公众信息管理，拓宽公众政治参与的渠道，控制不和谐因素。

现代社会信息传播技术的飞速发展，为政府与公众之间的信息交换带来了极大的方便。一方面，政府受公众委托而代表社会公众履行管理职能，它行使的是社会公众的“公权”，追求的是社会公众共同利益。因此，政府必须关注公众需求，注意收集社会公众在施政过程中的信息，强化为人民服务的理念，而不应盲目服从于上级。政府组织应不断地输出内容丰富的政务信息，提高政务信息的质量，建立完善的信息输出管理机构和管理机制，促使信息传播双向有效地进行。另一方面，政府要提高对公众信息利用的质量和效率。进入21世纪以来，随着经济全球化的到来，社会信息日益膨胀。政府信息部门要善于分析、整理复杂的社会信息，通过对其进行去伪存真、去粗取精、由表及里的信息加工活动，把社会公众最关切、最迫切需要解决的问题找出来，作为信息处理的重要问题加以研究，善于挖掘危机诱因，并着手寻求对策，及时加以解决，维护社会的稳定。

（3）加强公众舆论管理，引导社会舆论。

舆论是公众信息的一部分，是一种集中的强化的公众信息，它是社会上大多数人对政府组织的看法和意见的公开表达，表明大多数社会公众对政府组织的基本态度和行为，是衡量政府公共关系状态的重要标志。任何政府组织都生存在特定的公众舆论环境之中，其政策和行为既受公众舆论的左右，也影响着公众舆论。因此，要加强政府组织对大众媒介议程的影响，引导公众舆论，强化“议题管理”。对那些与公共政策、公共事务密切联系，容易引起公众关注和争议的问题进行确认、分析、评估；对这些问题的发展趋势施加必要的影响；政府针对社会公众关心的议题，特别是社会转型和体制改革中的一些重大议题，进行于己有利的引导和控制，实现外部议题—组织议题—目标公众议题的良性互动。捕捉这些议题对组织发展带来的各种机遇，规避并防范这些议题对舆论环境影响进而给政府组织带来的风险和危机，确认政府组织未来两年内将可能出现的主要议题，谋求政府自身发展目标与社会公众需求目标的和谐统一，营造和谐的政府与公众的关系，化解各类公众的利益矛盾。

案例分析

从“华南虎事件”看政府应该如何引导舆论

1.“华南虎事件”中政府的反应

第一阶段：公众纷纷质疑虎照，地方官员坚持原判

民间呼声：2007 年 10 月 12 日，陕西省林业厅对外公布了一组新近拍摄的野生华南虎照片，但这些虎照却受到了公众的质疑。2007 年 10 月 15 日，网友称虎照原形系年画，同时年画生产商展示了 2002 年制作的年画存档底版图。

官方回应：2007 年 10 月 16 日，陕西省林业厅出面反驳照片“造假说”。2007 年 10 月 25 日，国家林业局新闻发言人曹清尧表示，将派专家赴镇坪调查“华南虎事件”，同时表示照片真假并不是国家林业局需要确定的范围。

第二阶段：专家认定虎照为假，官方需要二次鉴定

民间呼声：2007 年 11 月 25 日，网易独家曝光全套“华南虎”数码照片，六方专家经过仔细论证后一致认定周正龙所拍的华南虎照片为假照。

官方回应：陕西省林业厅副厅长坚持虎照是真实的，并言称若华南虎照片有假将辞职。2007 年 12 月 19 日，国家林业局召开新闻发布会，要求陕西省林业厅委托国家专业鉴定机构对虎照进行二次鉴定并如实公布鉴定结果。2007 年 12 月 22 日，陕西省林业厅宣称已开始启动华南虎照片鉴定工作。

第三阶段：结论遥遥无期，道歉不足以释民疑

民间呼声：2008 年 2 月 21 日，离国家林业局和陕西省政府指令陕西省林业厅委托国家专业鉴定机构“二次鉴定华南虎照”已有 76 天了，但此事仍无最终结论，公众质疑有关部门故意拖延。

官方回应：2008 年 2 月 4 日，陕西省林业厅发表《向社会公众的致歉信》，就“草率发布发现华南虎的重大信息”向公众进行道歉。但在信中未对公众所关心的华南虎照片真假问题作出结论澄清。

第四阶段：真相揭晓意料之中，虎照打倒 13 名官员

民间呼声：对虎照真伪的官方认定迟迟不公布，公众关注的焦点也开始转移到对个别官员是否参与造假的追问以及对政府公信力的质疑上。

官方回应：2008年6月29日，陕西省政府新闻办通报“华南虎事件”的调查处理情况，认定“华南虎照片”系假照，“拍照人”周正龙因涉嫌诈骗罪被逮捕，多名官员因办事不力而受到不同程度的处分。

至此，一度闹得沸沸扬扬的陕西“华南虎事件”尘埃落定。

2. 政府态度对“华南虎事件”舆论引导的消极影响

(1) 网民质疑政府诚信，官方形象受到损害。

在真相已经异常清晰的时候，陕西省地方政府官员仍然固执己见，回避自身失误，坚持所发布信息是真实的、不容置疑的。陕西省林业厅违背真理和大众舆论对抗的行为，直接导致林业厅乃至整个陕西省政府公信力的下降。

(2) 政府部门“失语”，引导舆论无力。

在“华南虎事件”发生后，国家林业局面对民众的质疑没有第一时间对此事进行调查和澄清，错过了政府引导大众舆论的最佳时间，导致了公众对这一事件的认识陷入舆论混乱。同时，国家林业局也没有对媒体关于此事的最新报道动态作出及时回应，任由事态发展不做有效控制。

3. “华南虎事件”给予政府如何有效引导舆论的启示

(1) 政府要尊重公民的知情权和质疑精神。

公民的知情权实际上来自人类利益的需要，其表现为对“新闻饥渴”的满足。公众质疑政府部门的信息，不仅是在行使表达权和知情权，更是在以积极主动的姿态，参与公共事务的讨论甚至决策过程。政府只有尊重公民的质疑精神，尊重他们的知情权，才可能赢得公民的支持。

(2) 政府要知错能改，树立强大的公信力。

政府要承担起自己的责任，树立自己的权威，就必须保证尽可能地在第一时间对外公布准确、真实的消息。

(3) 政府要利用新闻发布会有效引导舆论。

在“华南虎事件”中，陕西省林业厅滥用新闻发布会草率地发布有关华南虎的信息，误导民众，造成了恶劣的后果，而国家林业局在事情发生后也没有充分利用新闻发布会的机会澄清事实，错过了进行舆论引导的时机。“沉默的螺旋”理论告诉我们，政府要善于利用新闻发布会发出正确的舆论引导之声，并使民众趋向于这种意见，逐渐形成良性的大众舆论。此外，引导舆论，就要求政府在新闻发布会上向公众提供“有用”的信息，满足公众的实际信息需求。

4. 结语

“华南虎事件”表明，公众探寻真相能力的崛起对政府提出了更高的要求，政府必须要尊重公民的知情权，以诚信为本，积极地引导大众舆论，才能在群众中树立强大的公信力，构建一个和谐社会。

资料来源：黄莹：《透视“华南虎事件”：政府应该如何引导舆论》，载《广西大学学报（哲学社会科学版）》，2008（S2）9（S2）。

8.2.3 企业

长期以来，我国建立的是一种适应产品经济模式的高度集权的政府体制。其主要特征是政企职责不分，企业成为政府附属机构，政府利用行政方法直接干预和管理企业的产、供、销、人、财、物以及其他生产经营活动，致使企业长期缺乏发展的活力和后劲。为了改变这种状况，近些年来政府推行经济体制改革，减少了对企业的干预，基本改变了政企不分的局面，使企业成了相对独立的经济实体。那么，政企分开是否就意味着政府和企业毫无任何关系了呢？这样来理解，既是片面的，又是不现实的。在公有制条件下，政府与企业的关系会永远维持下去。改革只是要减少政府对企业的行政干预，把生产经营权归还企业，利用经济方法、法律制度来间接地引导和调控企业的经济活动，而企业则理应提高自主经营、自负盈亏、自我发展的能力，改变长期依附于政府的地位，打造和谐的政企关系。

要建立和谐的政企关系，政府应做好以下几个方面的公关工作：

（1）建立企业公众至上意识，塑造以企业公众为导向的政府服务文化。

政府在自觉主动打造新型和谐政企关系的过程中，服务至上应当是必须树立的第一理念，特别是针对经济领域需要政府作出的一切努力，都必须首先考虑和维护市场主体的合法权益，在法律许可和不损害其他公众利益的前提下，在最大程度上促进企业利润最大化目标的实现。政府服务文化是一种组织文化，它是指一个政府组织的全体成员所共有的服务价值观和共同的行为模式的总和。通过政府服务文化的塑造，可以协调和统一组织成员的心态与行为，形成统一的信仰、价值观和精神支柱，靠内在精神的激励驱动政府工作人员全心全意地为企业公众服务。政府服务文化塑造的根本点在于真正建立“公众至上”的意识，这也是我们社会主义国家政府的重要宗旨。因此，政府应积极加强公共关系活动，协调、统一思想和价值观念，树立企业公众至上意识，建设新型的政府服务文化。

（2）提高政府服务企业的能力。

把为企业公众服务的宗旨落实到具体工作之中，就应该提高政府服务企业的

能力，完善各种为企业公众服务的措施，提高工作效率，改善服务质量。

衡量一个政府服务企业能力强弱的标准，关键看这个政府能否为企业提供平等、公正、规范的服务和优质、高效、便捷的服务。这里有两层含义，所谓平等、公正、规范的服务，主要针对服务覆盖面而言；所谓优质、高效、便捷的服务，主要针对服务质量而言。

(3) 要讲求信誉，取信于企业。

政府的政策牵涉众多企业，如果朝令夕改，政策多变，说了不做，就会失去信誉、失去企业的信任。所以，没有把握做到的事就不说，说了就要做到。因主客观原因无法实现的事，要对企业诚恳地加以解释和说明；已经实现的事要及时向企业宣传和反馈，从而求得企业公众的谅解和拥护。

8.2.4 媒介

改革开放以来，随着市场经济的发展和政府职能的转变，政府管理社会的方法逐步从行政管理向公共管理转变，公共事务的管理主体日趋多元化，手段日趋多样化，并正在形成以政府为核心的、多元的、开放的公共管理体系，对公共事务的管理也越来越依靠社会自身的力量。政府仍然是管理核心，但不是唯一的管理主体，由政府、非政府公共组织和公众所组成的管理体系，共同管理社会事务，满足社会需求，推动社会进步。在社会公共事务管理中，媒介的重要性日益凸显，越来越表现出强烈的参与意识，呈现出不同于传统体制下媒体的新特点。首先，媒介作为党、政府和人民喉舌的功能得到加强，在发展市场经济和三个文明建设的进程中，我国媒介坚持正确导向，弘扬主旋律，为中国特色社会主义建设起到了正面宣传和鼓劲的作用。其次，媒介逐渐增强了信息传播功能，逐渐成为社会最有效的传达、动员和组织的载体与工具，在公共管理中的地位和作用越来越得到加强和突出。在政府工作中，必须搞好与媒介的关系，这样可以赢得更广泛的支持，并促进政府行为合理化。

政府机构应该做好以下工作，以更好地处理与媒介的关系，从而塑造良好的公共形象。

1. 进一步加强政府机构从公众和媒体获得反馈的能力

目前在政府机构和媒体、公众关系中，政府单向传播信息给公众和媒体，或公众和媒体直接从政府机构获得信息。而媒体和公众将信息反馈政府机构的方式和途径还较为匮乏。因此，需要进一步加强政府机构获得广大社会公众意见、建议反馈的能力。真正做到以人为本、为人民服务就需要发挥广大人民群众的创造力和监督能力，广泛听取人民群众的意见，结合反馈对政策的制定、施政行为的展开进行调节修正。

2. 要加强对不同群体和媒体的科学调研，从而有的放矢地针对不同的公众和媒体采取不同的媒介关系策略

由于社会背景、受教育程度、社会经历的不同，不同公众由于不同利益的驱动、不同的自身框架，对政府机构的公共形象会有很大不同，公众认知和媒体呈现的政府机构形象也会不同。只有对群体和媒体本身进行更为细致的研究，建立不同群体和媒体对于政府机构形象的认知模式，才能有的放矢地对不同对象采取不同的媒介关系策略。这也是在媒介关系层面体现科学发展观根本方法的措施和行为。

3. 要针对不同部门，依据其自身公共形象特点，从整体上提高政府机构的公共形象

一些机构美誉度较高、知名度较低，就需要着力于依托自身良好的美誉度，创造契机加强与媒体和公众的互动，提高政府部门知名度。对于知名度高、美誉度低的政府部门，必须大力推动美誉度建设，广泛听取人民群众意见，有针对性地改善施政方针和策略，迅速扭转危险的公关状态。对于知名度、美誉度都处于平均水平的部门应采取稳健的公关策略，逐步加强曝光度，着重处理好媒介关系。而所有这些政策的前提是，需要针对特定部门进行更为细致、严谨、全面的科学调研，为各部门制定详细的、特殊的公关策略，进而为调整媒介关系提供保障和基础。

4. 知名度较低的部门应加强和媒介的联系，通过合适的方式增加媒介报道数量，特别是在受众和销量较大的媒介上的呈现

政府机构知名度很大程度上反映了一个部门的影响力，一个部门若知名度过低，显然不利于机构政策的落实和施政的展开。增加媒体曝光率是提高政府机构知名度的快速途径。但增加曝光率的同时，需要注意正确引导，努力形成正面积极的形象，避免适得其反——出现知名度上升而美誉度下降的后果。同时，也需要逐步减少机构官员在媒体中的随意表态，进一步加强新闻发言人制度建设，将训练有素、了解媒体、能够迅速作出必要反应的新闻发言人推到前台，通过新闻发言人的专业知识和技能处理好与媒介的关系，扩大机构的知名度。

5. 美誉度较低的部门应进一步改善和媒介的关系，增加机构施政和决策的科学性与合理性，提高媒体中的公共形象

需要加强对媒体的引导，使政府机构更多地以正面和中性的形象呈现。大众传媒中之所以出现政府机构的负面新闻，主要是腐败问题和决策不科学、方式不合理等问题造成的。因此，惩治腐败、增加政策制定和实施的科学性、加强科学

家的参与、迅速有效地对突发事件作出反应，都是提高正面新闻报道的重要方式。此外，需要指出的是，在现代政府公关关系中，不但强调要“做”，还强调“做了就要说”，更强调“做了更要说好”，以提高政府机构的美誉度。

6. 进一步加强新闻发言人在媒体呈现中的作用

目前我国国务院新闻办公室、中央各有关部门和地方三个层次的新闻发布体系已经初步建成，我国新闻发言人制度建设获得了重大进展，除中国工程院、国家原子能机构等少数部门外，其他部门都配备了专门的新闻发言人，建立了较为完善的新闻发言人制度。然而从媒体呈现的角度看，新闻发言人出现的频率仍然较低，新闻发言人制度的实质作用有待于进一步加强。新闻发言人永远要做“第一个说话的人”，做好媒体的“引路人”，成为合格的“辟谣人”。

8.2.5　团体组织

无论过去还是现在，统一战线一直是政府的法宝之一，而统一战线工作，本身则具有浓厚的公共关系色彩。当今政府推进各项改革时，如何依靠统一战线、团结社会各界力量、调动一切积极因素来实现改革和发展目标，依然是政府工作的重要课题。所以团体组织无疑就成为政府公共关系的重要对象之一。

我们这里所讲的团体组织，具有特定的含义，是特指和政府组织相区别的各类群众组织与团体。在我国，这类组织可谓名目繁多。根据不同的性质可划分为：政治团体、服务团体、福利团体、宗教团体、学术团体等，这些团体在社会上有较大的影响。政府如能处理好与这些团体的关系，赢得它们的信任、支持和帮助，双方精诚合作，对于政府政策的实施是相当有利的。

要处理好与这些团体的关系，政府公关工作的主要着力点是：第一，推进信息公开。政府要按照规范化的建设要求，逐步建立公开、透明的信息披露制度，自觉接受社会团体监督。要将社会团体登记证、年检报告书、服务内容、收费项目和标准等通过互联网、电子屏幕、出版物等方式加以公示。第二，要适应社会主义市场经济发展和推进行政管理体制改革的要求，进一步转变政府职能，把政府不该管、管不了、管不好的一些事情交给社会团体，这样可以节省政府的财政支出，减轻政府工作负担，提高行政工作效率。第三，政府要经常与社会团体协商对话，沟通思想，既要让它们了解政府将要制定什么政策，将要实施什么政策，以便取得它们的谅解和支持，减少政策实施的阻力，又要了解它们对经济、政治、社会等情况的看法，了解它们的意见和要求，了解它们对已实施政策的评价，以便在政策中反映它们的意见，保证决策民主化，并适时调整政策。

8.2.6 意见领袖

意见领袖是指在人际传播网络中经常为他人提供信息，同时对他人施加影响的“活跃分子”，他们在大众传播效果的形成过程中起着重要的中介或过滤作用，由他们将信息扩散给受众，形成信息传递的两级传播。当今社会，有着许多形形色色的团体组织。它们有目标、纲领、章程，有固定的活动场所、特殊利益和合法地位。其领袖大多有能力、有知识，是团体中的“能人”，由于处事公正，能够为团体成员排忧解难，所以其观点对公众有着极大的影响力，甚至可以左右公众的意见，从而成为社会各界的意见领袖。

意见领袖主要是知识分子，包括团体负责人、报刊主编、评论家、学者、教授等社会各界知名人士。由于他们学识渊博，观点看法较之一般公众远为深刻透彻，因此其言谈往往会获得公众的信任和尊重。如果政府的政策得不到意见领袖的认同和支持，那么也势必要影响公众对政府政策的看法。所以政府要取得意见领袖的支持合作，就必须开展公关活动，与他们建立起良好的关系。为此，政府在与意见领袖打交道时应注意：第一，必须尊重他们。政府在和意见领袖交往中，双方应是平等的。对于意见领袖反映的情况，政府应给予重视和信任，而切忌采用行政权力来向他们施加压力。第二，安排他们在政府内担当一定的职务，以发挥其才干。第三，政府决策前应先征询他们的意见，以取得谅解和支持。第四，政府平时应该多与他们通气，举行听证会、座谈会、报告会等，把情况及时告知他们，以增进沟通，避免误解。

政府如能从上述几方面来努力，在施政方面，将不仅会减少阻力，而且还能得到助力。

8.2.7 其他政府机构

政府除对社会公众开展公共关系活动外，还必须在政府内部的机构与机构之间开展公共关系活动。这类关系主要有两种：

1. 纵向关系，即与上级机构和下级机构之间的关系

要密切纵向联系，首先就必须改变各级政府之间长期形成的结构不合理、机构臃肿、层次繁多、职责不清、互相扯皮、条块分割、各自为政以及行政工作低效的状况。政府对自身实施各项改革，正是要建立一个符合现代管理要求、功能齐全、结构合理、运转协调、灵活高效的机构。而政府机构开展公共关系活动，正有助于实现上述目标。具体来说，可以通过在上下级机构之间开展双向交流，以达到上下沟通、互相了解、密切联系，即所谓“上情下达、下情上达”之目的。这样，既有利于机构改革的实施，又有利于提高行政效率。当然，政府推进

公共关系时，还应注意改进自身的工作作风、办事态度，否则会对上下级机构产生不良影响，也会损害自身形象。

2. 横向关系，即平行的政府各级机构之间的关系

政府机构，不仅有上下级间的联系，而且还有同级部门间的联系，政府开展公共关系活动，就是要协调这类关系。如果政府各级部门都从本位主义出发，仅仅考虑自身利益，各行其是，互不相干，甚至彼此作出矛盾的决定，采用相互矛盾的做法，就必然会互相掣肘，降低行政效率，损害政府形象。所以，政府公共关系工作还应加强各级政府部门间的横向联系，遇到问题彼此协商，对计划或措施的实行相互征询意见。这样，可增加了解，相互协调，避免由此可能造成的损失和浪费。

政府的公共关系对象，除以上所述外，还应包括各类国际交往，如政府之间、团体之间、国际人士之间的友好往来，这也是政府公共关系工作的重要内容。关于国际公共关系的问题，下一章会专门讨论，这里不再赘述。

8.3　政府公共关系的方式

政府要做好公共关系工作，可以采用多种多样的方式。下面就分别介绍几种主要的方式。

8.3.1　服务公众

随着改革开放的进行，我国政府的职能也在由过去的管制型政府向服务型政府转变。政府的职能主要是服务、管理和保障，为公众提供高质量的公共服务，无疑是政府最重要的职责之一。政府应代表公众利益，对公众负责，为公众服务。为此，政府公共关系工作应注意以下几点：

1. 消除“衙门”作风

在实际工作中，时常可见到一些政府部门脱离公众，把公众拒之于门外的做法。所以政府工作首先必须克服这一官僚习气，树立为民服务的宗旨。

2. 重在平时培养

政府与公众的联系应重在平时，贵在积累，即政府为公众服务主要体现在日常工作中，这样才可赢得民心。如果政府只是在政令推行时才对公众“抱佛脚”，是得不到公众的合作与支持的。

3. 建立专门机构

我国政府设有一些专门机构来和公众联系，为公众服务。如我国政府机构从

上到下分别设有信访部门，其目的是加强政府同群众的联系，了解社情民意，汲取群众智慧，为民排忧解难，接受群众监督等。信访制度的建立体现了政府对人民群众的关怀及高度负责的精神，实践证明，它是政府加强与公众联系的有效途径之一，深受广大群众的欢迎。又如政府民事法庭则负责接受并处理各种民事诉讼或纠纷。上述机构在为公众服务时，应注意改进工作方法，改善工作态度，简化办事手续，提高工作效率。

4. 直接深入公众

各级政府领导直接深入公众，可亲自协调各种关系，处理各种问题，关心公众生活，这既能发扬政府的优良传统，密切政府和公众的联系，又能减少隔阂，消除误解，争取公众的理解和支持。

8.3.2 实行开放

政府对流传的各类小道消息，可以追查根源，或不予理睬，但谣言并不会因此而消除，甚至有可能直接影响政令的推行。信息论认为，只有信息传递的正式渠道通畅、合理，由非正式渠道传递的小道消息才能根除。因此，政府消除谣言的根本方法是“打开窗户”——对公众实行开放，增加政府工作的透明度。

1. 对外开放

简单的做法是让公众参观政府的办公地，了解政府的工作和决策过程，这样可增加公众对政府的亲近感。比如，美国的白宫、国会、各州政府和州议会，经常对公众开放，并设有导游，使公众了解政府工作情形，增加对政府的关心程度。当政令推行遇到阻力时，政府就把事实真相告知公众，这一做法对问题的解决无疑是有益的。1986 年，正当我国政府在广东省大亚湾建造核电站时，苏联切尔诺贝利核电站发生核泄漏事故，引起了香港公众的惊恐和担忧，甚至有人反对在与港毗邻的大亚湾建造核电站。面对这一情况，我国政府一方面在香港加强舆论宣传，另一方面则组织香港公众代表考察团参观大亚湾核电站，在现场由专家介绍设备的性能水平、运转情况、安全防护措施，最终使香港公众的疑虑得到消除。

政府官员做述职报告也是政务公开的一种有效形式。述职报告是政府官员就自己的职责履行情况和计划要办理的政务公开向权力机关及公众交底，由公众以事实为依据进行考核、评议、打分，形成一种公开监督制约的机制。述职报告、民主评议充分体现了平等、透明、坦诚的精神，它对促进干部制度的民主化建设，保证德才兼备的干部走上领导岗位具有重要作用。

2. 对内开放

对内开放即充分发挥内部员工的作用，让他们积极参与决策过程。如果什么都成为领导层的秘密，捂着盖着，不向外界透露，仿佛做“地下工作”，那么员工的心灵之窗也不会向领导敞开。领导不了解员工的想法和各种需要，那么势必要造成政府和公众、员工和领导之间的矛盾。

此外，通过内外开放，借助公众舆论，对政府官员的财产、收入及其他行为进行监督，也是政府消除腐败、实现廉政、提高声誉的有效途径。

8.3.3　电子政务

我国 1999 年开始启动的“政府上网工程”实质上就是发展电子政务。电子政务的内容主要包括：政府在网上向公众提供易于检索的信息服务，进行透明的政府网上采购，政府服务电子化，公民在网上参与政府决策等；核心价值是其所具有的透明度和政府治理与社会、公众的互动；基本目标是改善政府的公共服务。在数字化设备和虚拟空间中，政府与社会、政府与公众的交流、互动都变得十分容易，政府系统的反映、决策、沟通能力也将大大提高，并从根本上把政府治理从封闭的行政系统中拓展出来，更好地服务公众。作为一种崭新的政府——公民互动方式，电子政务的意义不仅仅停留在简单的技术层面，而在于更深层次的对政府和公众思想观念、行为方式的影响上。

1. 发展电子政务的作用

从我国政府公共关系的角度来看，发展电子政务主要有以下作用：

(1) 促进政务公开。

发展电子政务，通过网络发布政府公告，提供包括市政规划、公用事业工商管理、环卫、监督、检察、人事、就业、医疗卫生、物价查询等在内的数据库查询服务，在网上进行电子采购和电子招投标，及时公布政府的政策和招待情况等，使政务由神秘、封闭转为透明、公开，使管理由间接转向直接，充分体现政府活动的权威性和时效性。电子政务所带来的管理透明和政务公开，对扩大群众对政府管理的知情范围和程度、实施对政府管理的有效监督，起着不可替代的独特作用。

(2) 拓宽参政渠道。

公民通过电子民意调查、电子公民投票、电子选举、电子邮件等方式，进行利益表达以影响政府的政策，而政府也通过网络把握民意，作为决策的参考。互联网可视为政府与公民间的“电子桥梁”，它推动了政府官员与公民的直接对话，提高了民意在政府行为中的分量，从而极大地促进了民主政治的发展。网络成为公民参政通道最直接的影响在于：网络这种使信息不受时空限制的、快捷有效的互动方式使公民对参与政治有了崭新的认识；政府在网上开放的姿态与方便的技术手段促进了公民参与政治的兴趣，有利于培养现代公民意识；政府能够比以往更广泛地听取各方的意见，从而集思广益，有利于决策的科学化。

(3) 拓展服务空间。

政府职能服务化是近年来政府职能转变的大方向，向公民提供信息服务是政府职能之一。信息是市场的血液，市场的繁荣或萧条很大程度上取决于信息的流动。政府掌握着最大量的公众信息，又是法规、规章、规范的制定者，凭借互联网络的强大的技术支持，政府能够为公众提供大量的、易于检索的知识和信息。同时，借助互联网的技术优势，政府还可以开发网上服务系统，利用信息技术向公众提供更迅速、更简便、更周到的服务，政府服务的平台从传统的办公室、窗口、柜台转向简单的网络平台。政府服务空间的拓宽与服务方式的变革极大地方便了公众，提高了政府工作效率，更为重要的是它能促进我国市场经济的发展和整个社会的民主化、规范化。

2. 电子政务的应用

我国电子政务的应用主要集中在：政府为社会提供的应用服务及信息发布，如发布信息，提供查询，数据收集和统计系统，面向社会的各类项目申报、申请等；政府各部门之间的应用，如各级政府间的公文信息审核、传递系统，各级政府间的多媒体信息应用平台，同级政府间的公文传递、信息交换等；政府部门内部的各类应用系统，如政府内部的公文流转、审核、处理系统，政府内部的各类专项业务管理系统，政府内部面向不同管理层的统计、分析系统；涉及政府部门内部的各类核心数据的应用系统，如机要、秘密文件及相关管理系统，领导事务管理系统，涉及重大事件的决策分析、决策处理系统，涉及国家重大事务的数据分析、处理系统；政府电子化采购，即政府电子商务的运用。

8.3.4 协商对话

政府建立协商对话制度，与公众直接交流讨论，既听取公众的意见，又向公众介绍政府机构的工作情况，是政府开展公关活动的重要方式。在全国人民代表大会召开期间，公众借助电视台、广播台等传播媒介，间接地参与了政府政策的制定过程，也间接地与政府实施了对话，而这对增强公众议政、参政的意识，无疑是有意义的。

目前，政府进一步深化改革，克服改革中遇到的困难，有赖于公众的理解和支持。所以政府开展公关活动，就要把真实情况告知公众，把政府克服困难、解

决问题的决心告知公众，把政府已经或将要采取的措施办法告知公众，这样既可消除公众的疑虑，又能争取公众的合作。

另外，政府各级领导与公众之间，或面对面接触，或凭借传播媒介，进行地位平等、内容广泛、形式多样的对话，也是政府开展公关活动的重要方式之一。当然，对话的时间可长可短，可以是定期的（如每周一次或每月一次），也可以是不定期的。而对话的内容则主要包括社会热点问题、对形势的看法、重大政策的制定、政令的推行以及公众反馈的信息等。这类对话，由于是领导人与公众面对面的交流接触，并由政府领导人亲自讲解政策法令、分析形势，所以既可把政令直接而迅速地传播到公众中去，又可向公众展示政府领导人的能力素质、办事作风，从而为政令推行创造条件。

此外，现场办公也是消除政府与公众、领导与群众隔阂的有效办法。政府领导下基层现场办公，直接面对公众，回答各类问题，并尽量给予圆满的答复。因此，这种做法可以较快地打破“衙门难进、官员难见”现状。

8.3.5　庆典活动

政府举办的庆典活动，如周年纪念、奠基仪式、落成剪彩、展览会的开幕典礼等，都是政府开展公共关系活动的适宜方式。而组织一次气氛热烈、庄重大方的庆典仪式，不仅能给公众留下深刻的印象，增加公众与政府间的凝聚力，而且由于政府在社会公众面前公开“亮相”，表明了政府的态度，展示了政府工作人员的文化素质，因此对政府形象有直接的影响。2009 年我国政府在建国 60 周年之际，举办了隆重的庆祝盛典。这其实也是政府一次成功的公共关系活动。通过各种活动形式，如游行、联欢会、茶话会、座谈会等，回顾了国家建设的历史，在热烈欢快的气氛中展示了工业、农业、国防、科学技术、文化体育等各方面的成就。参加庆典活动的有不同阶层、不同年龄、不同民族的人民，政府领导人也频繁地参加各项活动，发表热情洋溢的讲话，弘扬民族精神。总之，一切安排无不着力于沟通举国上下的感情，鼓舞士气，团结民心，振奋民族精神。同时，庆典活动中也塑造了政府的良好形象。

既然庆典活动是政府常用的公共关系方式，那么政府在组织庆典活动，尤其是规模隆重、参加人数较多的庆典活动时，就应该注意以下方面：

（1）政府有关部门的领导人应积极参加。一方面表明政府支持和鼓励的态度，另一方面也可扩大政府在公众中的影响力。

（2）出席庆典仪式的人员，一般应包括政府领导、公众代表、社会各界知名人士、大众传播媒介（报纸、广播、电视等）的记者等。出席人员名单应提前拟订，请柬也应提前送达。

(3) 典礼程序和接待事项要周密严格、有条不紊地进行。为此，必须详细计划、设想周到、准备细致，这样方可避免出现差错。

(4) 政府领导人的讲话要力求言简意赅，起到增强气氛、沟通感情、发展友谊的作用即可。

(5) 安排一些必要的娱乐节目，如锣鼓、歌舞、礼花、鞭炮等，以渲染气氛。

(6) 庆典活动结束，应及时总结经验和教训，以备将来组织典礼仪式参考。

8.3.6 民意调查

政府机构进行民意调查，主要有两个目的：一是了解社情民意，为政府决策提供依据；二是了解公众对政令实行的反馈意见，如是否满意，有什么建议，以利于政策的改进和完善。所以，民意调查也是政府开展公共关系的重要方式。

民意调查的第一步工作是确定调查内容。一般来说，民意调查的内容较复杂，但大致可包括：第一步工作是公众对政府的信任程度和意见要求，公众对政府工作、政府领导人的评价，国内外各界舆论对政府实施的各项政策的报道评论及其他意见。此外，政府对社会环境因素也要进行调查，如社会状况及变动趋势，法律政策的执行情况，社会风气、风尚等。调查内容确定以后，第二步工作是收集资料。其方法是：开展内外交往、登门访问、问卷调查，充分利用传播媒介、电话、意见簿、咨询机构、批评信等形式，以及召开座谈会、会见公众代表和社会各界人士等。第三步工作是及时分析调查结果，对资料进行归纳、分类、整理，找出问题的症结所在。但应注意，进行科学的分析，要坚持实事求是的原则，力求真实、准确、客观，任何先入为主或主观臆断的做法，只会削弱调查结果的准确性和可信度。第四步工作是，民意调查的资料一经整理出来，就应分类存档，一则方便现在使用，二则还可作为政府今后决策的参考资料。但必须避免或者把资料束之高阁，或者资料一经用完即废弃，这两种做法都是不足取的。

市长联络员制度也是政府了解民意、与公众联系沟通的有效形式。一般来讲，联络员要由工青妇及市人大推荐的作风正派、敢讲真话、有较强参政能力并热心为群众服务的市民来担任。市长联络员将市民反映的信息通过各种途径向政府反映，为政府掌握民情、科学决策提供第一手资料。他们还定期参加市长联络员会议及列席政府工作会议，了解政府的有关政策，使政府的意图及时传达到市民中，增强政府与公众的相互了解。

8.3.7 广告宣传

政府进行宣传的方式很多，譬如利用各种传播媒介。除此之外，利用广告进行宣传，也是政府开展公共关系活动的一种有效途径。

利用广告进行宣传的优点是：醒目，易引起公众的注意，形式多样，富有人情味，立体感强，既可从正面进行引导，又可针砭社会时弊。如政府交通部门在繁华路口制作的交通安全宣传广告牌："为了您和他人的幸福，请注意安全!""高高兴兴上班来，平平安安回家去"，由于宣传内容涉及广大人民的生命财产安全，所以普遍为公众所接受。又如政府计划生育部门在繁华街道制作的"妈妈只生一个好"的广告牌，把政府的计划生育政策形象化、具体化，对公众产生了很大影响。再如中央电视台安排的"广而告之"节目，配合政府就社会安定、社会风尚、交通、教育、文化卫生、环境污染、生态平衡等问题进行宣传，引起了广大公众的普遍关注。

当然，任何宣传都应研究宣传规律，追求宣传效果，广告宣传也不例外。事实上，仅仅采用某一宣传方式并不能引起全部公众的注意，即使已注意的人中也不见得都会赞同或都会付诸行动，因为任何宣传都还会遇到来自旧习惯和社会环境的阻力，而低估这种阻力，只会导致消极后果。因此，政府公共关系，应研究宣传规律，要认识到宣传的长期性和艰巨性，综合运用多种方式，讲究宣传艺术与技巧，注意宣传环境、对象和条件的变化，提高宣传的效果。

新闻摘录

李白故里之争使两城市扬名　效果超过央视打广告

• 最为激烈的名人故里战引发公众热议：谁是正宗的"李白故里"?

四川江油、湖北安陆两地政府多次直接、间接"对话"，政府官员强硬表态，广告播放一波三折，中央电视台、国家工商总局"卷入"其中，两个籍籍无名的县级市随即名扬四海，李白成了超越文化的金字招牌。

"床前明月光，疑是地上霜。举头望明月，低头思故乡。"近日上演的一场轰轰烈烈的"李白故里"争夺战，给这首明白如话的李白诗增加了一个现代版本的经济注解。

• 争夺战升级：江油欲诉工商总局

"李白故里，银杏之乡，湖北安陆欢迎您。"自 2009 年 8 月中旬开始，湖北安陆的这则城市宣传片每天三次在 CCTV—4 播出，引起了一些江油网民的不满。

官方急速跟进。2009 年 8 月 21 日，四川省江油市市委宣传部致函中央电视台、湖北安陆市委宣传部，要求停止播出安陆的城市形象广告。理由是，2003 年，江油已经在国家工商总局成功地将“李白故里、九寨门户、蜀道咽喉、华夏诗城”注册为商标。

2009 年 8 月 24 日，安陆有关部门专函江油，希望两地能“共享李白”。2009 年 8 月 28 日，江油市文化旅游局向安陆市政府发去措辞强硬的律师函，要求立即停止相关侵权行为。同日，安陆市委宣传部副部长仰正林公开表态：安陆的宣传片主要为树立城市形象，不是商业行为，故侵权不成立，江油不该独霸“李白故里”，如果要打官司，安陆奉陪到底。

此时，央视已经停播了该则广告。安陆市向国家工商总局发函咨询自己是否侵权。

2009 年 9 月 15 日，国家工商总局商标局给湖北省工商局发文批复：安陆市使用“李白故里”不侵权。国庆长假过后，安陆城市宣传片在央视恢复播出。

争夺战再次升温。对于国家工商总局的批复，江油市委宣传部副部长蒲永见表示，“无论它怎么批复，也改变不了历史事实”。江油将继续向安陆发出律师函，同时表示，有可能起诉国家工商总局。

安陆则表示，权威部门已认定安陆不侵权，江油不应纠缠不休，“如果江油坚持要打官司，安陆不排除反诉”。安陆市委宣传部部长陈作义表示，“我们不会做任何改变，李白不仅是江油和安陆的，也是全国、全世界的，文化不应有狭隘的独霸心理”。

江油想“独霸”的，安陆想分享的，只是李白及其代表的文化吗?

• “名人牌”还行得通吗?

在成都大学旅游文化产业学院院长诸丹看来，名人牌是否好用，取决于当地的地理区位和发展旅游的理念、定位。“大都市人流量本身就很大，不需要特别突出名人牌。但对于一些边远的小县城来说，没有突出的资源，就只能靠名人效应。因为开发名人最容易，不需要什么营销成本。但现在旅游业正在提档升级，在从观光旅游向休闲度假转变，简单地打名人牌不会有什么实质性的效果。最多是一个旅游经过地，而不会成为一个旅游目的地。很简单，你会专程去看李白吗?”

一位不愿意透露姓名的地方官员表示，即便是借李白之名来招商引资，效果也不会很好，“这种套路已经有些落伍了，但是，一些经济欠发达地区，想让经济有个大发展或者大跨越，领导总得挖空心思去想，没办法了只能这样做。

不是还有地方在抢谁是正宗的'金瓶梅文化'发源地吗？换个角度想，这其实一点也不可笑。"

"李白故里"争夺正酣时，《湖北日报》刊发了一篇名为《同打李白牌　相争何太急》的文章，文中说道："由江油挑起的'故里'之争，也被媒体炒得沸沸扬扬，两个籍籍无名的县级市，顿时名扬四海。这种放大了的效应，比安陆花钱在央视做宣传，影响更大、效果更好。"

资料来源：《李白故里之争使两城市扬名　效果超过央视打广告》，载《中国经济周刊》，2009-11-11。

8.3.8　信息发布

所谓信息发布是指政府利用大众传播媒介或其他宣传渠道，将政府的工作活动情况（与国家安全有关的机密不在此列）及时介绍给社会公众。比如政府的立法、执法、选举，预算的确定和实施情况，干部任免，重大工程项目的建设，重大决策，重大事件及其处理办法措施等，都可以构成政府信息发布的内容。政府信息发布是政务公开和新闻宣传工作的重要组成部分。各地区、各部门应该将政府信息发布工作作为本地区、本部门日常工作的重要组成部分。改革开放以来，我国政府信息发布工作取得了很大的进展，在引导舆论、营造良好的国际国内舆论环境和推进社会主义民主政治建设等方面发挥了重要作用。

1. 政府信息发布的形式

政府发布信息的发布形式很多，主要有举办新闻发布会，召开背景吹风会，组织记者集体或单独采访，以政府新闻发言人的名义发布新闻公报、声明、谈话，利用电话、传真和电子邮件答复记者询问，通过政府网站发布新闻信息等。

（1）举办政府新闻发布会。

政府新闻发布会是指政府或政府有关部门举行的向新闻媒体介绍政府立场、观点、态度和有关方针、政策、措施等政府信息的问答式会议。新闻发布会为官员提供了一个通过媒体向公众传达信息的机会，也为公众提供了一个通过媒体向官员提问和获得信息的机会。当前，这种新闻发布会已成为公众比较熟悉的信息发布形式之一。

参加政府新闻发布会的对象主要是政府的领导人和大众传播媒介的众多记者。举行新闻发布会，政府既可以向外界发布信息，又可以向社会公众宣传政府的政策，介绍政府的工作情况，解答公众关注的社会、政治、经济等问题，从而达到政府与公众之间的双向沟通。

目前，我国政府的新闻发布会按发布方式主要分为两种：一是"自主发布"

或“无主题发布”，即由新闻发言人出面，定时、定点举行新闻发布会，如外交部、教育部、公安部、卫生部、国台办和上海市政府新闻发言人定期召开发布会回答记者各方面的提问；二是“搭台”发布或“有主题发布”，由各级政府新闻办公室定期或不定期邀请不同业务部门有关负责人或新闻发言人进行新闻发布，国务院新闻办公室、国务院各部门和省级人民政府新闻办公室举行的绝大部分新闻发布会均属此类。

新闻发布会体现了政府的高度重视，便于政府和诸多媒体直接双向交流。

在安排一次新闻发布会之前，应该考虑以下问题：

1）是否是最好的方式?

2）是否有足够具有新闻价值的信息使媒体记者满意而归?

3）是否为回答记者提问做好了充分准备?只有当发布主题足够重要、内容足够丰富、对记者具备足够的吸引力时，才适合举行新闻发布会。

(2）召开背景吹风会。

背景吹风会是新闻发布工作中常用的一种形式。背景吹风会的内容大多被要求不做报道，或在报道中不做直接引用。由于背景吹风会所提供的信息能影响和引导记者有关这类题材的报道，所以它是新闻发布会的一种重要辅助形式。

背景吹风会不必定点定时，形式相对简单，有时要求在报道中隐匿消息来源。同时可锁定部分目标媒体进行小范围的发布，发布者对信息的掌控度高。

(3）组织记者集体或单独采访。

组织记者集体或单独采访是指通过主动和应邀约见或安排独家或多家媒体的采访来发布新闻信息。这种发布形式灵活机动、时效性好，可体现政府主动性，又可有选择地接触媒体，有利于深入交流和树立发言人的良好形象。

(4）以政府新闻发言人的名义发布新闻公报、声明、谈话。

以政府新闻发言人的名义发布新闻公报、声明、谈话，是指新闻发言人由党和政府授权，郑重宣布某项新闻事实，或者对某项政治事件发表声明。它代表着党和政府的立场、态度和主张。声明和谈话则是新闻发言人就有关事项或问题向社会表明本部门、本单位的立场、态度和观点等。

这是在特定场合使用的具有相当政治严肃性的新闻发布形式，新闻公报、声明和谈话可以在报刊登载，也可以通过广播、电视、网络等播发。公报、声明、谈话发表之前一定要慎重考虑，经反复审定后，选择恰当的媒体播发。

(5）利用电话、传真和电子邮件答复记者询问。

遇有热点新闻出现或是媒体需要确证某些新闻信息时，政府新闻办公室常常需要利用电话、传真和电子邮件等方式来及时回复记者问询。这种方式及时、简

便、灵活、针对性强，需要反应迅速。当一些重大突发公共事件、热点、焦点新闻发生时，或者记者需要立即求证某些重要信息时，这种新闻发布方式用处很大。公开新闻发言人的名单和联系方式，开通媒体与政府联系的“快速通道”，本身也是政府透明、开放的一种重要体现，对那些需要异地采访的外地或是境外记者更是非常方便。

（6）通过政府网站发布新闻信息。

随着互联网的迅速发展，政府新闻办公室在官方网站上发布政府的重要文件、档案、报告和其他信息，上传新闻发布会的多媒体记录等，成为政府信息发布的重要形式之一。在公共危机事件或其他突发公共事件爆发时，政府如果能充分利用网络传播在时效性、广泛性和互动性上的优势，第一时间给出政府的态度和声明，就可以展现出政府主动沟通、积极应对的姿态，有效地稳定民心，防止不实报道带来的负面影响。

只有灵活运用政府新闻发布的各种形式，才能获得好的传播效果。选择不同形式来进行新闻发布，本身也是政府立场、态度的一种鲜明体现。不同的发布形式会在很大程度上影响发布效果。新闻发言人不仅要细心甄别和考虑各种发布形式的适用范围和实际操作效果，还要在新闻发布前根据即将发布的信息的自身特点和发布时的环境参数（如舆论热点、记者需求等）选择适合的发布形式。

2. 政府信息发布工作的重要意义、主要任务和主要内容

政府信息发布工作的重要意义体现在以下五个方面：

1）政府信息发布工作是深入贯彻邓小平理论和“三个代表”重要思想，全面落实科学发展观、构建社会主义和谐社会的要求。

2）政府信息发布工作是发展社会主义民主政治，建设社会主义政治文明，坚持科学执政、民主执政、依法执政，加强党的执政能力建设的要求。

3）政府信息发布工作是深化改革、扩大开放，完善社会主义市场经济体制的要求。

4）政府信息发布工作是推行政务公开，提高政府工作和政务信息透明度，加强政府自身建设的要求。

5）政府信息发布工作是对外全面、准确、主动、及时地介绍中国，向国际社会展示我国良好形象的要求。

政府信息发布工作的主要任务是：

1）紧紧围绕党和政府的中心工作，全面、准确、主动、及时地向国内外公众介绍我国在改革开放、经济建设、社会发展等方面的重大方针政策及其执行情况和取得的成效，增进国内外公众对我国政府工作的了解和理解。

2）针对境内外舆情动向，及时发布权威信息，解疑释惑，消除不实或歪曲报道的影响，维护我国社会稳定的良好国际形象，为政府工作营造良好的国际国内舆论环境。

政府信息发布的主要内容有以下五方面：

1）介绍政府有关工作，包括政府及各部门制定的重要法规规章、重大方针政策，有关法规规章和政策的执行情况及进展。

2）就国内外关注的重大热点问题，阐明政府或相关部门的主张。

3）发生重大自然灾害、事故灾难、公共卫生和一些社会安全事件等突发公共事件时，及时、准确、客观、全面介绍事件情况、政府举措和公众防范措施等。

4）针对外界对我政府工作所产生的误解、疑虑以及歪曲和谣言，通过及时发布权威信息，解疑释惑，澄清事实，驳斥谣言。

5）发布其他需要通过媒体向公众介绍的政府信息。

参考资料

我国政府新闻发布工作的发展情况

我国政府的新闻发布工作，可以追溯到20世纪五六十年代，当时外交部根据需要，举行了有限的几次新闻发布会。1983年2月，中宣部、中央对外宣传领导小组联合下发《关于实施〈设立发言人制度〉和加强对外国记者工作的通知》，要求外交部和对外关系较多的中央各部门建立这样的制度，定期和不定期地发布新闻，但以后由于种种原因，除外交部、国家统计局等少数部门设立发言人开展新闻发布工作外，新闻发布工作总体上进展缓慢。

1993年年初，为加强对外宣传工作，国务院新闻办公室开始负责国务院新闻发布和协调各部门新闻发言人工作，并以国务院新闻办公室记者招待会或新闻发布会的形式组织新闻发布，陆续邀请各部门主要负责人和新闻发言人出面，介绍情况，答记者问。到2003年年初的这十年时间内，国务院新闻办、外交部的发布会成为我国政府新闻发布的主要阵地，其他部门也逐步建立起经常性的新闻发布制度，但大多以不定期召开新闻通气会、提供新闻通稿等方式发布新闻。

随着我国社会的进步和发展，国际上对中国的发展情况和政府的方针、政策越来越关注，改进和完善中国政府的新闻发布工作成为一项十分紧迫的重要任务。2002年11月，党的十六大提出建设“透明”的行政管理体制。2003年在

我国政府新闻发布工作的发展进程中是具有里程碑意义的一年。2003年年初，中央提出建立健全对外新闻发布机制，新闻发布要做到经常化、规范化、制度化；2003年“非典”初期的深刻教训使我们进一步认识到了信息透明、舆论引导的重要意义，政府新闻发布制度建设和新闻发布工作进入了一个快速发展、全面改进和稳步提高的新阶段。

资料来源：国务院新闻办公室新闻局：《政府新闻发布工作手册》，北京，五洲传播出版社，2007。

8.3.9　其他方式

除上述较重要的公共关系方式外，政府还可采取其他一些方式，并应注意一些工作细节，如不注意，极易造成公众对政府的不良印象。

1. 市长公开电话

这种电话是政府倾听群众呼声的“热线”。公众通过公开电话能够将日常生活和工作中遇到问题及时、迅速地反映给政府。这不仅为市领导正确决策提供了依据，同时也使政府能够及时察觉到有关动向，并制定应急措施，消除隐患。市长公开电话具有直接、迅捷、真实的特点，可以对改进政府工作起到积极作用。

2. 改进传达室工作

各政府机构都设有门卫，以保证办公安全，这是必要的。正因来访公众首先经过传达室，传达室门卫的形象、接待态度，构成了他们对政府机构的“第一印象”。这样，就要求传达人员必须讲文明、有礼貌，熟悉机关情况，又懂接待业务，能使来访者无论事成与否，都不会不满。而现行的许多政府机构，传达人员往往由一些临时工组成，他们既不懂机关业务，又不谙人际关系，于是经常造成门卫与公众的龃龉。这对塑造政府形象、提高政府声誉是极为不利的。

3. 认真接电话

从外面打给政府机关的电话，无论是自己的，还是别人的，都必须使用礼貌用语。如一拿起话筒，先说“您好”，并主动向对方通报本单位名称。当核对落实后，要用心听取对方的各种询问，并给予耐心的解答，不清楚的可如实告知。总之，接电话时，语气要亲切耐心，让对方感到你愿意为他（她）热忱服务。最后千万别忘了说“再见”。

4. 布置好会议场所

政府机构专门对外使用的会议室，布置应讲究，并提前打扫整理。但不宜图豪华、奢侈，否则会对公众和下属产生不良影响。当举行有社会各界人士参加的会议时，应精心给予布置，如在会议桌上搁几本介绍本机构情况的资料、员工自编的有关刊物等，供与会者在会前翻阅。

本章小结

◎ 作为一种特殊类型的公共关系，与其他部门的公共关系比较，政府公共关系既具有一般公共关系的属性，又具有其独特的内容。

◎ 在我国政府公共关系开展的过程中，一定要坚持整体利益、实事求是、合法诚信、服务公众等基本原则。这些基本原则是发展我国政府公共关系的指导思想的具体体现、贯彻和运用。

◎ 政府公共关系的对象主要有：内部员工、社会公众、企业、媒介、团体组织、意见领袖、其他政府机构。

◎ 政府公共关系的方式主要有：服务公众、实行开放、发展电子政务、协商对话、庆典活动、民意调查、广告宣传、信息发布及其他方式。

关键术语

政府公共关系　　服务型政府　　意见领袖

政府新闻发布会

复习思考题

1. 政府公共关系的基本原则是什么？
2. 政府公共关系的主要对象有哪些？
3. 政府应如何处理内部员工关系？
4. 政府应如何与公众建立良好关系？
5. 政府应如何处理媒介关系？
6. 政府公共关系的主要方式有哪些？
7. 政府的公关信息发布有哪些形式？
8. 试举例说明政府如何利用公关活动塑造良好形象。

第9章

国际公共关系

【学习目的和要求】

本章讨论了国际公共关系的原则、对象和方式。通过本章的学习，我们要认识在国际政治、经济活动中开展公共关系活动时要遵循的原则，了解国际公共关系要联系的对象公众，明确国际公共关系活动常用的方式。

在经济全球化的推动下，国际交往日益深入、密切和广泛，“从这个意义上讲，地球变成了平的”。这对国家形象的塑造和传播提供了更多的机遇，也提出了全新的挑战。政府国际公关作为公共关系实务的一个重要类型，越来越多地承担对外交流与沟通、塑造与传播国家形象的责任和使命，其重要性正日益受到广泛重视，已经成为一国有意识、有目的、有计划地塑造和传播国家形象，维护和发展国家利益的新手段、新途径、新举措。如何利用国际公关，增加与国际公众的双向交流与沟通，加快步伐融入全球化轨道，增进与国际社会间的政治、经济、文化合作，树立中国良好的国家形象，进而达到影响他国政策或实现自身政治意愿的目的，已成为中国政府不得不深入研究和思考的重大问题。

国际公共关系不是国内公共关系的简单延伸，它在工作目标、工作对象和工作方式上都与国内公共关系有着重要的区别。下面我们对此逐一进行介绍。

9.1 国际公共关系的概念、特点和原则

9.1.1 国际公共关系的概念

国际公共关系是指各国政府和企业在国际政治、经济活动中开展的公关工作。具体来讲，它是指政府和企业在政治、经济、文化等国际交往的活动过程中，通过开展一系列有计划、有目的的活动，采用一定的传播方式在国际公众中树立其良好形象，取得国际公众的了解、支持与合作，从而实现自身目标的公共关系形式。从这个定义可以看出，从事国际公共关系活动的主体包括政府和企业，但我们以下的分析中只涉及政府公关活动。

9.1.2 国际公共关系的特点

研究和开展国际公共关系，应注意分析把握其下述特点：

1. 国际公共关系与国家外交活动既有联系又有区别

从广义上看，国家外交活动与国际公共关系在目标、方式、原则等方面是一致的，都是要协调一个主权独立的国家与其国际公众之间的关系。但是从狭义角度来看，二者有着明显的区别。国家外交，是指国家为实现其国家利益和对外政策，由国家元首、政府首脑、外交职能部门等进行的对外交往活动，如国际谈判交涉、发出外交文件、缔结条约、参加国际会议和国际组织等，它注重处理的是独立国家政府间的官方关系。外交活动牵涉的因素复杂多变，一般总是以经济实力作后盾，以政治手段和军事实力相周旋。国际公共关系渗透于所有行政活动领域包括外交活动之中，各级政府机构及有关部门都要与特定的国际公众交往，其目标、原则和方式既要服务于国家的外交政策和行动，也要服从各政府机构的行政目标和利益。

2. 国际公共关系的主体是政府系统

政府系统主要是指国家的中央政府及其职能部门、地方政府及其职能部门，与中央和地方政府及其职能部门在业务上紧密相关的企事业单位，具有政府或官方背景的社会团体等几个层次。随着世界各国政治、经济、文化联系交往的逐步加深，地方国际化和外交地方化，以及官方外交与民间外交相结合的趋势也在逐步加强，政府系统的国际公共关系活动也显得越来越重要。在中国，随着改革开放的逐步深入，国际公共关系的上述四类主体，又可以划分为“官方”和“民间”两个方面。“官方”是指中央政府和地方政府及其职能部门，“民间”指的是

企事业单位和社会团体等。民间主体交往与官方主体交往是政府国际公共关系的两种形式，从实践上看，官方交往与民间交往目标一致，相辅相成。民间交往一般总是官方交往的先导，即两国之间通过长期的民间交往，增进了相互了解，从而为建立融洽的官方关系打下基础。而融洽的官方关系，又为民间交往提供了广阔的前景，并使其获得长足的发展。

3. 国际公共关系的对象和范围是广泛多样的

国家组织、国家中的各类社会组织、地区集团、国际组织、外国公民、本国侨民等，都可以成为国际公共关系的对象。政府系统与各类国际公众之间的交往，涉及一个国家与国际社会在政治、经济、文化和军事等各个领域的交往合作关系。这种合作交流对于树立国家形象，促进各国人民的友好交往，改善国家关系，维护世界和平，促进区域合作，制定和实施国际活动规范，为各个国家协力解决诸如环境、人口、难民、残疾人、儿童、妇女等共同关心的社会问题等，都有不可忽视的促进作用。

与国际公共关系比较接近的另一个概念是“公共外交”。公共外交简单讲就是政府主导的通过影响对象国民众进而促进发展本国与对象国外交关系的各种活动。因此，公共外交实际上是外交活动的一种间接拓展方式，是政府总体外交战略的一个有机组成部分。国际公共关系与公共外交在概念含义上有很大的重合部分。二者都是政府主导的、为国家利益服务的对外活动。但是，国际公共关系的范围比公共外交更广，它的活动客体不仅包括一般民众，也可以包括对对象国权力机构（如国会）的游说等活动。

9.1.3　国际公共关系的原则

国际公关是特殊的公共关系，应根据公共关系的一般原理和政府公关的特征，同时考虑到政府的职能和属性及其国际公关客体的特殊性、差异性和复杂性，遵循一些基本原则，才可能进行国际公关运作，有效改善国家形象。

1. 国家利益至上原则

国家利益是国家间互动最重要的驱动因素。国家利益至上原则是处理国与国之间关系的首要原则，也是核心原则，是任何国家在处理国际事务时都应遵循的基本准则。因此，作为政府公务员的公关人员，在从事国际公关活动时，不仅要确保能使本国在国际公众中树立良好形象，还必须忠于国家、忠于政府、忠于人民，始终在坚持相互尊重、平等互利的基础上把国家利益摆在最高位置，以维护、巩固和发展国家利益为最高的行为准则。相反，任何有损于国家利益的行为和方式，不但与国际公关的终极目标背道而驰，也不可能真正塑造良好的国家形象，因此必须坚决予以杜绝。

2. 真实公开原则

真实公开是公共关系生存和发展的基础，公开化、透明化是公众对政府部门工作的基本要求。塑造良好国家形象的过程具有长期性、复杂性和艰巨性的特点，绝非一日之功，不能急于求成。因此，在从事国际公关活动时，除了涉及国家机密的信息外，传递给国际公众的信息必须保证真实可靠和准确无误。散布、传播虚假信息或许能收到一时功效，但从长远来看，它对一国国家形象所造成的损害是难以弥补的。如美国布什政府为铲除萨达姆政权，曾千方百计让全世界相信萨达姆和“基地”组织勾结，以赢得国内外舆论的支持，然后悍然发动伊拉克战争，将萨达姆送上了绞刑架。2008 年 3 月，在伊战五周年之际，美国国防部解密备忘录却首次承认“前伊拉克总统萨达姆和‘基地’组织并无关系”。由此，美国遭到世界大多数国家的强烈谴责。可见，在从事国际公关活动时，必须坚持信息真实公开的原则。

3. 遵守国际惯例原则

政府国际公关是一种跨国界、跨文化的活动，要求遵循统一的国际法和国际惯例。1961 年，国际公关协会制定了《国际公关协会准则》；1965 年，国际公关协会又在雅典通过了《国际公共关系道德准则》。这两个文件对国际公关人员的行为规范、道德准则等提出了一些原则性的要求，如注重信息的真实性，尊重和维护人类尊严，对社会和公众利益负责，尊重《联合国人权宣言》的道德原则与规定等。此外，国际公共关系领域还存在一些不成文的惯例，如平等竞争、保守机密等。这些惯例也是在开展国际公关过程中必须遵守的重要原则。

4. 尊重多样文明原则

从本质上讲，政府国际公关是一种跨文化传播管理。正如美国《公共关系手册》所言：“对外关系的交流，十有八九不是出于利益的冲突，而是语言、文化、传统等方面的隔阂。”人类社会是一个由不同类型文明所构成的共同体。文明的多样性，决定了不同的文明之间既有内容的差异，也有形式的差异，还有发展水平的差异。对不同国家的公众，还需要照顾其民族文化、宗教信仰等特点，即要坚持国际性与民族性的统一原则。国际公关，特别是在它国境内开展国际公关活动，必须了解和熟悉它国的公关环境，包括政治、法律、经济、社会、历史、文化、资源、人口等环境因素，这些环境因素对国际公关活动具有重要的影响。只有善于在求同存异的基础上开展沟通与合作，才能使国际公关产生积极效果。

5. 遵守国际礼仪原则

良好的国际礼仪能体现一个国家、民族的精神风貌与道德品质，有助于建

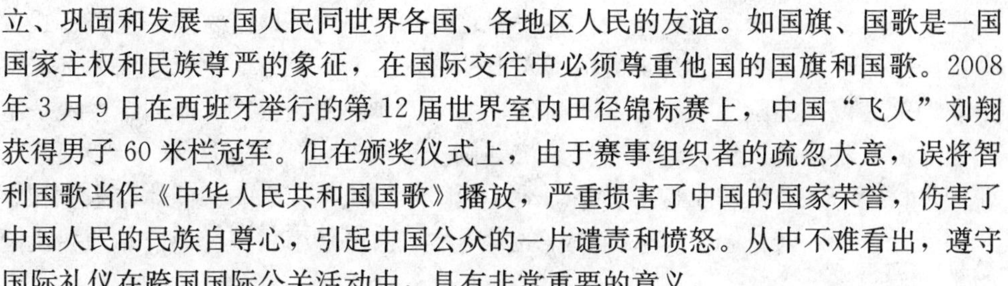

立、巩固和发展一国人民同世界各国、各地区人民的友谊。如国旗、国歌是一国国家主权和民族尊严的象征，在国际交往中必须尊重他国的国旗和国歌。2008年3月9日在西班牙举行的第12届世界室内田径锦标赛上，中国“飞人”刘翔获得男子60米栏冠军。但在颁奖仪式上，由于赛事组织者的疏忽大意，误将智利国歌当作《中华人民共和国国歌》播放，严重损害了中国的国家荣誉，伤害了中国人民的民族自尊心，引起中国公众的一片谴责和愤怒。从中不难看出，遵守国际礼仪在跨国国际公关活动中，具有非常重要的意义。

6. 尊重传播规律原则

与政府国内公关不同，国际公关的目标是提高一国政府在国际社会中的知名度和美誉度，这就要求政府信息传递的覆盖面更广、渗透力更强，能及时快捷地到达其他国家和地区。因此，应当在遵守一般传播规律的基础上，了解和熟悉目标国主要的大众传播机构、传播体制、媒介运作方式、大众传播的法律法规、跨文化沟通和国际传播的策略与技巧等，还要研究跨国公众的属性与需求，以及他们所处的社会环境和时代特征，在知己知彼的基础上，才能制定和实施有效的国际公关策略。成功的国际公关传播，一般都包括传播者、传播内容、传播媒介、传播对象和传播过程五个基本要素，这五个基本要素互为条件、互为因果、相互整合、相互完善，保证国际公关传播产生积极效应、放大效应。因此，在开展国际公关传播、塑造国家形象时，要把握好、运用好这几个基本要素，使这几个基本要素融为一体、不可分割。

9.2　国际公共关系的对象

国际公共关系的对象，包括国际组织、外国的公司和企业、外国民间团体、外国文教体育界、外国知名人士和外国一般公众。对一国政府来说，公众不同，国际公关活动方式不同，公关人员投入的力量（时间、人力、财力）也不同。

下面我们逐一分析国际公共关系的各种对象。

9.2.1　国际组织

现代国际社会是通过各种组织联结起来的。组织——无论是政治的、军事的、经济的，还是文化的、宗教的，也无论是正式的，还是非正式的、松散的——在国际事务中都扮演着越来越重要的角色。没有人知道有多少个国际组织，人们只看到各种国际组织的数量与日俱增。除了联合国及其下属机构外，还有许多国际性（非全球性）组织。各大洲之间、大洲内部地区之间存在着各式各样的国际组织。这些组织几乎囊括了人类社会发展的各个方面。以非洲为例，整个非洲大陆范围的国际组织有：非洲统一组织、非洲发展银行、非洲工会统一组织、非洲贸易促进组织协会、非洲经济共同体、非洲邮政联盟、非洲铁路联盟、非洲木材组织、非洲花生理事会等。地区性国际组织有：东非共同体、东非和中非国家元首和政府首脑会议、西非经济共同体、西非货币联盟、南部非洲关税同盟等。

所有这些组织将不同国家和地区因某种国际事务中的共同利益联结起来。对国际组织的公共关系，在一国政府的国际公关活动中占有十分重要的地位。其重要意义表现在如下三个方面：

第一，组织的生成源于组织成员在某一方面具有共同利益。了解并参与某一国际组织就表明本国与组织的其他成员国在某些方面的利益是一致的。共同利益是“对话”与合作的基础。

第二，各类组织的会议和交流活动提供了介绍本国内政外交政策、宣传和平主张的讲坛。本国政府可以通过参加国际组织的活动，与组织的各成员国进行广泛的信息交流，争取两国或多国在更广阔领域里的合作机会，或建立更加牢固的友好关系。

第三，申明本国对某些国际组织的看法，支持或反对某些组织的纲领及活动，无异于公开声明本国在各种国际事务中的立场。这种做法往往能起到提高国家声誉、树立国家形象之作用。例如，我国反对构建任何军事组织，反对与超级大国缔结政治军事联盟，表明了我国政府“独立自主”的外交政策，表明了我国人民对世界和平的渴望和维护，提高了我国的国际声望，为我国和广大的“不结盟”国家发展友好关系奠定了基础。

开展对国际组织的公关活动，需要做以下几方面的工作：

(1) 了解各种国际组织的行动纲领、组织原则、工作目标以及在国际事务中的地位、影响等方面的详细情况。

(2) 在分析掌握各种国际组织情况的基础上，确立本国对各种组织的态度，承认多数国际组织的纲领、行动对国际社会的安定繁荣和成员国的经济社会发展所起的积极作用，反对少数国际组织对世界和平的威胁和破坏活动，如 1999 年中国反对北约轰炸南联盟。

(3) 审时度势，根据需要和可能，决定申请参加何种国际组织，争取与哪些国际组织保持密切联系。

(4) 若决定参加某个国际组织，则需将本国的愿望、要求和条件，按组织的

工作程序提交给组织审议。同时，与组织的领导机构进行广泛接触，并对组织中有较大影响的成员开展公关活动，以期为组织所接纳。

（5）参加某一国际组织后，要坚决贯彻执行组织的原则和行动纲领，主动承担应尽的责任和义务，加强和组织各成员国间的交往，以便在更广泛的领域内建立起互助合作关系。

9.2.2　外国公司和企业

对外国公司、企业、金融机构的公共关系活动是国际公共关系的重要内容，特别是对发展中国家的政府而言。发展中国家在经济发展过程中常常会遇到资金短缺、技术落后、管理手段缺乏、人员素质低下等问题。解决这些难题有赖于和先进国家的公司、企业、金融机构的合作。争取外国企业界和金融界的合作，需要开展下列公关工作：

（1）了解外国企业界的要求及其所担心的问题，然后针对这些问题制定有关优惠政策。

（2）通过国际新闻媒介，让外国企业界了解本国的良好投资环境和经营环境，以及与本国政府和企业进行各种合作是有利可图的。

（3）了解外国公司、企业的生产、经营及信誉情况，以确定什么样的企业能够成为合作者，什么样的企业是潜在的合作伙伴。

（4）让合作企业了解本国的经济发展状况，以及社会结构、文化习俗等方面的情况，以便消除合作中的各种环境障碍。

（5）采取灵活方式争取与外国的公司、企业合作，同时，要坚持互利互惠的合作原则。

9.2.3　外国民间团体

民间团体是相对于官方机构而言的公众组织。民间团体的类型很多，如欧洲的绿色和平组织，我国的对外人民友好协会，各国的工会、妇女组织、青年团体、公益团体等。

对外国民间团体的公共关系活动是国际公共关系活动中不可缺少的内容，其作用和影响是不可替代的。各国之间民间团体的交往常常能够超越国家之间的政治屏障，并成为促进政府之间关系正常化的有效手段。例如，中日两国的民间交往，早于政府之间的外交往来，即使在日本侵华战争期间，两国民间团体的往来也未停止。战后，中日友好协会、中日友谊促进会等民间团体在改善中日关系、促进中日关系健康发展中起到了非同寻常的作用。1989 年 4 月，时任国务院总理李鹏访日期间在中日友好民间团体的联合欢迎会上指出：民间力量在两国外交关系正常发展时期，也许表现不明显，但在外交关系恶化时，则表现出巨大的积极作用。

对外国民间团体开展公共关系工作的核心是，强调两国人民之间感情的交往和共同的文化认识。因为感情及其文化基础往往能够超越制度和意识形态方面的差异。具体的公共关系活动包括：了解国外各种民间团体的活动宗旨、文化背景、社会影响、人员构成等方面情况，向外国公众介绍本国民间团体的情况，寻找共同点，以便加强交流，有选择地请一些外国民间团体来访，派本国民间团体出访等。

9.2.4 外国文教体育界

文教体育界公众包括从事文学、艺术、体育、教育和科研等方面工作的团体和个人。

对外国文教体育界的公共关系活动是国际公关工作最活跃的领域，因为文教体育事业往往带有国际性。“科学、艺术是没有国界的”，这句话在一定程度上说明了国际公关人员看重这一领域的原因。实际上，在文教体育领域，各国之间、各民族之间有着坚实的对话基础和丰富的交流内容。其中，文学、艺术、体育是最突出的三个领域。一件优秀的艺术作品（可以是小说、散文、绘画，也可以是音乐、雕塑），其感染力可以破除语言障碍、文化差别乃至信仰差异，在异国异域的人们中引起共鸣。同样，一项良好的体育活动可以受到世界各国人民的喜爱。

各个国家、地区、民族均有自己的文化特色，并在此基础上形成独特的艺术风格和审美情趣。任何民族的艺术既是该民族的文化精华，又是人类艺术宝库的瑰宝，它反映了该民族对人类艺术发展的贡献。因此，让外国公众了解本国的艺术成就和独特风格是促使他们了解本国国情和民众生活的一把钥匙。对外国文化艺术界的公关活动的核心内容是促进交流。其方式包括：举办外国艺术作品展览，组织外国音乐作品欣赏晚会，邀请外国文艺团体和个人来本国演出、任教，组织本国艺术界人士出国考察交流，组织本国艺术的国际讨论会，筹建国内、国外艺术合作团体，合作拍摄电影、电视等。

体育界是国际公共关系活动最兴旺的领域。近几十年来，世界体育获得了空前的发展，各种国际性体育组织、体育竞赛层出不穷。这既是世界经济繁荣，国际广告业、公关业迅速发展的结果，又为未来国际公关业的发展开辟了广阔的领域。

体育活动和体育竞赛是弘扬民族文化、振奋民族精神的事业，也是人类自身发展的要求。因此，世界上越来越多的国家参加和承办各种国际体育活动，不仅仅是为了取得金牌、获得荣誉，更重要的是让各国运动员之间的接触与友谊成为各国人民相互了解、发展友好关系的桥梁。尽管体育活动的政治色彩不断被淡化（这种情况在客观上有利于国际公关活动的开展），但仍有不少通过体育活动达到政治目的的事例。如中国、美国和其他国家为抗议苏联入侵阿富汗而拒绝参加1980年在莫斯科举行的第二十二届奥林匹克运动会。我国对美国的“乒乓外交”则是以体育交往为先导，实现政治目的（与美国邦交正常化）的典范。

体育领域的国际公关活动主要有：（1）积极参加各种国际性、地区性的体育组织和体育比赛；（2）根据国家情况承办各种国际性体育比赛、体育邀请赛；（3）宣传、推广本国的传统体育项目，如我国的武术、日本的柔道、韩国的跆拳道等，使之向国际化方向发展；（4）开展多种形式的体育交流，如“请进来、派出去”（请外国优秀运动员、教练员来本国表演、指导，派本国运动队、运动员、教练员出国比赛、观摩、学习、指导等），交流体育情报，转播外国的体育比赛、召开国际体育研讨会等。

此外，利用体育明星、影视明星、歌剧明星开展公关宣传，亦是国际公关活动的较好方式。

9.2.5 外国知名人士

知名人士是指在一个国家、地区乃至整个国际社会享有很高声誉的学者、科学家、艺术家、政治家、社会活动家以及宗教领袖等。由于这些人的理论、观点、行为对一般公众有着广泛深刻的影响，因此，他们成为国际公关活动的重要对象。有些国家的政府、组织以及国际机构，甚至直接聘任这些人担任公关顾问。例如，美国前国务卿基辛格离职后，开办了一家国际咨询公司，该公司自创办以来，业务十分兴隆，顾客多是世界各国的政府要员、政治团体的领袖。究其原因主要是，基辛格在政府任职期间，曾与世界许多国家和地区的上层人士进行过广泛的接触，并与许多国家领导人建立了密切的私人关系，不但了解许多国家的内政外交方略，而且还熟知许多政府首脑的工作作风。由他出谋划策开展国际公关活动，往往能取得事半功倍的效果。

我国曾多次邀请世界各国知名人士来华参观、访问，并安排他们与国家领导人会谈，这即是政府的国际公关活动。有些活动已经取得了显著成果。如美国前总统尼克松曾对中美邦交正常化作出过巨大贡献，并在其后中美两国的交往中，与中国人民结下了深厚的友谊。他多次发表文章和讲演，强调中美关系在美国外交战略中的重要地位。他的著作《1999年不战自胜》分析了中国发展为全球性的政治、军事力量的原因，对美国及其他英语国家的公众重新认识和评价中国产生了的重要影响。他还多次写文章，分析和解释中国的内政外交政策，消除了一些外国公众对中国的误解。如他批评美国的一些国会议员在中国计划生育问题上做“人权”文章，是将美国人的价值观念强加于中国，是对中国内政的粗暴干涉等。

以知名人士为对象开展公关活动的一般程序如下：首先，了解对象国的主要知名人士，每个人的背景和社会影响，评估对其开展公关活动的可能性。其次，选择对本国有一定了解，并持友好态度的知名人士开展公关活动。再次，通过多种形式的公关活动（定期或不定期邀请他们来访并与领导人会谈、领导人出访时会见、对本国发生的一些重大事件通报消息等），让他们了解本国相关领域的情况（如让政治家了解内政外交政策，让科学家了解本国科技发展状况和突出成就，让宗教领袖了解本国政府对宗教的态度和各种宗教活动情况），以争取他们的理解和支持。最后，通过这些知名人士实现具体的公关目标，如邀请外国政治家和社会活动家对本国的一些政策方针进行评论和分析，以使外国公众了解本国情况，消除偏颇认识。通过与外国科学界进行交流合作等方式，也可以收到类似的效果。

9.2.6 外国一般公众

对外国一般公众的公关活动，在政府的国际公共关系中一般不占重要地位。若本国在对象国有很多侨民，则对他们的公关活动亦很重要。中国侨民遍布世界各地，在许多国家和地区，华侨在当地人口中占很大比重，如印度尼西亚有华侨800多万、泰国有600多万、马来西亚有542万、新加坡有307万、菲律宾有100多万。由于侨民与母国有着天然的联系，他们往往对母国的发展比较关注。让侨民了解国家的情况，并通过他们来影响国外一般公众是重要的公关活动方式。

对外国一般公众的公关活动主要包括对外广播、对外发行出版物、利用国外公众熟知的大众媒介、举办产品展销会、参加国际博览会等。

9.3 国际公共关系的方式

国际公共关系活动所针对的是与国内公众完全不同的公众对象。由于这些公

众处在不同的国家和地区，在不同的社会文化背景下成长、发展，各有不同的语言、风俗和生活习惯，因此，即使对同一类公众，亦不能使用同一种公关方式。虽然如此，我们仍然可以归纳出几种常见的国际公共关系活动方式。

9.3.1　利用国外大众传媒

对于一些时效性强、针对性强、公众面广的国际公共关系宣传而言，利用国外现有大众传媒是一种适宜的方式。我国利用国外大众传媒进行国际公共关系活动，可以采取以下方式：

1. 形象展示

通过发布形象广告进行宣传是公共关系的有效策略。形象宣传片、画册和旅游生活指南等能够展示当代中国的时代特点，可以将中国当今社会生活的真实图景传播给西方受众。到目前为止，我国政府已在这些方面做了许多成功的尝试，比如北京申奥宣传片和“与时俱进”的汉语拼音构成了《纽约时报》的整版彩色广告。以北京申奥宣传片和上海申博片为例，它们借助中国传统的文化符号（中国人面带微笑、民族服装等）以及现代文化符号（少女亲吻斑点狗），塑造和概括了中国文化乃至中国国家形象：开放、积极、健康、向上。形象广告在策划、制作和传播过程中应注意：策划上要从细节和微观入手，强调人情味和故事化，打破常规的叙事结构和画面设计，制作符合西方人欣赏口味和思维习惯的形象宣传内容；制作上应尽量考虑不同国家和地区受众的差异，制作不同介质、不同内容、不同体裁的宣传广告；在传播途径的选择上要多样化，比如，电视宣传片要选择在国际上有重要影响的媒体、合适的频道和时间段进行播放，要将宣传画册放置在诸如博物馆、图书馆、机场和酒店等公共场所供民众免费阅读。

2. 事件公关

活动和事件是公共关系塑造形象的载体。通过整合资源，有计划地利用、组织、策划、举办具有创意和影响力的国际性活动和事件（如各种重大的社会活动、历史纪念事件、体育赛事和国际博览会等），能极大地吸引国际公众的注意，使之成为国际公众的热门话题，进而吸引媒体报道，吸引相关公众的参与，从而树立和提升国家形象。

任何国际性的大事件经过媒体报道，就成为了万人瞩目的“国际性媒介事件”。通过“国际性媒介事件”，利用媒介传播，寻求国际目光的注视，以提升国家的国际声望是塑造国家形象的策略之一。

此外，要以负责任的态度积极参与国际事务，重大危机事件也是政府国际公关的良好契机。

3. 新闻发布

政府对外新闻发布是政府实施国际公关的重要策略。政府对外新闻发布制度对于通过媒介向国外公众传播权威、有效、顺畅、快捷的公共信息，建立突发事件新闻传播及沟通渠道，第一时间占领国际舆论的制高点，防止国外新闻媒体的误读、误报甚至歪曲和丑化中国国家形象，具有重大的现实意义。在西方社会，政府对外新闻发布制度被看作润滑剂，关键的时候能够协调政府与媒介、公众之间的关系。

为了更好地发挥政府对外新闻发布在国家形象塑造方面的作用，提高政府的威信和权威，使国际公众重视中国政府所传递的信息并产生认同感和信赖感，至少应当注意以下三个方面：一是对热点重点问题的通报，要不瞒不藏不拖不敷衍不堵。政府在举行新闻发布的时候，要注意对国际公众比较关心的重要问题，予以详细通报。长此以往，政府新闻发言人与国际公众就会“心心相印”，新闻发布会的内容才能赢得他们应有的关注。二是要客观、公正、真实地公布信息。客观真实是新闻的生命，也是新闻发言人的生命和存在的基础。因此，在对外发布新闻时一定要遵循客观、公正、真实的原则。三是迅速提供新闻事件的原因，及时解疑释惑。心理学上的“第一印象”原理适用于人们接受外部信息时的心理，人们往往更容易相信第一次看到、听到的情况，而对后来者存在更多的怀疑。现在，传播的手段丰富且迅捷，如果政府发言人不在第一时间向公众说明白，那么，小道消息就会满天飞，政府就会花费更多的时间去做工作。因此，及时就显得非常重要。

尽管政府对外新闻发布制度在我国的发展还属于初级阶段，但实践证明，该制度能够及时传递信息、消除误解、引导舆论、应对危机、化解矛盾、争取理解和支持，对中国国家形象的塑造和传播都起到了积极的作用。中国的各级政府都应给予重视，主动建立和完善该制度。

为了很好地利用国外大众传播媒介，提高公关效果，国际公关人员应该注意以下事项：

(1) 了解和掌握对象国大众传播媒介的基本情况，包括主要报纸、刊物、广播、电视、网络、出版商、知名记者和编辑、政府管理机构、有关法律规定、广告收费标准等。

(2) 了解哪些外国新闻机构在本国派有常驻记者，与本国新闻机构的业务联系情况，近期是否有外国新闻界人士来访及日程安排等。

(3) 掌握西方新闻媒介情况。目前，西方国家的许多新闻媒介都已成为国际性的“传播机器”。例如美国的美联社、CNN、ABC、MSNBC、CBS、合众国

际社、《纽约时报》、《华盛顿邮报》、《华尔街日报》、《时代周刊》、《新闻周刊》，英国的路透社、《泰晤士报》、《经济学家》杂志、《远东经济评论》杂志，法国的法新社、《世界报》等。这些新闻机构已经成为世界各国开展国际公共关系活动的良好媒介。

（4）区别对待西方媒介。一般来说，西方媒介内部可分为两大类：一类是常驻中国的记者，他们大部分人会讲中文，对中国比较了解；另一类是在这些媒介的西方总部工作的记者、编辑和专栏作家，他们对中国不太了解。从对中国报道的质量和公正性看，驻华的西方记者有明显优势。他们不仅工作努力，经常深入基层，而且报道的内容既丰富又比较客观。相比之下，西方媒介总部的记者、编辑和专栏作家对华报道的质量和公正性就比较差，对中国最负面和最不公正的报道往往出自他们笔下，在这种情况下，与西方媒介沟通的最佳方式是“实事求是”和“区别对待”。由于建立与驻总部的西方媒介工作人员关系的成本很高，所以中国的工作重点应放在驻华的西方记者身上，要对这些记者表示职业尊重。记者把这一点看得特别重要，只有把他们当成职业上值得尊重的人，才能避免冲突和激化矛盾。如果他们报道中有事实上的错误，可直接交涉，但不能随便指控他们“有偏见”、“对中国不了解”，这样只能增加对方的敌意，促使他们更负面地报道中国。

9.3.2　礼宾活动

在国际公共关系活动中，礼宾活动是一项很重要的工作。许多外事公共关系活动，往往是通过各种礼宾活动进行的。如迎送、会见、会谈、庆贺、凭吊等。

一般说来，各种国际公共关系交际活动，国际上都有一定的惯例。但是，各国往往又根据本国的特点和风俗习惯而采取自己独特的做法，或者根据特殊的公关目的，予以灵活变通。下面择要介绍几种常见的礼宾业务。

1. 迎来送往

迎来送往是最常见的国际公共关系的社交礼节。在国际交往中，对外国来访的客人，通常应视其身份和访问性质以及两国关系等因素，安排相应的迎送活动。

各国对外国元首、政府首脑的正式访问，往往都举行隆重的欢迎仪式。对军方领导人来访，也举行一定的欢迎仪式，如安排检阅仪仗队等。对其他人员的访问，一般不举行欢迎仪式。然而，对应邀来访者，无论官方人士、专业代表团或是民间团体、知名人士，在他们抵达、离开时，均应安排相应身份人员前往机场（车站、码头）迎送；对长期在本国工作的外国人士和外交使节、专家等，在他们到、离任时，有关方面亦应安排相应人员迎送。

迎送活动程序及注意事项主要有以下方面：

（1）确定迎送规格。除特别需要破格接待外，一般应按常规办事，以免造成厚此薄彼的印象。

（2）掌握抵达和离开时间，准时迎送。

（3）安排献花活动，须用鲜花，由儿童或女青年献花。切忌用菊花、杜鹃、石竹花及在来宾国家禁忌的花卉。

（4）相互介绍。通常先向来宾介绍己方人员，然后听取来宾介绍。

（5）陪车。客人坐在主人右侧，译员坐在司机旁边。

（6）接团。事先应准备好特定标志，如小旗或牌子。

2. 会见、会谈

会见就其内容而言，有礼节性的、政治性的和事务性的，或兼而有之。礼节性会见时间较短，话题宽泛。政治性会见一般涉及双边关系、国际局势等重大问题。事务性会见则有外交交涉、业务洽谈等。

会谈指双方或多方就某些重大的政治、经济、军事、文化问题，以及其他共同关心的问题交换意见。会谈有时也指洽谈公务或业务谈判。会谈就其内容而言较为正式，有较强的政治性或专业性。

东道国对来访者从礼节及两国关系上考虑，通常根据对方身份及来访目的，安排相应的领导人或部门负责人会见。如是正式访问或专业访问，则应考虑安排相应的会谈。外交使节到任后和离任前，还应对与本国有外交关系的国家驻当地使节做礼节性拜会。外交使节对同等级别者到任的礼节性拜会，按惯例均应回拜。

会见、会谈中的几项具体工作为：

（1）提出会见要求时，应将请求会见人的姓名、职务及会见何人、会见目的告知对方。接见一方应尽早予以回答。同意会见，则约好时间，因故不能接受，婉言释之。

（2）接见一方，应主动将会见或会谈的时间、地点、接见方出席人，具体事项安排通知对方。前往会见一方，应主动向对方了解上述情况，并通知有关出席人员。

（3）准确掌握会见、会谈时间。主人应提前到达。

（4）会见、会谈场所应安排足够座位。准备好所需物品、设备，如座位卡、扩音器等。

（5）如有合影，须事先安排好合影图。合影图一般由主人居中，按礼宾次序，以主人右手为上，主客双方间隔排列。每排两端均由主方人员把边。

(6) 客人到达时，主人应在门口迎接。会见结束时，主人应送客人至门口或车前握手言别，目送客人离去后再退回室内。

(7) 领导人之间的会见或会谈，除陪见人和译员、记录员外，其他工作人员应回避。

3. 晚会、参观

邀请外宾观看文艺演出、体育比赛或参观游览，是开展国际公共关系活动的一种重要方式，这既能宣传本国文化、艺术、体育和其他事业的成就，对客人来说，也是艺术享受和娱乐活动。外国客人来访，各国都习惯安排观看演出和参观浏览。一个国家驻外的外交使节，也常常利用本国文艺、体育团体来访，或新近拍摄的影片，邀请有关方面观看演出。驻在国亦为常驻外交使节及其客人举行文艺晚会或电影招待会。为了便于这些人了解本国情况，驻在国亦常常组织游览和参观活动，使客人有机会与一般公众见面。

组织文体晚会或参观游览的工作程序如下：

(1) 选定节目、项目。

从活动目的与实际可能出发，在适当考虑客人的意愿和兴趣基础上安排晚会节目和游览项目。节目应体现民族风格，主办方对节目内容应该有所了解，以免因政治内容、宗教信仰或风俗习惯等问题而引起不愉快。若组织专场晚会，则应该尽可能地安排一些来宾所属国家的节目，以体现对来宾的尊重和友好。

(2) 安排布置。

节目、项目确定之后，应定出详细计划，包括场馆布置、安排座位、参观的方式（徒步或乘车、游览顺序、有无介绍、参观前后是否举行座谈等）等。具体要求确定之后，及时通知接待单位和接待人员，以便做好准备。

(3) 介绍。

若向来宾介绍节目内容或参观项目情况，需使用不同方式，通常介绍节目内容用说明书（以主客双方使用的文字印成）。参观项目的基本情况亦尽可能使用书面材料。需现场解说时，解说人员应注意言简意赅、实事求是。需保密内容则不要介绍。

(4) 陪同。

按国际交往礼节，外宾前来参观或出席晚会，一般都有身份相应的人员陪同。如有身份高的主人陪同，宜提前通知对方。接待单位亦应有一定级别的人员出面，并根据情况安排解说员和服务员。

(5) 摄影。

许多国家禁止在晚会进行中摄影，这是为了保证演出效果和维护剧团利益。

参观游览中，通常允许摄影。遇到不让摄影的项目，应事先向来宾说明，现场应有外文的说明标志。

(6) 其他。

许多国家习惯在演出结束时向演员献花。此种安排应主随客便。参观地点较远或外出游览时，要考虑用餐时间和地点，准备好食品、饮料和餐具。有条件的话，要预订休息室。

4. 庆贺、凭吊和慰问

每逢重大节庆日和丧葬事件，各当事国都以自己的方式举办各种庆典活动、纪念活动或治丧活动。遇此情况，有关国家的政府首脑和民间人士根据两国关系、当地习俗以及当事人的身份等，均以各种方式表示祝贺和吊唁。下面介绍国际公共关系中的一般做法。

(1) 节庆活动。

节庆活动大体可分为官方节日和民间节日两大类。官方节日一般指国庆日、建军节、建交日、友好条约签订日等。民间节日指民间传统节日和宗教节日等。

1) 国庆日。世界各国对本国的国庆日都很重视，一般要举行活动表示庆祝。一年一度的国庆招待会是各国庆祝国庆的通常做法。出面主持招待会的，可以是国家元首、政府首脑．也可以是外交部长。招待会的形式各有不同，有联欢会、焰火晚会、酒会等。

为庆祝国庆日，各当事国驻外使馆通常在驻在国首都举行国庆招待会。其形式以酒会为多，邀请驻在国政府领导人和有关方面人士以及各建交国使节夫妇和主要外交官员参加。

对别国的国庆日，国际上通常是发电、函祝贺，一般以国家元首或政府首脑致电对方相应的领导人。少数国家在对等的基础上，以政府或国会的名义发贺电。外交界和民间人士经常用名片、函件等方式祝贺。关系密切的国家之间，常互相邀请政府代表团或特使参加国庆庆典活动。各国对发来的贺电、函或名片以相应的方式复谢。

2) 建军节。各国军方对建军节都比较重视。多数国家由国防部长或总参谋长等高级军事领导人出面主持建军节招待会，邀请各国武官参加，有的也邀请使节出席。各驻外武官是否举行建军节招待会，视各自的情况而定。

3) 建交日、友好条约签订日。这类节日的庆祝活动一般根据国家关系需要在双边范围内进行。届时，两国领导人或外长相互致电祝贺，两国驻对方的大使馆也可以举行招待会，邀请对方政府官员出席。

对于各国官方节日，民间友好人士之间和有关业务部门之间，通常相互祝

贺，对关系较好的国家还可登门拜访祝贺。

4）新年。各国庆祝的方式不一，但内容大都含有除旧迎新、祈求丰年之意。新年期间，各友好国家领导人之间或友好人士之间常常互发贺年卡。这是国际上较为普遍的做法。在某些国家则有外交使团向驻在国元首或政府首脑登门团拜的惯例。团拜时，外交使团团长代表全体使节致祝愿词，驻在国领导人致答词，并备酒款待。

5）民间节日、宗教节日。世界各国几乎都有各自传统的民间节日和宗教节日。具有国际性的民间节日有欧美国家的狂欢节，东南亚国家的泼水节。宗教节日有基督教和天主教的圣诞节、复活节、感恩节，伊斯兰教的开斋节、古尔邦节等。

对于民间节日，各友好国家之间也互相祝贺。如在访问时，适逢该国的民间节日，外国客人应向主人表示祝贺，当事国则常常邀请外国客人参加一些娱乐活动。

对于一些影响较大的宗教节日，如“圣诞节”、“复活节”等，各有关国家皆进行广泛的庆祝，特别是以某一宗教为国教的国家，庆祝规模十分盛大。有关各国领导人之间和宗教界人士之间则有相互发送贺电、贺信祝贺节日的习惯。

(2) 独立庆典，就职仪式。

新兴国家在宣布独立时，一般都要举行隆重的庆典活动。此时，各国政府或领导人一般要致电祝贺。电文中表达对该国良好的祝贺，宣布承认其独立，并表示欢迎两国建立外交关系的愿望。应新独立国家的邀请，有的国家还委派政府官员或由国家元首、政府首脑亲自率团前往参加庆典活动，也有的国家委派驻第三国的使节以政府正式代表或特使名义参加庆典。

许多国家元首就职时会举行隆重的仪式，国王登基则举行加冕典礼。届时，各建交国相应领导人对新当选的外国领导人应致电表示祝贺。各国驻当地使节，按惯例亦应向新任领导人发函祝贺。

(3) 凭吊。

国家元首、政府首脑逝世，当事国按本国制度和习俗举办治丧活动。通常为发布讣告，宣布致哀期，照会当地各国使馆，举行追悼大会和葬礼。治丧期间，当事国的驻外使馆应设灵堂，接受驻在国领导人和各界人士的吊唁。

对于外国领导人的逝世，各国视两国关系情况及死者在世界上所享有的声望确定其致哀方式。最常见的悼念方式是由国家领导人向当事国国家领导人发唁电、唁函或发表声明致哀。国家领导人前往治丧国使馆吊唁亦属常采用的吊唁方式。吊唁内容包括签名（发题词）、献花圈、默哀等。派代表团或特使前往当事国参加葬礼，也是常见的方式。

(4) 慰问。

慰问包括伤病慰问和灾情慰问两种。

一国元首或政府首脑患病或因故负伤，其他友好国家领导人往往发电慰问，或指令其驻当事国的使节亲往医院慰问。若不能亲自前往，则需发函或送花篮（附名片）表示慰问。

在一国遭受重大自然灾害或重大伤亡事故时，其他建交国领导人多发电慰问。有时驻当事国使节致函外交部长，代表本国政府和人民表示慰问。各国政府（或红十字会）还视灾情和两国关系向受灾国赠款、赠送药品或其他救灾物资。

9.3.3 专题活动

国际公共关系中的专题活动，内容多样，形式不一。主要有国际文化交流活动、国际体育交流活动、国际展览会和国际公益活动等。

1. 国际文化交流活动

文化是一个国家的重要资源，在全球化时代，其作用和影响也日益凸显。文化传播的作用之所以越来越重要，是因为文化信息背后隐含着意识形态和价值观，这是软实力的核心，在国际竞争中发挥着重要的作用。在外国举办电影周、文化节、艺术节是国际公共关系中常见的专题活动。这些活动有广泛的群众基础，因而能取得扩大影响的效果。许多观众通过观赏电影，不但获得了艺术享受，而且了解了这些国家社会生活方面的许多情况。举办这类活动必须突出本国的艺术水平和文化特色，但选择影片和节目时，也应注意外国公众的兴趣，使多数观众能够看明白。

在全球化语境下，进行多维度、多层次、全方位、多元化的文化交流与沟通既能加深国际间的友谊，又能树立良好的国家形象。文化交流可以打破传统的意识形态上的差异和束缚，回避中西方在政治、经济上的矛盾和敏感问题，有利于在西方媒体报道之外另辟蹊径，更加有效地让外国受众了解真实的中国。这对于改变西方受众对中国的刻板印象具有不可低估的作用：中国不是作为“异域”的“他者”而受到排斥，而是在“认同的空间”内享受平等对话与交流。当然，在对外文化交流中，要注意贴近外国受众的兴趣和需求结构。因为任何传播内容如果忽视受众的差异性和选择性，都有可能产生与传播既定目标相背离的效果。

2. 国际体育交流活动

体育形象是国家形象的重要组成部分。在大国博弈中，依托体育崛起来维护国家利益的现象比比皆是。同时，体育软实力也是一个国家综合国力的重要组成部分。

体育交流是塑造国家形象的有效手段。不少国家在对外传播树立国家形象时，都借助奥运会这个超级传播平台，在升国旗、奏国歌、运动员统一着装、服装用品等装饰上都强调国家标识，强化国家（民族）的身份认同，使奥运会成为展示、塑造和传播国家形象的窗口。从传播规律来看，为了展示并检验一个国家的综合实力，需要借助一次重大的新闻事件来为媒介设置议程，举办重大体育赛事就成了许多国家的首选。重大体育赛事的筹备和全方位报道不但能展示国家的综合实力，而且能激发国民的热情和民族自豪感。在国际传播实践中，当一个国家既有正面形象又有负面形象时，通过奥运会这样的大规模媒介事件提升国家形象是有效的。体育作为一种特殊的社会现象，本身并不具有意识形态的特征，但是，体育交流具有非同寻常的亲和力，它可以越过各种国际政治和外交领域的障碍，通过体育比赛来创造国家间相互理解和联系的条件，缓和、协调国家关系。如中国就利用2008年北京奥运会这个宣传“陈列柜”，向全世界展示了中国的综合实力、现代化水平、中国人民的精神风貌，改善了中国的国际形象，加强了与世界各国及人民的沟通和了解。

3. 国际展览会

在国外举办本国各项事业发展成果展览会，或在本国举办外国各项事业发展成果展览会，都可以起到沟通信息、增进了解的目的。这种形式在国际公关活动中越来越受到各国政府、企业和其他组织的重视。

国际展览会多由政府某一机构组织，企业往往以参加者的身份出现，以自己的产品参与展览会。

展览的内容是多方面的，既有各国各类产品的展览，也有各国科技成果的展览，还有各国艺术作品及其他方面的展览。

举办国际展览会，必须注意：(1) 选择适当时机。如可在某国的专业团体来访时，准备有关的专业展览会。(2) 选材要有代表性。(3) 编排要新颖。(4) 解说词要具体精练，讲解员应具有一定的知识、修养、仪表和口才。

4. 国际公益活动

参加国际公益活动是国际公共关系工作的重要内容。国际公益活动包括两种形式：一种是参加由国际组织发起的公益活动。联合国每年都确定一个活动主题，还确定了许多公益活动日，如环境保护日等。各国政府可根据本国情况，配合国际组织的活动。另一种是友好国家之间的公益赞助活动。例如，法国帮助我国建立急救中心，我国帮助非洲一些国家建立医疗保健系统，为受灾国家募捐等。

开展国际公益活动应注意两个问题：量力而行；加强宣传。

9.3.4 国际游说

在国家形象的塑造、促成东道国对外政策的微妙转变方面，国际游说公关具有独特的作用。有学者指出，中国的国家形象之所以在美国舆论界被歪曲，中美之间在经济贸易等方面之所以摩擦不断，相当部分原因在于中国对美国媒体的片面报道反驳不力，尤其缺乏对美国公众进行积极的、正确的游说和公关活动。因此，科学制定和有效实施国际游说公关策略，树立我国在国际上的良好形象，已经成为我国在处理对外关系、塑造国家形象方面的一项必然选择。

从传播学的角度看，游说是一种传播方式，它与演讲、谈心、对话等都属于与大众传播方式相对应的人际传播方式。游说可以分为直接游说与间接游说两种类型。直接游说指的是游说者设法直接会见官员或民意代表，通过面对面的沟通，以达到影响立法机构立法和政府政策制定的目的。间接游说则是指游说者并不直接接触官员或民意代表，而是通过发动选民写信、打电话、影响传播媒体或介入选举过程等方式造成对决策官员或民意代表的压力，使他们不得不接受游说者所主张的立场。间接游说又被称为“草根游说”，这是因为间接游说的对象是选民，而非政府官员或民意代表。

直接游说和间接游说的目标，都是通过专门的宣传为组织制造声势，树立形象，培养民意，营造有利于组织发展的舆论环境。在这两种形式中，最有效的手段是直接游说。很显然，利益集团的代表或专业游说人士与被游说者面对面的接触、沟通和交易，使得游说活动更加直接、简单和保密，又省却了信息传递过程中可能发生的误解。直接游说的方式一般有：登门拜访政府官员或国会议员、在政策听证会上发言、向决策部门递送材料等。

游说是一种信息传递。在信息时代，信息不对称是普遍存在的，并且表现在国与国的关系上，很多矛盾都源于缺乏互相了解和交流。而游说在一定意义上能解决这个问题。通过国际游说，可以将我国真实、全面的信息告知东道国相关人员，形成有利于本国的政策和立法，进而形成有利于本国发展的国际政治、经济和舆论环境。

承办游说的都是大律师、公关公司，顾客根据自己的需要和这些公司签订合同，报酬可达上百万上千万。比如美国曾任国务卿基辛格就有一个顾问公司，代表美国很多大公司对华贸易。他只接受 25 家大公司作顾问，这 25 家大公司只有给他打电话的权力，如果要解决问题，还要另外算钱。他最大的顾客是 A&G，所以他每次来中国坐的都是 A&G 老板的私人飞机。所有的美国参众议员都是

“今天在朝、明天在野”。“在野”就是做游说工作，不但游说，而且参与各种各样的公关广告工作。

根据国外的成功经验，我国实行国际游说的途径主要有以下三种：

(1) 聘请游说代理人。

游说代理人主要在东道国前议员、前政府官员等社会名流中选择。这些人既有较高的社会声望，又熟悉政界情况，且具有良好的关系网。他们了解影响代理方的何种政策正在制定中，哪些是关键政界人物，施加影响的关键是什么以及如何利用，应在什么时候恰当地提出建议，哪些人会支持、哪些人会反对等各种问题。这样，他们可以凭借自己的各种关系来施加影响，从而使东道国制定的法律和政策有利于我国，或者使其对我国的不利影响降至最低程度。

(2) 在学术界和著名的“思想库”寻找代言人。

了解国际公关对象国的决策体制和机制以及政治结构状况和治理过程，对于有针对性地开展国际公关游说十分重要。如美国的决策过程先后有序，大致是智库—媒体—国会—政府（行政当局）—政策出台。美国的政治结构处于“四权分离”的状态，智库和媒体、国会、总统、法院各自独立，各司其职，各自为政，智库是名副其实的“外脑”。著名大学和类似美国兰德公司这样著名的“思想库”往往会有能力影响政府制定政策。因此，我们可以通过合作研究、资助等形式与这些机构和个人建立关系，寻找自己的代言人。例如，可以帮助这些部门开展中国问题研究、举办有利于我国形象塑造的专家讨论会、社交聚会、宴会，从而建立起合作关系和感情联系。这样，通过他们为我国利益呼吁呐喊，常常会收到良好的效果。

(3) 要注意采取组合的公关措施。

在国际社会中，我国应当采取多方面的游说公关措施，以保证和增强游说公关效果。一般来说，可以交替运用直接游说和间接游说。通过交替使用直接游说和间接游说，使信息不仅针对决策者，而且也面向公众，并试图通过吸引公众的注意来强化对决策者的影响。

9.3.5　建立对外短波电台

国际公共关系活动的核心是沟通信息。建立短波电台是对外传播信息、传播国家理念的一种重要方式。目前世界上许多国家都建立了对外短波电台，如美国的美国之音，英国的英国广播公司，中国的国际广播电台等。其中，美国之音的规模最大。

建立短波电台，首先要确定接受范围，选择波段，使对象国公众能够收听到比较清晰的声音。其次，根据对象国公众的语言习惯、作息习惯，选择播音使用的语种和播音时间，以保证有较高的收听率。最后，编排好广播内容。内容编排的要求是：(1) 符合外国公众的收听习惯；(2) 内容翔实，题材广泛，资料丰富；(3) 突出民族特点。

西方国家短波电台播出的节目内容主要分为两类。一类是新闻时事类节目，主要包括国内国际要闻、新闻分析、时事报道和评论，是西方国家国际广播电台播出节目的基本组成部分，一直为官方所重视。西方国家在选择这类节目时，除了考虑到维护本国的国家利益，不与本国对外政策发生矛盾外，重点报道其他国家特别是政治制度、意识形态不同的国家或者存在冲突、对立国家所谓“阴暗面”的东西和持不同政见者的活动与言论。这方面以美国之音播发的社论最具典型性，它直接宣布或解释美国政府的政策（特别是对外政策），代表美国政府的立场。这类节目具有极强的煽动性和颠覆性，被西方国家视为推行“和平演变”或“颜色革命”战略的有效工具。另一类是介绍本国社会文化、政治经济等方面的专题性节目。这类节目虽然不像新闻时事节目那样直接宣传政府的政策，但其目的仍然是服务于本国的战略利益，通过介绍西方国家的社会文化和政治经济制度，赢得其他国家民众对其政府政策的理解和支持。这些电台的播出内容主要来源于西方各大新闻机构的通讯报道、各地的报纸杂志、情报部门对目标国家电台监听到的材料以及自己的记者在各地的采访稿件。

在经济全球化语境下，中国应该继续加强对外电台广播。通过介绍中国政治制度、经济制度、文化历史传统，客观反映中国经济社会的发展和变化，可以赢得国外受众的好感，为中国的和平崛起营造客观友善的国际舆论环境。

9.3.6 组织和发行对外出版物

对外出版物是向外国公众传播信息的一种重要媒介。组织对外出版物的方式有两种：一种是组织出版外文刊物；可以是定期的，也可以是不定期的；可以是综合性的，也可以是专业性的。其优点是能向国外公众传送最新信息。另一种是将国内出版的书刊，择优翻译成外文，向国外发行。这种方式用来传播知识性、专业性较强的信息较为合适，如历史知识、文化艺术成就、教育科研成果等。要注意出版物的内容不要触犯对象国在政治、风俗、宗教、文化等方面的禁忌，以免引起当地公众的反感。

案例分析

北京申奥：一次成功的国际公关活动

·背景

1998年11月25日，北京市正式向中国奥申委递交了申办2008年奥运会的申请书，拉开了申办2008年奥运会的序幕。

北京所面临的挑战是巨大的：对手城市较多且竞争力强；新的申办规则增加了委员直接了解北京的难度；国际奥委会的一些委员对中国的实际情况缺乏起码的了解。同时，中国也有竞争优势，如经济发展迅速，综合国力不断增强，人民生活大幅改善，体育事业迅速发展等。这一切都为公关工作奠定了坚实的基础。

·策划

公关目标是：赢得全国人民以及国际舆论的支持；集中体现中国的悠久历史、灿烂文明和奥林匹克精神的完美融合；提升社会各界关注北京奥运的热情，在世界范围内激发公众对北京奥运会的认同和支持；争取申办奥运的成功；提升北京的城市形象和中国的国际形象。

目标受众是：国际公众（全国人民、海外华人、其他国际受众），境内外媒体，奥林匹克大家庭。

·实施

（1）形象与口号。

在申办之初奥申委通过在国内外的广泛征集，形成了独具特色的申办会徽和口号，提出了“绿色奥运、科技奥运、人文奥运”的理念，使北京的申办一开始就带有自己的特色。会徽将中国与奥林匹克、体育与文化艺术紧密地联系在一起，特别突出了以人为本的人文奥运的内涵。确定了申奥口号是“新北京，新奥运”，这一口号特别突出了通过举办奥运会，促进城市与奥林匹克运动共同发展的相互关系。

申奥活动也是塑造北京城市形象的过程，北京首先给自己一个准确的城市定位——要将自己塑造成一个历史感和现代感兼备的城市。在北京建都850周年之际，北京的形象广告片《我在北京》，展现出了一个充满活力和文化底蕴深厚的北京形象。

（2）媒体宣传。

申办期间，北京奥申委与300多家境外媒体驻京机构建立了密切联系并定期召开新闻发布会。

北京奥申委网站是申办城市中最早开通的官方网站，吸引了众多的访问者。

北京奥申委还发送了大量的申办宣传品。

大规模的对外宣传和公关活动，使北京蓬勃发展、充满生机的形象得到国际社会越来越充分的认同。

(3) 通过一系列公关活动赢得民众的支持。

奥申委从申办一开始，就把申办奥运会同加快首都城市发展紧紧联系在一起，极大地调动了群众支持北京申办奥运会的热情。

北京市委、市政府提出了40多项与申奥直接相关的任务，并逐项加以落实，使群众亲身感受到申奥带来的巨大变化，支持申办奥运的热情更加高涨。

自从北京市宣布申办2008年奥运会后，北京的广大市民及全国各地和各行业的人民以及海外华人都通过各种形式表达对北京申奥的支持。

(4) 政府的大力支持。

申奥离不开政府的支持。党和国家领导人在不同场合都明确表达了政府的支持态度。国家领导人的这种公开支持，成为国际公关强有力的声音，它有效地传播了中国政府的立场，并且体现了中国政府对文化体育事业的支持。

(5) 明星效应和国际支持。

一大批文体明星成为申奥形象大使。明星效应是公关手段之一，它有效地传播了中国文化的精神。

许多外国友人也大力支持北京申奥。

(6) 接受考察和最后角逐。

在迎接考察团的过程中，使考察团对我们的语言交流能力、专业知识和经验、工作进展和计划等各个方面留下深刻的印象，为申奥成功奠定了坚实的基础。

2001年7月13日，中国代表团的莫斯科陈述取得圆满成功，深深打动了全体委员，为赢取申奥打了最后一个漂亮仗。

· 成效

2001年7月13日时任国际奥委会主席萨马兰奇在莫斯科举行的国际奥委会第112次会议上宣布，北京获得2008年夏季奥运会的主办权，中国政府的国际公关活动取得了最终胜利。

这次国际公关充分调动了专业公关公司的力量：在申奥过程中曾聘请国际级公关公司为北京申奥进行“形象包装”，聘请国际知名公关公司协助对外宣传，以纠正西方对北京和整个中国存在的认知盲点，尤其是西方媒体导向的偏见。

· 点评

此次北京申奥成功，得益于我国政府国际公关的三大成功经验。第一，高水平完成各项规定任务，赢得国际奥委会委员对中国、对北京的了解，使其对北京成功举办一届历史上最出色的奥运会充满信心，是取得申办成功最关键的因素。北京奥申委针对新情况新挑战，充分利用申办规则所允许的活动空间，向国际奥委会委员及奥林匹克大家庭的成员展示北京的独特优势，不断增强他们对北京的信心。第二，积极主动地加强与国际媒体的联系，开展丰富多样的外宣工作，向世界展示北京和中国的风采，赢得国际舆论的广泛支持。第三，将申办奥运会与加快城市发展紧密联系起来，最大限度地争取人民群众对申奥的支持。

本章小结

◎ 开展国际公共关系，应注意把握其特点。

◎ 开展国际公共关系，要遵循一些基本原则，才能实现公关目标。

◎ 国际公共关系的对象，包括国际组织、外国的公司和企业、外国民间团体、外国文教体育界、外国知名人士和一般公众。公众不同，国际公关活动方式不同，公关人员投入的力量（时间、人力、财力）也不同。

◎ 常见的国际公共关系活动方式包括：利用国外大众传媒、礼宾活动、专题活动、国际游说、建立对外短波电台、组织和发行对外出版物等。

关键术语

国际公共关系　　事件公关　　直接游说
间接游说

复习思考题

1. 国际公共关系的主要原则有哪些？

2. 国际公共关系的主要对象是什么?
3. 国际公共关系的主要方式有哪些?
4. 如何利用国外大众传媒开展国际公关?
5. 试举例说明如何利用国际游说开展国际公关。

第 10 章

危机公关

【学习目的和要求】

本章介绍了危机公关的概念以及政府和企业的危机公关策略。通过本章的学习，我们要明晰危机公关和公关危机的概念及类型，认识公关危机的原则和作用，掌握政府和企业各自进行危机公关的策略，以提高公关效率。

在复杂多变的现代社会下，组织随时可能遭遇公关危机，这就需要进行危机公关。危机公关在维护公众利益、争取舆论支持、重塑组织形象、强化组织公关意识等方面都有着重要的作用。组织可以通过危机公关建立防范机制预防危机。危机来临时积极应对，加强与公众的沟通，加强危机管理；危机过后合理善后，并进行积极评估，促成危机的化解，化危为机，为组织的形象、声誉的维护和重塑提供支持。

10.1 公关危机与危机公关的界定

10.1.1 公关危机的概念、特点和类型

1. 公关危机的概念

危机的概念可追溯至古希腊时代。“危机”这个词在希腊文中为“crimein”，

其意思为“决定”。故危机是决定性的一刻、关键的一刻，是一件事的转机与恶化的分水岭，是生死存亡的关头，是一段极不稳定的时间和一种极不稳定的状况，迫切需要做出决定性的变革。

就社会组织而言，危机则是指由于组织自身、公众的某种突然发生的，危及生命财产、组织形象、生存、发展的重大事件或行为，从而导致组织与公众关系恶化。因此，能否妥善处理突发事件，是关系到组织生死存亡的大事。

公关危机有两层含义：第一层含义是指危及或损害良好公共关系状态的潜在或已发生的破坏性事件；第二层含义是指良好公共关系状态受到威胁或破坏，将会或已经陷入严重困难和危险的灾难性前景或格局。从一定意义上说，前者是因，后者是果，二者并存，密不可分。公关危机给公关主体和客体均会带来损害并危及主客体利益。

2. 公关危机的特点

公关危机作为一种社会现象，主要具有以下特点：

(1) 必然性和普遍性。

危机的必然性是指危机是不可避免的，只要有公共关系就会有公共关系危机。任何一个社会组织在其发展过程中都会遇到性质不同、表现形式各异的危机。1985 年，美国莱克西肯传播公司对美主要企业领导人的一项调查表明，89%的领导人认为企业发生危机如同死亡和税收一样，都是不可避免的。

(2) 突发性和渐进性。

公共关系危机事件是一种突发性事件，但往往是渐进式形成的。它的发生常常是在意想不到、没有准备的情况下突然爆发的，这些事件容易给组织带来混乱和惊慌，使人措手不及。如果对事件没有任何准备，就有可能造成更大的损失。组织所面临的公关危机往往是在正常生产情况下难以预料的，它在某种程度上具有不可预测性，会给组织带来各种意想不到的困难。特别是那些组织外部的原因造成的危机，它们往往是组织始料不及并难以抗拒的。

从本质上讲，公共关系危机的爆发是一个从量变到质变的过程。危机从其自身发展过程来看，一般要经历四个阶段：前兆期—加剧期—处理期—消除期。

1) 前兆期：危机的隐患初露端倪，向组织发出警告。大量事实表明，它是一个转折点，这时，危机处在一个不稳定的状态，此时重要的是如何使这种状态向好的方面转化，扼制住它向坏方向转化的可能，化险为夷，转危为安。如果对前兆期的危机信号熟视无睹，它就会膨胀，到一定程度后，就会形成组织公共关系危机的爆发，并迅速蔓延，产生连锁反应，使公众与组织关系突然恶化，使企业措手不及。

2) 加剧期：危机的加剧期一旦到来，就不会自行消失。这时，问题暴露，

公众投诉，媒介追踪，声誉大降。这个时期，企业或社会公众已较清楚地了解到到底发生了什么事情。有关人员介入行动，同时安排抢救工作。一旦进入危机加剧阶段，只能使任何控制危机的努力变成对损失程度的控制。

3）处理期：处理期是危机灾难发展到顶峰的时期，抢救工作进入关键阶段。在此时期，公关机构设立信息中心，按时把抢救工作的最新消息传送给媒介人士。抢救期短则一两天，长则持续几个星期或更长时间。在发表各种消息时，一定要坚持“公开事实真相”的原则，以避免新闻媒介和社会公众的猜疑、质询。危机的处理期一般包括调查情况、自我分析、安抚公众、联络媒介等工作。

4）消除期：消除期是指评估工作开始，抢救工作告一段落。在这一时期，除着手准备详细的调查报告外，主管部门和公关部门都还需要做一些具体的事，妥善处理危机后期工作，安抚人心。同时，组织可依靠公共关系手段消除影响，矫正形象。

参考资料

斯蒂文·芬克的危机传播四段论模式

1986年，美国学者斯蒂文·芬克提出了危机传播的四段论模式。

第一个阶段：危机潜伏期。该阶段为危机处理的易控期，但是由于具有不易察觉的特点，使得人们往往稍不注意就丧失了避免危机爆发的机会。所以，决策者应树立危机意识。

第二个阶段：危机突发期。该时期内事件发展形势逐渐严峻，民众心理受到最为严重的冲击。危机管理者在此阶段面临的最大威胁，就是雪崩式的危机发展速度和巨大的压力。危机突发期主要有四个特征：(1) 事态严重程度逐渐升级；(2) 事态发展吸引越来越多媒体的介入；(3) 社会组织相关正常活动难以为继；(4) 事态发展对社会组织的形象和声誉造成不利影响。

第三个阶段：危机蔓延期。此阶段是危机之后的恢复期，也是四个阶段中时间较长的一个阶段，但如果管理得力，会大大缩短这一时间。此阶段主要是采取措施，纠正危机突发期造成的损害。

第四个阶段：危机解决期。此时，民众已从危机影响中完全解脱出来，但政府当局与相关部门仍需保持高度警惕，因为危机有可能会去而复返。

(3) 严重性与建设性。

危机事件作为一种公共事件，任何组织在危机中采取的行动和措施失当，都将使组织的形象和信誉受到致命打击，甚至危及生存。由此，为了应对各种突发性的危机事件，西方的组织一般都将其纳入管理的内容，形成了独特的危机管理机制。例如，伦敦证券交易所为避免企业危机对股市的冲击，就明确规定：要求上市公司必须制订危机管理计划，建立危机管理机制，并要定期提交危机预测分析报告。

危机在本质上或事实上对社会组织产生的破坏性是巨大的，必须尽力防范和阻止。但是既然危机爆发了，暴露了组织存在的问题，就是给组织提供了一个检视自我应对风险能力的机会，危机的恰当处理也会带给组织新的收获。从辩证法的角度来看：危机＝危险＋机遇。

公共关系危机爆发之后，组织的公共关系系统处在不稳定的状态中，有效的公共关系工作必定会在原本无序的公关状态中建构更牢固的公共关系大厦，使无序走向有序。认识危机的建设性，才会采取主动姿态，沉着冷静、满怀信心地面对危机，从中寻找和抓住任何可能的机会；认识危机的建设性，才有可能认识到公共关系危机在破坏公共关系良好状态的同时，也为组织建立富有竞争力的声誉、树立组织的形象以及为组织重大问题的解决创造机会。

（4）紧迫性和关注性。

公关危机一旦发生，就有飞速扩张之态势，就会像一颗突然爆炸的“炸弹”，在社会中迅速扩散开来，对社会和组织本身造成严重冲击。因此应对和处理危机行为具有很强的时间限制。

危机爆发所造成的巨大影响，又令人瞩目。组织公关危机常常会成为社会和舆论关注的焦点、讨论的话题，成为新闻界争相报道的内容，成为竞争对手发现破绽的线索，成为公众批评的对象。有时候它会牵动社会各界，乃至在世界上引起轰动。

3. 公关危机的类型

从不同的角度划分，公共关系危机有以下类型：

（1）从存在的状态看，公共关系危机可分为一般性危机和重大危机。

1）一般性危机。一般性危机主要是指常见的公共关系纠纷。从某种意义上说，公共关系纠纷还算不上真正的危机，它只是公共关系危机的一种信号、暗示和征兆。只要及时处理，做好工作，公共关系纠纷就不会转向公共关系危机甚至造成危机局面。

2）重大危机。所谓重大危机，主要是指组织的重大工伤事故、重大生产失误、火灾造成的严重损失、突发性的商业危机、严重的劳资纠纷等。它是公共关系从业人员面临的必须及时处理的真正危机。如产品或企业的信誉危机、股票交

易中的突发性大规模收购等，公关人员必须马上应付处理，最好在平时就有所准备。

（2）从危机同组织的关系程度看，公共关系危机可分为内部公关危机和外部公关危机。

1）内部公关危机。发生在组织内部的公共关系危机称为内部公关危机。内部公关危机发生在组织之内，或者这种危机的发生主要是由该组织的成员直接造成的，危机的责任主要由该组织内部的成员承担。

2）外部公关危机。外部公关危机是与内部公关危机相对而言的。它是指发生在组织外部，影响多数公众利益的一种公关危机。本组织只是受害者之一。

从这一角度具体划分公关危机的类型时，内部和外部是相对的。因为有些公关危机的发生，内部和外部原因都有，所承担的责任大小也相差不多。故对具体公关危机的划分与处理必须具体分析，恰当处理。如谣言引起的危机；政府政策引起的危机；有关团体或机构公布某些信息而导致的危机；由于恐怖破坏活动引起的危机；涉及法律问题（如打官司）而引起的危机；涉及种族、宗教、文化差异、性别歧视等社会问题而引起的危机；涉及一些有争议的问题而引起的危机；敌意收购带来的企业重组危机；组织的计算机网络被“黑客”袭击而导致的危机；自然灾害或其他不可控因素导致的危机；环保问题引起的危机，等等。

（3）从危机给组织带来损失的表现形态看，公共关系危机可分为有形公关危机和无形公关危机。

1）有形公关危机。这种危机给组织带来直接而明显的损失，凭借肉眼即可观测到这些损失。如房屋倒塌、爆炸、商品流转中的交通事故等造成的人员伤亡或财产损失。1989 年 6 月，成都市最大百货商场成都人民商场被烧毁，造成上亿元损失。成都人民商场遇到的危机就属于有形公关危机。

2）无形公关危机。给组织带来的损失表现得不明显的危机，称为无形公关危机。给任何一个组织的形象带来损害的危机，皆属于无形公关危机。如果不采取紧急有效的措施阻止，已受损害的组织的形象将使组织蒙受更大的损失。

（4）从危机发生的原因看，公关危机可分为以下五种：

1）组织自身管理行为引起的公关危机。由于组织管理混乱，组织内部出现一些重大安全工伤事故、重大劳资纠纷、管理人员贪污腐化等现象，往往会对组织的形象和荣誉造成重大损失。同时，组织内部员工存心破坏和报复等，也可以认为是组织在员工教育和管理上存在重大失误，对组织形象也会产生较严重的危害。

2）意外不可抗拒事件引起的公关危机。主要包括自然灾害和突发性的政权变动、战乱、经济萧条等。一般来说，这类事故属于天灾人祸，组织主体的直接责任不大。这类事故关键在于处理是否及时、得当。

3）非组织成员引起的公关危机。非组织成员故意或过失，都可能造成组织形象的重大损害。其主体主要包括组织外的部分对组织极端不满意者和同行业的竞争对手。这些事件虽然不是组织本身过错引起的，但也暴露出组织缺乏自我保护意识，或缘于组织平常没有处理好与某些公众的关系。

4）舆论的负面报道引起的公关危机。传媒的舆论导向作用是非常显著的，在某种程度上讲，传媒宣传还起到了树立某种社会评价标准的作用，往往直接影响着民众对某种社会现象的评价态度与关注程度。在美国，人们将舆论视为司法、立法、行政三权之外的“第四权力”，因此对任何一种舆论的负面报道，都必须引起足够的重视。

5）公众误解引起的公关危机。由于缺乏沟通渠道或沟通不及时、不全面，公众可能倾听一面之词，对组织产生重大误解。这主要有四大主体：客户和消费者、内部员工、传媒机构、管理和其他权威机构。他们有时是一个主体起作用，有时几个主体同时起作用。当几个主体同时起作用时，其危害性更大，控制和扭转难度更大。

10.1.2 危机公关的概念、类型、原则和作用

1. 危机公关的概念

危机公关是组织预防潜在危机的发生，管理已经发生的危机，使危机向组织希望的目标发展下去的一系列公关活动的总称。危机公关是在组织发生公关危机的情况下进行的。

在高度市场化的社会中，组织的生存和发展很大程度上依赖于它所面临的环境，以及企业与这种环境之间的良好的公共关系。也就是说组织的生存和发展除具备自身基本条件之外，还需要一定的外部支持。这些因素共同构成的组织生态系统是一个开放、动态的竞争环境，一个充满随机性、多元性的、非均衡的“场”，任何部分出现不和谐突变都有可能使组织面临危机，严重威胁组织的生存。正如美国公共关系学专家弗兰克·杰夫斯所说的那样：在充满传奇的世界上，我们面临着无法预见的恐怖，这些恐怖事件，能够破坏大多数灵敏而有灵气的公司的声誉和销售额。而运用公关手段化解风险、消除不良影响、恢复公众信任、重塑企业形象是很多组织的选择，这就是通常意义上的危机公关。

所谓危机公关，就是当组织或其提供的产品、服务因某种事故、意外、灾难或管理混乱而使形象受损时，组织为缓解事态、消除危机而开展的一系列有效的

公关活动。它是现代公共关系的特殊行动领域，是现代组织必备的应变意识与能力。

2. 危机公关的类型

根据承担主体的不同，危机公关可分为政府危机公关和企业危机公关两种。

(1) 政府危机公关。

政府危机公关是指在政府所管理的国家事务中，突然发生的如地震、流行病、经济波动、恐怖活动等对社会公共生活与社会秩序造成重大损失的事件。

在危机发生越来越频繁的今天，一个国家要减少危机的发生，降低危机的损失，提高政府应对危机的效率就必须建立系统的危机管理机制。系统的危机管理包括危机的预防与应对。有效的危机管理机制，能够将政府的危机管理纳入一个有序、规范、条理的轨道中，保证政府在危机发生时能在最短的时间内有效地调动社会资源，将危机带来的损失降到最低程度。

(2) 企业危机公关。

企业危机公关是指企业为避免或者减轻危机所带来的严重损害和威胁，从而有组织、有计划地学习、制定和实施一系列管理措施和应对策略，包括危机的规避、控制、解决以及危机解决后的复兴等不断学习和适应的动态过程。

对于企业来说，公关危机事件的频频发生，企业因危机而衰、因危机而兴的案例不胜枚举，这就要求企业管理者强化危机公关意识，积极加以应对。

3. 危机公关的原则

危机公关是现代组织运行和管理中不可或缺的重要内容之一。而组织要科学、行之有效地进行危机公关，实现预期的目标，就必须遵循一些基本的原则，以免陷入事倍功半甚至徒劳无功的困境。对此，专家们在前人经验以及自身实践的基础上，提出了各自的观点。其中，最为著名的是英国危机公关专家里杰斯特提出的“3T原则”和我国著名公关顾问专家游昌乔提出的危机公关“5S原则”。

(1) 危机公关的“3T原则”。

里杰斯特提出的“3T原则”，即“Tell your own tale；Tell it fast；Tell it all”，亦即主动性、及时性、真实性三原则，强调在危机管理时把握信息发布的重要性。

1) 主动性原则。

主动性原则，即以“我”（组织）为主提供情况，强调危机处理时组织切勿采用“鸵鸟政策”，而应牢牢掌握信息发布的主动权。其信息的发布地、发布人都要从“我”出发，以此来增加信息的保真度，从而主导舆论，避免发生信息真空的情况。危机事件的初期，往往是谣言四起，消息混乱。为了保证对外宣传的高度一致性，主动引导舆论，危机的处理必须坚持“一个声音、一个观点”，以正视听，掌握危机处理的主动性。

2）及时性原则。

及时性原则，即尽快提供情况，强调危机发生时，组织不仅要主动联络新闻媒体，还应在第一时间联络新闻媒体发布信息。否则一旦谣言产生，就很难对危机发展的态势进行控制。

3）真实性原则。

真实性原则，即提供全部情况，组织要将自己知道的危机事实全部告诉公众，强调信息发布应全面、真实，对公众如实相告。或许，披露某些信息会给组织带来极大的损害，但能够避免组织在危机中越陷越深，同时获得媒体和公众的理解与支持。很多组织的发言人在接受采访的时候，自作聪明地把“无可奉告”作为自己回答某些负面问题的口头禅。殊不知，组织在拒绝把一些相关信息披露给媒体的同时，往往会被记者认为是一种不友好的姿态，也放弃了其在一定程度上控制媒体报道的权力。这时，记者为了完成原定的采访任务，就会通过其他渠道获取信息，而这些信息只会让事情变得更加糟糕。

案例分析

从5.7杭州飙车案看“3T原则”在危机公关中的运用

· 案例回放

2009年5月7日晚8时许，年仅20岁的“富家子弟”胡某驾驶大红色三菱跑车在杭州繁华的街头与朋友“飙车”，将看完电影、正在穿越斑马线回家的25岁青年谭卓当场撞死。2009年5月8日，胡某涉嫌交通肇事罪被刑拘。

由于此案发生在闹市区，目击者很多，再加上网上关于双方背景的迅速公布，引起了公众的广泛关注。事发后，作为危机管理执行部门的杭州市西湖区交警大队迅速行动，及时召开了事故通报会告知初步结果，危机公关的发言人制度正式启动。但是，在这一过程中，发言人在新闻发布中没有运用“3T原则”，角色定位模糊，导致事态没有得到有效控制，政府形象受损。

第一阶段：公式化应对的发言人——引发质疑

由于在“富家子弟”撞死“有为青年”这样带有明显的情感倾向的信息广泛传播后，5.7杭州飙车案已由一场交通肇事案或者是严重的交通肇事案转为了一个为民众所普遍关注的公共事件。杭州市政府应该说是很敏锐地感知到了

这一点，于事发第二天就迅速做出了反应。据西湖区交警大队公布的初步调查结果称，有关肇事车辆是否存在改装、死者是否走在斑马线上的情况不详，车速认定为70公里/小时。西湖区交警大队副大队长王建国的说法是："谁都不能避免越过双黄线"，"没有飙车这一说法，只是你超我，我超你的追逐！"这就引来了更大的争议。

在公共事件的初发阶段，政府发言人在第一时间快速的反应，这是危机公关最重要的一个环节，也是能否有效地疏导舆论、平息民愤的关键时期。然而，杭州市西湖区交警大队的发言虽然占据了有效的时机，却忽略了这种做法的实质性目的。对于飙车案的含糊性的回答和公式化的应对，给人以程序化走过场的感觉，这样草率的认定不仅没有缓解民众的情绪，反而令事件进一步升级，政府的公信力也受到了极大的威胁。所以说，在初期阶段，政府发言人的定位是含混不清的，虽然把握了有利的时机，却丧失了言论的主动权，同时草率的评定还把事件推向了更大的舆论风暴之中。

第二阶段：严肃化处理的公关者——疏导民情

随着事态的进一步扩大，社会舆论压力的施加，在初期发言人所持有的那种含混不清的态度已经无法平息事件。这时发言人的态度转入了第二个阶段，开始严肃面对，以求疏导已经被引爆的民情。

2009年5月11日，杭州市公安局第三次发布消息，称确有超速，但具体超速程度还需要综合分析，车辆外观存在改装，动力系统是否改装还需进一步鉴定等。

2009年5月12日，杭州市公安局负责人表示，警方目前正委托司法鉴定机构对"5.7"杭州飙车案相关问题展开技术鉴定工作。

2009年5月14日，杭州市公安局新闻发言人宣布，根据鉴定机构出具的鉴定结论，认定事故车在事发路段的行车速度在84.1公里/小时～101.2公里/小时，且肇事车辆的动力系统已在原车型的基础上被改装或部分改装。

至此，杭州市公安局逐渐调整思路，开始引入外界的力量，委托司法鉴定机构来消除外界的质疑。这种逐渐接近事情真相的探寻也让受众激扬的情绪得以稍稍缓解。在这一阶段，杭州市公安局发言人的定位是比较清晰的，在整个事件的发展过程中起到了有效地疏导和缓解民意的作用。

第三阶段：协调性收尾的政府发言人——挽回声誉

类似于5.7杭州飙车案这样的恶性交通事故在中国并不少见，这场事故之所以能够引起如此广泛的关注，除了与事件双方所具有的一些敏感性要素有关外，更重要的是在这样一个由交通事故转变为公共危机的过程中，由于杭州市政府未能做好有效的应对，而引起了民众对于政府的信任危机，以及由此所激发出来的更大的对抗。

所以，当到了第三阶段时，也就是到了2009年5月15日，浙江省委常委、杭州市委书记王国平出现在网络聊天室，就飙车案与网友们做进一步沟通。王国平强调：市委、市政府将以铁的决心、铁的手腕依法从严从快查处此事，并且严防此类悲剧在杭州重演。

至此，杭州市政府通过提高公关级别以求进一步协调各方的情绪，同时也为在危机中颇受质疑的政府形象挽回了一定的声誉。

随着交通肇事者胡某的被捕以及事件真相的基本公布，民众的关心重点已从查清事实厘清责任转向了法律该如何惩处责任人，杭州市政府的危机公关也由此得以告一段落。

· 案例点评

纵观整个事件，这并不能算作是一次成功的危机公关，这其中主要存在着以下的缺陷：

第一，发言人陷入被动，舆论主导权丧失。这主要表现在危机发生的初期。在危机处理中有一个很著名的3T原则：Tell your own tale，Tell it fast，Tell it all。第一个“T”强调了危机处理时组织应牢牢掌握信息发布的主动权，其信息发布地、发布人都要从“我”出发，以此来增加信息的保真度，从而主导舆论，避免发生信息真空的情况。然而，在危机处理的第一阶段，发言人对于案情的两个关键点：肇事车是否经过改装、行人是否走在人行道上给予的答复是“不详”，车速初步断定为“70迈”也是由肇事者胡某及其相关证人陈述的。而且，发言人所发布的情况多来源于肇事者胡某的陈述，对于广大受众的质疑并未展开有效的调查。由于对于发言人所提供的信息的不可信，一时间关于肇事者背景的猜想以及权力庇护的说法通过各种途径在民众中广泛流传，杭州市政府也连同肇事者一起卷进了民众的声讨之中，信息真空的出现也让杭州市政府丧失了在最佳时机对于舆论的主导权。

第二，发言人角色定位不清晰，态度含糊。根据3T原则的第三个“T”强调的，信息发布应全面、真实，而且必须是实言相告。这就要求发言人必须以真诚的态度对待民众，尽量将所知的信息告知民众。在西湖区交警大队公布车速为“70迈”后广大民众对这一意图明显的欺骗极为愤慨，网络上也很快出现了新词“欺实马”来讽刺政府草率的认定。作为以疏导民情、沟通上下为己任

的发言人，本应以一种真诚的姿态来面对民众，将民众的利益置于首位。可在飙车案处于舆论的风口浪尖的时候，西湖区交警大队却给出了初步断定为“70迈”这样一个颇让人不解的说法，西湖区交警大队副大队长王建国甚至还否认飙车一说，称其为“只是你超我，我超你的追逐”。这种含混不清、令人不解的态度也难免使西湖区交警大队会被疑为与肇事者家属之间有权钱交易。

如今，杭州飙车案已经基本告一段落了，关于当事者孰是孰非的争论也已经渐渐趋于缓和。危机公关的实质是考验政府对于舆论的掌控与协调能力，而遵循“3T原则”是保证危机公关目标实现的基础。从这个层面上来讲，杭州飙车案的危机公关并不能算作是成功的，发言人在代表政府发言时，没有遵守“3T原则”，导致政府公信力缺失，政府形象受损，使政府在危机公关中陷入被动，丧失了对于全局的控制与把握。

资料来源：徐文婷：《危机公关中发言人的角色定位与缺陷分析——以5.7杭州飙车案为例》，载《知识经济》，2009（12）。

（2）危机公关的“5S原则”。

游昌乔提出的危机公关“5S原则”，即承担责任原则（Shouldering the matter）、真诚沟通原则（Sincerity）、速度第一原则（Speed）、系统运行原则（System）和权威证实原则（Standard），该项原则被广泛应用于危机公关的案例分析和公关实践活动中。

1）承担责任原则。

事件一经报道，公众马上高度紧张，强烈关注。这时的公众有四大心态特点：第一，相信媒体报道，不相信当事组织言论，情绪激动；第二，宁信其有，不信其无，有罪推定；第三，渴望新信息，追逐新信息，认为新的就是真的；第四，以偏赅全，全盘怀疑，全面否定。

在这种情绪化的心态下面，潜藏着公众冷静的价值关注。公众真正关注什么呢？第一，受害者利益，从而也是公众自身的利益；第二，谁为受害者和可能的受害者利益负责。

在公众这样的心态和价值关注中，当事组织处理危机的首要原则，就是承担责任，不管当事组织有没有责任，责任轻还是责任重。宣布承担责任，是组织作为社会一员必须履行的道德义务，也是组织化解危机的最佳选择，能有效快速平服公众激动的心情，免除危机进一步激化的危险，为解决危机创造良好的舆论环境。

公众无疑情绪激动，但这并不等于说公众就不分青红皂白。组织勇于承担责任的言行，会在公众心里产生良好的回应，这种回应是组织妥善处理危机最可宝贵的支持，也是危机过后组织及其产品、服务继续在消费者中间生存、发展的坚实基础。

逃避责任，组织可能毁于社会的重压；承担责任，组织一定能在危机中得到赞许，把危机变成发展的转机。因此，当事组织在事件突发的第一时间，就应向媒体、公众和消费者宣布，组织愿意承担一切可能的责任，这是组织不致毁灭的最重要选择。

2）真诚沟通原则。

事件发生了，谁也无法改变，但谁都想改变媒体、公众、受害者的看法，关键是谁的方法更有效。

其实，只有真诚沟通，才是最有效的，任何非真诚的做法，都只能激化矛盾，引发更大的危机。那么，怎样的沟通才是真诚的呢?

第一，充分传播。当事组织向媒体、公众、消费者及一切关注事件的人们，提供一切可能的沟通办法，如新闻发布会、媒体现场采访、网络互动、热线电话、公开信、广告、短信等传播方式和手段，保证社会大众的知情权。

第二，承担责任。当事组织利用这样那样的传播手段和工具，不是要辩解、争论、推卸责任、指责别人、鸣冤叫屈，或者点头哈腰、满口答应、讨好社会等，而是要宣布对受害者承担必要的责任。所谓承担责任，是组织作为社会负责任的一员，在事件发生后，对受害者和整个社会的一个道德承诺，是组织应尽的社会道德义务。这是一种信念，不是一种功利。

第三，有人情味。事实真相无疑是重要的，但在事件传播过程中，受众感受的重要性甚至超过了事件本身。如果当事组织一味“以事实说话”，忽视了大众的内心感受，组织仍会被认为“不真诚”。

3）速度第一原则。

在大众传播时代，任何有新闻价值的事件，都会在事件发生之后，甚至在事件发生的同时，被立即报道出来，并很快成为媒体关注的热点，引发公众震荡，形成危机。

因此，当事组织如果不能在事件发生后的第一时间，向媒体公布事件真相（就其所知），这个组织就失去了控制事态恶化的最佳战机，以后的挽救，就要花费百倍的努力。

从危机公关的角度看，事件发生后马上正确处理，这是危机公关的前提；事件发生后马上正确传播，则是危机公关的核心。传播的内容不仅要正确，而且时间还要“迅速”。

从传播学的角度讲，事件发生后的12～24小时内，是消息传播最快、变形最严重的时段，也是受众最焦虑、最渴望信息、最惶恐的时段。当事组织的一举一动，都会被媒体广泛关注。因此第一时间采取正确的传播手段传播正确的内容，几乎就等于奠定了成功处理危机的胜局。24个小时不睡觉，完全值得；否则，24个月你也别想睡着。

4）系统运行原则。

现在从国家到地方，从公共行政管理到具体社会组织内部，都在建立危机公关制度和危机公关体系。这是社会政治、经济、文化生活高度发展、高度一体化所必然面临的问题，即如何保障庞大的社会机器正常运转，某一环节出现事故，如何抢救，尽快使其恢复正常。

危机公关，就是要保证当事组织采取的各项措施及时、正确、连贯、符合长远利益。每个大型组织，都应建立危机公关制度，以保证危机一旦发生，立即启动危机解决程序，系统运作化解危机。

概括来讲，危机公关程序包括如下要件：第一，成立危机处理小组，相关人员参加，组织的高级领导人负责指挥，连续作战；第二，组织内部实施特殊管制，保证内部安定，对外信息统一；第三，全力做好危机传播，与媒体和公众保持良性沟通、互动；第四，果断采取措施，解决问题，标本兼治。

5）权威证实原则。

一个事件被报道而引发一场危机，无论当事组织怎么解释，媒体和公众都不会相信，这是很容易理解的——谁会相信一个被怀疑有罪的人自己表明他无罪呢？

当事组织的产品、服务或其他东西，是否存在问题，并引起了事件的发生？这样的问题，只能是政府主管部门或第三方权威机构经过缜密调查研究，给出最终结论。因此，当事组织在事件发生后，只需真诚解决问题，等待权威结论，任何自下结论的做法都于事无补，还会激怒受害者，加剧危机。

4. 危机公关的作用

危机公关具有双重性的本质，既包含危险性又包含机遇性。公关危机的危险性不言而喻，而机遇性则主要在于：可以暴露组织的弊端，使组织能够对症下药、解决问题；如果处理得当，可以比在常态下更为有效地提高组织的知名度和美誉度。正如公共关系专家奥古斯丁所说："每一次危机的本身既包含导致失败的根源，也孕育着成功的种子。发现、培育以便收获这个潜在的成功机会就是危机公关的精髓。"也就是说组织如果能够在危机中有效运用公共关系，引导公众舆论，并展现负责任的姿态，恢复公众信心，危机便有可能得以化解；只要处置得宜，危机也可以成为契机，甚至有希望转化为胜机，因此，危机公关对组织的发展具有十分重要的作用。

(1) 危机公关的开展可以为解决危机创造有利的舆论氛围。

不论组织面临何种危机，在其发生发展的过程中都容易夹带大量的失真信息和多种误解，如果组织保持沉默姿态，侥幸希望事态自然平息，一方面会延误缓解事态的最佳时机，另一方面还会引起谣言，使事实扭曲变形，使公众陷入恐慌、组织陷入被动、危机不断升级，加大组织的损失及后期解决的难度。相反，如果组织采取积极态度，运用公关手段，进行双向的信息沟通，严格信息的取得、分析和发布制度，及时传递真实信息，反馈公众意见，有针对性地开展宣传，就可以引导舆论，为危机的平息创造有利的舆论氛围。

(2) 危机公关的开展可以融洽组织与公众的关系。

当危机发生时，组织漠视公众知情权只能让公众更为愤怒，并使其成为事实上的对立面；相反，让公众获知事实真相，则可以显示组织的亲和力、组织对公众的重视，进而拉近与公众的距离。特别是当组织的高层领导通过某种渠道与公众积极沟通交流时，更可以利用高层领导的权威身份和地位给公众提供稳固的心理支撑，向公众展示组织处理危机的决心和力度，以及对事件的重视程度，展示组织的诚意和积极姿态，融洽组织与公众的关系，为危机的缓减和解决提供帮助。

(3) 危机公关的开展可以维护和重塑组织形象，有利于保证组织的长远利益和发展。

在现代社会中，产品与产品之间的外形和性能差异越来越小，影响人们选择的更重要的因素是组织的形象、品牌及声誉。组织遭遇危机，经济利润的下滑是表面损失，受危害最大的就是组织的形象、品牌及声誉。在危机处理中，我们可以遵循公共关系的原则和方法，强调“以公众利益为本”的原则，真正维护消费者的利益，显示社会责任心，实事求是地向群众说明实际情况，获得群众的谅解，就有助于组织形象、声誉的维护和重塑，有利于保证组织的长远利益和发展。

(4) 危机公关的开展有助于强化组织的危机公关意识，防患于未然。

在危机发生时，如果没有一定的防范意识和应对机制，危机就会很快蔓延发展并可能造成致命打击。组织可以通过危机公关，增强组织危机公关意识，使组织居安思危，将危机的预防作为日常工作的组成部分，教育员工认识危机公关对组织的意义，使他们在危机来临时，能迅速反应，以积极的姿态投入到紧张的危机处理之中，赢得主动和理解，最大限度地减少损失。

参考资料

威廉·班尼特的形象改变理论

在危机传播研究中，威廉·班尼特是利用模型来发展宏观模式的最有影响的学者。其理论建立在这样的假设之上：个人或组织最重要的资产是它的声誉。他认为，就像其他有价值的资产一样，声誉或公众形象应该从战略高度去维护。班尼特把他的危机传播模式分为四个大的战略方法，其中很多又可细分为不同的战术。

第一个战略是否认。否认又分为简单否认和转移视线两种，转移视线的好处在于它可以把个人或组织描绘成不公正环境的牺牲品，以引起人们对替罪羊的直接责问。

第二个战略是逃避责任。这是最复杂的策略。他提出六个战术方法，以使组织减少其责任，维护其声誉和形象。这六种战术是：援助、最小化、区分、超脱、反击、补偿。援助是指为了补偿受害者的损失，而采取的救助措施。最小化包括减少或者轻描淡写错误行为，以使负面影响降到最低。区分是指把人为错误与社会大环境的深层次矛盾区别开来。超脱是指向人们描绘一种美好前景或新的发展机会，而不是局限于危机事件。反击就是进行申辩和分散公众注意力。补偿包括直接向受害者提供帮助，以减轻其痛苦。总而言之，就是从各个方面减少错误行为传播的范围和程度。

第三个战略是亡羊补牢。即通过制定相关法律、规定来减少以后类似事件的发生。这种亡羊补牢式的做法，与上面提到的补偿的区别，在于此种做法是针对未来的，而补偿则是针对当前的损失。

第四个战略是自责。这项战略包括道歉、忏悔和寻求公众的宽恕。班尼特认为，其他战略必须相互依赖，而这项战略可以单独发挥作用。

班尼特的形象改变理论的主旨为：社会组织在危机中，应勇敢面对公众，努力维护自身利益，减少负面影响，将可能的损失降到最低。

10.2 政府危机公关策略

频发的危机事件已成为当代社会管理生活中不可避免的重大挑战，危机公关管理也就成为各国和各级政府都必须认真对待的重要问题，它甚至比任何常规管理都更能考验政府的治理结构和治理能力。对于转型期的中国而言，有效、及时、和平地处理各种类型的危机事件已经成为今后一定时期内我国各级政府必须高度重视的重大挑战，如何处理好社会危机事件将直接关系到政府在公民心目中的权威地位和良好形象，直接影响着我国政治稳定、社会和谐和经济发展。

政府危机公关是一个系统工程，需要围绕公关目标，采取一系列的措施和策略，来化解危机和矛盾。具体来说，政府危机公关可以实施以下几方面的策略。

10.2.1 强化“以人为本”的政府危机公关意识

就危机公关意识的功能而言，从根本上说其对危机公关的实践有巨大的推动作用和强有力的指导作用。危机意识是危机公关的起点。危机意识的树立，就是要求政府的决策和管理者从长远的、战略的角度出发，在和平发展的时期，充分预计组织可能遇到的困难和突发事件，在心理上和物质上做好对抗困难的准备，以防止在危机发生时束手无策，遭受无法挽回的损失。一方面，我国各级政府应从关系党和国家进一步生存与发展的高度上认识处理危机的重大意义。另一方面，应积极培养公众的危机意识，因为普通民众虽不是管理主体，却是参与主体，他们的心理和行为是否配合政府直接关系到政府管理的有效性。

1. 增强危机认识，树立危机公关意识

公共危机公关的能力，取决于多种因素，政府官员和公共管理者的公共危机管理的意识、知识、能力，对于危机公关的效果有着十分重要的作用。各级政府必须清醒地认识到我国现阶段危机公关的重要性，树立正确的危机意识，居安思危，防患于未然。对可能引起危机的不确定因素、危机爆发的征兆、信号要有足够的敏感度，对危机的严重后果要有足够的认识。凡事预则立，不预则废。临阵磨枪，临渴掘井，则可能误大事，出大乱子。要根据时代的发展，及时了解非传统威胁形成的各种可能，适时调整、更新危机应对战略；在日常的公共决策中，以广大群众利益为先导，采取科学民主的决策方式，在源头上降低危机事件发生的可能性，以减少或避免危机的发生。

危机意识是应对危机事件的前提。政府部门只有在树立了危机公关意识后，依靠敏锐观察，理性判断，提高公共危险的识别能力，以达到预警功能，才能使整个政府在危机爆发时采取有效的对策，以避免危机的爆发或减少危机的危害。

2. 树立以人为本的危机公关意识，加强政府形象建设

要树立以人为本以及社会公众利益的思想意识，通过实际行动来体现人民政府为人民的本质。政府部门在危机公关时，必须贯彻为人民服务的根本原则，使公众享有广泛的民主权利，充分的主人翁地位，并重视公众，体现人本思想。只有如此才能在政府的危机公关中，充分保障公众的信息知情权，为公众办实事。

因为只有充分体现了政府对公众的利益关注才能使政府得到公众的信任和支持，才能有利于政府良好形象的树立。

政府良好形象的树立，决定了政府的威望、号召力和凝聚力。政府部门有了威望就能得到公众的信任、尊重和支持，政府的方针、政策就能在人民群众自觉积极地参与下顺利地推广，实现政府工作危机公关的目标。这里，政府部门领导人的形象建设固然重要，但政府部门中每一个成员的形象对政府形象的构建也起着重要的作用。为了实现危机公关的目标，政府制定了一系列的决策，这些决策的落实需要每一个公务员去贯彻执行。他们在具体的工作中直接面对公众，从某种意义上讲他们的言行举止、形象，在公众眼中就代表着政府。就危机公关而言，政府官员只有增强了危机公关意识，深刻认识危机公关在现代化建设中的地位和作用，积极主动地开展危机公关，才有可能更好地坚持政府工作的群众路线，避免工作中的失误，提高危机公关的工作效率。每个公务员的一言一行都是影响政府整体形象的一部分，所以每个公务员都要树立危机意识和为人民服务的意识，并在工作中加以体现，用切实的行为来证明人民政府为人民的本质。同时要有意识地广泛收集社会各类公众的反馈，对政府形象进行反思和评估，检查政府形象的塑造定位是否与公众心中的形象定位一致。

3. 培养公众危机意识

在危机时刻政府要充分认识公众对政府形象的非理性认识。一般公众由于专业素养的缺乏，对政府形象只能是一种非理性的认知，极易断章取义，而无暇考虑政府平时的表现。虽然他们对政府形象的评价在客观性上存在一定的问题，但由于他们占政府公众的绝大多数，一旦形成舆论，其力量不可忽视。政府一个部门的行为会被扩展到整个政府的行为特征，如果政府在危机中稍有差错，就会被认为该政府一向如此，危机中表现不佳说明它平时的表现也不佳。政府应该变被动为主动，变特权机关为服务机关，将原有的发号施令转换为为人民服务的意识，并把这种意识向信息领域延伸。要有意识地把公共信息和保密信息进行区分，把本不属于政府决策人员的专用资源，积极地向大众发布；意识到文件的公开有利于政策的全面执行；意识到让公众对政府工作进行监督，以促进政府的依法行政。这些意识的培养都要在平时的工作中逐渐加强，只有这样，在遇到危机时才可以有意识、有步骤地进行危机公关，减小危机破坏的程度。

在危机中，成熟社会主要表现出：一是不害怕危机；二是能找到应对危机的好办法；三是能够团结一致克服危机。社会不成熟，不仅不利于危机的缓解，还有可能使危机加剧，其消极性往往超过危机本身。公众是危机公关的对象，公众的心理和行动是否配合政府直接关系到危机公关的有效性，所以要求培养和提高公众的危机意识。一方面要加强对公众危机意识的教育与宣传，并以科学的方法与态度引导公众对于各种危机事件的认识；另一方面要利用各种形式对公众进行公共危机管理知识和技能的传播、教育，不仅可提高他们的自救能力，同时可增强他们的共救与公救能力，能够用科学的方法来处理危机事件，从而全面提升应对危机的能力。

10.2.2 完善政府危机公关的机构设置和制度设计

1. 建立统一、协调灵活的政府公共关系机构

知识经济的迅猛发展、信息技术的广泛应用，不仅在改变着社会的经济结构，也在强烈地冲击着传统的政治、行政组织形式。作为现代管理的重要手段，政府公共关系的职业化特点将会越来越明显，这就需要专门的组织机构来执行这种职能。尽管目前我国各级政府陆续成立了一些公共关系职能部门，但设置往往分散，职责不一，很难满足政府公共关系的现实需要。当今发达国家一般都建立有统一的政府公关机构。

我国在精简机构、配置政府职能的同时，也要设置统一的政府公共关系机构。在危机频发的今天，在政府机构中设置公共关系部是必不可少的，看似与今天我国政府的简化机构政策有所违背，但如果我们将宣传部、信访办等具有公共关系功能的部门合并到公共关系部，就可以最大限度地发挥这些部门的危机公关功效。可以从国家安全的高度制定长期的反危机战略和应急计划，在危机发生的周期中对危机的各阶段起到不同的作用。公共关系部独立于其他各个部门，而直接对上级行政领导负责，并用以提高各部门和各级政府的危机预警能力和相互之间的协作能力。在危机发生之前，公共关系部可以对危机进行预警，提供公众所需要的信息及政府的有关政策宣传，建设并维护政府的形象，还可以提供公众向政府信息反馈的功能，减少公众的猜测和社会混乱，为后面的政府危机沟通提供铺垫。

把公关危机管理有机地整合到国家常规管理体制之中。从国内外危机管理的实践出发，结合我们的具体情况，有必要在中央政府的统一领导下，进一步明确中央各部委、各级人民政府危机管理的职能、职责和责任。形成统一领导、分工协调的危机管理体制。成立相关的危机管理的指挥和协调机构，制定相关的战略、政策和规划；进行相关的社会信息管理与相关的社会危机风险评估；在非危机时期，负责相关的社会预防和预警工作；在危机发生期间，负责领导相关的社会公关协调工作；负责相关的社会监督管理工作；进一步维护和强化政府管理的公信力以及合法性基础等。

2. 建立和完善公关危机预警制度

公关危机预警在政府危机公关中是十分必要的。防患于未然，是危机公关的基本指导思想。政府机构和领导者的责任并不仅仅在于如何处理好突发事件，而更重要的是忧患意识和居安思危，加强突发事件的防范和预警工作，把突发事件的隐患消灭在萌芽状态。

在危机前期，不论是何种危机都会有一个共同点，那就是具有“有别于常态”的特征。如果政府部门可以对这些“有别于常态”的危机征兆保持警惕，并采取适当的行动，那么对于可以阻止的危机来说就能防止危机的发生，对于无法避免的危机则可以减轻危机造成的损失。

从防患于未然的危机管理原则来讲，预防管理应是危机管理的核心内容和关键环节，指的是社会组织对其危机隐患及其发展趋势进行监测、诊断与预控的一种危机管理活动。其目的在于防止和消除社会组织的危机隐患，保证社会组织的公共关系系统和经营管理系统处于良好的运行状态。

公关危机预警的主要任务就是对危机迹象的监测、识别、诊断，对可能出现的危机进行预控。其中危机迹象诊断则是危机预防管理的一个十分重要的工作内容。只监测、识别危机迹象而不对危机迹象进行诊断，危机迹象就不可能得到正确的解释和评价。有效诊断一般应从以下两个方面来进行：第一，深入分析危机迹象产生的原因；第二，合理预测危机迹象的发展趋势。危机预警除了要对危机迹象进行监测、识别、诊断外，还有一个重要任务就是将收集到的各种反映危机迹象的信息迅速、准确地传递给公众，通过媒介的力量消除他们的心理恐慌，并给他们一个应对危机的心理和物资方面的准备。

3. 改进政府信息公开制度

(1) 确保政府信息公开。

要保证危机公关的效果，公开信息是其中最重要的内容之一，这是随着政府信息公开制度的不断完善而逐步显现的。在政府信息公开这方面，我国至今还没有正式颁布国家性的法律，只是在一些相关的法规中涉及了部分政府信息公开与保密的界限，如《档案法》、《保密法》等。在民主社会中公民享有对政府工作的知情权，公民参政议政、参与政府决策是一个国家政府服务效率的标志之一。这一过程与政府信息资源管理制度、手段、技术紧密相关。制定信息公开的法律有利于我国建立法治的民主政府。民主是现代政府合法性的基础，有了《信息公开法》，有关部门在处理和公众利益密切相关的信息的时候，就会首先考虑法律的要求，而不会舍本逐末地考虑方方面面的细枝末节，从而避免陷入纷繁复杂的权衡之中。因为有了法律依据，公开将成为原则，不公开才是例外，而不是相反。

这样，当我们应对公共危机的时候，才能以最高的效率集纳全社会的智慧，调动全社会的力量。我国实行的是与西方国家完全不同的政治制度，虽然有良好的公众基础，但在信息公开方面缺乏主动性，其外部环境压力对政府公共关系的信息化变革还没有形成强大的推动力，也就是说政府对于公关的信息化改革还没有转化为一种内在驱动。

信息公开、过程透明和行政开放是政府公关的最基本原则，也是提高政府危机公关功能的关键。然而在现今缺乏信息公开制度的指导下，由于信息资源具有独特的经济学特性，对于掌握有独特信息资源的政府部门，甚至个人来说意味着它拥有获得某种利益的权利，并且拥有了某种支配信息的权力，这必将影响信息公开和过程透明。这些就需要通过制度技术的改革创新来提高政府的运行效率。从根本上来说，政府的信息资源属于全民所有，具有公共产品的特性，理应公之于众。所以建立完善的信息产权制度、出台相应的法律是政府依法使用信息资源、公民依法获取信息资源的根本保证。

在发布信息时，要把握好以下几点。一是应该发布的信息必须发布。公共危机事件发生后，应急处置指挥机构要尽快安排有关部门在第一时间发布准确、权威的信息，正确引导新闻舆论，稳定公众情绪，及时消除可能引发的不良影响。应该发布的信息必须发布，比如伤亡人数、事故发生的时间和地点及大致经过、对财产损失的估计等，否则，谣言、流言就会泛滥。二是不该发布的信息绝不能发布。比如，不要推测公共危机事件的结果，特别是不能推测伤亡的人数等。在事实未全部明了之前，不要对事件发生的原因、损失以及其他方面的任何可能进行推测性的宣传；不要要求记者一定要刊登什么或不刊登什么。三是注意引导新闻媒体。要引导媒体以公众的立场和需要来进行报道，不断提供公众所关心的信息，如处理方法和善后措施等。此外，政府主要责任人还可以在新闻媒体上公开道歉，向公众说明事实真相，并主动承担责任。这不仅有利于危机事件的顺利解决，而且可以树立政府的良好形象。

(2) 实行问责制度，提高危机公关效果。

我国宪法规定，公民不仅有了解事情真相的知情权，而且有“问责权”。当危机发生后，公众有权对其发生的原因、事件有关负责人以及处理方案进行问责并得到相应的回应。但是在实际操作中，由于政府部门对信息传递的不充分、公众问责渠道的缺乏，导致了公众问责权的缺失。制定行政问责制度，其目的就是要促进各级政府各部门行政首长严格履行法律、法规和依法赋予的各项职责、各项工作，严格依法行政，自觉接受监督，全心全意为人民服务，要把立党为公、执政为民贯彻落实到行政问责制度当中，以人民的利益来衡量一切。站在人民群

众利益的角度，决定谁对谁错、谁应该受到责任追究。制定和实施行政问责制度，有利于进一步明确行政首长的责任，以利于防止和减少行政过错、提高行政效能和工作效率。

由于传统观念导致了各级政府部门中的“瞒报”现象普遍存在，为了能革除此弊端，就必须从严要求，加强官员问责制度的建设，尤其要加强对各种瞒报行为的官员问责。不仅要问责那些具体的责任人，惩罚当事人，而且要对相关领导和主管进行问责，对于他们的行政不作为进行惩罚，追究他们的领导责任。

实行高官问责制，可以从根本上保证在任命制为主体的政府机构中各级政府官员工作的主动性和积极性。毛寿龙教授认为，所谓的高官问责就是对本可以做到而没有做到的事情承担责任。其大致可以分为四个层面：一是承担道义上的责任，向受害者和公众负责；二是承担政治上的责任，也就是向执政党和政府负责；三是承担民主的责任，向选举自己的人民代表和选民负责；四是承担法律的责任，向相关法律规定负责，看是否有渎职的情形存在。

但是实际操作中，我们常常看到这样的情况，一位政府领导在一次事件中被问责撤职，却很快在别的地方担任领导职务。因此，问责制度执行要彻底，不能今日下台，明日又在同级部门甚至更高级别的部门任职。这样的问责就失去了实际的意义。

10.2.3 整合政府传播，加强危机公关沟通

现代社会，政府不是政府公关活动中的唯一主体，而且政府公关活动仅靠政府也是不可能取得最佳效果的。从危机事件中社会公众的心理特征出发，制定政府整合传播的策略，可以有效地实现“转危为机”，树立和维护政府良好形象。

危机公关要通过多渠道多模式来进行，并要整合这些渠道和模式以达到最全面、准确、及时的报道。整合传播是以追求传播效果最大化和劝服功能最大化为目标，巧妙设置现代社会各种媒介资源的传播议程，促进媒介资源传播效力的优势组合，形成信息和意见的系统化、集束性、多层次、快反馈、强互动传播的传播活动。整合传播是现代组织公关活动传播行为发展的主要方向，在危机公关实践中，现代组织普遍采用这种方式开展危机公关，各国政府的危机公关也更多采用这种方式。

整合传播的理论基础是营销学中的整合营销传播理论。它的内涵是：以消费者为核心重组企业行为和市场行为，综合协调地使用各种形式的传播方式，以统一的目标和统一的形象，传递一致的产品信息，实现与消费者的双向沟通，迅速树立产品品牌在消费者心目中的形象和地位，建立产品品牌与消费者长期密切的

关系。这种理论要求营销主体，通过各种营销手段的系统化结合，以市场为导向，根据市场营销环境的变化及时修正营销策略，以使供需双方在交换中实现价值增值。

整合传播就是将传播主体的信息和意见作为输出产品，而以公众接受行为作为营销目标，在传播者与受众的双向互动中实现传播效益增值的理论模型。整合传播并不是现代各种单一媒体的简单叠加，也不是传媒无序的狂轰滥炸，而是着眼于最佳效果的各种传播力量的有效动员和配置。

1. 政府整合传播的策略

在面对公共危机时，政府可以整合五种居主导地位的传播力量：大众传媒、意见领袖、公共组织、商家和公众。大众传媒主要指报纸、广播、电视和互联网；意见领袖主要指危机发生领域的专家学者；公共组织主要指政府组织和非营利公共组织；商家是指一切以盈利为目的的组织；公众是社会成员。这五大信息传播媒体因其地位、目的不同，而在危机发生时各有作为，也就需要政府有效整合其传播力量。

(1) 政府与大众传媒。

大众传媒在危机出现时发挥着不可替代的作用，公众需要大众传媒（报纸、广播、电视和互联网）提供准确、及时、一致的信息，大众传媒有责任和义务满足公众对危机的信息需求和对政府采取措施的信息需求。大众传媒不仅仅是危机公关的对象，同时也是危机公关中政府与危机事件影响目标群体公众沟通的桥梁，所以政府要与媒体沟通达成公共合作。大众传媒由于其传播时效强、传播范围广、传播频率高而成为当代最有传播效力的信息工具。

1）政府要向大众传媒提供准确、及时、一致的信息。

流言长时间、大面积的存在，一个重要原因是两大正式的权威渠道——政府和媒介迟迟未对重大信息做出公开反应。一方面，流言使公众试图对公害加以防范，但因缺乏足够的正确信息，而无法采取正确的应对措施；另一方面，流言也会引发公众的恐慌心理。将新闻信息尤其是重大的突发性新闻在第一时间传递给公众，能极大地解决社会公众的心理欲求和信息饥渴问题。当危机事件发生时，由于其存在不确定性，使各种信息、流言、谣言不断产生，而导致人心浮动。政府应尽可能快地将真相告知公众，以澄清谣言，稳定人心。这就是整合传播的时效原则：危机发生与传播展开的时间间隔越短，传播效力越大。确保信息的一致性，避免信息混淆，政府组织就必须在充分掌握大量信息的基础上，对已经明了的情况及时发布确切的信息；对尚不清楚的情况，要做出合理的解释说明。信息同一性原则要求政府组织的危机公关决策核心对于一些敏感或棘手的问题，必须

及早做出分析判断，形成一致的理解和看法，为传播媒体提供足够的资料。

及时、准确、一致地传递新闻信息，是实现有效传播的最基本的条件，是传播媒体的职责所在。充分满足公众的知情权，体现了传播媒体对公众高度负责的态度，能极大地树立传播媒体的美誉度和公信力，使受众对传播媒体保持较高的忠诚度和信赖度，有利于公共危机的处理。

2）政府要与大众传媒持续接触。

危机期间要保持传播活动的连续性，形成持续传播力。如在哈尔滨停水期间，从2005年11月22日起，政府每天向社会全面公布与水污染相关的信息，不仅稳定了人心，树立了透明政府的形象，还为最终控制疫情、战胜水污染打下了坚实的社会基础。整合传播的连续性原则要求：一是与报社、电台、电视等各种传播媒体保持持续的联系，即使没有新的信息也应如此，因为没有信息也是一种信息；二是要让各种传播媒体持续报道危机事件的处理进程和新信息，进一步强化已确定信息的真实性，进一步消除可变信息的不确定性。

（2）政府与意见领袖。

危机发生时，社会公众对危机发生领域的意见领袖特别信任，他们对危机事件的解读可以有效地满足公众的信息需求。意见领袖在权威媒体上的发言有助于减少流言，稳定社会公众的情绪。在一项关于“在SARS事件中，你觉得谁的意见可以信赖”的调查中，调查结果表明医学专家的意见被认为是最可信赖的，受访者认为亲朋熟人的意见可信赖程度不高。这说明危机中容易出现流言和恐慌，但政府通过意见领袖发布信息，有助于“转危为机”。具体策略有以下三个：

1）意见领袖的发现和培养。

意见领袖常有专业知识技能高、社会经济地位高、社会参与程度高、人际交往能力强、富有创新精神等特点。参考这些特征可判断公共危机爆发时哪些人可以扮演意见领袖的角色。如在SARS暴发时，广州呼吸疾病研究所所长钟南山教授脱颖而出，成为这次危机中的意见领袖。意见领袖是危机领域的专家，但不一定是与公众沟通的专家，因而对意见领袖面对媒体的沟通技能培训十分必要。

2）政府与意见领袖要保持良好互动。

意见领袖的意见具有权威性，政府在发布信息前需要和意见领袖充分互动。互动是充分尊重双方的意愿，表明各自的理由，达成对公众最有利的共识，否则，可能会造成信息传播的不一致，而影响政府形象。如2003年3月，当卫生部官员宣称SARS疫情“已得到有效控制”时，在接受电视台采访的钟南山却拒绝那样说。2003年4月11日，他在国务院台湾事务办公室的记者会上说：“从医学的角度来看，这个病的病原到现在还没有搞清楚，怎么能说控制了呢？”钟南山公开提出与官方不同的意见，这使得公众对政府的信任下降，影响了危机的管理。

3）创造公众接触意见领袖的机会。

对于公众信任的意见领袖，政府要提供机会让其发挥传播有效信息的作用，如安排权威媒体的专访并以适当频率加以播放、建立专家网站等。

（3）政府与公共组织。

公共组织可以分为政府公共组织和政府之外的非营利公共组织，两者的职能和性质不同，需要分别对待。

1）与政府公共组织的沟通策略。

一是培养和提高各级政府官员的危机管理意识和抗危机能力，加强危机管理的教育和培训。二是建立国家的危机管理机制，在危机来临时协调各部门、各地区的活动，以共同应对危机，使社会公众切实感知到政府的积极救助措施。

2）与非营利公共组织的沟通策略。

首先，政府要明确非营利公共组织的性质并用合适的方式与其沟通。非营利公共组织不属于政府部门，政府不能以行政命令与之合作。在SARS危机早期，因有关部门不熟悉世界卫生组织的工作程序，造成了与世界卫生组织沟通不理想的局面。其次，政府必须为非营利公共组织作用的发挥创造有利的条件。需要建立良好的协调机制，包括建立政府部门与非营利公共组织之间的应急联动信息通道，建立由计算机网络系统支持的信息传递通道，一旦危机发生即可立即启动，确保信息的畅通。

（4）政府与企业。

公共危机爆发时，企业可能会受到强烈的冲击，但这一期间也可能是企业短期盈利的机会，还可能是其进行危机公关、树立良好形象、赚取长期利润的机会。商家积极有效作为的社会影响是直接的，首先是对内部员工的影响，其次是对作为消费者公众情绪的影响。在危难关头，企业担当起社会责任，不仅能增强员工的凝聚力，而且可以缓解员工的紧张心理；对消费者而言，企业的举措不仅可以保证产品供应，更能缓解消费者的恐慌情绪。

1）政府奖优罚劣。

对于舍利取义、公私兼顾的商家，政府要给予正面肯定，让这些商家赢得社会公众的注意和认可，增加这些商家的无形资产。也可以设立奖项授予这些商家，昭示它们的社会责任意识和行为。对于欺世盗名、见利忘义的企业，要视程度给予曝光及处以经济、法律惩罚。

2）建立商机信息平台，引导商家进行危机公关。

面对突如其来的SARS疫情，反应迟缓的商家不在少数。除了商家领导者

的视野因素外，对有关危机信息无知也是其重要原因。因此，政府应建立危机的商机信息平台，针对商家进行宣传，引导商家进行危机公关。

（5）政府与社会公众。

作为危机公关的客体，公众的传播是非常重要的一部分。社会公众本身是危机公关的传播对象，但当政府实施说服议程时，单体的公众可能成为传播链上的传播媒介，这具有人际传播的特征。社会公众的传播功能主要通过人际传播渠道实现。但这种传播由于传播双方具有亲近性，又在频繁互动的条件下实施，因而往往具有很强的感染力和说服力。所以政府应当重视在社区的危机公关。政府要加强与其他社会公共组织的合作，这些社会公共组织是独立于政府之外并关注社会公共利益的组织。以社区为单位对公众进行危机公关，减少公众传播中的误传、错传。在这一环节，“第五媒体”——手机有着重要的地位。今天手机的普遍使用，使得手机成为信息传播的又一途径。随着信息技术的发展，当发生危机时，政府号召手机运营商以最快的速度向手机用户公布信息，也可以加强政府危机公关的效果。

1）注重受众的细分。

在市场营销中，市场细分就是根据消费者各方面的属性，把市场分割为具有不同需要、性格或行为的购买者群体，从而指导营销策略以及产品生产，达到创造最佳效益的目的。传播过程也是如此，为了得到更好的传播效果同样需要对传播对象进行必要的分析，针对不同的对象制定不同的传播策略，尤其是像舆论引导这样受众面广、以传播效果为主要诉求的传播行为。

对于不同的人群，信息传播的内容和报道手法要有所差别，比如对年龄较小或较大、文化程度较低的人，信息须加以解读，同时可以发挥这部分人群中的老师、居委会负责人、村长、工长等“舆论领袖”的作用，使传播效果更理想。但也要注意信息在多极传播中易发生变形。媒介所要提供的是更为全面深入的信息，同时在信息处理技巧上，两面说理方式很可能比一面说理更具有说服力，切忌“假大空”的传播方式，因为这种传播方式往往只会起到负面效果。

2）注重反馈，形成双向沟通模式。

加强双向交流，增进信息传播，是协调政府和公众之间关系的根本方法，政府要与公众之间建立“双向对称”模式。所谓“双向对称”模式，是指要在政府和公众之间建立一种和谐良好的关系，它要求政府运用公共关系的双向沟通并且对称的模式，一方面要把政府的信息向公众进行传播，另一方面又要把公众的想法向组织进行传播，必须下情上达，反映民情。在危机期间，所处环境变化剧烈，不确定性比较高，此时公众心理变化剧烈，这个时候就要将公众的民意通过媒介向政府部门反映，使得政府部门信息公开具有更强的针对性，决策更具有能动性。

2. 整合政府传播的原则

关于危机沟通的原则，不少学者专家都有各自不同的见解，综合各方面调查，总结出传播沟通应该注重以下 12 条原则：

(1) 沟通之前做好充分的准备，准备所有的数据，最好能够预测一下可能会遇到什么样的问题。

(2) 选择合适的媒介。当危机发生时，常规通信媒介比如电子邮件和电话线都无法工作时，就必须创造性地选择其他媒介，尽快将重要信息传播到每个相关者。

(3) 与媒体保持良好的关系。媒体是组织与公众之间沟通的纽带，千万不可将媒体推到组织的对立面。

(4) 快速、频繁地发布信息，忠于事实，不可妄自推测，不可信口开河。

(5) 领导亲临现场。大部分公众将组织的领导人亲临当成是重要的心理沟通信号。

(6) 双向沟通。面对危机，仅仅由政府来唱“独角戏”是不行的，要激发一切可以动员的社会力量参与危机的解决，只有参与，才会负责。

(7) 阐明组织的立场和观点，并反复强调。

(8) 选择首要响应者作为沟通重点，用响应者去带动犹豫和迟疑的跟随者。在危机情景下，领导人没有很多说服动员的时间，他们需要依赖首要响应者的信心来带动其他追随者。

(9) 确立指定的发言者作为组织的唯一、可靠的信息发布者。

(10) 要积极面对问题，正面表达组织的意思。知道多少就说多少，不知道就说不知道，但应表示一旦知道更多情况会立刻告知。

(11) 注重情感沟通。危机状态中，情感认同是以理服人的前提和基础，在形成社会凝聚力的过程中扮演着极其重要的角色。

(12) 沟通要真诚，态度要公开，情感要关怀，而不可表现出高度的防卫性。危机往往会造成人们的心理和生理的创伤，真诚的情感会传递相互安慰的信息。

10.2.4 加强政府危机公关的渠道创新

1. 完善新闻发言人制度

正如曾任国务院新闻办公室主任的赵启正所说：新闻发言人不是人，而是一

种制度。政府新闻发言人则在政府与公众之间建立了一个制度性沟通管道，通过这一制度安排，来实现政府与社会的有效沟通。对于完善新闻发言人制度，可以从以下两个方面进行建设。

（1）实现新闻发言人制度的规范化。

我国地方新闻发言人制度刚刚起步，有的地方新闻发言人仍然形同虚设，把它作为对上负责、对下不负责的应景之物，或者是报喜不报忧。关键问题在于，新闻发言人的权利、责任边界还没有明确的界定。由于边界不确定，新闻发言人自然要考虑趋利避害，出于“祸从口出”的考虑，他们宁愿保守一些，如果保守不被追究责任的话，他们又何必冒很大的风险呢？而在西方发达国家，这方面的制度已经很成熟了。美国有信息公开法案，哪些政府信息必须披露，披露到什么程度，这个度定在什么节点上，如何落实责任人和追究失职责任，都有详细的规定。

（2）提高新闻发言人的素质。

新闻发言人素质要高。新闻发言人代表的是政府，在信息传播高度发达的今天，新闻发言人要应对各种各样预想不到的刁钻、棘手的记者提问，没有过硬的本事很难驾驭记者招待会这种场面。表面上，新闻发言人可谓是占尽风光，但是，在这风光的背后，需要非同寻常的能力方能支撑。发言人需要反应灵敏、口才一流、沉着谨慎、视野开阔、知识丰富、记忆力强、对政策有深透理解，既能坚持原则又能随机应变，而且还要有很强的心理素质，能够负载超强度心理压力。

2. 开辟新的政府公共关系途径——网络公关

信息技术在提高人类生活的同时也使社会资源趋于智能化、虚拟化。社会组织只有依赖最先进的信息技术去获取信息、处理信息、整合优势，才能提高自己的生存能力。

随着网络传播的发展，这种借助联机网络、电脑通信和数字交互式媒体的技术优势来实现公关目标的行为活动——网络公关逐步被人们重视并利用，并正在成为社会组织在市场竞争中取得优势的“法宝”。政府可以利用网络开展各种具有个性化、独特形式的公关服务活动，这是公共关系信息化的发展趋势。

（1）电子邮件。

利用电子邮件进行一对一交流的作用很多。可以用它来跟公众进行信息交流，答复公众疑问，与公众建立良好的关系，也可以用它与各社会组织的代表进行沟通、了解需求。电子邮件是一种极为有效的交流方式，它正在取代电话成为许多公关人士的主要交流工具。

(2) 网上论坛。

随着我国互联网用户的增加，BBS 正在逐步成为有影响的社会舆论工具之一。公众对一些不可能在主流媒体上谈论的敏感的政治问题、社会问题发表自己的看法、交流各种信息。政府可以利用网上论坛，掌握公众舆论趋向，及时加以引导疏通。

(3) 电子新闻。

公众面对信息的“重复轰炸”，往往会失去兴趣。网络新闻不仅能提供个性化的服务，还能让公众自己编辑感兴趣的内容，使政府的行为更为透明，增加公众参与政府公共关系服务的积极性，增加公众对政府的亲切感与信任感。

(4) 博客。

博客是一种新型的传播媒介和交流平台，政府公关人员可以利用博客展示工作感受和经验，甚至披露一些政策方针、决策出台的历程，这样既可以最大限度地满足公众的知情需求，又能做到以情感人，扩大公关传播范围，增强政府公关效果。

10.2.5 建立健全政府危机公关的评价机制

危机公关的评价不会像普通公关活动的评价那么详细和准确。因为事件的发生常常是意想不到的，所以危机公关的目标最好具有高度的概括性和非定量化，评价时应回顾一下公关决策和沟通的原则，检查一下在危机公共关系中原则的运用情况。

从评价的内容来看，可从以下几个方面入手：

(1) 对组织机构设置的评价。包括机构设置是否合理、职能是否完备以及各部门分工协作的情况等。

(2) 对决策机制的评价。包括决策者的判断能力、决策能力和心理能力、决策方案的正确率等。

(3) 对沟通机制的评价。包括危机沟通内部渠道是否畅通，是否出现信息失真的情况，以及媒体在危机中作用的评价等。

(4) 对恢复性公关的评价，恢复计划是否科学合理。

(5) 对危机后政府形象在公众中的接受度进行评价。

从评价的阶段来分，可以从以下三个阶段来评价：

(1) 危机公关的准备阶段。主要包括：危机公关项目背景信息的充分性，信息和活动内容的适宜性，信息和活动表现的质量。

(2) 危机公关的实施阶段。主要包括：发送给媒介的信息数目和设计的活动

数目，安排信息数目和实施活动的数目，接受到信息和活动的人数，参与信息和活动的人数。

（3）危机公关的影响阶段。主要包括：得知信息内容的人数，发生意见改变的人数，发生态度改变的人数，按预期行动的人数，重复相关行为的人数，社会和文化的变化。

通过对政府危机公关进行评价可以发现政府危机公关体系中存在的缺陷和不足，提出改进的意见和措施并反馈到体系之中，从而不断完善政府危机公关体系，减少危机事件的发生率，提高整个系统预防和处理危机的能力。

10.3　企业危机公关策略

与政府危机公关一样，企业危机公关也是一个系统工程，它贯穿于公关危机管理的各个环节。在危机发生前，企业应建立危机预防系统，及早发现危机征兆，尽可能将危机消灭在萌芽状态；在危机爆发后，企业应启动危机处理系统，采取合理的危机应对措施，控制危机扩散范围，并尽早消除危机；在危机恢复期，企业应通过危机恢复管理系统，采取合理措施恢复企业正常经营，查找企业在危机处理时的漏洞，恢复企业形象。

10.3.1　企业公关危机发生前的预防策略

企业公关危机和其他危机一样，它有一个由量变到质变的发展过程，有其内在的发展规律，它在发生之前通常都会有不同形式的前兆即信号。因此，企业的公关危机是可以预测和预防的。英国著名危机管理专家迈克尔·思杰斯特说："预防是解决危机的最好办法。"实际上，对企业而言，危机公关管理的重点应放在危机发生前的预防上，而非危机发生后的处理上。为此，企业应该建立完善的危机预防体系，争取在危机爆发前找出危机根源，消除危机，这样可以将危机所造成的影响控制在最小限度之内。

1. 树立全员危机公关意识

在企业的危机公关中，危机防范是成本最为低廉的危机管理方式。企业要树立全员危机公关意识，"居安思危，未雨绸缪"。企业要从战略上建立一以贯之的强烈的危机意识和先进的危机理念，并使之深深扎根于企业文化之中，使企业上至最高领导下至一般员工均能铭刻于心；面对激烈的市场竞争，充满危机感，理解企业有危机、产品有危机、企业内外公众关系有危机，用危机理念来激发全体员工的拼搏精神和工作责任感，追求更高的工作目标，消除可能发生的苗头和隐患，在一个事件尚未演变成危机时就将它平息。要让企业的每个员工都认识到，危机公关不只是公关人员的事情，而且是企业内每个成员的义务、责任。并且要求他们掌握公关的基本技能：在日常的工作中，自觉地把自己的言论和行动与企业形象联系起来，提高维护企业形象的自觉性；一旦危机来临，知道该做什么，不该做什么；该说什么，不该说什么；怎样与企业保持一致等。

对那些最容易遭遇危机的企业来说，居安思危、树立全员危机公关意识尤其显得重要。这些企业包括：近期遭遇过危机的企业；处在高管制行业内的企业；财务问题严重的企业；高知名度和高曝光率的企业；公开上市的企业；发展速度太快的企业；市场份额处在业内前三位的企业；新生的企业；连锁经营的企业等。

2. 成立危机公关日常管理机构

公关危机预防管理与特定的危机处理不同，特定的危机处理是一次性的，而公关危机预防管理是日常性的。公关危机预防管理的日常性，决定了其预防管理不是应急的，而是长期进行的。因此，在企业中设立公关危机日常管理机构是十分必要的。公关危机日常管理机构成员应由企业的领导人、公关部、生产、人事、销售等部门负责人参加，这些人应具有敢于创新、善于沟通、严谨细致、处乱不惊、具有亲和力的素质，以便于统揽全局，迅速做出决策。

3. 制定危机公关管理计划

企业公关危机日常管理机构要根据公关危机发生的可知性，事先制定出预防和处理危机的方案。公关危机处理计划可以使企业员工做到心中有数，一旦发生公关危机，可以根据计划从容决策和行动，掌握主动权，对公关危机做出迅速反应。公关危机管理计划是公关危机管理的指导方针。

制定公关危机管理计划的主要原则是：计划必须是具体的、可操作的；计划必须保持系统性、全面性和连续性，应明确所涉及组织及人员的权利和责任；计划必须具有灵活性、通用性和前瞻性；计划的制定应建立在对信息的系统收集、系统传播和共享的基础上；计划应有标准的报告流程和清晰的业务流程；计划应区分轻重缓急、主次优劣；计划应该包含危机管理的预算；应定期对计划进行检查及更新。

公关危机管理计划包括的主要内容是：危机产生的原因何在？危机发展状况及趋势如何？受影响的公众是谁？哪些是危机的直接受害者，哪些是间接受害者和潜在的受害者？具体受影响程度多大？分别是什么形式的？他们可能希望通过什么样的方式予以解决？危机信息对外扩散的渠道和范围如何？公关危机一旦发生，是借助本企业的力量，还是委托公关公司代理，如果是委托代理又找谁？如

何处理企业与相关公众的关系？针对每种危机状况应制定多套解决方案备用。

4. 加强危机识别与预警

危机识别是危机预警和管理的前提。美国危机管理机构ICM对企业危机的界定是：对企业的正常活动造成重大干扰，并且由此导致媒体的大量负面报道，引起公众广泛关注，进而造成政府干预，产生法律纠纷，形成财务损失。

危机可以简单地分为三个等级：

（1）一般事件，即出现非常规的情形需要引起立即关注。比如说消费者的投诉，如果说对于消费者的投诉能够及时解决，就不会产生更大的影响。因为一般的消费者投诉并不意味着重大的人员伤亡或财产损失，但是如果解决不好就会产生很严重的后果。

（2）紧急事件，即对常规情形造成破坏，通常有人员伤亡或者财产损失，但即使是这样，也不能说企业的重大危机已经发生，因为这类事情在企业中也还是会有的。

（3）真正的危机事件。当上述两种情况变得根本无法控制，而且在相当大的范围内对企业产生负面影响时，真正的危机就产生了。问题往往出在我们对前面两种情形的忽略，或对其危害性估计不足，这样才会产生真正严重的危机。其实这类危机在前两种情形中都已有了苗头，没有处理好才出现了第三种情况，若处理得当不一定对企业的声誉造成重大的影响。

按照ICM的界定，任何的危机至少可分为突发危机和积发危机。根据ICM的报告，2/3的危机属于积发性的，且是可以避免的，不至于成为媒体的头条新闻；只有1/3的危机才是突发性的。

最容易发生危机的情况是：（1）对公众安全和广泛利益具有重要影响的事件；（2）影响企业最高目标和利益的重大事件实施之前；（3）最常发生的意外事件、突发事件、敏感事件；（4）企业的脆弱环节、薄弱环节和易受攻击的环节；（5）一次性的机会、不可替代的资源投入的场合；（6）不可重复的关键环节。

企业公关部门要在进行危机等级和性质识别的基础上，通过监察社会环境的变化、收集和调查舆情民意、监测和评估企业与各类公众的关系状态，从各种渠道及时捕捉公关危机的征兆，关注最容易发生危机的情况，并向管理机构发出危机预警，从而使企业对可能出现的公关危机事态进行早期的矫正和控制，避免危机的发生。

10.3.2　企业公关危机发生后的处理策略

公关危机的预防只能使危机爆发次数或程度降低到最小，却不能阻止所有公关危机的发生。在企业公关危机发生后，就必须加以妥善处理，以便将危机的损失降到最低，甚至把危机转化成新的发展机遇。

1. 企业公关危机处理的程序

企业危机的处理是一个系统性的工作，任何一个小小的疏漏都有可能导致整个危机处理工作失败，使企业处于被动的境地。在面对危机时，企业可以遵循以下的程序：

（1）企业危机管理小组全权处理危机事务。

在企业面对危机事件时，企业自身也要保持良好的运转，否则企业就会内外交困，更加被动。企业危机管理小组可以有效地统一企业的内外资源，应对危机。

（2）收集企业危机信息。

企业可以根据不同类型的危机，要求员工向公司汇报自己业务受到的影响和自己掌握到的关于企业危机的情况。企业也应分派出不同层级的危机情报搜索小组，针对不同的项目收集情报，争取危机处理的时间。更重要的是，相关项目的主管应该被派去危机现场，实地了解危机情况。所有这些情报都要第一时间送到危机处理小组，以求在综合各方面情况的前提下使危机小组做出快速、恰当的处理措施。

（3）诊断企业危机。

企业在收集到和企业危机相关的各种情报后，应该集中力量辨识危机的根源和危机的威胁程度，这样就可以对症下药，可以制定出符合实际情况的处理方案，避免出现病急乱投医的情况。并且在提出处理策略时，要征求危机相关大众的意见，避免出现危机策略和大众反应出现较大的反差。

（4）明确危机处理的重点。

企业面对的危机类型各不相同，企业应该根据危机来源和外在表现，并在综合全局的情况下，找出关键所在，这样就能事半功倍。

（5）确定危机处理方案。

企业危机管理小组应该集中力量，从各种可行的处理方案中，选择一个最佳方案。如果企业已经建立起危机预警体制，若能根据危机管理计划中的方案实施，则更能取得理想效果。在各种方案的选择时，可以采取头脑风暴和树形决策的方法。另外，决策时间应当尽可能缩短。

（6）执行危机方案。

由于企业危机的处理要求在最短的时间内取得较好的效果，方案执行中的领导方式应当以强势领导为主，尽可能迅速完成任务的分配和资源的调度。在处理过程中，争取在企业可以承受的范围内，满足社会的期望，挽回企业的信誉。

(7) 寻求外在帮助。

在危机处理过程中，企业本身的努力固然重要，外部资源的合理使用也不能忽视，尤其在我国，政府和权威机构的外在作用更是很多危机处理中的重中之重。在涉及产品标准和质量安全等危机中，如果合理地请权威部门给予帮助和澄清，则能够大大降低公众对企业的不信任感，降低危机处理的难度。

(8) 加强危机沟通。

危机沟通在危机处理过程中是一个十分重要的问题，尤其是在我国目前的市场环境和舆论环境中，危机的扩散效应十分巨大，使许多原本可以轻松解决的危机被无限放大，给企业造成了不利局面。通过与各种对象的危机沟通，可以降低企业公关危机的冲击，化危机为转机。

(9) 提高公关危机期间企业的凝聚力。

在公关危机期间，无论是企业的管理层还是普通员工，都受到了来自各个方面的巨大压力，在此时应该加强企业精神层面的工作，提高企业的凝聚力，鼓励员工和企业一起面对困难，为企业走出危机贡献力量。

参考资料

危机管理中的鲤鱼原则

国际危机管理的研究揭示了危机管理应遵循鲤鱼(CARPS)原则：

(1) 建立可持续发展的企业使命和企业哲学(Continuable)。

(2) 制定预警危机和减轻损失的预防机制及后备计划，以避免危机为主(Avoid)。

(3) 危机发生后，明确危机级别并找出影响后果的关键因素(Rank & Result)。

(4) 危机发生后确定问题起因，找出引发问题的关键因素(Problem)。

(5) 迅速找出解决方案并快速行动(Solution)。

2. 危机公关的沟通策略

危机公关中沟通的对象包括员工、股东、消费者、政府部门或社会中介组织、供应商、经销商、社区民众、媒介等。在危机公关中，企业应根据不同的对象，采取不同的沟通策略。

(1) 与员工沟通。

危机公关中与员工的沟通十分重要。通过沟通，可以使员工了解企业危机的情况，稳定员工的情绪、消除不必要的恐慌，而且有利于激发员工同心协力、共克时艰的坚定信念，营造一个众志成城的危机控制氛围。另外，在危机期间，由于信息不完全，不可避免地会出现各种不同的声音甚至谣言。加强与员工的沟通，统一信息，有利于企业用“一个声音”说话。为了能使与员工的沟通取得良好的效果，应注意沟通方式与内容。与员工沟通的具体内容有以下几个方面：

1）向员工讲明事实真相，越快越好。要明确地将实际情况中可以公开的部分向员工迅速传达，这样做可以避免不必要的猜疑，避免谣言从内向外传播。

2）了解员工的需要，关心员工的切身利益。对于危机处理中涉及员工切身利益的情况，应表明企业会尽全力为员工着想的态度。这种沟通将化解危机的内部影响，进而增加来自于员工的危机解决力量。

3）告诉员工事情很复杂，今后几天还会发生变化。要求员工继续安心于本职工作，不要随意猜测事情的进展。提醒他们公司的有关政策，比如强调除了指定的发言人外任何人都不得与新闻媒体接触，确保企业一个声音对外。

4）如有员工伤亡或发生环境破坏，应向员工表达真诚的歉意，并表明会尽全力做好救治与弥补损失的工作。

5）采用员工大会、部门会议、企业简报、公告或企业内参、内部网上论坛交流、电子邮件和电话会议等诸多方式听取员工的反馈意见。

（2）与股东沟通。

股东是企业的重要利益相关者，应积极寻求与股东的沟通契机，确保股东对企业的信心及提供长期投资。

1）尽快而主动地向股东详细说明危机的起源、现实的情况、处理的过程及可能的结果等，避免小道消息的负面影响。

2）对于重要的大股东，在危机发生后，可以邀请他们亲自参与危机处理，一方面让他们看到企业积极处理危机的态度、决心、能力，另一方面也可以寻求来自于股东的必要支持。

（3）与消费者沟通。

消费者是企业危机公关的主要外部沟通对象。与消费者进行有效的沟通，可以避免企业危机带来更大的损失，增强消费者对企业的信心。反之，将给企业造成不必要的损失。与消费者的沟通包括以下几方面的内容：

1）通过大众媒体告知消费者，企业已经发生和将要发生的问题，危害性有多大，对消费者产生的影响如何。

2）对受到伤害的消费者表示歉意，并尽快赔偿损失。

3）认真听取消费者的反馈意见。

4）通过电话、信件、网络、企业声明、公告等渠道将危机发生的经过、处理过程和处理结果告知消费者。在与消费者沟通的过程中，企业必须勇于承担责任，切实保障消费者的利益。

（4）与政府部门和社会中介组织的沟通。

政府与社会中介组织的意见具有较大的公信力。因此，企业必须注意与政府部门和社会中介组织的沟通。在这方面，需要做好以下工作：

1）危机爆发后，企业应尽快向有关政府部门和社会中介组织如实报告危机发生的情况、损失以及对公众的危害等，争取他们的帮助与支持。

2）积极主动配合政府部门或社会中介组织对危机事件的调查处理。

3）要求政府部门或社会中介组织将调查结果公布于众，因为它们的信息往往被认为更客观、更有说服力、更可信。

（5）与供应商、经销商、社区公众的沟通。

与供应商、经销商、社区公众的沟通对危机的控制与解决也非常重要。与供应商、经销商、社区公众的及时、坦诚沟通可以使他们了解事件的真相，从而可以获得他们的理解与支持，并可避免不必要的猜忌。与这些公众的沟通应着重以下两个方面：

1）及时告知与他们相关的危机资讯及其影响。

2）对企业危机给他们造成的影响表示真诚的道歉，对由此造成的损失表示补偿的意愿，并对他们的支持、理解表示谢意。

3. 危机公关的媒介传播策略

迈克尔·里杰斯特指出：只有进行有效的传播管理，才能进行有效的公关危机管理。这是对公关危机管理本质特征的精准把握。企业在公关危机出现之后，为了让社会公众了解危机事实，知道企业在控制危机的发展、勇于承担社会责任方面的态度和行为，以求得社会的理解和支持，就必须制定有效的媒介管理和沟通策略，确保企业能安然渡过难关。可以说，企业能否顺利地渡过公关危机，媒介管理和沟通策略至关重要。

（1）与媒介合作，尽快公开真实信息。

公关危机一旦爆发，常常会成为社会舆论和公众议论的焦点。企业若不能在第一时间迅速查明并公开事实真相，或者信息传播的渠道不畅通，不能让人们得到自己关心的信息，而是出现信息传播的真空，人们就会用想象和猜测来满足自己的好奇和关切，媒介也会被迫从其他非正式渠道来获得有关的信息，甚至用猜测来完成报道。在这种情况下，各种颠倒黑白、是非不分的流言和谣言往往会迅速地占据信息的真空。

企业若能够占据报道时间的制高点，充分利用现代的传播手段，尤其是大众传媒及时报道有关情况，就会取得舆论引导的主动权：报道充分，就减少了其他渠道发挥的空间；报道客观，就会让企业建立起应有的公信力、权威性，成为报道危机事件的权威信息源。反之，如果企业不能掌握舆论的主动权，流言、谣言就会应运而生，进而引起更大的公关危机。

因此，当公关危机爆发的时候，企业必须在最短时间内做出最快的反应，才能掌握主动权。如果你不主动去填补信息真空，流言和小道消息就会泛滥，不利的舆论就会给你带来更大的损害。

(2) 开诚布公，勇于承担责任。

企业在媒介传播中要做到坦率、忠实，告诉公众事实真相，主动承担责任，并保证用切实有力的措施预防公关危机事件的再度发生，这有助于企业尽快摆脱困境，恢复公众对企业的信任。

人非圣贤，孰能无过。已经发生的事情就是过去的事情了，人总是要犯错误的，也总会出现一些意外事故，重要的是你的态度和改正错误的决心。如果企业能够做到这一点，公众不会纠缠你的过去，相反会为“敢于认错，知错就改，敢于负责任”的态度叫好，但不能原谅不负责任的回避问题或者闪烁其词。

因此，企业在发生公关危机时，不能与公众进行真诚的沟通，不向公众表明态度，只能招致外界的更大反感，加大危机处理的难度。倘若只是被动地应付、傲慢无礼或推诿责任，或是不能很好地告诉公众它的态度，它正在尽力做什么，这无疑会给企业信誉带来致命的打击。

此外，公司高层领导代表公司出面讲话是至关重要的。处理公关危机事件的过程中，一个好的危机管理者，无论现场多么难堪，他都会尽力亲临第一线，谦卑地面对受害者，向他们表示歉意，郑重承诺迅速化解危机。

(3) 平息危机，重塑形象。

媒介的影响无所不在、无时不有，媒介的失实报道可以引发企业的公关危机，对扩散事件的影响范围起到推波助澜的作用，但媒介的客观报道也能让企业尽快平息事端，化“危”为“机”。

公关危机出现后，企业既要采取切实的措施控制危机，也需要把解决的办法通过媒介告知公众，让公众了解企业有一系列处理危机的步骤和方法，这样公众才知道企业是负责任的，且正在采取积极的手段弥补自身的不足，极力减少公众的损失。这种积极的、负责任的做法会迅速转变公众对企业的敌视，甚至争取到公众的同情。

(4) 有效控制媒介传播走向。

开放的信息传播通道有利于避免记者和广大公众的猜疑、误传，为人们提供

可靠的信息来源。但是，由于记者和广大公众对于企业公关危机事件所持的态度不同，看问题的角度不一，因而也有可能使信息传播朝着不利于企业公关危机顺利处理、企业形象恢复重建的方向发展。所以，必须有效地控制信息传播的走向。

1）尽力进行事前控制。这是指在媒介发布有关信息之前所进行的媒介传播走向控制，它是媒介传播走向控制的最为主动的办法和最为有效的措施。具体办法有：请权威人士发布信息；以书面形式发布信息；制作完整的新闻稿件，聘请权威媒介的记者担任新闻代理人；邀请政府官员出面发表见解等。企业若能做好事前控制，对尽快摆脱危机、恢复正常的公共关系状态是十分有利的。

2）适当进行即时控制。这是指媒介即将发布有关信息之时所进行的媒介传播走向控制。这种控制一般难度较大，原因是记者如何写的一般不容易知道。所以必须多动脑筋。一般来说，要掌握前来采访记者的情况，如有哪些记者曾前来采访过，他们是哪些媒介的记者。在此基础上，可通过两条途径进行控制：一是通过向媒介及时传达信息以达到对倾向性新闻进行及时堵塞的目的；二是通过原来与媒介建立的各种联系，借助于内线人物达到对倾向性新闻进行纠偏的目的。

3）设法进行事后控制。这是指媒介在发布了倾向性信息之后所进行的媒介传播走向控制。这方面的办法主要有：当记者发表了不符合事实真相的报道时，可尽快与媒体接洽，向其指明失实之处，提出更正要求；当记者或媒介对更正要求有异议时，可派遣重要发言人，如当事人或受害者本人接受采访，反映真实情况，争取更正机会；当记者或媒介固执己见，拒不更正时，可用积极的方式在有关权威媒介上发表正面申明，表明立场，要求公正处理，必要时可借助法律手段，但要慎重采用。

（5）用统一的声音说话。

当企业在公关危机中要对外说话时，必须先明确怎么去说，谁来说，跟谁说，内部要确定统一的新闻发言人。因为公关危机的不确定性，紧急关头，组织内部的人员很难立刻对危机达成共识。所以，越是危机时刻，越要首先明确谁是组织对外信息发布的唯一出口，由新闻发言人在第一时间传递出最适当的信息。

10.3.3　企业公关危机平息后的恢复策略

当公关危机基本得到控制时，企业经营秩序也相对稳定。但这并不意味着危机过程已经结束，而是企业危机公关管理进入一个新的阶段——危机恢复管理。在危机恢复期，企业危机管理的重心将由控制危机事件本身，转移到企业经营秩序的恢复和危机问题的根本解决上来，同时对企业的形象进行修复。这个阶段是从企业经营秩序的失衡走向有序的时期，如果原来引起危机的根源问题没有得到解决，危机局势只是被强制地控制了，那么危机仍将会以其他变异的方式，伺机再次发生，其强烈程度也许还会超过上次危机。

危机恢复的另一项重要任务，就是重塑企业形象。为了在公众和社会中建立与巩固企业的公共形象，以确保和巩固企业在危机后的社会支持基础。企业形象修复的任务十分艰巨，主要包括企业确定其形象在危机处理过程中是否得到提高、降低或遭受损害；企业是否需要在危机后以一种新的形象出现在公众面前；企业公共形象的重新定位，以及应采取与之相关的何种形象设计策略、措施和方法等。

危机管理效果评估是整个危机管理过程的最后环节，除了继续关心、安抚公众、恢复和提升企业形象外，还应该对危机产生的原因、预防和处理过程进行深入、系统的调查分析，对危机管理效果进行科学、全面的评价，对危机中暴露的问题综合归类，总结经验教训，及时修改和完善危机管理系统，提升企业危机公关管理能力。

良好的危机恢复管理可以较好地清除危机造成的伤害，巩固企业长期发展的基石，杜绝相似的危机再次发生；同时，优秀的危机管理者还会从处理企业的各种危机事件中汲取营养，丰富自身的危机管理知识和技能，提高企业的危机管理水平。危机具有连续性，企业在危机发生后，就像病人大病初愈一样，体质十分虚弱，一旦处理不当，下一个危机马上就会出现。所以企业危机事后管理是危机管理的重要阶段。在企业恢复和重建阶段，企业管理者仍要保持清醒的头脑，积极稳妥地采取各项措施，解决危机遗留问题，尽量使企业恢复到危机前的有序状态，给危机管理画上一个完美的句号。

本章小结

◎ 公关危机作为一种社会现象，具有一些重要的特点。公共关系危机的爆发一般要经历四个阶段：前兆期、加剧期、处理期、消除期。公共关系危机可分为多种类型。

◎ 进行危机公关，必须遵循一些基本的原则，主要有："3T 原则"，即主动性原则、及时性原则、真实性原则；"5S 原则"，即承担责任原则、真诚沟通原则、速度第一原则、系统运行原则和权威证实原则。

◎ 危机公关对组织的发展具有十分重要的作用。

◎ 政府危机公关是一个系统工程，需要围绕公关目标，采取一系列措施和策略，包括强化危机公关意识，完善政府危机公关的机构设置和制度设计，整合政府传播以加强危机公关沟通，加强政府危机公关的渠道创新，建立健全政府危机公关的评价机制。

◎ 企业危机公关策略应该贯穿于公关危机管理的各个环节。在危机前，企业应建立危机预防系统，及早发现危机征兆，尽可能将危机消灭在萌芽状态；在危机爆发后，企业应启动危机处理系统，采取合理的危机应对措施，控制危机扩散范围，并尽早消除危机；在危机恢复期，企业应通过危机恢复管理系统，采取合理措施恢复企业正常经营，查找企业在危机处理时的漏洞，恢复企业形象。

关键术语

公关危机	危机公关	重大危机
有形公关危机	无形公关危机	政府危机公关
公关危机预警	整合传播	企业危机公关

复习思考题

1. 如何认识公关危机？公共关系危机的爆发有哪几个阶段？
2. 危机公关有哪些类型？
3. 如何理解危机公关的“3T原则”和“5S原则”？
4. 危机公关的主要作用是什么？
5. 政府危机公关的主要策略是什么？
6. 试举例说明政府在危机公关过程中如何进行整合传播。
7. 企业危机公关的主要策略是什么？
8. 试举例说明在危机发生后企业如何通过危机沟通消除危机。

附　录

公关员国家职业标准

1. 职业概况

1.1 职业名称：公关员

1.2 职业定义：从事组织机构信息传播、关系协调与形象管理事务的调研、策划、实施和评估以及咨询服务的从业人员。

1.3 职业等级：本职业共设五个等级，分别为初级公关员（国家职业资格五级）、中级公关员（国家职业资格四级）、高级公关员（国家职业资格三级）、公关师（国家职业资格二级）和高级公关师（国家职业资格一级）。

1.4 职业环境：室内。

1.5 职业能力特征：具有一定的分析、推理、判断、表达、交流和运算能力，学习能力强，形体知觉好。

1.6 基本文化程度：高中毕业（或同等学力）。

1.7 培训要求：

1.7.1 培训期限：全日制职业学校教育，根据其培养目标和教学计划确定。

晋级培训期限：初级公关员不少于 120 标准学时；中级公关员不少于 100 标准学时；高级公关员不少于 80 标准学时；公关师不少于 60 标准学时；高级公关师不少于 40 标准学时。

1.7.2 培训教师：

培训公关员的教师应具有本职业公关师职业资格证书三年以上或相关专业中级及以上专业技术职务任职资格；培训公关师的教师应具有本职业高级公关师职业资格证书或相关专业高级专业技术职务任职资格；培训高级公关师的教师应具有本职业高级公关师职业资格证书三年以上或相关专业高级专业技术职务任职资格。

1.7.3 培训场地设备：标准教室和会议室。

1.8 鉴定要求：

1.8.1 适用对象：准备从事本职业工作的人员，以及正在从事本职业工作的专业人员。

1.8.2 申报条件：

——初级公关员（具备下列条件之一者）：

（1）经本职业初级公关员正规培训达规定标准学时数，并取得合格证书。

（2）连续从事本职业或相关职业（新闻、广告、营销、管理、秘书）2 年以上。

（3）取得经劳动保障行政部门审核认定的，中等以上职业学校公共关系或相关专业（新闻、广告、营销、管理、秘书）毕业证书。

——中级公关员（具备下列条件之一者）：

（1）取得本职业初级公关员职业资格证书后，连续从事本职业或相关工作（新闻、广告、营销、管理、秘书）2 年以上，经本职业中级公关员正规培训达规定标准学时数，并取得合格证书。

（2）取得本职业初级公关员职业资格证书后，连续从事本职业或相关工作（新闻、广告、营销、管理、秘书）3 年以上。

（3）具有公共关系专业或相关专业（新闻、广告、营销、管理、秘书）大学专科以上学历，并从事本职业工作 1 年以上。

——高级公关员（具备下列条件之一者）：

（1）取得本职业中级公关员职业资格证书后，连续从事本职业或相关工作（新闻、广告、营销、管理、秘书）2 年以上，经本职业高级公关员正规培训达规定标准学时数，并取得合格证书。

（2）取得本职业中级公关员职业资格证书后，连续从事本职业工作 3 年以上。

（3）具有大学本科学历，并连续从事本职业或相关工作（新闻、广告、营销、管理、秘书）2 年以上。

（4）具有公共关系本科学历，并从事本职业工作 1 年以上。

——公关师（具备下列条件之一者）:

(1) 取得本职业高级公关员职业资格证书后，连续从事本职业工作 4 年以上，经本职业公关师正规培训达规定标准学时数，并取得合格证书。

(2) 取得本职业高级公关员职业资格证书后，连续从事本职业工作 5 年以上。

(3) 具有公共关系本科学历并连续从事本职业工作 5 年以上，或具有大学本科学历并连续从事相关工作（新闻、广告、营销、管理）6 年以上。

(4) 具有公共关系（方向）硕士以及 MBA、MPA 学位并从事本职业或相关工作（新闻、广告、营销、管理）1 年以上。

——高级公关师（具备下列条件之一者）:

(1) 取得本职业公关师职业资格证书后，连续从事本职业工作 5 年以上，经本职业高级公关师正规培训达规定标准学时数，并取得合格证书。

(2) 取得本职业公关师职业资格证书后，连续从事本职业工作 6 年以上。

(3) 具有公共关系本科学历并连续从事本职业工作 10 年以上，或具有相关专业（新闻、广告、营销、管理）本科学历并连续从事本职业工作 12 年以上。

(4) 具有公共关系（方向）硕士及以上学历或 MBA、MPA 学位并连续从事本职业工作 5 年以上。

(5) 具有大学本科学历，职业表现突出者或担任本职业高级管理职务（总经理或总监以上职务），为职业发展和行业建设作出重大贡献的资深专业人士，须由国家职业资格工作委员会公关专业委员会两名委员推荐。

1.8.3 鉴定方式：

分为理论知识（含职业道德）和技能操作考核两种方式。理论知识考试采用闭卷笔试方式，技能操作考核：公关员采用闭卷技能笔试方式；公关师、高级公关师采用现场实际操作方式。理论知识考试和技能操作。考核均采用百分制，皆达 60 分以上者为合格。

公关师和高级公关师还须进行专业评审，具体如下：

——公关师：

(1) 需提交一份专业技术报告（涉及本职业的、能反映专业能力的项目建议书、研究/开发成果或论文等，并需附上由两位公共关系或相关专业副高级专业技术职务任职资格及以上职称或已获得高级公关师资格两年以上的专家意见书）。

(2) 由评审委员会对其所提交的专业技术报告和现场答辩进行审核和评判。

——高级公关师：

(1) 需提交一份专业技术报告（涉及本职业的、能反映专业能力的项目建议

书、研究/开发成果或论文等，并需附上由两位公共关系或相关专业正高级专业技术职务任职资格或已获得高级公关师资格三年以上的专家意见书）。

(2) 由评审委员会对所提交的专业技术报告和现场答辩进行审核和评判。

1.8.4 考评人员与考生配比：

公关员考试（考核）均按每20名考生配一名考评员。

公关师和高级公关师考评人员与考生配比：理论知识考试考评人员与考生人员配比为1∶10；技能考核为1∶5；专业评审需同时不少于3名评审委员会委员。

1.8.5 鉴定时间：

公关员各等级的理论知识考试（包括职业道德考试）时间为90分钟。公关员各等级技能考核时间为120分钟。

公关师理论知识考核（包括职业道德考试）时间为90分钟，技能操作考试时间为90分钟，专业评审时间为30分钟。

高级公关师理论考试（包括职业道德考试）时间为90分钟，技能操作考试时间为60分钟；专业评审时间为60分钟。

1.8.6 鉴定场地设备：标准教室和会议室。

2. 基本要求

2.1 职业道德

2.1.1 职业道德基本知识

2.1.2 职业守则

(1) 奉公守法，遵守公德。

(2) 敬业爱岗，忠于职责。

(3) 坚持原则，处事公正。

(4) 求真务实，高效勤奋。

(5) 顾全大局，严守机密。

(6) 维护信誉，诚实有信。

(7) 服务公众，贡献社会。

(8) 精研业务，锐意创新。

2.2 基础知识

2.2.1 公共关系基础理论

(1) 公共关系的含义。

(2) 公共关系的要素。

(3) 公共关系的职能。

(4) 公共关系的工作程序及其原则。

2.2.2 公共关系的发展简史

(1) 中国公共关系的发展简史和现状。

(2) 国际公共关系发展史。

2.2.3 公共关系职业道德规范

(1) 公共关系职业道德规范的形成过程。

(2) 公共关系职业道德规范的内容和基本要求。

2.2.4 相关法律、法规知识

(1) 合同法的相关知识。

(2) 反不正当竞争法的相关知识。

(3) 消费者权益保护法的相关知识。

(4) 涉外经济法的相关知识。

(5) 广告法的相关知识。

(6) 知识产权法的相关知识。

(7) 著作权法的相关知识。

(8) 劳动法的相关知识。

(9) 国家有关新闻出版、信息传播等方面的法规。

3. 工作要求

本标准对初、中、高级公关员和公关师、高级公关师的技能要求依次递进，高级别涵盖低级别的要求。

3.1 初级公关员

职业功能	工作内容	能力要求	相关知识
沟通协调	(一) 接待联络	1. 能按礼仪规范进行接待活动 2. 能答复电话问询 3. 能起草贺信、贺电、请柬	1. 日常礼仪的基本内容和要求 2. 接待来访的程序和基本要求 3. 社交礼仪文书的类型和文体
	(二) 演讲介绍	1. 能准备组织演讲材料 2. 能简述组织基本情况	1. 演讲的类型和功能 2. 演讲的基本要求
	(三) 公众关系处理	1. 能处理简单问询 2. 能进行事务性联系	1. 公众关系协调原则 2. 公众关系协调的一般方法
信息传播	(一) 媒介联络	1. 能准备媒介联络资料 2. 能收集、整理、制作新闻剪报	1. 与媒介交往的原则和方法 2. 新闻剪报的基本要求
	(二) 新闻发布	1. 能准备有关新闻资料 2. 能联络新闻发布会场事宜	1. 新闻发布的程序 2. 与新闻发布有关的礼仪要求

续前表

职业功能	工作内容	能力要求	相关知识
调查评估	（一）方案准备	1. 能准备调查和评估所需资料 2. 能承担调查的联络工作	1. 调查的目的和意义 2. 调查的基本程序
	（二）方案实施	1. 能进行一般性文献调查 2. 能进行问卷的发放与收集	文献调查法的步骤与技巧
	（三）数据统计	能对调查数据进行简单的统计和整理	数据统计的简单方法
活动管理	（一）策划准备	1. 能准备策划所需资料 2. 能安排策划会议	1. 专题活动的类型、特点 2. 专题活动策划的一般程序
	（二）活动实施	1. 能联络活动现场 2. 能绘制活动场地布置图 3. 能使用投影仪、幻灯机、照相机和摄像机	1. 会场布置的基本知识 2. 印刷品的一般制作过程 3. 投影仪、幻灯机等设备知识

3.2 中级公关员

职业功能	工作内容	能力要求	相关知识
沟通协调	（一）接待联络	1. 能按礼仪规范进行中外接待 2. 能撰写社交公关文书	1. 中外礼仪的基本内容和要求 2. 社交文书的类型和写作要求
	（二）演讲介绍	1. 能介绍组织的历史和现状 2. 能组织小型演讲活动	1. 演讲的基本技巧 2. 演讲活动的程序
	（三）公众关系处理	1. 能处理日常公众问询 2. 能与主要公众进行信息沟通 3. 能安排领导与公众进行沟通	公众关系协调的主要方法和基本要求
信息传播	（一）媒介联络	1. 能进行媒体联络 2. 能安排记者采访 3. 能追踪监测采访结果	1. 记者职业特点 2. 新闻传播的基本程序 3. 新闻追踪和监测的基本要求
	（二）新闻发布	1. 能检查发布资料的准备情况 2. 能接待现场媒体采访活动	新闻发布的性质、特点
	（三）宣传稿编写	1. 能撰写新闻通讯稿 2. 能编写组织内部刊物 3. 能编写组织对外宣传册	1. 新闻稿的类型和撰写要求 2. 新闻编写的基本要求 3. 公众的特点和心理需求

续前表

职业功能	工作内容	能力要求	相关知识
调查评估	(一)方案准备	1. 能提供与调查相关的背景资料 2. 能起草小型调查方案	1. 小型调查的基本程序 2. 调查方案的写作要求
	(二)方案设计	1. 能设计小型观察调查提纲 2. 能设计小型访谈提纲 3. 能设计媒介文献调查方案	1. 调查方法的类型与特点 2. 调查方法的运用及其原则 3. 调查问卷文案写作知识
	(三)方案实施	1. 能用观察法进行调查 2. 能用访谈法进行调查 3. 能进行各种媒介的文献调查	1. 观察调查法的步骤与技巧 2. 访谈调查法的步骤与技巧
	(四)统计分析	1. 能对调查数据进行统计分析 2. 能编制调查评估图表	1. 常用的数据统计的方法 2. 调查评估分析的原则和方法
专题活动	(一)活动策划	1. 能制定简单策划方案 2. 能编制行动方案和时间表	1. 专题活动目标和主题的确定 2. 策划构思的方法
	(二)活动实施	1. 能按要求执行活动方案 2. 能收集活动物品市场信息	1. 音像宣传品制作的有关知识 2. 活动物品的市场信息
危机处理	(一)舆论监测	1. 能监测媒体负面报道 2. 能监测公众关系中的消极信息	1. 危机管理的基本概念 2. 危机处理的程序和技巧
	(二)危机传播	1. 能应对日常公众投诉 2. 能准备危机传播材料	1. 危机传播管理的原则 2. 危机处理中的新闻发布要点

3.3 高级公关员

职业功能	工作内容	能力要求	相关知识
沟通协调	(一)接待联络	1. 能制定接待计划 2. 能负责业务谈判接待工作	1. 接待程序、特点和基本要求 2. 谈判知识和技巧
	(二)演讲介绍	1. 能介绍组织政策和远景情况 2. 能组织演讲活动,充当主持人	1. 演讲类型、功能和基本要求 2. 主持人的功能和基本要求
	(三)公众关系处理	1. 能制定外部公众沟通计划 2. 能制定内部公众沟通计划	1. 公众关系沟通的原则和策略 2. 公众关系沟通的主要方法和基本技巧

续前表

职业功能	工作内容	能力要求	相关知识
信息传播	(一) 媒介联络	1. 能规划媒介数据库的建设 2. 能安排记者采访组织或代表组织接受记者采访 3. 能制定简单媒介传播计划	1. 信息传播的基本原则 2. 中国媒介特点 3. 媒介传播组合及传播技巧
	(二) 新闻发布	1. 能制定新闻发布计划 2. 能组织新闻发布活动	新闻发言人制度的内容和要求
	(三) 宣传稿编写	1. 能编写各种新闻稿件 2. 能起草组织内部刊物及音像资料的编写方案	1. 内部沟通的原理和方法 2. 内部通讯的设计原则
调查评估	(一) 方案准备	1. 能洽谈和承接调查项目 2. 能撰写调查项目方案 3. 能撰写评估项目方案	1. 调查项目的要求和技巧 2. 各种调查的基本程序 3. 评估的原理及其应用
	(二) 方案设计	1. 能设计观察调查方案 2. 能设计各种调查问卷 3. 能设计实验调查方案	1. 各种调查方法的取舍原则 2. 各种调查方法的原则及技巧
	(三) 方案实施	1. 能执行调查方案的实施工作 2. 能执行评估方案的实施工作	1. 实施调查的知识与技巧 2. 实施评估的知识与技巧
	(四) 报告编写	1. 能对调查数据进行分析 2. 能撰写小型调查报告 3. 能撰写小型评估报告	1. 数据统计类型、方法与技巧 2. 调查报告的类型和写作技巧 3. 评估报告的类型、写作技巧
活动管理	(一) 活动策划	1. 能组织小型活动的策划工作 2. 能起草简单的策划建议书 3. 能对活动效果进行基本预测	1. 主题构思的技巧 2. 策划创意的技巧 3. 大型活动相关的政策法规
	(二) 活动实施	1. 能对中型活动进行管理 2. 能制定具体的行动方案 3. 能编制活动预算 4. 能对中型活动进行现场监控	1. 可行性研究的方法 2. 专题活动的流程管理 3. 预算的基本常识和技巧
危机处理	(一) 舆论监测	1. 能对媒介负面报道进行分析 2. 能提出危机处理意见	1. 危机的处理程序 2. 危机预警的基本原则
	(二) 危机处理	1. 能根据危机管理计划进行危机处理工作 2. 能根据危机管理计划进行危机传播管理	1. 危机管理工作要点 2. 危机期间媒介关系的协调与沟通

续前表

职业功能	工作内容	能力要求	相关知识
公关咨询	(一) 一般性咨询	能处理日常工作中的咨询工作	1. 公关咨询的工作原理 2. 咨询业务的一般工作流程
	(二) 咨询建议	能起草日常服务公关建议书	公关建议书的写作技巧

3.4 公关师

职业功能	工作内容	能力要求	相关知识
传播沟通	(一) 业务沟通	1. 能制定和审定业务洽谈策略 2. 能进行高层次的业务谈判	1. 业务沟通的特点和基本要求 2. 业务洽谈的工作流程及技巧
	(二) 公众协调	1. 能负责制定全年公众沟通计划 2. 能单独承担主要公众关系(政府、行业、社区等)的协调工作 3. 能有效地进行客户关系管理	1. 长期沟通规划的原则 2. 政府、行业、社区等重要对象的工作特点和沟通渠道 3. 客户关系管理的原则与方法
	(三) 公关传播	1. 能制定并执行媒介传播计划 2. 能运用传播工具进行公关传播 3. 能撰写各种专题性新闻稿件 4. 能有效地进行媒介关系管理	1. 媒介概况和新闻报道原则 2. 新闻传播的方式方法 3. 媒介沟通与投放技巧 4. 媒介关系管理知识
创意策划	(一) 客户需求测评	1. 能准确把握客户的市场环境并做出符合实际的判断 2. 能客观分析客户公关工作中需改进的环节	1. 市场信息和数据分析的知识 2. 组织竞争战略的有关知识
	(二) 公关策划	1. 能根据客户需求制定有效的公共关系战略和计划 2. 能起草大型公关策划建议书,并提出创意性计划和行动方案 3. 能进行一般性的案例研究分析	1. 公关创意策划的基本方法 2. 决策过程及其理论 3. 创造性思维的有关知识 4. 客户所属行业的市场状况 5. 案例研究的原则和方法
策略管理	(一) 公关调查	能运用各种调查研究方法与工具发现一个组织面临的各种公关问题	1. 市场调查的一般知识、方法和步骤 2. 定性与定量的分析方法 3. 调查工作涉及的有关法规

续前表

职业功能	工作内容	能力要求	相关知识
	(二) 媒介管理	1. 能规划媒介关系工作框架 2. 能建立并维护媒介数据库 3. 能开展积极的、形式多样的媒介关系活动	1. 媒介关系的工作内容 2. 媒介关系的工作技巧 3. 媒介数据库的有关知识
	(三) 市场传播	1. 能运用发布、巡展、论坛、培训等传播工具进行市场传播 2. 能实施全年市场传播计划和行动方案 3. 能帮助组织规划市场传播战略和策略	1. 产品发布、巡展，研讨、论坛、培训等工作的程序、内容和技巧 2. 市场营销的知识和工作原理 3. 整合营销传播的基本理论和技术原理
	(四) 企业传播	1. 能利用媒介传播、事件策划、品牌战略等工具进行形象传播 2. 能实施全年形象传播计划和行动方案 3. 能帮助组织规划品牌战略	1. 媒介传播、事件策划、品牌战略的工作原理和工作技巧 2. 组织战略、组织文化、组织运作与管理的基本内容
	(五) 公共管理	1. 能制定政府关系工作计划 2. 能建立与政府、行业、社区之间良好的工作渠道 3. 善于并保持经常性的沟通	1. 政府关系、社区关系的工作原理和工作技巧 2. 最新政策动向和产业动向 3. 组织赞助的程序和应用
	(六) 公关评估	1. 能结合组织的目标，对公关工作的中、长期效果进行评估 2. 能从公关活动的效果出发，鉴别日常公关工作的薄弱环节	1. 组织管理与绩效评估的有关知识、方法和工具 2. 数理统计与分析的基本知识
	(七) 网络公关	1. 能运用互联网技术，加强与各类公众的交流与沟通 2. 能及时更新组织网站上的内容资料，构建网上的沟通平台	1. 网页设计的有关知识 2. 网络营销的有关知识
项目管理	(一) 项目确认	1. 能有效地进行项目沟通 2. 能快速对公关需求进行鉴别 3. 能进行商业合同谈判	1. 市场环境的有关知识 2. 高级商务谈判的策略与手段 3. 跨文化传播的有关知识

续前表

职业功能	工作内容	能力要求	相关知识
	(二) 项目竞标	1. 能客观分析客户工作中存在的薄弱环节 2. 能有效进行项目沟通 3. 能把握项目竞标的各种变化	1. 公关市场预测的基本知识 2. 客户关系管理知识 3. 项目竞标的工作内容和工作流程
	(三) 项目执行	1. 能独立承担项目小组的管理工作，并进行全案跟踪和监控 2. 能进行现场的有效管理和监控，并灵活处理各种变化	1. 流程管理的原则与方法 2. 目标管理知识 3. 时间管理知识 4. 财务管理知识
	(四) 项目评估	1. 能有效统筹项目实施的有序性与完整性 2. 能在项目结束后与客户保持积极的沟通并总结实施经验	1. 项目管理的核心原则 2. 项目评估方法与手段
危机管理	(一) 计划制定	1. 能制定危机管理计划 2. 能协调危机中相关方面的关系	危机管理计划的撰写要求
	(二) 危机处理	1. 能及时处理危机事件 2. 能主持危机管理计划的实施 3. 能监控危机事件信息传播	1. 危机管理的工作程序和技巧 2. 危机传播中的新闻发布要点
	(三) 危机传播	1. 能起草危机管理预警方案 2. 能承担危机传播管理工作	1. 危机管理预警方案的要点 2. 危机传播管理工作内容
管理咨询	(一) 公关公司管理	1. 能开展公司的业务管理 2. 能对公司业务、财务、人力资源、客户服务等进行有效的管理	1. 企业管理的主要内容 2. 企业财务、税法、劳动法、合同法等有关的法律知识 3. 人力资源管理知识
	(二) 公关部门管理	1. 能协调公关部门的各项工作 2. 能对公关部门业务、人力资源和组织战略决策进行管理 3. 能为组织管理层提出公共关系的策略建议 4. 能协调公关部门与其他部门以及外部公关公司的合作	1. 服务营销与品牌管理知识 2. 组织形象识别系统（CIS）知识

续前表

职业功能	工作内容	能力要求	相关知识
	（三）专业咨询	1. 能对组织公共关系的状态进行策略分析 2. 能对组织的公关战略提出建设性建议和成熟的实施方案 3. 能对组织的中长期公关计划提出指导性的策略建议	管理咨询的原则、程序和方法的专门知识
培训指导	（一）培训	1. 能对中级专业人员进行培训 2. 能对非专业人员进行日常培训 3. 能编写专业培训讲义	培训的有关知识
	（二）指导	能对公关员进行业务指导	案例教学法

3.5 高级公关师

职业功能	工作内容	能力要求	相关知识
传播管理	（一）舆论监测	1. 能及时掌握公众舆论动向，并指导组织建立相应的资料库 2. 能对组织与各主要公众间的关系状态进行整体定位	1. 舆论调查的有关知识 2. 舆论分析的原理和技巧 3. 公共关系状态定位研究
	（二）传播沟通	1. 能审定全年公关传播计划，指导公关传播计划的执行 2. 能制定中长期公关传播战略和规划	1. 长期传播计划的基本内容及其特点 2. 公共关系战略与规划
	（三）关系协调	1. 能监控与各主要公众关系，维持良好的沟通渠道 2. 能指导客户关系管理	1. 公众关系的沟通原则和策略 2. 主要公众对象的特征和工作环境
策划研究	（一）创意策划	1. 能主持大型公关活动策划 2. 能对公关建议书提出专家意见 3. 能审定大型公关活动方案 4. 能评判公关活动效果	1. 大型活动的有关政策法规 2. 创新思维的工作原理 3. 策划的基本理论和原则 4. 创新管理的基本知识
	（二）公关研究	1. 能综合进行公众舆论研究与分析，并提出科学建议 2. 能独立进行公关案例研究 3. 能主持开发公关工作工具	1. 舆论及传播研究的有关知识 2. 案例研究与分析 3. 各种研究手段的有关知识 4. 专业发展趋势

续前表

职业功能	工作内容	能力要求	相关知识
危机管理	(一) 预案策划	1. 能审定危机管理预警方案 2. 能主持或审定危机管理计划	主持或审定危机管理计划的要点
	(二) 预防与规避	1. 能主持危机管理工作 2. 能提供危机管理建议 3. 能独立提供危机管理顾问服务	1. 公关咨询工作原理和流程 2. 各种应急技巧训练知识
	(三) 危机管理培训	1. 能进行危机管理训练 2. 能根据情况的变化对危机管理预案进行不断更新	1. 专业培训的基本要领 2. 培训工具的有关知识
网络公关	(一) 网络舆论调研与评估	1. 能运用现代传播技术把握组织与公众的关系状态 2. 能对互联网不同公众反应进行整理，建立数据库并及时更新	1. 现代通信科技的有关知识 2. 网络传播的形式、特点和功能等方面的有关知识
	(二) 网络工具使用	1. 能使用网络工具，建立组织与公众的互动平台 2. 能规划并审定网络公关计划	与网络传播有关的法律与法规
	(三) 网络监测与维护	1. 能监测网上公众的反应 2. 能采取多种互联网沟通手段，保持与公众间日常的积极互动	1. 网络监测的有关知识 2. 网络设计与网络安全方面的有关知识
组织管理	(一) 公关公司管理	1. 能独立承担专业公司的运营 2. 能对公司业务、财务、人力资源、客户服务等进行有效监督 3. 能开拓公司新业务和新客户 4. 能规划公司企业文化建设	1. 企业战略、管理等有关知识 2. 营销、质量管理等有关知识 3. 企业使命和社会责任的有关知识
	(二) 公关部门管理	1. 能主持公共关系部门工作 2. 能对公关部门的业务、人力资源和公关战略进行有效的监督	1. 卓越公共关系标准 2. 项目预算知识
战略咨询	(一) 环境监测	1. 能组织和指导对组织的各类公众进行分门别类的分析，并分别建立相应的资料库 2. 能负责对组织与各主要公众间的关系状态进行整体定位与把握	1. 消费者权益保护法和组织社团法规等方面的法律知识 2. 相关行业的有关知识

续前表

职业功能	工作内容	能力要求	相关知识
	（二） 问题诊断	1. 根据组织目标，能指导对组织公关整体运作效果进行评估 2. 能对影响组织环境的因素进行分析和研究	管理决策的有关知识
	（三） 战略建议	1. 能负责对组织与各主要公众间的关系进行调整和改善提出建设性建议 2. 能指导撰写并审定组织与公众间关系的咨询报告和建议案	1. 战略管理的有关知识 2. 组织文化建设的有关知识
	（四） 趋势预测	1. 能从组织环境的视角把握组织的公关特征 2. 能提出组织公关运作应注意的主要问题清单 3. 能对组织的中长期公关计划提出指导性的策略建议	战略公关和国际公共关系知识
培训指导	（一） 培训	1. 能对高级专业人员进行培训 2. 能对组织领导人进行高级培训 3. 能编写专业课件	1. 培训方案的编制方法 2. 专业课件开发的有关知识
	（二） 指导	能对公关师进行业务指导和专业指导	1. 公关职业的前沿知识 2. 专业指导的有关知识

人大版公共管理类教材

公共管理类本科专业教材——学科基础课教材

书名	作者
现代管理学原理（第三版）（“十一五”国家级规划教材）	娄成武　魏淑艳
一般管理学原理（第三版）	张康之　李传军
管理学基础（第三版）	方振邦
管理学教程	方振邦
政治学原理（第三版）	景跃进　张小劲
现代政治学原理（第四版）	石永义　刘玉萼　张　璋
政治学教程	舒　放　刘琼莲
公共管理学——一种不同于传统行政学的研究途径（第二版）	陈振明
公共管理学（“十二五”国家级规划教材）	王乐夫　蔡立辉
公共管理学（精编版）	王乐夫　蔡立辉
《公共管理学》学习指导书	王乐夫　蔡立辉
公共管理概论（第二版）	朱立言　谢　明
公共管理学概论	曹现强　王佃利
公共管理案例分析（第二版）	王从虎
公共管理案例	中国人民大学公共管理学院
公共政策导论（第四版）	谢　明
公共政策概论（第二版）	谢　明
公共政策学——政策分析的理论、方法和技术（“十一五”国家级规划教材）	陈振明
政策科学——公共政策分析导论（第二版）	陈振明
公共政策学导引与案例	陈季修
公共政策案例	中国人民大学公共管理学院
公共经济学（第三版）（“十二五”国家级规划教材）	高培勇
《公共经济学（第二版）》学习指导书	高培勇　崔　军
政府经济学（第四版）（“十一五”国家级规划教材）	郭小聪
政府经济学（第四版）	潘明星　韩丽华

公共管理类本科专业教材——方法课教材

书名	作者
管理定量分析：方法与技术	刘兰剑　李　玲
公共管理的方法与技术（第二版）	魏　娜
公共管理实用分析方法	汪明生　胡象明

公共管理类本科专业教材——行政管理、公共事业管理专业教材

书名	作者
行政法学导论	姜晓萍
行政法学	朱新立　唐明良　李春燕
公共部门人力资源管理（第四版）	孙柏瑛　祁凡骅
公共部门人力资源开发与管理（第三版）（“十二五”国家级规划教材）	孙柏瑛　祁凡骅
公共部门人力资源开发与管理（第三版）	孙柏瑛
公共部门人力资源管理（第三版）	滕玉成　于　萍
公共部门人力资源管理	方振邦

书名	作者
公共部门人力资源管理与社会保障案例	中国人民大学公共管理学院
公共人事制度	刘俊生
行政管理学（第三版）	郭小聪
公共行政学（第四版）	彭和平
公共行政学	张康之　张乾友
行政学导论（第三版）	齐明山
行政管理学导引与案例	陈季修
管理心理学	范逢春
公共组织行为学（第二版）（“十一五”国家级规划教材）	孙　萍　张　平
公共组织学（第三版）	李传军
行政组织学	张　昕　李　泉
公共事业管理概论（第二版）	朱仁显
公共事业管理概论（“十一五”国家级规划教材）	娄成武　李　坚
公共组织财务管理（第三版）（“十一五”国家级规划教材）	王为民
《公共组织财务管理》学习与实训指导书	王为民　博　迪
国家公务员制度（第三版）（“十二五”国家级规划教材）	舒　放　王克良
公务员制度概论	李如海
国家公务员制度概论	郗永勤　刘碧强
行政领导学（第三版）	朱立言　李国梁
领导学（第四版）	邱霈恩
领导学	王自亮
领导学：理念、行为与艺术	祁凡骅
现代市政学（第四版）	王佃利　张莉萍　高　原
市政管理学（第四版）（“十一五”国家级规划教材）	杨宏山
市政学导引与案例（第二版）	李燕凌
社区管理（第三版）	汪大海　魏　娜　郇建立
社区管理原理与案例	魏　娜
电子政务教程（第三版）（“十一五”国家级规划教材）	赵国俊
电子政府与电子政务（第二版）（“十一五”国家级规划教材）	张锐昕
电子政府概论（第二版）	张锐昕
管理信息系统	张维明　黄金才
行政伦理学教程（第三版）（“十二五”国家级规划教材）	张康之　李传军
公共危机管理导论（“十一五”国家级规划教材）	肖鹏军
公共危机管理概论	王宏伟
公共危机与应急管理：原理与案例	王宏伟
应急管理导论	王宏伟
行政决策学	许文惠　张成福　孙柏瑛
公共决策导论	王佃利　曹现强
中国公共政策（“十一五”国家级规划教材）	陈振明
非营利组织管理	吴东民　等
非营利组织管理	康晓光
非营利组织管理导引与案例	崔向华　张　婷
当代中国政府与政治	景跃进　陈明明　肖　滨
当代中国政府与行政（第三版）	魏　娜　吴爱明
当代中国政府（第二版）（“十一五”国家级规划教材）	吴爱明
地方政府学概论（第二版）	方　雷
地方政府管理（第二版）	陈瑞莲　张紧跟
管理秘书实务（第四版）	赵锁龙

书名	作者
行政秘书学	唐　钧
公文写作与处理	赵国俊
机关管理的原理与方法（第三版）	赵国俊　陈幽泓
政府绩效管理	方振邦　葛蕾蕾
政府绩效评估	蔡立辉
公共关系概论（第二版）	邹正方
政府公共关系（第二版）（“十一五”国家级规划教材）	廖为建　张　宁
社会管理	汪大海
社会管理——理论、实践与案例	陈振明
西方行政学理论概要（第二版）（“十一五”国家级规划教材）	丁　煌
公共行政学经典理论导引与案例	付小均
西方公共管理名著导读	汪大海
管理思想史教程	方振邦　葛蕾蕾
文化管理学（第三版）（“十二五”国家级规划教材）	孙　萍
文化创意产业导论	魏鹏举
卫生事业管理（第二版）（“十一五”国家级规划教材）	李　鲁
教育经济与管理（第二版）（“十一五”国家级规划教材）	娄成武　史万兵
现代公用事业管理	崔运武

公共管理类本科专业教材——劳动与社会保障专业教材

书名	作者
社会保障概论（第四版）	孙光德　董克用
《社会保障概论》（第三版）学习指导书	孙光德
社会保障管理（“十一五”国家级规划教材）	邓大松　刘昌平
劳动经济学（“十一五”国家级规划教材）	董克用　刘　昕
社会保险学（第二版）	孙树菡
社会保险精算原理与实务	王晓军
国际社会保障制度教程	穆怀中
员工福利概论（第二版）（“十一五”国家级规划教材）	仇雨临
医疗保障	王虎峰

公共管理类本科专业教材——土地资源管理专业教材

书名	作者
土地经济学（第七版）（“十一五”国家级规划教材）	毕宝德
《土地经济学》学习指导书	吕　萍　况伟大
土地法学	王守智　吴春岐
土地科学导论	叶剑平
土地资源管理学	张正峰
土地利用规划学	张占录　张正峰
不动产估价（第二版）（“十一五”国家级规划教材）	叶剑平　曲卫东
土地信息系统	曲卫东　韩　琼
地籍管理（第五版）（“十一五”国家级规划教材）	谭　峻　林增杰

公共管理类本科专业教材——城市管理专业教材

书名	作者
城市管理学（第二版）	杨宏山

书名	作者
城市管理法	王丛虎
城市总体规划原理	郃艳丽　田　莉

公共管理硕士（MPA）教材——核心课教材

书名	作者
全国公共管理硕士（MPA）核心课程教学指导纲要	全国公共管理专业学位研究生教育指导委员会
社会主义建设理论与实践（第三版）	李景治　蒲国良
公共管理英语（修订版）	顾建光
公共管理学（修订版）	张成福　党秀云
公共管理学原理	陈振明
公共政策分析	陈振明
公共政策分析导论	陈振明
公共政策分析概论（修订版）	谢　明
政治学：基本理论与中国视角	任剑涛
公共部门经济学（第三版）	高培勇　崔　军
行政法学（修订版）	皮纯协　张成福
行政法学概论（第三版）	胡锦光
非营利组织管理概论（修订版）	王　名
公共管理伦理学（修订版）	张康之
社会研究方法	陈振明
定量分析方法（第三版）	谭跃进
电子政务理论与方法（第三版）	金江军
电子政务	吴爱明　何　滨
信息技术及其应用（第三版）	张维明

公共管理硕士（MPA）教材——专业方向必修课、选修课教材

书名	作者
公务员制度教程（第四版）	舒　放　王克良
《公务员制度教程》学习指导书	舒　放　王克良
比较政府与政治（修订版）	卓　越
当代中国政府与政治（第三版）	吴爱明　朱国斌　林　震
公共部门人力资源管理及案例教程（修订版）	陈天祥
领导学	祁凡骅　刘　颖
领导学教程	常　健
西方公共行政管理理论精要	丁　煌
社会管理概论	唐　钧
公共部门绩效评估（修订版）	卓　越
公务员绩效评估	卓　越
公共危机管理	王宏伟
公共部门危机管理（修订版）	张小明
公共部门战略管理（修订版）	陈振明
中国古代治国通论	纪宝成
城市管理理论与实务	杨宏山
数字化城市管理	修文群
公共冲突管理	常　健
MPA 学位论文写作指南	汪大海

图书在版编目(CIP)数据

公共关系概论(第二版)/邹正方编著.
北京:中国人民大学出版社,2010
(21 世纪公共管理系列教材)
ISBN 978-7-300-12032-4

Ⅰ.①公…
Ⅱ.①邹…
Ⅲ.①公共关系学-概论-高等学校-教材
Ⅳ.①C912.3

中国版本图书馆 CIP 数据核字(2010)第 072764 号

21 世纪公共管理系列教材
公共关系概论(第二版)
邹正方　编著
Gonggong Guanxi Gailun

出版发行	中国人民大学出版社			
社　　址	北京中关村大街 31 号	**邮政编码**	100080	
电　　话	010－62511242(总编室)	010－62511398(质管部)		
	010－82501766(邮购部)	010－62514148(门市部)		
	010－62515195(发行公司)	010－62515275(盗版举报)		
网　　址	http://www.crup.com.cn			
	http://www.ttrnet.com(人大教研网)			
经　　销	新华书店			
印　　刷	北京东君印刷有限公司	**版　　次**	1989 年 9 月第 1 版	
规　　格	170 mm×228 mm　16 开本		2010 年 6 月第 2 版	
印　　张	23	**印　　次**	2015 年 8 月第 4 次印刷	
字　　数	411 000	**定　　价**	34.00 元	

教学支持说明

（教学课件）

中国人民大学出版社公共管理出版分社秉承“出教材学术精品，育人文社科英才”的出版宗旨，多年来，出版了大批高质量的公共管理、教育学、政治学、政治理论公共课教材和学术著作。

为服务一线老师的教学工作，我们为本教材制作了相应的PowerPoint教学课件，任何一位采用本书为授课教材的老师都可免费获得课件。为保证这些课件仅为授课教师获得，烦请您填写如下材料并邮寄或传真给我们，我们将在收到信件或传真后48小时内通过E-mail给您发送有关课件。关于人大出版社公共管理出版分社的其他图书信息，请登录http://www.crup.com.cn/gggl查询。

我们的联系方式：

地址：（100872）北京市中关村大街甲59号文化大厦1506室

中国人民大学出版社公共管理出版分社

电话：（010）82502724　62514775（传真）

E-mail：ggglcbfs@126.com

兹证明＿＿＿＿＿＿大学/学院＿＿＿＿＿＿院/系＿＿＿＿＿＿专业＿＿＿＿＿＿学年第＿＿＿学期开设的＿＿＿＿＿＿＿＿课程，采用中国人民大学出版社出版的＿＿＿＿＿＿＿＿（书名、作者）作为本课程教材。授课教师为＿＿＿＿＿＿，授课班级共＿＿＿＿个、学生＿＿＿＿人。授课教师需要与本书配套的教学课件。

联 系 人：＿＿＿＿＿＿＿＿＿＿＿＿＿＿

通信地址：＿＿＿＿＿＿＿＿＿＿＿＿＿＿

邮　　编：＿＿＿＿＿＿＿＿＿＿＿＿＿＿

电　　话：＿＿＿＿＿＿＿＿＿＿＿＿＿＿

E-mail：＿＿＿＿＿＿＿＿＿＿＿＿＿＿

系/院主任：＿＿＿＿＿＿（签字）

（系/院办公室章）

＿＿＿＿年＿＿＿月＿＿＿日